פרשה של הנפש

מגיד

חגי לונדין

פרשה של הנפש

בראשית • שמות

מגיד

Rabbi Hagay Lundin
Parasha of the Soul: Bereshit & Shemot

הרב חגי לונדין
פרשה של הנפש: בראשית ושמות

עורך אחראי: ראובן ציגלר
עורכת ראשית: אוריה מבורך
עורכת משנה: אפרת גרוס
שכתוב: אליהו רפאלי, ליאב עיני
עריכה: חיים אקשטיין
עריכה לשונית: משה גרוס
הגהה: שרה המר
עימוד: אסתר באר
תמונת עטיפה: שמואל לעסרי

ספרי מגיד, הוצאת קורן
ת״ד 4044 ירושלים 9104001
טל׳: 02-6330530 פקס: 02-6330534
www.korenpub.co.il

מסת״ב ISBN 978-965-526-344-2

Printed in Israel 2023 נדפס בישראל

חֵטְא אָדָם הָרִאשׁוֹן, שֶׁנִּתְנַכֵּר לְעַצְמִיּוּתוֹ,
שֶׁפָּנָה לְדַעְתּוֹ שֶׁל נָחָשׁ וְאִבֵּד אֶת עַצְמוֹ,
לֹא יָדַע לְהָשִׁיב תְּשׁוּבָה בְּרוּרָה עַל שְׁאֵלַת "אַיֶּכָּה?",
מִפְּנֵי שֶׁלֹּא יָדַע נַפְשׁוֹ, מִפְּנֵי שֶׁהָ'אֲנִיּוּת' הָאֲמִתִּית נֶאֶבְדָה מִמֶּנּוּ.

(אורות הקודש ג, קמ)

תוכן העניינים

ויצא: חלום של אומה 81

וישלח: לקנות את כל העולם 93

וישב: כתונת פסים ועין הרע 107

שמות

בשלח: לקרוע את הים 195

יתרו: לתור אחרי אלוהים 209

משפטים: אלוהים נמצא בפרטים הקטנים 223

תרומה: בלבבי משכן אבנה 239

הקדמה

׳פרשה של הנפש׳ הוא קובץ שיחות על פרשת שבוע שמתייחד בשני מאפיינים: א. שזירת הפרשה כולה בחוט אחד מקשר; ב. ייחוס העיקרון להתמודדויות הנפשיות של אדם בן זמננו, בכל פרשה התמודדות אחרת.

החזון של הספר הוא שלימוד עקבי של הפרשות בסגנון זה, שבוע אחר שבוע, יוליד תהליך נפשי - החל מ׳בראשית׳ וכלה ב׳וזאת הברכה׳ - שבו יתברר כיצד מילות התורה, שניתנו בנבואה, מעניקות את הליווי האמוני לאדם, מיום לידתו עד יום מותו, בכל מצבי חייו - האישיים, המשפחתיים, החברתיים והלאומיים.

הספר נקרא בשם ׳פרשה של הנפש׳ בשל היותו מורכב משני המאפיינים שהזכרנו: ׳פרשה׳ ו׳נפש׳.

חלוקה לפרשות

נתחיל במאפיין הראשון: פרשות השבוע הן הלב הפועם של לימוד התורה היהודי. ישנם תחומים בתורה שהם נחלתם של קבוצות שונות: למדנים עוסקים בתלמוד; פייטנים בשירה; יש המתמחים בהלכה; ויש שנוטים ללימודי אגדה או חסידות. אולם קיים מכנה משותף לכל יהודי ויהודייה - לימוד פרשת השבוע.

הקריאה בתורה עתיקה כימי העם היהודי והיא מלווה אותנו בכל מעגלי חיינו: באמצע השבוע, בימי שני וחמישי; בשבתות ובמועדים; ובלימוד בזמנים לא קבועים.[1]

החלוקה לחמישה חומשי תורה נעשתה בידי משה רבנו, אך חלוקת פרשות השבוע בצורתן הנוכחית היא תוצר אבולוציוני של חיי העם היהודי.

בארץ ישראל נהגו לקרוא את פרשות השבוע בסבב של שלוש או שלוש שנים וחצי (155 עד 175 פרשות בקירוב) ללא אחידות בין הקהילות השונות. החלוקה שלנו, של כחמישים פרשות בהתאם למחזור שבתות השנה, נוצרה ככל הנראה בבבל בימי רבנן סבוראי לאחר חתימת התלמוד ובראשית תקופת הגאונים. לאחר חורבן הקהילה היהודית בארץ ישראל בימי הצלבנים, נותרה החלוקה הבבלית החלוקה הבלעדית והיא התקבלה בכל תפוצות ישראל.

אף על פי שחלוקת פרשות השבוע בצורתן הנוכחית לא נאמרה למשה בסיני, אלא היא כאמור תוצר של השתלשלות המסורת היהודית, אנו הולכים על פי הכלל "מנהג אבותינו תורה הוא".[2] רוצה לומר, בעת שהתקבלה בעם ישראל הנהגה מסוימת לאורך הדורות, היא מתקדשת ב"מסורת האומה".[3] הנחת המוצא היא שחיי האומה הישראלית הן ביטוי להנהגה האלוהית, ומכיוון שכך, הם אינם אקראיים אלא מכוונים על פי השגחה ה' בעולם. אם עם ישראל לדורותיו קיבל על עצמו לקרוא את הפרשות בחלוקה זו, קיים, ככל הנראה, מכנה משותף החורז את הנושאים המצויים דווקא באותה פרשה.

קו חורז

אין־ספור ביאורים לפרשות השבוע נכתבו במהלך הדורות, אולם לא תמיד הקיפו חיבורים אלו בשיטתיות את כל נושאי הפרשה, ברוב המקרים הם התמקדו בנושא אחד או שניים שמבחינתם היו העיקר. הרב צבי יהודה הכהן קוק (1891–1982) החל, בשיחותיו על פרשת השבוע, לפתח סגנון פרשני הרואה את הפרשה כולה כיחידה אורגנית אחת, ככל הנראה בהשראת משנת אביו, הרב אברהם יצחק הכהן קוק (1865–1935), שחתר למציאת העיקרון הכללי במקצועות התורה.[4] ואכן, דוגמה נפלאה - שפותחת לנו צוהר לחריזה של כל נושאי הפרשה בקו רוחני אחד - אפשר לראות בפיסקה שכתב הרב קוק ביחס לפרשת בהעלותך.[5]

בפרשה זו, אולי יותר מכל פרשה אחרת בתורה, מצוי ריבוי נושאים שבמבט ראשון נדמה שאינם קשורים זה לזה: הפרשה פותחת במעשה המנורה;[6] ממשיכה בעניינם של הלוויים;[7] פסח שני;[8] תפקידם של החצוצרות והדגלים במסע המחנות;[9] בקשתו של משה מיתרו שיישאר עימם;[10] פרשת "ויהי בנסוע הארון";[11] המתאווים לבשר;[12] האצלת הרוח לשבעים הזקנים;[13] נבואת אלדד ומידד;[14] ולבסוף חטאם של מרים ואהרן בדיבורם על משה.[15]

הרב קוק חורז את כל פרשת בהעלותך סביב נושא אחד והוא: **הרצון לחיים טבעיים ללא מרות חיצונית.** כאשר עם ישראל מתקרב לארץ ישראל, מסביר הרב קוק, מתעורר הרצון לעבודת ה׳ שאינו בא מתוך סמכות חיצונית, גדולה אפילו כנבואתו של משה רבנו. בני ישראל מעוניינים להתחבר אל דבר ה׳ מתוך הזדהות פנימית (מדרגה שתהיה בעידן המשיח), והדרכותיו של משה רבנו נדמות להם כחונקות את הטבעיות האנושית. בפרשה מפורטים מקרים אשר במבט ראשון מערערים את תורת משה: בתחילה משה ׳מתקשה במעשה המנורה׳, על פי דברי חז״ל,[16] ונאלץ לקבל הדרכה ישירה מה׳ (״עד שהראו הקב״ה באצבע״[17]); הלוויים ושבעים הזקנים מועמדים כמתווכים נוספים מלבד משה בין העם לקב״ה; משה מתגלה בחוסר הידיעה שלו בדיני הטמאים בפסח (״עִמְדוּ וְאֶשְׁמְעָה מַה יְצַוֶּה ה׳ לָכֶם״[18]); החצוצרות וארון הברית משמשים כלי עזר למשה לתנועה במדבר; משה נזקק ליתרו ומתחנן שלא יעזבו; המתאווים לבשר מתלוננים למשה; אלדד ומידד מתנבאים במחנה (״משה רבנו מת, ויהושע מכניס את ישראל לארץ״[19]); ובסופו של דבר מרים מתריסה כנגד הנהגותיו של משה (״כִּי אִשָּׁה כֻשִׁית לָקָח״).

כל זה מתבטא בשלב ראשון כסוג של מרד וחוצפה כלפי משה רבנו. אולם, ככל שהפרשה הולכת ונפרשת לעינינו, מתברר אט־אט שכל התביעות הללו מוצאות את מקומן דווקא תחת חסותה של תורת משה. והדברים נרמזים בסוף הפרשה בפסוק: ״וַיֹּאמֶר ה׳ אֶל מֹשֶׁה וְאָבִיהָ יָרֹק יָרַק בְּפָנֶיהָ הֲלֹא תִכָּלֵם שִׁבְעַת יָמִים תִּסָּגֵר שִׁבְעַת יָמִים מִחוּץ לַמַּחֲנֶה וְאַחַר תֵּאָסֵף״, שממנו לומדים חכמים כלל תלמודי: ׳דיו לבוא מן הדין להיות כנידון׳.[20] היינו, למרות שלפי הקל וחומר היה ראוי שמרים תיסגר ארבעה עשר יום (פי שניים מן הימים שהייתה נכלמת אם הייתה מעליבה את אביה) אולם המקרה הנלמד מן הקל וחומר (׳הנידון׳) איננו יכול להיות חמור יותר מן המקור שממנו למדו (׳הדין׳), ולכן תיסגר רק שבעה ימים. כלל זה, שמשמעותו המרכזית היא לצורכי לימוד של ׳קל וחומר׳ בתורה שבעל פה, ניתן להידרש גם מבחינה מחשבתית: גם ה׳מרידות׳ של הציבור במנהיגותו של משה, בסופו של דבר, מכיוון שמקורן הוא בתורתו של משה, אינן יכולות לפרוץ את המסגרת שממנה הן באו. המקרה הנידון לעולם מקבל את יניקתו וכוחו מן הדין המקורי. לפי אותו עיקרון, מנהיגותו של משה אינה חוששת מהכוחות התוססים בשטח אלא מכילה ומעצימה אותם, מתוך אמון גדול שהם יפרשו כנפיים למחוזות חדשים בחיבור לשרשרת הדורות ולא בניתוק ממנה.

מזה נלמד לדורנו שלמרות שכולנו חשים לעיתים מחנק ואי־טבעיות מציוויי התורה - המבט המעמיק הולך ומברר לנו כיצד האותנטיות וההזדהות האישית הולכות ונבנות בנו דווקא מתוך הנאמנות לתורה ולמצוות.

המודל שהודגם בפרשת בהעלותך הוא בניין האב שעל פיו נאמרו השיחות המובאות בספר שלפניכם.

פשט, רמז, דרש וסוד

העיקרון השני שעליו בנויות השיחות להלן הוא ההתמקדות ב'נפש', קרי בעומק הרעיוני של פרשות השבוע המתייחס לנפש האדם.

כל פסוק בתנ"ך מכיל ארבעה רבדים, המכונים **פרד"ס**: **פשט**, **רמז**, **דרש**, **סוד**.[21] רוצה לומר, לכל פסוק מדברי הנבואה ישנן ארבע אפשרויות הבנה, וכולן נכונות.

הפשט הוא הבנה ריאלית של המאורע; **הרמז** הוא רעיוניות מופשטת המולבשת על הסיפור הממשי; **הדרש** מותיר את מסגרת הריאליה של הפסוק אולם מוסיף נתונים שאינם מופיעים בפשט (שייתכן שהתרחשו בפועל וייתכן שמטרתם רק להביע צד רעיוני);[22] **הסוד** הוא תיאור ההתרחשויות שקרו באותה עת בממדים עליונים.

ננתח לדוגמה את הפסוק בבראשית (יח, ז): "וְאֶל הַבָּקָר רָץ אַבְרָהָם וַיִּקַּח בֶּן בָּקָר רַךְ וָטוֹב וַיִּתֵּן אֶל הַנַּעַר וַיְמַהֵר לַעֲשׂוֹת אֹתוֹ".

פשט: לפני אלפי שנים חי עלי האדמות אדם ושמו אברהם, והוא יצא מגדרו כדי לקבל את אורחיו באופן הנאות ביותר, וזאת על ידי שהזדרז, יחד עם משרתו, לשחוט בהמה משובחת לצורך אכילתם.

רמז: בעולמנו מצוי כוח עליון שהוא אביה המרומם ('אב־רם') של האנושות העתידית. אחד המאפיינים של אותו כוח הוא נמרצות לעשיית חסד, עד כדי תיעול של צדדי החיים הבהמיים הגסים ביותר ("בֶּן בָּקָר רַךְ וָטוֹב"), באמצעות צדדי 'הנערות' הגסים והנמהרים ביותר בנפש האדם, לצורך הכנסת אורחים.

דרש: אחד המדרשים[23] מתאר כי "בן הבקר" רץ, ואברהם רדף אחריו עד לפתח מערת המכפלה, ושם מצא את קבריהם של אדם וחווה.

סוד: בעת מעשיו של אברהם הקדוש ברוך כביכול 'לקח' אף הוא "בן בקר רך וטוב" ונתן אותו לבני אדם, היינו, מעשה החסד של אברהם עורר בעולמות כולם את כוחות החסד והטוב.

כל הרבדים הללו נכונים, אלא שכל אחד מהם רוכב על ציר נפשי מדויק המותאם ללומד ולתקופה שבה נלמדים התכנים.

אכן הייתה דמות היסטורית בשם אברהם, והדמות הזאת זרעה בעולם כוח נפשי של חסד המלווה אותנו עד היום. המדרשים מתארים מאורעות נוספים שהתרחשו במקביל למתואר בפסוקים, ותורת הסוד מלמדת שמצויות 'אברהמיות', 'בן בקריות' ו'נעריות' בעולמות עליונים יותר.

בהקשר זה כדאי להזכיר כלל חשוב והוא ש"אין מקרא יוצא מידי פשוטו".[24] למרות רובדי העומק האין־סופיים שתלמידי החכמים מסיקים מן הפסוקים במהלך הדורות, אנו מותירים את רובד הפשט על כנו. חשוב להדגיש זאת, כי לעיתים מרוב רצון להעמיק בפסוקי התורה אנו עלולים להתנתק מהריאליה של סיפורי התנ"ך. דוגמה מאפיינת לגישה כזו היא גישתם של תלמידי הפילוסוף היהודי פילון האלכסנדרוני (על שם מושבו בקהילה היהודית באלכסנדריה שבמצרים בסוף ימי בית שני), שהתיימרו להציב שיטה יהודית־הלינסטית השוללת לחלוטין את פשט הפסוקים. לטענתם, לא היו דמויות ממשיות שנקראו אברהם ושרה, אלא אברהם הוא סמל לשכל ושרה היא סמל למידות הטובות, וכן הלאה. האוחזים בשיטה זו כונו ברבות הימים בשם 'אלגוריסטים' (מלשון אלגוריה - משל), והם עיקרו בסופו של דבר את הממדים המעשיים והלאומיים מן היהדות. לא במקרה רווחו תופעות של פריקת עול מצוות בקהילה היהודית במצרים באותם ימים. מתוך התפיסה שאין חשיבות לממשות של ארץ ישראל גם התבסס שם 'בית חוניו' - בית מקדש אלטרנטיבי לזה שבירושלים. האלגוריסטים שימשו חוליית מעבר בין היהדות של ימי בית שני לנצרות ולתפיסות פילוסופיות שביטלו את הממד הלאומי־ארצי.[25]

יחד עם זאת, ישנם מקרים היוצאים מן הכלל שבהם מחריגה התורה שבעל פה את רובד הפשט מפסוקי התורה שבכתב:

א. פסוקים שבהם יש הגשמה לא־ל, והם סותרים את עיקרי האמונה דוגמת "וַיִּחַר אַף ה'".[26] ההבנה שהקדוש ברוך הוא בעל גוף סותרת את עיקר האמונה "שהבורא יתברך שמו אינו גוף ולא ישיגוהו משגי הגוף",[27] ולכן הבנת פסוק זה תתחיל מרובד הרמז, שמשמעותו כעס אלוהי שמתגלה במציאות.[28]

ב. פסוקים דוגמת "עַיִן תַּחַת עַיִן",[29] שנראים במבט ראשון סותרים את דברי חז"ל[30] המבהירים שהכוונה היא לפיצוי כספי ולא להוצאת עין בפועל - ופשט דברי התורה נועד ליצור אפקט של הרתעה, שראוי היה מצד הדין להוציא את עינו של המזיק.[31]

ג. פסוקים שההקשר הכולל שלהם אינו מתיישב עם דפוסי הטבע של

עולמנו, דוגמת 'סיפור הבריאה' המתואר בתחילת ספר בראשית או 'מעשה מרכבה' המתואר בפרק א ביחזקאל. פסוקים אלו, על פי חלק מהמפרשים, צריכים להילמד מרובד הרמז ואילך.[32] חשוב להבדיל בין מקרים מעין אלו לבין פסוקים המתארים מאורעות על־טבעיים דוגמת הניסים. פסוקים המתארים את נס קריעת ים סוף, לדוגמה, מספרים אומנם על אודות מאורע פלאי, אולם משתמשים במושגים כמו 'ים', 'יבשה' וכדומה, שאנו מכירים. לכן חז"ל עומדים בתוקף על האמת המוחלטת שמאורעות אלו התרחשו כפשוטם במציאות (ואין זה סותר שעיקר הלימוד בהם יעסוק ברובד הרעיוני ולא בניסיונות 'לשחזור' מדעי של קריעת ים סוף). בפרשת בראשית או פרק א ביחזקאל, לעומת זאת, מתוארים מושגים שאינם קשורים כלל לממד החיים שלנו, כמו "וּזֲהַב הָאָרֶץ הַהִוא טוֹב שָׁם הַבְּדֹלַח וְאֶבֶן הַשֹּׁהַם" או "עָנָן גָּדוֹל וְאֵשׁ מִתְלַקַּחַת וְנֹגַהּ לוֹ סָבִיב וּמִתּוֹכָהּ כְּעֵין הַחַשְׁמַל מִתּוֹךְ הָאֵשׁ". לכן כאמור פסוקים מעין אלו - שפרנסו דורות על דורות של ויכוחים בדבר ה'סתירות' כביכול בין תורה למדע - צריכים להילמד רק ברובד הרעיוני.[33]

בין כך ובין כך, למרות הדגשתנו שרוב הפסוקים אינם משל גרידא, בוודאי שמטרתו של הלימוד התורני הוא גם לחתור לרובדי הרמז, הדרש והסוד. אם נותרים רק ברמת הפשט, הפסוקים עלולים להיתפס כתיאור מאורעות היסטוריים שאינם רלוונטיים לחיינו בהווה. כלשון מאמרו של הזוהר[34] המתייחס לאלו המתעלמים מרבדיה הפנימיים של התורה: "ומשוינן לאורייתא יבשתא (עושים את התורה ליבשה)", או בניסוח חריף יותר: "מאן דחשיב דההוא לבושא איהו אורייתא ממש ולא מילא אחרא, תיפח רוחיה ולא יהא ליה חולקא בעלמא דאתי (מי שחושב שלבושי פשטי המקראות הם התורה ממש ואין עומק אחר, תיפח רוחו ולא יהיה לו חלק בעולם הבא)".[35]

מכל זה עולה שיש להשקיע את מרב המאמצים בלימוד פרשת השבוע בהבנת העומק הרעיוני, בעוד שלימוד הפשט יכול לשמש כאמצעי להעמקת הרעיון. לדוגמה, חשוב להבין מהו פשט המילים שאמר אברהם לשרה: "מַהֲרִי שְׁלֹשׁ סְאִים קֶמַח סֹלֶת לוּשִׁי וַעֲשִׂי עֻגוֹת",[36] כדי להבין את הרעיון הפנימי העומד מאחורי המילים.[37] אולם העיסוק המוגזם וההתיימרות לשער במדויק מהו 'המתכון' שהכינה שרה, לא רק שאינם אפשריים, אלא גם עלולים לגרום להסטת הלימוד לדיון אקדמי זניח על אודות 'קולינריה תנכי"ת' ותו לא.[38]

אם כן, המוטיב השני ב'פרשה של הנפש', מלבד חריזת הפרשה כולה בעיקרון אחד, הוא חריזת העיקרון **הרעיוני־נפשי** דווקא. כך, בעת שאנו מעמיקים ברבדים הפנימיים של פסוקי הנבואה, אנו מזהים כיצד המילים

הקדושות הללו נוגעות בנפשם של בני כל הדורות ובנפשנו שלנו, הלומדים בני ימינו.

תנ"ך של הנפש

הספר 'פרשה של הנפש' מתייחס לפרשות השבוע בחמישה חומשי תורה, אולם העקרונות הנ"ל אמורים לחול גם על ספרי התנ"ך כולו. כפי שלכל פרשה ופרשה יש מסר רעיוני לנפש האדם, כך גם לכל שאר ספרי הנבואה שהתקבלו בעם ישראל יש עיקרון רוחני־נפשי שנותר לדורות.

חז"ל מלמדים[39] כי "הרבה נביאים עמדו להם לישראל, כפליים כיוצאי מצרים (שש מאות אלף), אלא נבואה שנצרכה לדורות - נכתבה, ושלא הוצרכה - לא נכתבה". רוצה לומר, היו כמיליון ומאתיים אלף נביאים בהיסטוריה היהודית (במשך אלף שנות נבואה, כלומר, כאלף ומאתיים נביאים בשנה; כשלושה נביאים חדשים בכל יום). עם זאת, רק מתי־מעט מן הנבואות שרדו לדורות. גם כאן מובן שהדברים אינם במקרה. חז"ל מלמדים כי אותן נבואות שנותרו הן אלו שיש בהן מסר קיומי לכל דור ודור, וגם לדורנו שלנו, בני המאה ה־21. כל ספר שהתקבל והתקדש במסורת האומה בונה נדבך נוסף בנפש האדם ובחיפושו אחר קרבת אלוהים. לימוד מקיף של כל התנ"ך באופן הזה אמור להעניק את המזון האמוני לחיי האדם.

נשרטט את המסרים הללו בראשי פרקים:

בראשית

"בְּרֵאשִׁית בָּרָא אֱלֹהִים"![40] **בראשית** חיינו, על כל מורכבויותיהם וסיבוכיהם, אנו מכירים כי קיים כיוון המוביל אותנו 'אֶל־אֵל־אֵל' (אֶל־והים). המציאות אינה הפקר וכאוס אלא ניתנת לניתוב מוסרי באמצעות אנשים כאבות האומה המנחילים לנו את מידות החסד, הגבורה והשלמות.

שמות

מלבד ההכרה בכיוון המוסרי שקיים בעולם הטבעי והאנושי, קיים גם **שם** אלוהי, שהוא מעבר להוויית העולם הזה ואליו יש להיפתח: "אֶהְיֶה אֲשֶׁר אֶהְיֶה"[41] ('י־הוה'). בהנהגתו של משה רבנו נולדת אומה היוצאת לחירות המצרים, קורעת את ים החומר, מקבלת את דבר ה' בעשרת הדיברות, ומקימה בית שבו ישכון דברו בעולם.

ויקרא

הגודל השמימי אינו נותר בממד המופשט אלא **קורא** אלינו להתקרב אליו בעולם הזה. וזאת באמצעות מערכת פרטנית של מצוות ומעשים שמחברים אותנו אליו בכל מצבי החיים. כל מרכיבי הטבע - דומם, צומח ובעלי חיים - הולכים ומתקרבים (קורבנות) אל הקודש.

במדבר

לעיתים נאלצים לעבור **במדבר**, שבו יש מצבי חיים קיצוניים הדורשים התמודדויות מסובכות. אולם גם ברגעי שפל של כישלונות, מרידות וייאוש - הקדוש ברוך הוא מוביל את האדם במסעותיו אל עבר ארץ ישראל.

דברים

לפני הכניסה לארץ ישראל וההגעה אל המנוחה ואל הנחלה, שומעים פעם נוספת את **דברי** התורה, אולם הפעם באופן שונה. המסרים התורניים שנאמרו עד כה מפי ה' נשמעים בשנית מפיו של משה, והם נספגים בנו לא רק בצורה אלוהית־אובייקטיבית אלא גם בצורה אנושית־סובייקטיבית.

יהושע

בעת שבה אדם מעוניין **להיוושע** ולהגיע לנחלתו, אין מנוס מלהילחם עליה. על מנת שמקום שפל ונכנע ('ארץ כנען') יהפוך לגן פורח שבו ישרים עם האל ('ארץ ישר־אל'), יש להילחם נגד שלושים ואחד מלכי כנען. זוויות שונות של צדדי רוע ושפלות שזוקקים מאבק עיקש וארוך.

שופטים

לאחר שנות הכיבוש והירושה ולפני התמסדות המלוכה אנו נמצאים במצב ביניים שבו "אֵין מֶלֶךְ בְּיִשְׂרָאֵל אִישׁ הַיָּשָׁר בְּעֵינָיו יַעֲשֶׂה".[42] מעין תקופת התבגרות שבין הילדות לבגרות. תקופת דמדומים שבה האדם והאומה **שופטים** ומבררים את כוחותיהם, נופלים ונושעים באופן זמני באמצעות מנהיגים שכוכבם דורך ודועך במהירות.

שמואל

לאחר תקופת ההתבגרות מגיעה תקופת הבשלות של האישיות. נולד נביא ששומע את קול האל ('**שמו־אל**') שמכין את האומה והאדם הפרטי לשלב

המלוכה והאוטונומיה של האישיות. בתחילה באמצעות מלכותו הזמנית של שאול, על מחלות הילדות שלה, ולאחריה מגיעה תורה של מלכות בית דוד הנצחית.

מלכים

האדם והאומה מגיעים לשיא פריחתם **ומלכותם**. מלכותו של שלמה היא ביטוי למצב השלמות. עוצמה ופאר אין־סופיים. אולם לא לעולם חוסן. לאחר רגע השיא מתחילה הנפילה. כאשר האדם אינו נשמר, כוחות החומרנות הולכים ומתגברים, מפלגים את הממלכה ומתחיל תהליך הידרדרות שסופו חורבן וגלות.

ישעיהו

בעת תהפוכות, מלחמות ומצור, אימפריות שקמות ונופלות, כיבוש וגלות - ניתן לשאת עיניים אל העתיד ולקבל **ישע** מאת **ה'**, לחזות באחרים הימים שבהם "וְגָר זְאֵב עִם כֶּבֶשׂ וְנָמֵר עִם גְּדִי יִרְבָּץ".[43] לשם כך יש להילחם בעוולות חברתיות ולמלא בתוכן פנימי את ההתנהלות הדתית.

ירמיהו

גם בזמן שבו האדם שנוא ונרדף מכל עבר, גם מהקרובים לו ביותר, הוא יכול **להתרומם** ולהביט נכוחה כלפי האיומים הנשקפים, להיערך אליהם בשיקול דעת ואף להביט בעיניים כלות בחורבן שאותו לא הצליח למנוע.

יחזקאל

בגלות, בארץ נכר, בזמן אפלה וייאוש עדיין ישנו **חוזק לאל**. גם שם אפשר להתרומם ולחזות בהתגלות האלוהות במעשה המרכבה, בעצמות היבשות הקמות לתחייה, בחיבור הכוחות באומה, ולשוטט בירושלים ובמסדרונותיו של בית המקדש העתידי.

הושע

אין ייאוש בעולם כלל! גם במצב השפל ביותר, שנדמה שחטאי האדם והעם הגיעו למצב שבו הנביא דורש "העבירם באומה אחרת",[44] מסתבר בסופו של דבר שישנה **תשועה**, "וְהָיָה בִּמְקוֹם אֲשֶׁר יֵאָמֵר לָהֶם לֹא עַמִּי אַתֶּם יֵאָמֵר לָהֶם בְּנֵי אֵל חָי".[45]

יואל

ניתן לראות את ישועת ה׳ גם בעת אובדן תבואה ומשאבי הטבע. בתוך הצער הגדול של בני האדם ובעלי החיים, הנביא מתפלל על הצלה ורווחה **שיואילו** להגיע לבסוף. גם בעת פלישה של צבאות עוינים מכל סוג - ״תִּקְעוּ שׁוֹפָר בְּצִיּוֹן וְהָרִיעוּ בְּהַר קָדְשִׁי יִרְגְּזוּ כֹּל יֹשְׁבֵי הָאָרֶץ כִּי בָא יוֹם ה׳ כִּי קָרוֹב״.[46]

עמוס

לעיתים אדם מוצא עצמו **עמוס** בחטאים ובחוסר מוסריות, ולכן מגיעים לחייו פורענות וזעם. אולם כל אלה אינם מונעים את התקווה שלעתיד לבוא ״בַּיּוֹם הַהוּא אָקִים אֶת סֻכַּת דָּוִיד הַנֹּפֶלֶת וְגָדַרְתִּי אֶת פִּרְצֵיהֶן וַהֲרִסֹתָיו אָקִים וּבְנִיתִיהָ כִּימֵי עוֹלָם״.[47]

עובדיה

עובד ה׳ אמור להכיר את האיומים הרוחניים הניצבים מולו: גאווה ואלימות שמאפיינים את מלכות אדום, שהיא התרבות שתשלוט באחרית הימים. אם עולה בדעתו של אדם להידבק במידות האדומיות, הנבואה מספרת לו כי גם ״אִם תַּגְבִּיהַּ כַּנֶּשֶׁר וְאִם בֵּין כּוֹכָבִים שִׂים קִנֶּךָ מִשָּׁם אוֹרִידְךָ נְאֻם ה׳״.[48]

יונה

אי אפשר לברוח מאלוהים. גם אם האדם בורח לכנפות הארץ ולמצולות הים, קול ה׳ קורא לו למלא את ייעודו בעולם. גם אם אדם חוטא ועושה רעה רבה - תמיד אפשר לשוב בתשובה! **כיונה** השבה אל קינה.

מיכה

ההנהגה האלוהית מתנהלת עם האדם מידה כנגד מידה, עד כדי חורבן בית המקדש; כי **מי־כה׳** אלוהינו שיודע לכוון בדיוק את האדם לייעודו? לכן, הן בטווח הקצר הן בטווח הארוך, מה שנדרש מאיתנו הוא ״עֲשׂוֹת מִשְׁפָּט וְאַהֲבַת חֶסֶד וְהַצְנֵעַ לֶכֶת עִם אֱלֹהֶיךָ״.[49]

נחום

גם בזמן שלטון רשע כלל עולמי (אשור), שנדמה שהוא בלתי מנוצח, **מנחם** הנביא נחום נחמה: ״חָגִּי יְהוּדָה חַגַּיִךְ! שַׁלְּמִי נְדָרָיִךְ! כִּי לֹא יוֹסִיף עוֹד לַעֲבָר בָּךְ בְּלִיַּעַל, כֻּלֹּה נִכְרָת״.[50]

חבקוק

בעולם הנדמה שמתנהל ללא השגחה אלוהית, בעולם שבו נדמה שצדיק ורע לו ורשע וטוב לו - גם בו **מחבק** אותנו ה׳ והנביא מבטיח לנו שגם ״אִם יִתְמַהְמָהּ חַכֵּה לוֹ כִּי בֹא יָבֹא״; ״וְצַדִּיק בֶּאֱמוּנָתוֹ יִחְיֶה״.[51]

צפניה

ההתבוססות בהווה על שלל בעיותיו מבשרת מה **צופן** העתיד אם לא נתקן את דרכינו: ״קָרוֹב יוֹם ה׳... יוֹם צָרָה וּמְצוּקָה... יוֹם חֹשֶׁךְ וַאֲפֵלָה יוֹם עָנָן וַעֲרָפֶל״.[52] אולם העתיד על כל נוראותיו מבשר גם לאדם ולאומה כי ״אֶתֵּן אֶתְכֶם לְשֵׁם וְלִתְהִלָּה בְּכֹל עַמֵּי הָאָרֶץ בְּשׁוּבִי אֶת שְׁבוּתֵיכֶם לְעֵינֵיכֶם אָמַר ה׳״.[53]

חגי

כאשר האדם הפרטי ועם ישראל מתחילים לשוב בתשובה, לבנות את בית המקדש השני - הם נתקלים בקשיים. הנביא מעניק לנו את הכוח **לחגוג** גם ברגעים המורכבים הללו ולראות כיצד גם הם חלק מתהליך הישועה הרחב, ואזי ״גָּדוֹל יִהְיֶה כְּבוֹד הַבַּיִת הַזֶּה הָאַחֲרוֹן״.[54]

זכריה

״מִי בַז לְיוֹם קְטַנּוֹת?״[55] שואל הנביא זכריה. בשלהי עידן הנבואה הנביא **מזכיר** לנו כי אסור לזלזל בשום התקדמות, קטנה ככל שתהיה, ויש לצפות לעתיד הנכסף: ״בַּיָּמִים הָהֵמָּה אֲשֶׁר יַחֲזִיקוּ עֲשָׂרָה אֲנָשִׁים מִכֹּל לְשֹׁנוֹת הַגּוֹיִם, וְהֶחֱזִיקוּ בִּכְנַף אִישׁ יְהוּדִי לֵאמֹר: נֵלְכָה עִמָּכֶם כִּי שָׁמַעְנוּ אֱלֹהִים עִמָּכֶם״.[56]

מלאכי

אחרון הנביאים מבשר בשורה לעולם **כמלאך** ה׳: יש תקווה! קיימת דרך לקרבת אלוהים גם לאחר עידן הנבואה, ובסופו של דבר, ״הִנֵּה אָנֹכִי שֹׁלֵחַ לָכֶם אֵת אֵלִיָּה הַנָּבִיא לִפְנֵי בּוֹא יוֹם ה׳ הַגָּדוֹל וְהַנּוֹרָא״.[57]

תהלים

דוד המלך משורר לדורות מאה וחמישים מזמורים שבהם **מהלל** אדם את בוראו בכל מצבי חייו. באושר ובעצב, בעושר ובעוני, בחיים ובמוות - ״כֹּל הַנְּשָׁמָה תְּהַלֵּל יָהּ הַלְלוּ יָהּ״.[58]

איוב

הקדוש ברוך הוא נמצא עם האדם גם בעת הייסורים הקשים ביותר, וגם בעת מפולת אישית ולאומית. ישנם מצבים בחיים שבהם אדם עשוי למצוא את עצמו שואל: **איה־האב?** היכן אלוהים? "אוּלָם אֲנִי אֶדְרֹשׁ אֶל אֵל וְאֶל אֱלֹהִים אָשִׂים דִּבְרָתִי. עֹשֶׂה גְדֹלוֹת וְאֵין חֵקֶר נִפְלָאוֹת עַד אֵין מִסְפָּר".[59]

משלי

המשלים מובילים אותנו לעולם מקביל לעולמנו הנוכחי, ומאותו עולם מופשט של המלך שלמה אנו לומדים כיצד להתמודד מול פיתויי החיים, על חשיבות המשפחה, על החכמה, לימוד התורה וקיום המצוות. כל אלה מלווים אותנו במהלך ימי חיינו.

רות

נפש האדם - גם בהיותה זרה ומנוכרת בארץ חדשה - יכולה מתוך חסד וענווה לבנות את בית המלוכה של עם ישראל. ניתן **לרוות** רוב נחת גם בהיותנו גרים בעולם הזה.

שיר השירים

שלמה המלך, שמבטא את השלמות, מסוגל **לשורר שיר** שיבטא את כמיהתה של הנשמה לאלוהים. הנשמה מלאת תשוקה לחיבור עם ה', ולמרות כישלונות חוזרים ונשנים, ולמרות אין־סוף אכזבות - "כֻּלָּךְ יָפָה רַעְיָתִי וּמוּם אֵין בָּךְ".[60]

קהלת

אדם יכול **להקהיל** סביב עצמו הישגים רבים - כסף, כבוד ונשים. אולם המלך שלמה מלמד ש"הֲבֵל הֲבָלִים הַכֹּל הָבֶל",[61] הכול בר־חלוף אלא אם "סוֹף דָּבָר הַכֹּל נִשְׁמָע אֶת הָאֱלֹהִים יְרָא וְאֶת מִצְוֹתָיו שְׁמוֹר כִּי זֶה כָּל הָאָדָם".[62]

איכה

קינה מלאת כאב אין־סופי על חורבן ירושלים, האדם נשאל את אותה השאלה שנשאל אדם הראשון: **אַיֶּכָּה?** כיצד נחיה בלי קדושה ובלי בית מקדש? והתשובה היא בתפילה מלאת תקווה: "הֲשִׁיבֵנוּ ה' אֵלֶיךָ וְנָשׁוּבָה, חַדֵּשׁ יָמֵינוּ כְּקֶדֶם".[63]

אסתר

בגלות אפלה, בימי **הסתר** וצרה, תחת שלטונו של מלך מטורף ויועץ רשע - עומדים בפרץ דמויות כמרדכי ואסתר ויוצרים מהפך אמוני. גם במקום שנדמה שלא מוזכר בגלוי שם אלוהים, אדם צריך לדעת כי השחר מפציע בסוף.

דניאל

אי־שם בגלות, בחצר מלך זרה, עולה יהודי לגדולה ואינו שוכח לעולם את ביתו בירושלים. גם בהיותו בגוב האריות מסוגל הוא **לדון עם אל** - לפתור חלומות - להביט אל פנימיות הדברים ולקדם את עולמו של הקדוש ברוך הוא למקום הראוי.

עזרא

עידן חדש מתחיל. הנבואה סיימה את תפקידה ומופיעה דמות **שעוזרת** להצעיד את עם ישראל לעבר עידן התורה שבעל פה, שזו תקופה שבה מוכרעים דברי התורה באמצעות שיקול הדעת של תלמידי החכמים. מעתה המציאות תתקדם לא על ידי ניסים גלויים אלא בתהליך טבעי־פוליטי המלווה בנסיגות ובעליות.

נחמיה

למרות חורבן בית המקדש הראשון וחומות ירושלים הפרוצות, אפשר **להתנחם** בבניין בית המקדש השני ובביצור חומות ירושלים: "וְשַׁבְתֶּם אֵלַי וּשְׁמַרְתֶּם מִצְוֹתַי וַעֲשִׂיתֶם אֹתָם, אִם יִהְיֶה נִדַּחֲכֶם בִּקְצֵה הַשָּׁמַיִם מִשָּׁם אֲקַבְּצֵם, וַהֲבִיאוֹתִים אֶל הַמָּקוֹם אֲשֶׁר בָּחַרְתִּי לְשַׁכֵּן אֶת שְׁמִי שָׁם".[64]

דברי הימים

סיכומם של **דברי ימי** ההיסטוריה, הסתר־יה, היהודית מימי בריאת העולם ועד שיבת ציון בימי בית שני, ועימם ההכרה שלאורך כל תולדות חיינו אנו מלווים בהשגחה אלוהית האוחזת בידינו ומובילה אותנו בדיוק למקום שאליו אנו צריכים להגיע.

הספר 'פרשה של הנפש' נכתב כאמור על פרשיות השבוע, אולם אנו תפילה שנזכה בעז"ה בקרוב להוציא חיבורים מעין אלו על ספרי התנ"ך כולם.

תודות

כאן המקום להודות לאנשים ולגופים רבים: לבמות שבהן הועברו שיעורי פרשת השבוע במהלך השנים - ערוץ מאיר, בית המדרש הגבוה לתורה בבר אילן, וישיבת ההסדר אפיקי דעת בשדרות; לאברהם יוספסון, חבר ותלמיד נאמן שהפיק שידורי זום של השיעורים בתקופה המאתגרת של הקורונה; לאלי רפאלי וליאב עיני ששכתבו באופן ראשוני את השיעורים בטרחה אדירה; לחיים אקשטיין על העריכה הלשונית והוספת המקורות; ולאנשי הצוות המסורים של הוצאת מגיד למו"ל יהושע מילה, לראובן ציגלה, אוריה מבורך, אפרת גרוס, משה גרוס, שרה המר ואסתר באר. תודה רבה לכל אחד ואחת מכם. שנזכה כולנו להגדיל תורה ולהאדירה.

חגי לונדין

שדרות, תשרי תשפ"ד

בראשית

בראשית

יש אלוהים

את מסע החיים שלנו אנו פותחים בתובנה יסודית – העולם אינו הפקר. למרות הסתירות שאנו מוצאים בעולמנו, למרות הכישלונות, האכזבות והכאבים, אנו חשים כי ישנו כיוון שאליו החיים זורמים. יש כוח שדוחף אותנו בתמידיות אל השלב הבא, בתנועה קדימה. ממילא במציאות יש טוב, יש אמונה, יש תקווה.

הפרשה הראשונה בתורה אינה עוסקת באירועים היסטוריים או משוואות פיזיקליות, אלא מתארת לנו את מטרת־העל של חיינו. מכל שבעת שלבי הבריאה, מן החטא והכישלון, מן הגירוש מגן עדן, מתוך הסכסוכים האנושיים וסיבוכי השושלות ההיסטוריות – עולה אמת אחת: יש אלוהים.

הנושאים בפרשה:

בריאת העולם • חטא אדם הראשון והגירוש מגן עדן • קין והבל • תולדות עשרת הדורות מאדם ועד נח

פרשת בראשית, ככל פרשות התורה, מכילה נושאים שונים ויש למצוא את הקו הרוחני־נפשי החורז אותם.

התובנה הבסיסית שחורזת את הפרשה היא בְּרֵאשִׁית בָּרָא אֱלֹהִים אֵת הַשָּׁמַיִם וְאֵת הָאָרֶץ.[1] המילה "אלוהים" היא ריבוי של המילה **אל**. **אל** זו מילה שמבטאת תנועה ליעד כלשהו: הליכה **אל** מקום כלשהו, התקדמות **אל** דבר מסוים. המילה **אלוהים**, אל בלשון רבים, מבטאת תנועה אינסופית, מטרה

לחיים שאינה מסתיימת לעולם. המילה **שמים** היא ריבוי של המילה **שם**; שם, ועוד שם, ועוד שם. יש מציאות שתמיד נמצאת במרחק מאיתנו, מעבר לגבולות שלנו. יש רבדים אינסופיים, עתידיים ונצחיים בחיים שלנו. **ארץ** היא הממדים המדידים, המרחבים שבהם אנחנו חיים בהווה. ארץ היא מלשון **ריצה** - זו המציאות שבה אדם רץ, פועל ומתקדם.

הפסוק השלם - ברא אלהים את השמים ואת הארץ - אינו תיאור פיזיקלי כיצד נוצר העולם, אלא משפט מפתח בנוגע לכל חיינו בעולם: יש בעולמנו ארץ ויש שמיים. יש מרחב שבו אנו חיים בהווה ויש מרחב גבוה ואינסופי הכולל עולמות שעדיין איננו מכירים. כנגד מה שהיה אפשר לחשוב שאלה מרחבים סתמיים שאין להם כיוון, התובנה הראשונה של התורה היא: בראשית ברא אלוהים. יש א־ל שברא את העולם, ויש לו כיוון, יש מטרה, יש תקווה. החיים אינם אוסף של נתונים הנלחמים זה בזה, אלא הכול הוא הופעה של אלוהים. זו הראשית, כלומר הבסיס של כל החיים שלנו.

בריאת העולם

מבוא לפרשת הבריאה

הנושא הראשון של פרשת בראשית הוא בריאת העולם. תיאור הבריאה בדרך כלל מעורר את השאלה: האם פסוקי בריאת העולם תואמים למדע? איך התיאור של בריאה בשישה ימים תואם את הפיזיקה, האבולוציה וכל התיאוריות המדעיות על הדרך שבה התפתח העולם? השאלה מוכרת, אך למעשה היא שייכת לדורות הקודמים. אומנם התכתשו עליה במשך מאות שנים, אבל בדורנו הדיון חסר משמעות. מטרת התורה אינה להיות ספר היסטוריה או פיזיקה. המניין שאנו מונים, שלפיו העולם קיים כחמשת אלפים ושבע מאות שנה, אין כוונתו לתיארוך המציאות הפיזית של העולם. יכול להיות שהמציאות הזאת קיימת מיליוני או מיליארדי שנים. הכוונה היא שלפני פחות משש אלפים שנה אלוהים החל לדבר עם בני האדם, כלומר האנושות הגיעה לבשלות מוסרית ורוחנית והחל העידן שלנו, עידן האדם. בזה עוסקת פרשת בראשית.

לכן הניסיונות להסביר כיצד המתואר בפרשה מתיישב עם התיאוריות המדעיות מיותרים, ואפילו מגוחכים מעט, מפני שהתיאוריות המדעיות הולכות ומשתנות. כיום רווחות תיאוריות שלא היו בעבר, ובעתיד עתידות להחליף אותן תיאוריות אחרות. האם אחרי שביארנו את הפסוקים באופן שיתאים לתיאוריה הנוכחית, ננסה בעתיד לבארם אחרת? איננו אמורים להשוות בין המדע ובין

תיאורי התורה, מפני שהם אינם מדברים על אותו נושא. לפי המפרשים והעוסקים בתורת הנסתר, פרשת בראשית לא באה לתאר איך העולם נוצר מבחינה פיזיקלית, אלא לתאר השתלשלות של עקרונות רוחניים, ירידה של האמת העליונה לתוך החיים שלנו.

דוגמה לעיקרון זה היא הפסוק: וַיִּיצֶר ה' אֱלֹהִים אֶת הָאָדָם עָפָר מִן הָאֲדָמָה.[2] האם הכוונה שאלוהים ברא את האדם מהבוץ? איך זה מסתדר עם האבולוציה, שלפיה האדם התפתח מאביו הקדמון של הקוף? אלא שהתורה רצתה לומר עיקרון רוחני: כמו שהאדמה מצמיחה את מה שגלום בתוכה, כך גם האדם הולך ומצמיח את הכוחות שלו. מבחינת התהליכים הביולוגיים שהתחוללו בעולם, ייתכן שהיצורים נוצרו והתפתחו בתהליכים שארכו זמן רב, מיליוני ומיליארדי שנים; אך זה כבר אינו מעניינה של התורה.

אין הכוונה לשלול את כל רובד הפשט של התורה ולטעון שכל סיפורי התורה אינם תיאורים של מקרים שקרו אלא רק עקרונות רוחניים. כלל חשוב נקוט הוא בידינו: "אין מקרא יוצא מידי פשוטו".[3] בפרשות הבאות, לאורך רוב התורה, נתייחס לתיאורי התורה כעובדות שהתרחשו במציאות. זאת מפני שעם כל רובדי העומק האינסופיים שתלמידי החכמים הסיקו מן הפסוקים במהלך הדורות - רובד הפשט נותר תמיד על כנו, למעט מקרים חריגים שבהם ניגע להלן. עם זאת, אף שהתורה מציגה עובדות ואינה משל אלגורי גרידא, עיקר מטרתו של הלימוד התורני הוא לחתור לרובדי הרמז, הדרש והסוד. אם נשארים ברובד הפשט בלבד, הפסוקים עלולים להיתפס כתיאורים של מאורעות היסטוריים שאינם רלוונטיים לחיינו כיום.

על תפיסה זו של סיפורי התורה, שמתעלמת מרבדיה הפנימיים, נאמר כבר בזוהר:[4] "ומשוינן לאורייתא יבשתא" (=עושים את התורה ליבשה). או בניסוח חריף יותר: "מאן דחשיב דההוא לבושא איהו אורייתא ממש ולא מילא אחרא, תיפח רוחיה ולא יהא ליה חולקא בעלמא דאתי" (=מי שחושב שלבושי פשטי המקראות הם התורה ממש ואין עומק אחר, תיפח רוחו ולא יהיה לו חלק בעולם הבא).[5]

בלימוד התורה צריכים אנו להתעמק ולהבין מהם העקרונות הרוחניים שהתורה מוסרת לנו, וכיצד הם רלוונטיים לחיינו כיום. פשט התורה משמש בסיס לתוכן הפנימי העמוק שנלמד ממנה. למשל, במפגש עם סיפור על אברהם ושרה במצרים, שאותו אפשר ללמוד כפשוטו, יש צורך להעמיק ולהבין מה התוכן הפנימי שאברהם ושרה מביאים לעולם מול התפיסה הפרעונית. אם מתעסקים למשל בצורת הלבוש של אברהם, המטרה היא להבין טוב יותר מה

משמעות הלבוש של אברהם להיבט הרוחני שלו. העיסוק העיקרי בתורה צריך להיות ברובד הפנימי.

אולם, כאמור, יש מקרים חריגים. יש פרשות יוצאות דופן בתורה שבהן ההקשר כולו בלתי הגיוני, מה שמצריך קריאה במבט אחר.* כזו היא פרשת בראשית: היא מדברת על עולם שיש בו מושגים השונים מהעולם שלנו; ואם נדמה בנפשנו שאנו מבינים את הדברים בפשטותם, עשויים להתקבל תיאורים מנוגדים למבנה המציאות שלנו (בניגוד לניסים נקודתיים המתארים שינוי בתוך עולם הטבע המוכר לנו). לדוגמה, בבריאת היום הראשון נאמר: <u>וַיְהִי עֶרֶב וַיְהִי בֹקֶר</u> יוֹם אֶחָד,[6] אך רק ביום הרביעי נבראו השמש והירח. כיצד ייתכן שכבר ביום הראשון היו בוקר וערב? ברור אפוא שפסוקי בריאת העולם אינם כתובים על פי מערכת המושגים שלנו, ואין הכוונה שהעולם נברא בשישה ימים כמו אלה שבעולם המוכר לנו.

בפרשות בראשית ונח,[7] הפשט משמש בעיקר בסיס לדרש, לרמז ולסוד. בריאה, גן עדן, נחש ומבול - אלו מושגים מופשטים. התורה מדברת על עיקרון רוחני, ובו צריך להתמקד. את תשומת הלב בפרשת בראשית צריך למקד לא בפרטים הטכניים, אלא לברר ולהבין לפי פשט הפסוקים מה הרעיונות הרוחניים הגלומים בהם, מפני שפרשת בראשית היא הלב של כל התורה כולה.**

* יש כמה סוגים של פסוקים היוצאים מן הכלל, שאך ורק בהם אנו מוציאים את המקרא מידי קריאתו הפשוטה: א. פסוקים שסותרים עיקרי אמונה דוגמת "ויחר אף ה'" - לכולנו ברור שלקדוש ברוך הוא אין אף, ולכן הבנת פסוק זה מתחילה מרובד הרמז, שמשמעותו כעס אלוהי שמתגלה במציאות; ב. פסוקים הסותרים דברי חז"ל מפורשים דוגמת הפסוק "עין תחת עין" (שמות כא, כג), שהתלמוד (בבא קמא פג, ב) מבהיר שהכוונה לפיצוי כספי ולא להוצאת עין בפועל (גם במקרה זה אין התעלמות מוחלטת מפשט דברי התורה; רובד הפשט נועד ליצור אפקט של הרתעה, שאכן ראוי היה להוציא את עינו של המזיק, כדברי הזוהר כי תשא קצ, ב, וראה שיחות הרצי"ה פרשת משפטים); ג. פסוקים שההקשר הכולל שלהם אינו מתיישב עם דפוסי הטבע של עולמנו, דוגמת 'מעשה מרכבה' בפרק א ביחזקאל - שעל פי רוב המפרשים צריך להילמד מרובד הרמז והלאה. לסוג זה של פסוקים משתייכת גם פרשת הבריאה (אמונות ודעות לרס"ג, מאמר שביעי).

** יש קושי ללמד באופן זה את פרשות הבריאה, ואכן, חלק מחכמי ישראל הדריכו להתחיל ללמד את הילדים הקטנים מפרשת לך לך. ילדים קטנים עלולים להפנים את סיפורי הבריאה באופן מוגשם, על ידי ציור פשטני של ימי הבריאה בתוספת מלאכים בעלי כנפיים, בלי להבין את הרבדים הפנימיים הרוחניים. החשש הכבד הוא שכאשר הילדים יגדלו ויהיו למבוגרים, הם יתקשו להשתחרר מהציור של ימי הילדות. לפי הדרכה זו, את פרשות בראשית ונח, הילדים ילמדו בשלב מתקדם יותר; בפרשת לך לך מתחילים סיפורי אברהם

תהו ובהו

העיקרון הרוחני המרכזי של פרשת בראשית, כאמור, הוא ההכרה שלמציאות יש כיוון. אין זה מובן מאליו, שהרי במבט ראשון הארץ היא תהו ובהו, המציאות היא כאוס. נראה שהעולם הזה אינו מסודר ואינו מוביל לשום מקום. וְחֹשֶׁךְ עַל פְּנֵי תְהוֹם[8] - חושך הוא מלשון חסך, חיסרון. יש תחושה של אפלה וחוסר התקדמות.

עם זאת, וְרוּחַ אֱלֹהִים מְרַחֶפֶת עַל פְּנֵי הַמָּיִם.[9] המים הם התוכן של העולם הזה. המילה **מים** באה מלשון **מה**, ובריבוי - הרבה **מה**, מהות, תוכן. התוכן של העולם נראה תהו ובהו, חידלון ורוע, חיסרון נוקב עד התהום, אבל על גבי כל זה מרחפת רוח אלוהים. יש לעולם כיוון. אומנם כרגע הוא עדיין מרחף מלמעלה ואינו מופיע בפועל, אבל הוא עוטף את העולם הזה.

תחושת ה'תהו ובהו' היא תחושה מוכרת בנפש האדם. אנשים רבים מרגישים שהם סובבים סביב עצמם בחוסר כיוון, ובמקביל גם עטופים ברוע ובכוחות שליליים. אף על פי כן, אל לאדם להתייאש: יש כיוון לעולם, יש רוח אלוהים.

יום אחד

וַיֹּאמֶר אֱלֹהִים. כך מתואר כל שלב בבריאה, והמשמעות היא שאלוהים ברא את העולם במאמר פיו. בריאה פירושה שאלוהים, הכיוון של כל המציאות, האמת, הטוב, מממש עכשיו את הטוב בעולם, והופך אותו מרעיונות רוחניים למציאות ממשית. ה'אמירה' הזאת יכולה להיות תהליך איטי שאורך מיליארדי שנים בתהליך אינסופי של התקדמות. יתרה מזאת, חז"ל אומרים שהקב"ה "בונה עולמות ומחריבן",[10] כלומר ייתכן כי עולמנו אינו העולם היחיד שהיה קיים. יכול להיות שמאובנים שמצאו ארכאולוגים הם שרידים של עולמות קודמים. מכל מקום, כל האמירות לאורך תיאור בריאת העולם - "ויאמר אלהים" - הן תהליכים אינסופיים, שמבררים כיצד האלוהות הולכת ומופיעה.

וַיֹּאמֶר אֱלֹהִים יְהִי אוֹר, וַיְהִי אוֹר. וַיַּרְא אלהים אֶת הָאוֹר כִּי טוֹב, וַיַּבְדֵּל אלהים בֵּין הָאוֹר וּבֵין הַחֹשֶׁךְ.[11] האור מופיע בעולם. יש אור בעולם הזה, הטוב הוא שמנצח. אולם יש גם חושך, כי כדי שהאור יצא מהכוח אל הפועל דרוש

ושרה, החיים בעולם הדומה יחסית לעולם שלנו, ולכן לילדים יכולה להיות אחיזה והבנה גם ברובד פשט - ובהמשך יוכלו להוסיף על גבי זה את הרבדים הפנימיים הרוחניים.

חסך, חיסרון, שישמש אתגר לטוב. כדי שהטוב ילך ויופיע צריך לילה ורוע. כדי לשאוף לשלמות, צריך שמשהו יהיה חסר. כך המציאות שלנו בנויה: כדי שנוכל להוציא דברים מהכוח אל הפועל, אנו צריכים להיות מאותגרים בידי גורם כלשהו.

וַיִּקְרָא אֱלֹהִים לָאוֹר יוֹם וְלַחֹשֶׁךְ קָרָא לָיְלָה, וַיְהִי עֶרֶב וַיְהִי בֹקֶר יוֹם אֶחָד. הערב והבוקר, הלילה והיום, הם אחדות אחת. הערב בא לפני הבוקר. אומר על כך הזוהר הקדוש: "לית נהורא אלא דנפיק מגו חשוכא" (=אין אור אלא כזה היוצא מהחושך).[12] כדי להגיע לבוקר צריך לעבור תחילה דרך הערב.

זו התובנה שאנחנו לומדים מהיום הראשון: צמיחה מגיעה מתוך כאב. הכול מוביל אל האור, אך לשם הופעתו יש צורך בלילה ובחושך.

יום שני

וַיֹּאמֶר אֱלֹהִים: יְהִי רָקִיעַ בְּתוֹךְ הַמָּיִם, וִיהִי מַבְדִּיל בֵּין מַיִם לָמָיִם.[13] הרקיע הוא קרום שטוח הפרוס ('רקוע') בין המים התחתונים למים העליונים, והמים הם התכולה והתוכן שנוזלים ומתפשטים ללא גבולות. יש צורך להבדיל בין המים שמתחת לרקיע למים שמעל לרקיע. וַיְהִי עֶרֶב וַיְהִי בֹקֶר יוֹם שֵׁנִי[14] - לעומת המספר אחד, המבטא אחדות, מצב שבו הכול מתחבר יחד, המספר שתיים בתורת הסוד מבטא פיצול, הפרדה. ביום השני אנחנו לומדים שהעולם מתפצל; המים התחתונים והמים העליונים נפרדים אלו מאלו, ובאופן כללי מופיע פירוד בעולם. מעתה ואילך, העולם יהיה מורכב מכוחות מנוגדים: תהיה בו הפרדה בין מים עליונים למים תחתונים, בין עבר לעתיד, בין חומר לרוח, בין גבר לאישה, בין בני אדם לבעלי חיים.

אחרי התובנה הראשונה שלמדנו מבריאת העולם, שהמציאות אחת והיא הולכת אל האור והטוב, כעת נלמד את התובנה הבסיסית השנייה: העולם מורכב מפרטים רבים ושונים.

יום שלישי

יִקָּווּ הַמַּיִם מִתַּחַת הַשָּׁמַיִם אֶל מָקוֹם אֶחָד וְתֵרָאֶה הַיַּבָּשָׁה... וַיִּקְרָא אֱלֹהִים לַיַּבָּשָׁה אֶרֶץ, וּלְמִקְוֵה הַמַּיִם קָרָא יַמִּים.[15] עד כה המציאות הייתה רק מים, **מה**, תוכן ללא גבולות, וכעת באה היבשה ותוחמת את המים האינסופיים. היבשה היא קרקע מוצקה שעליה אפשר לבנות את החיים בעולם הזה. מעבר למקומות שבהם המים תוחמים את היבשה, יש עוד **ימים**, מרחבים אינסופיים של מים, אינסוף

ממדים, רעיונות ועולמות שעתידים להיחשף; אבל אנחנו נחיה בעיקר ביבשה, בחלקת האלוהים הקטנה שנועדה לנו.

המספר **אחד** שימש ביטוי לאחדות והמספר שתיים ביטא פיצול, ואילו המספר **שלוש** הוא ביטוי לחיבור בין שני הקצוות, "והחוט המשולש לא במהרה ינתק".[16] החיבור מתחיל כעת, ביום השלישי. אומנם כבר ביום הראשון הופיע רעיון האחדות, והיה ידוע שכל הקצוות יתחברו, אבל הידיעה הזו הייתה פוטנציאל בלבד ואחריה בא דווקא הפיצול בין המרכיבים. רק עכשיו מתחיל החיבור בפועל.

המספר שלוש ביהדות מבטא גם 'חזקה' - פעולות משפטיות והלכתיות שחוזרים עליהן שלוש פעמים הופכות לחזקות, קבועות ומחייבות. האדמה שנוצרת ביום השלישי, ומציבה גבול למים, היא קרקע חזקה ומוצקה שעליה אפשר להתחיל לנהל חיים. במרחב זה יחיה האדם וימלא את תפקידו לחבר בין הגורמים השונים במציאות.

ביום השלישי מופיעים גם הצמחים על האדמה. תַּדְשֵׁא הָאָרֶץ דֶּשֶׁא עֵשֶׂב מַזְרִיעַ זֶרַע, עֵץ פְּרִי עֹשֶׂה פְּרִי לְמִינוֹ אֲשֶׁר זַרְעוֹ בוֹ עַל הָאָרֶץ... וַתּוֹצֵא הָאָרֶץ דֶּשֶׁא עֵשֶׂב מַזְרִיעַ זֶרַע לְמִינֵהוּ, וְעֵץ עֹשֶׂה פְּרִי אֲשֶׁר זַרְעוֹ בוֹ לְמִינֵהוּ.[17] ביום השלישי הארץ מוציאה עשב נמוך, הנקרא דשא (כמו פעולת הדישה, הרגליים **דשות** בו), ונבראים גם עצי פרי גבוהים.

בשלב זה אפשר להבחין בהבדל בין האמירה של אלוהים ובין הביצוע בפועל: האדמה הצמיחה "עץ עושה פרי", אבל האמירה של אלוהים הייתה "עץ פרי עושה פרי".[18] מההבדל בניסוח למד המדרש שהיה פער בין הציווי למימושו: מתחילה העץ עצמו היה אמור להיות אכיל, כמו הפרי, אך בפועל רק הפרי שעל העץ ראוי לאכילה. המציאות האידיאלית הייתה ש"טעם העץ כטעם הפרי", כלומר מציאות שאין בה כל הבדל בין המטרה לבין האמצעי, אבל המציאות בפועל אינה כן. מצד האמת היינו צריכים להרגיש תחושות של סיפוק ושמחה כבר באמצע התהליך, לטעום את טעם הפרי כל חיינו, לחוש את התכלית בכל מה שאנחנו עושים; אבל במציאות, קודם אנו מגדלים את העץ בתהליך איטי הכולל עמל ויגיעה, ורק בסוף התהליך נוצר הפרי המיוחל. אם כן, למה מלכתחילה האמירה האלוהית הייתה שטעם העץ יהיה כטעם הפרי? כדי שנבין למה עלינו לשאוף.

נקודה זו משלימה לנו את התובנה השלישית: אנו מתחילים לפעול על הקרקע בעולם הזה, ובה יש פער בין הרצוי למצוי. החיים בארץ ידרשו מאיתנו עמל רב עד שנשיג את מטרותינו.

יום רביעי

יְהִי מְאֹרֹת בִּרְקִיעַ הַשָּׁמַיִם, לְהַבְדִּיל בֵּין הַיּוֹם וּבֵין הַלָּיְלָה, וְהָיוּ לְאֹתֹת וּלְמוֹעֲדִים וּלְיָמִים וְשָׁנִים, וְהָיוּ לִמְאוֹרֹת בִּרְקִיעַ הַשָּׁמַיִם לְהָאִיר עַל הָאָרֶץ וַיְהִי כֵן. וַיַּעַשׂ אלהים אֶת שְׁנֵי הַמְּאֹרֹת הַגְּדֹלִים, אֶת הַמָּאוֹר הַגָּדֹל לְמֶמְשֶׁלֶת הַיּוֹם, וְאֶת הַמָּאוֹר הַקָּטֹן לְמֶמְשֶׁלֶת הַלַּיְלָה וְאֵת הַכּוֹכָבִים.[19] כפי שראינו, הפסוקים אינם מספרים כיצד נבראו השמש והירח מבחינה אסטרונומית, אלא מביעים את התובנה הרביעית שעומדת ביסוד העולם. המספר **ארבע** יוצר מרחב שטוח, פרוס על פני ארבעת הכיוונים (צפון־דרום־מזרח־מערב). במרחב הזה יש צורך בקירות שיאירו לנו את הדרך, באמצעים שיתווכו בין הארץ לשמיים: **אותות** - כלומר סימנים, **מועדים** - מקורות ל**התוועדות** וחיבור, **ושנים** - מלשון **שינוי**.

הסימנים המקשרים בינינו למציאות האלוהית אינם רק השמש והירח, אלא גם כל גורם אחר המשמש עבורנו סימן מלמעלה, כמו המלאכים, שעליהם נלמד בהמשך.[20] הם יוצרים **התוועדות**, כלומר מפגש וחיבור עם המציאות העליונה. התוצאה של מפגש כזה, בין שמיים וארץ, תהיה **שינוי** פנימי, התקרבות שלנו לאמת האלוהית. השמש והירח הם סוגים שונים של סימנים משמיים: יש כוחות שמאירים, כמו השמש, ומסמנים לנו בבהירות את הכיוון שעלינו ללכת בו, ויש שדומים למאור הקטן או לכוכבים בלילה - אלה רגעים בחיי האדם והאנושות שבהם הדרך מעורפלת יותר, וקשה לזהות את הכיוון שבו הקב"ה מוביל את העולם. אבל עדיין יש סימנים, יש גורמים מתווכים, והם אלה המאפשרים לנו לפעול בארבע כנפות תבל.

יום חמישי

יִשְׁרְצוּ הַמַּיִם שֶׁרֶץ נֶפֶשׁ חַיָּה, וְעוֹף יְעוֹפֵף עַל הָאָרֶץ עַל פְּנֵי רְקִיעַ הַשָּׁמָיִם. וַיִּבְרָא אֱלֹהִים אֶת הַתַּנִּינִם הַגְּדֹלִים וְאֵת כָּל נֶפֶשׁ הַחַיָּה הָרֹמֶשֶׂת אֲשֶׁר שָׁרְצוּ הַמַּיִם לְמִינֵהֶם, וְאֵת כָּל עוֹף כָּנָף לְמִינֵהוּ, וַיַּרְא אֱלֹהִים כִּי טוֹב. וַיְבָרֶךְ אֹתָם אלהים לֵאמֹר פְּרוּ וּרְבוּ וּמִלְאוּ אֶת הַמַּיִם בַּיַּמִּים, וְהָעוֹף יִרֶב בָּאָרֶץ.[21] אחרי שנוצרו האדמה והצמחים, ביום החמישי מתחילים להיווצר האורגניזמים המפותחים יותר. גם מבחינה אבולוציונית, ההיווצרות מתחילה מהדומם ועוברת אל הצומח ואל החי, אבל לענייננו חשובה הבחינה הרוחנית. השתלשלות הבריאה מציגה פירמידה של איכות: בתחילה מופיעים המים והמציאות הגולמית הדוממת, בהמשך מופיע הצומח שהוא מפותח יותר ובשלב הבא כוחות החי. תהליך זה מראה כיצד העולם הולך ומשתכלל.

בעלי החיים שנוצרים ביום החמישי הם ה**שרצים**, יצורים קטנים **שֶׁרָצִים**,

ועופות השמיים. בין הברואים ביום זה בולטים "התנינים הגדולים" - ביטוי בתורה ובחז"ל לעוצמות חיים מיתולוגיות, אולי כמו הדינוזאורים.[22] התנינים, התמסחים והלווייתנים שמצויים היום הם אולי שרידים שלהם. ביום החמישי מופיעות עוצמות חיים אדירות ופראיות.

המספר **חמש** מבטא הפרעה לסדר הסימטרי של המספר **ארבע**. הוא גם חצי מהמספר עשר, ובזה הוא מבטא חיסרון, ומלמד על מציאות מסובכת ומפורקת. ביום **החמישי** נבראים הגורמים המפריעים, מהשרצים הקטנים עד התנינים הגדולים. **זו התובנה החמישית**: גם המזיקים והמפריעים נצרכים לקיומו של העולם, ועל כן הם מצווים לפרות ולרבות ולמלא את הארץ בכוחותיהם.

יום השישי

תּוֹצֵא הָאָרֶץ נֶפֶשׁ חַיָּה לְמִינָהּ, בְּהֵמָה וָרֶמֶשׂ וְחַיְתוֹ אֶרֶץ לְמִינָהּ, וַיְהִי כֵן. וַיַּעַשׂ אֱלֹהִים אֶת חַיַּת הָאָרֶץ לְמִינָהּ, וְאֶת הַבְּהֵמָה לְמִינָהּ, וְאֵת כָּל רֶמֶשׂ הָאֲדָמָה, לְמִינֵהוּ.[23] בעלי החיים המופיעים ביום השישי הם מבויתים יותר, ואיכותם גבוהה יותר מבעלי החיים הפראיים של היום החמישי. הבהמות הן בעלי החיים הנשלטים בידי האדם; המילה **בהמה** באה מלשון **בה־מה**, אין לה דבר משל עצמה, אלא עניינה לשרת את האדם. חַיַּת הָאָרֶץ - אלו חיות השדה, שאומנם אינן מבויתות כל כך, אך עדיין פראיות פחות מבעלי החיים האדירים שנבראו ביום החמישי.

בריאת האדם

אחרי בעלי החיים נברא האדם: נַעֲשֶׂה אָדָם בְּצַלְמֵנוּ כִּדְמוּתֵנוּ.[24] המין האנושי הוא מדרגת חיים גבוהה יותר בפירמידת האיכות. ייעודו הוא: וְיִרְדּוּ בִדְגַת הַיָּם וּבְעוֹף הַשָּׁמַיִם, וּבַבְּהֵמָה וּבְכָל הָאָרֶץ, וּבְכָל הָרֶמֶשׂ הָרֹמֵשׂ עַל הָאָרֶץ.[25] תפקיד המין האנושי הוא **לרדות**, כלומר **לרדת** אל כל יצורי החיים ולהדריך אותם ולכוון אותם, מתוך הכרה שכלית־אנושית. לשלוט ולכוון, מבלי לשעבד, את בעלי החיים והצומח.

כיצד נברא האדם? האדם נברא ביום השישי של הבריאה, ובכך משלים מבנה סימטרי - שתי שלשות של ימי בריאה. המספר שש מייצג את המרחב כולו על שׁשׁת כיווניו: קדימה, אחורה, ימינה, שמאלה, מטה ומעלה. הוא מבטא את המרחב של כל המציאות.

וַיִּבְרָא אֱלֹהִים אֶת הָאָדָם בְּצַלְמוֹ בְּצֶלֶם אֱלֹהִים בָּרָא אֹתוֹ זָכָר וּנְקֵבָה בָּרָא אֹתָם.[26] הדימוי הרווח, שהתקבע אצל רוב בני האדם, הוא שבתחילה נברא אדם, ואחר כך בשנתו הוצאה ממנו צלע וממנה נוצרה האישה (לפי התיאור בפרק ב).

אולם אין חובה להבין את הדברים באופן פשטני זה. על פי המדרשים הבריאה לא התרחשה כך, אלא תחילה נבראו איש ואישה צמודים גב אל גב,[27] "זכר ונקבה ברא אותם". הביטוי "זכר ונקבה ברא אותם" מדבר על יצור שמשאיר חותם **וזכר** בעולם, **ונוקב** עד התהום. שני צדדים של המין האנושי שמותירים משמעות אדירה בעולם. בהמשך, בפרק ב, נראה כיצד הפך האדם השלם לאיש ואישה נפרדים ומה המשמעות של התהליך הזה.

עם סיום בריאת האדם, נאמר לו תפקידו: פְּרוּ וּרְבוּ וּמִלְאוּ אֶת הָאָרֶץ וְכִבְשֻׁהָ.[28] האדם מקבל את התפקיד לפרות ולרבות, להטביע את חותמו בעולם, למלא את הארץ, לנהל ולכוון אותה.

גם האדם הפרטי עובר שלבים של התפתחות, בדומה לששת השלבים של ימי הבריאה. תחילה מופיעה אצלו ההבנה הפשוטה שיש לחיים כיוון טוב, של אור; אחר כך הכיוון שלו מתפצל לפעולות שונות; הוא מתחיל לתחום ולהגדיר את הפעולות שלו; הוא מחפש סימנים שיובילו אותו לדרך הנכונה שבה עליו לסדר את חייו; בהמשך מתפרצים בו כוחות אדירים שמשתוללים בו, אך עם זאת מקדמים אותו; לאחר מכן מתפתחים אצלו ההכרה, התובנה והשכל. לא תמיד שלבי ההתפתחות של האדם מסודרים זה אחר זה כסדר של ששת השלבים; לפעמים נצרכת חזרה לאחור כדי להשלים את השלב הקודם, ולעיתים יש קפיצה ודילוג. מכל מקום, התורה מתארת לנו בשלבי הבריאה את הדינמיקה של כוחות החיים המתפתחים וצומחים במציאות.

מסופר שלפני פטירתו שכב בעל התניא במיטת חוליו והביט על התקרה. נכדו ישב לידו. שאל בעל התניא את נכדו מה הוא רואה, ונכדו ענה שהוא רואה את קורות התקרה. אמר לו בעל התניא: "אני רואה רק את הכוח האלוהי שמחזיק את התקרה", ואלו היו מילותיו האחרונות. **הכוח האלוהי הוא המוקד של סיפור ימי הבריאה.** כל מה שאנו רואים בעולם הוא חלק ממערך אחד גדול, המובל בתהליכים אינסופיים בכיוון המוליך אל א־ל, אלוהים.

החל מבריאתו, גם האדם נעשה מעורב בחלק מהתהליכים האלוהיים שמניעים את העולם. יש לנו מקום בתוך השרשרת האינסופית הזאת, שעוברת דרך ההיסטוריה, האדם, בעלי החיים והיקום כולו.

שבת

וַיְכֻלּוּ הַשָּׁמַיִם וְהָאָרֶץ וְכָל צְבָאָם.[29] הבריאה הושלמה בשישה ימים, וכעת העולם בשל להופעת מדרגת השבת.

המספר שבע מייצג את ששת הכיוונים של המרחב בתוספת הנקודה

הפנימית. יש נקודה פנימית בזמן, וכן בכל ממד אחר בחיים, שבה מתגלה השביתה של אלוהים. אין הכוונה שהוא מרגיש צורך לנוח מהעמל של ששת הימים, אלא שהבריאה שלו מגיעה לסיומה. אם ראינו שהתהליכים האלוהיים מקדמים כל הזמן את העולם, בשבת מופיעה התכלית שלהם. וַיְכַל אֱלֹהִים בַּיּוֹם הַשְּׁבִיעִי מְלַאכְתּוֹ אֲשֶׁר עָשָׂה, וַיִּשְׁבֹּת בַּיּוֹם הַשְּׁבִיעִי מִכָּל מְלַאכְתּוֹ אֲשֶׁר עָשָׂה.[30]

כל החיים אנו מצווים לחיות בעמל בלתי פוסק, אבל יש רגעים שבהם אנו מצליחים לגעת בתכלית. גם אם עבודה רבה עוד לפנינו, אנחנו מביטים במלאכתנו כאילו היא כבר עשויה.[31] חז"ל מגדירים מצב זה כ"מעין עולם הבא". ככל שאדם הולך ומתקדם אל העולם שהולך ובא, כך הוא גם השבת מופיעה יותר בחיים שלו. שבת היא רגע שבו אנחנו נוגעים בשלמות, לכן אנחנו נחים בה ושובתים ממלאכות היצירה. השבת קשורה לכל ימי השבוע, כפי שמשתקף בקטע שבסוף תפילת שחרית שבכל יום, שאנו אומרים קודם שיר של יום: "היום יום ראשון בשבת", "היום יום שני בשבת" וכן הלאה. על גבי שישה ימים של עשייה ויצירה, מגיע היום השביעי ומבטא את השלמות שמתנוצצת מכל ימי השבוע.

האדם אמור להרגיש בשבת כיצד הכול שב למקורו. בקידוש שבליל שבת אומרים: "זכר למעשה בראשית", כי השבת מחזירה אותנו אל נקודת הראשית, אל המפגש עם השלמות של אלוהים. לא משנה כמה התפצלנו והתנתקנו בימי השבוע, אנחנו שבים אל השבת.

אחרי שראינו בפרק א את ימי הבריאה, ואת העקרונות שעליהם בנויים חיינו, מתוארת השתלשלות המציאות בפועל. מפרק ב ועד סוף התורה מתואר כיצד עקרונות אלה של העולם הולכים ומופיעים לאט לאט בחיים שלנו ובהיסטוריה.

האדם בגן עדן

אֵלֶּה תוֹלְדוֹת הַשָּׁמַיִם וְהָאָרֶץ בְּהִבָּרְאָם, בְּיוֹם עֲשׂוֹת ה' אֱלֹהִים אֶרֶץ וְשָׁמָיִם[32] - עתה התשתית קיימת, נוצר כבר הפוטנציאל של העולם. אולם לא די בזה.

וְכֹל שִׂיחַ הַשָּׂדֶה טֶרֶם יִהְיֶה בָאָרֶץ, וְכָל עֵשֶׂב הַשָּׂדֶה טֶרֶם יִצְמָח, כִּי לֹא הִמְטִיר ה' אלהים עַל הָאָרֶץ, וְאָדָם אַיִן לַעֲבֹד אֶת הָאֲדָמָה.[33] בשני הפסוקים האלה, לראשונה אלוהים מכונה "ה' אלוהים", בשם הוי"ה. אחרי שהופיע הבסיס לעולם שנברא בידי אלוהים, מתגלה כי יש לו הופעה נוספת המתגלמת בשם הוי"ה. כזכור, **אלוהים** מבטא את השאיפה **אל**, וזו מגמה שתחומה עדיין

בתוך העולמות של הבריאה. שם הוי"ה מבטא את מה שמופיע בתוך ההוויה, בהווה וגם בעתיד.

האדם נקרא להיפתח למציאות עליונה עוד יותר; לא רק למי שנותן את הכיוון בתוך המציאות של העולם האנושי, הטבעי והקוסמולוגי, אלא אף לשלמות האינסופית שמעל ומעבר להווה. התיאור שמתחיל ב"אלה תולדות השמים והארץ בהבראם" מראה כיצד המציאות הולכת ומופיעה בפועל בידי הבורא והיוצר, "ה' אלוהים", כפי שאמר אליהו בהר הכרמל וכפי שאנו אומרים בסוף תפילות יום הכיפורים, השלמות האינסופית (ה') מתגלה בכיוון המוסרי של העולם הזה (אלוהים).

וְאֵד יַעֲלֶה מִן הָאָרֶץ, וְהִשְׁקָה אֶת כָּל פְּנֵי הָאֲדָמָה, וַיִּיצֶר ה' אֱלֹהִים אֶת הָאָדָם עָפָר מִן הָאֲדָמָה, וַיִּפַּח בְּאַפָּיו נִשְׁמַת חַיִּים, וַיְהִי הָאָדָם לְנֶפֶשׁ חַיָּה.[34] עד כה לא היה עוד מטר. **מטר** לשון מטרה; מטר הוא מים שיורדים מלמעלה, מהשמיים אל הארץ. בשלב הראשון, המציאות הייתה צריכה להבין שעליה להיפתח למשהו מעבר למסגרת של העולם. עד עתה, האדמה ניסתה להשקות את עצמה בעצמה: אה, אוויר חם, עלה מהאדמה והשקה אותה. זהו ביטוי לניסיון לנהל את העולם הזה רק באמצעות כלים ארציים. אבל ההשקיה הזו הייתה מצומצמת מאוד, עד שהגיע המטר, מטרה גדולה יותר שהגיעה מחוץ למערכת הארצית.

על מי תוטל המשימה להבין זאת, וללמד את כל היקום להיפתח למה שמעליו ומה שמעבר לו? וַיִּיצֶר ה' אֱלֹהִים אֶת הָאָדָם עָפָר מִן הָאֲדָמָה, וַיִּפַּח בְּאַפָּיו נִשְׁמַת חַיִּים. ה' אלוהים יוצר את האדם כמו האדמה, ההולכת וצומחת. נברא יצור שבניגוד לשאר היצורים אינו מוגבל לעולם הזה אלא "ותחסרהו מעט מאלוהים".[35] האדם ילך ויצמח, יוציא את עצמו מהכוח אל הפועל על ידי נשמת החיים שבקרבו. **נשמה לשון נוע־שמה.** האדם קשור במציאות ההווה, אך נתונה בו גם הנשמה, שהיא הנוטעת בו את הרצון לצמוח אל מה שמעבר.

וַיִּטַּע ה' אֱלֹהִים גַּן בְּעֵדֶן מִקֶּדֶם, וַיָּשֶׂם שָׁם אֶת הָאָדָם אֲשֶׁר יָצָר.[36] זהו מרחב החיים של האדם, בעל נשמת החיים. גן עדן אינו בהכרח מקום פיזי; זהו גן עדין, גן שיש בו עונג, מציאות אידיאלית של טוב. זו נקודת ההתחלה של האדם; יש בו צלם אלוהים ונשמה אלוהית מלמעלה, הוא שייך אל העדן ואל הטוב. אחר כך האדם יגורש משם, וכל מהלך חייה של האנושות יהיה חזרה לשם. אבל ההתחלה היא שם בגן עדן.

בתוך אותו גן עדן - וַיַּצְמַח ה' אֱלֹהִים מִן הָאֲדָמָה כָּל עֵץ נֶחְמָד לְמַרְאֶה

וְטוֹב לְמַאֲכָל, וְעֵץ הַחַיִּים בְּתוֹךְ הַגָּן, וְעֵץ הַדַּעַת טוֹב וָרָע.[37] **עצים** מלשון **עצות**. יש כיוונים ותובנות המובילים את האדם. הכיוונים האידיאליים נחמדים למראה וטובים למאכל, כלומר יש בהם התאמה בין הנראות החיצונית לתוכן הפנימי. שונה מהם עץ הדעת טוב ורע, שהוא עצה להביט על העולם באופן הכרתי, כלומר לעשות טוב או רע לא בגלל תחושת השייכות הטבעית אלא מתוך החלטה שהטוב הוא אמת והרע הוא השקר (שזו מדרגה פחותה מאינסטינקט טבעי). בהמשך הנחש יפתה את האדם לאכול מעץ זה, אבל מתחילה, במציאות האידיאלית - האדם אמור לזהות כל טוב וכל רע בחייו באופן טבעי וזורם.

ארבעת הנהרות

וְנָהָר יֹצֵא מֵעֵדֶן לְהַשְׁקוֹת אֶת הַגָּן, וּמִשָּׁם יִפָּרֵד וְהָיָה לְאַרְבָּעָה רָאשִׁים.[38] ארבעת הנהרות שבגן עדן מבטאים פנים שונות שבהן אפשר להוביל את המין האנושי. **נהר** מלשון נהרה, שמחה ועוצמה. אלו כוחות שמתפשטים בעוצמה מתוך גן העדן.

שֵׁם הָאֶחָד פִּישׁוֹן, הוּא הַסֹּבֵב אֵת כָּל אֶרֶץ הַחֲוִילָה אֲשֶׁר שָׁם הַזָּהָב.[39] לפי הזוהר הקדוש, **פישון** משמעו **פה־שונה**, פה שעוסק בלימוד. **החווילה** היא **התוחלת** והתקווה; היכולת ללמוד נותנת לאדם את התוחלת. **זהב** לשון **זה־הב**, רצון של האדם לנכס לעצמו את הדברים הקיימים בעולם, לא מתוך תאוות בצע אלא מרצון חיובי - וּזֲהַב הָאָרֶץ הַהִוא טוֹב.[40] האדם רוצה, על ידי יכולת הלימוד שלו, להקיף את כל הדברים החיוביים שיש במציאות. שָׁם הַבְּדֹלַח וְאֶבֶן הַשֹּׁהַם[41] - **בדולח** הוא האפשרות **לבדל** את הדברים החיצוניים, ואבן **השוהם** זו האפשרות לקרוא **בשם** לכל דבר. שניהם יחד נותנים לאדם את האפשרות להפריד ממנו את השלילי ולנכס אליו את החיובי.

וְשֵׁם הַנָּהָר הַשֵּׁנִי גִּיחוֹן, הוּא הַסּוֹבֵב אֵת כָּל אֶרֶץ כּוּשׁ.[42] **גיחון** מלשון **גחון**, כוח נמוך שהולך סמוך לארץ. זהו הכוח שמנמיך, מגחיך, מרדד את הכול. כמו ארץ כוש, המבטאת מקום אפל רוחנית, יש לאדם אפשרות להוריד את חייו לשפל.

וְשֵׁם הַנָּהָר הַשְּׁלִישִׁי חִדֶּקֶל, הוּא הַהֹלֵךְ קִדְמַת אַשּׁוּר.[43] על פי הזוהר הקדוש, **חדקל** מלשון **חד וקל**; מציאות טובה וקלילה, לא כבדה מדי.

וְהַנָּהָר הָרְבִיעִי הוּא פְרָת[44] - מלשון פרייה ורבייה, זו מציאות שהולכת ופורה.

מתוך המרחב האידיאלי שהאדם נמצא בו, פונות דרכים שונות: יש כוח שמוביל להשגת כל הדברים החיוביים בעולם, יש כוח שמוביל לשפלות, יש גם כוח טוב אך קל ופשוט ויש כוח שמגדיל ומרבה את הכול.

פיצול הזכר והנקבה

הקב"ה אומר לאדם לאכול מכל פרי עץ הגן, רק לא מעץ הדעת טוב ורע, כדי לא לחיות במבט חיצוני לחיים שבוחן בדעת את הטוב והרע. במציאות האידיאלית, אין פער בין התחושות האינסטינקטיביות הטבעיות ובין הניתוח השכלי; מה שנתפס בשכל כטוב - הוא גם מה שנמשכים אליו בטבעיות. אולם בפועל המציאות אינה מובלת כך, והדבר מתגלה כבר בשעה שאלוהים מפריד את האדם לאיש ואישה.

בתחילה האיש והאישה היו מחוברים גב אל גב. צד הגבריות - האקטיבי, וצד הנשיות - הפסיבי, פנו לשני צדדים מנוגדים. זו הכוונה במילה **צלע - צד**. לאחר מכן התפצלו הצדדים לשני גופים נפרדים, ובזיווג יתחברו פנים אל פנים. האדם נברא שלם, כששני צדדיו מחוברים; אך חיבור זה הופיע רק בפוטנציאל, כיוון שהצדדים היו מחוברים רק בגבם, בלי יכולת להתחבר באמת. נסירתם לשתי זהויות שונות מאפשרת להם, על ידי בחירה חופשית, להיפגש ולממש את פוטנציאל החיבור ביניהם מתוך מודעות והכרה.

האנושות עוברת תהליך שבו היא עוברת מאינסטינקט טבעי (חיבור גב לגב) להיפרדות, כלומר להתפתחות שכלית שתוביל בשלב הראשון לסיבוך החיים, עד שלבסוף יתחברו האינסטינקט והטבעיות עם השכל וההכרה. זו תהיה דמות האדם השלמה. זהו סיפור ההיסטוריה האנושית.

וַיַּפֵּל ה' אֱלֹהִים תַּרְדֵּמָה עַל הָאָדָם וַיִּישָׁן, וַיִּקַּח אַחַת מִצַּלְעֹתָיו וַיִּסְגֹּר בָּשָׂר תַּחְתֶּנָּה. וַיִּבֶן ה' אֱלֹהִים אֶת הַצֵּלָע אֲשֶׁר לָקַח מִן הָאָדָם לְאִשָּׁה וַיְבִאֶהָ אֶל הָאָדָם.[45] יש איש ויש אישה, לכל אחד מהם אישיות מיוחדת משלו, ולכל אחד מהם תפקיד משלו. ההפרדה ביניהם היא **בשורה**, "ויסגור **בשר** תחתנה", בזכותה יכול כל אחד מהם להוליד, ובלבד שיתחבר מחדש עם בן הזוג ששונה ממנו בכוחותיו. בשלב הפיצול, הקב"ה מפיל על האדם תרדמה, שזה עולם הדממה.

עץ הדעת טוב ורע

וַיִּהְיוּ שְׁנֵיהֶם עֲרוּמִּים הָאָדָם וְאִשְׁתּוֹ, וְלֹא יִתְבֹּשָׁשׁוּ.[46] כיוון שהחיים בגן עדן היו טבעיים, לא היה פער בין החיצוניות לפנימיות אצל האיש והאישה. לכן גם לא התביישו בעובדה שגופם עירום.

בשלב זה מגיע **הנחש**. הנחש הוא ביטוי לכוחות הנמוכים, ליצר הרע, לצדדי **הניחוש** שמסיתים את האדם מן הטבעיות אל מה שפסול ואסור. זהו הצד בנפש האנושית שאינו מתחבר אל הטבעיות האלוהית, אלא שוקל את הדברים באמצעות השכל האנושי ותו לא; אף שההחלטות מתקבלות מתוך שיקול דעת,

זהו סוג של 'ניחוש', כלומר החלטות מתוך הסתברות סטטיסטית ולא ודאות נשמתית־טבעית. הוא המוביל לחטא, לאיבוד העצמיות ולגירוש מגן עדן.

כיוון שאכל האדם מעץ הדעת טוב ורע, והלך בכיוון שמנתק אותו מהחיים הטבעיים, חייו יהיו עתה מלאי מאמץ ויגיעה, רחוקים מהטבעיות הפשוטה. לכן מכאן ואילך יידרש מבני האדם עמל - בְּזֵעַת אַפֶּיךָ תֹּאכַל לֶחֶם,[47] לא הכול יבוא בקלות ובאופן טבעי. גם ההיריון נעשה מעתה קשה - הַרְבָּה אַרְבֶּה עִצְּבוֹנֵךְ וְהֵרֹנֵךְ, בְּעֶצֶב תֵּלְדִי בָנִים.[48] היצירה באה מתוך עצב, מעצורים וכאבים.

כאשר הנחש מפתה את האדם לאכול מפרי עץ הדעת, כאשר כוחות הניחוש והאקראיות מפתים את האדם להתנהל בקרירות חיצונית של דעת ולא בטבעיות הפשוטה של החיים, התוצאה היא גירוש מגן עדן. מכאן ואילך, כל ההיסטוריה תנוע סביב הרצון לשוב לשם ולתקן את החטא, לשוב אל טבעיות החיים, אך הפעם מתוך מודעות והכרה. חטא אדם הראשון ותיקונו הם ביטוי לתהליך הבלתי נמנע של השתלשלות ההיסטוריה האנושית - מעבר מטבעיות לחיים של עמל וכאב, ומשם חזרה לחיים טבעיים ושלמים.

זהו התהליך שעובר כל אדם בעולמנו: הוא נולד וגדל בטבעיות, הכול פשוט לו, הכול מחובר ומתאים. ההורים שלו תמיד צודקים, והוא יודע הכול - מה טוב ומה רע. לאחר מכן מגיע שלב של פיצול - מתחיל בירור עצמי, הוא טועם מעץ הדעת טוב ורע ומפתח הכרה. ההכרה שרכש מסבכת אותו, אך סיבוך זה הכרחי להתפתחות, שהרי אילו בני האדם היו נשארים בגן עדן ללא הנחש - האנושות לא הייתה מתקדמת. תוך כדי הסיבוך האדם אינו מודע כל כך לעצמו, אבל בהמשך חייו, עם השנים, האדם מתקדם ומתוודע לעצמו, עד שהוא מחבר את כל הצדדים שנפרדו והתפצלו בתוכו, מתוך דעת והכרה המתחברות אל הטבעיות. זו השיבה האישית לגן עדן.

במישור האישי, האדם חוזר לבסוף אל עצמו באופן בוגר ומודע. בחייה של האנושות, התהליכים הללו הם אינסופיים - ועם זאת, אנחנו כל הזמן מתקדמים בהם.

התפתחות האנושות

קין והבל

לאחר מכן נולדים קין והבל. **קין** מלשון **קניין**, ו**הבל** פירושו **אוויר**. שני הבנים פונים לדרכים שונות: קין עובד אדמה והבל מגדל צאן.

ישנן שתי דרכים להיפגש עם אלוהים, עם הכיוון שמוביל את האדם. יש

דרך של **קניין**, רכושנות וקיבעון. דרך זו מתבטאת בעבודת האדמה - אחיזה באדמה הארצית ללא תנועה, ללא מוכנות להתקדם. הדרך השנייה היא תנועה והתקדמות. דרך זו מאפיינת את רועה הצאן - היכולת לנדוד, לא להיות מקובע במקום אחד.

קין רוצח את הבל. בשלב זה כוח הקיבעון גובר על הרצון להתקדמות, מכה בו ומנצח אותו. אולם טעותו של קין מתבררת לו, וגם מתברר לו כיצד לתקן טעויות וגם שתמיד יש דרך לשוב בתשובה. לקין נשארה תכונת הקניין והחומרנות, והוא מקולל "נע ונד תהיה בארץ", אך הוא לומד את האפשרות לשוב בתשובה. הֲלוֹא אִם תֵּיטִיב שְׂאֵת,[49] אם תתקן את דרכיך תוכל לשאת את משא החיים. בסופו של דבר קין בונה עיר, כלומר עושה סוג של תשובה שבה הוא מקים עיר יציבה שאינה קפואה ומאובנת. כל אדם יכול לממש את הרצון שלו לקניין ולבנות ערים גדולות.

התעצמות הכוחות האנושיים ונפילתם

מכאן הולכת האנושות ומתרבה. מבחינה עובדתית־היסטורית, לא מן הנמנע שה' ברא עוד אנשים במקביל לאדם הראשון, ומכולם התפתחה האנושות כפי שהיא מוכרת לנו. מכל מקום, מבחינה ערכית־רוחנית, בריאתו של אדם הראשון הייתה השלב הראשון בהתפתחות אנושית. המניין היהודי של חמשת אלפים שבע מאות ומשהו שנים לבריאת העולם מתייחס לספירת השנים מתחילת הציוויליזציה הרוחנית של האנושות (מספר השנים לקיומו של כדור הארץ או להופעת ההומו־ספיינס אינו מעניינה של התורה). וכעת אנו עוברים לשלב הבא.

בשלב הבא מתגלים באנושות כוחות אדירים: בני אדם שחיים מאות שנים - לאו דווקא במשמעות הפיזית - אלא בעיקר באיכות החיים שלהם, וכל אחד מהם מבטא זווית נוספת שמופיעה בעולם. אולם הכוחות האלה אינם זורמים באופן טבעי, בני האדם צוברים כוח מוגזם ומשתמשים בו באופן מעוות. כך הם מגיעים למשבר בלתי נמנע, שאת תוצאתו נראה בפרשה הבאה - מבול שמגיע ומציף את הארץ. את המבול, ואת הדרך לבנות את העולם מחדש, נראה בפרשת נח.

סיכום

פרשת בראשית מגלה לנו שיש כיוון ומטרה לעולם. מתוך הכיוון הזה העולם הולך ונבנה - יש בו מורכבות וחיבור, כוחות פראיים ואדם שביכולתו לנהל

אותם. האדם מתחיל את דרכו בחיים טבעיים, התואמים את הכיוון האלוהי, אבל מתפתה ללכת אחרי החשבונות האנושיים, ומוצא את עצמו בעולם מורכב ומפותל. מכאן יוצא האדם לדרך קשה ומאתגרת, שבה יצטרך לברר את דרכו בעזרת הכרתו וכוחותיו, ובסוף הפרשה הם מובילים אותו אל סף התרסקות.

האדם נולד כשהוא פשוט וטבעי, אך לאט לאט מתבגר, מחפש את דרכו ומסתבך. על המשך הדרך עוד נלמד בפרשות הבאות, אך מכל מקום, נקודת ההתחלה של האדם והעולם היא: **בְּרֵאשִׁית בָּרָא אֱלֹהִים**. פרשת 'בראשית' מלמדת את התובנה היסודית: יש אלוהים.

נח

כשהעולם קורס

אחרי ההפנמה שיש אלוהים, שקיים כיוון לחיים, באים באופן בלתי נמנע רגעי נפילה ומשבר. לאחר התנוצצות של מבט בהיר מגיע הערפל. עוצמות החיים מתגלות ללא בקרה, מידרדרות לתאווה ולפריצת גבולות. העולם קורס מסביב. האדם מוצא את עצמו תוהה על דרכו ומשחית לשווא את כוחותיו.

הדרך להתמודד עם מצבים מעין אלו היא בהתכנסות פנימית. כשסערה משתוללת בחוץ, זו עת לבירור עצמי ולארגון מחדש של האישיות, הפרטית והציבורית. לאחר בריאה עצמית מחודשת אפשר לצאת בזהירות ולהתחיל מחדש בעולם נוח יותר. לאחר שיבשו מי המבול, כשהכוחות מתונים ומאוזנים יותר, אפשר ליישב את העולם.

הנושאים בפרשה:

המבול • יציאת נח מהתיבה • בני נח • מגדל בבל • עשרת הדורות מנח ועד אברהם

כל פרשה ופרשה שאנו לומדים בונה נדבך נוסף באישיות שלנו. בפרשת בראשית, שהיא ההתחלה, למדנו את העיקרון - יש אלוהים, המסמן כיוון לעולם, שאין הפקרות. בשלב הבא, פרשת נח, העולם חווה התמוטטות: בני האדם מנסים לנהל אותו לבדם ואינם מצליחים, ובעקבות זאת בא אסון בדמות המבול שמוחה את החיים שעל פני האדמה. מתוך האסון הזה צומחת אנושות חדשה.

זהו השלב הבא בבניין האישיות: איך מתמודדים כשהעולם קורס? מה

עושה אדם שבנה לעצמו חיים אך לפתע הכול מתמוטט מול עיניו? איך צולחים את המשבר וקמים לחיים חדשים?

המבול

מבוא לפרשת המבול

בפרשת בראשית הבהרנו כי הפרשות הראשונות של התורה, בראשית ונח, לא מדברות על העולם כפי שאנו מכירים אותו. רק מפרשת לך לך ואילך נדבר על עולמנו אנו. אין הכוונה שפרשת נח בלתי ניתנת להבנה, אלא שיש ללמוד אותה בעיקר ברובד הרעיוני, גם אם איננו מבינים את פרטי האירועים ואת פשרם הריאלי המדויק.

ניסיון לקרוא את הפרשה בעיניים ריאליות, על פי עולם המושגים שלנו, יעלה שאלות רבות: כיצד אפשר להכניס לתיבה שאורכה שלוש מאות אמה את כל מיני בעלי החיים שיש בעולם? היכן היה הקנגורו, וכיצד לא גרמו הפילים לתיבה לשקוע? יש לנו רק מושג מעורפל כיצד כל הסיפור התרחש בפועל. מלבד זאת, יש תרבויות אחרות המתארות מבול שהתרחש אי־פעם בהיסטוריה, וגם עובדה זו מעוררת שאלה: מה היחס בין הסיפורים? האם ייתכן שלא כל העולם הוצף אלא 'רק' אזור מסוים במסופוטמיה? אולם איננו צריכים לדון בכל הפרטים הקטנים של הסיפור. הרעיון הוא שכשיש מבול - בונים תיבה. המבול משמעו משבר שמטלטל את העולם כולו, או את עולמו האישי של האדם, והתיבה היא הדרך לצלוח את המשבר ולפתוח עידן חדש.

במבט זה, פרשת נח הופכת מאירוע היסטורי שקרה באופן כזה או אחר לפני אלפי שנים, לפרשה רלוונטית לכל אחד מאיתנו כאן ועכשיו. כפי שאמרנו בפרשת בראשית - התורה אינה ספר היסטוריה, גאוגרפיה או ארכיאולוגיה, ואין מטרתה להסביר את התהליכים הפיזיקליים או ההיסטוריים שבהם העולם נוצר; היא באה ללמד אותנו עקרונות רוחניים שנוגעים אלינו. כאשר אנו לומדים את התורה, מה שחשוב לנו הוא לשמוע את דבר הנבואה שמדבר אלינו מלפני ששת אלפים שנה, ולשאול כיצד אנו יכולים לפעול לפיו בימינו.

נוסיף הקדמה חשובה: העולם שלפני המבול וזה שאחריו אינם אותו עולם, והמציאות שאנו מכירים היום לא הייתה מאז ומתמיד. התורה מתארת עולם בעל עוצמות חיים אדירות לפני המבול, אנשים שחיים במשך מאות רבות של שנים, נפילים וגיבורים. הייתה תקופה בהיסטוריה האנושית שהופיעו בה כוחות

גדולים הרבה יותר משלנו. כבר בתיאור הבריאה הופיעו "התנינם הגדלים"[1]. בעולם ההוא היו יצורים מיתולוגיים, ייתכן שהכוונה לדינוזאורים, ואילו העולם שלנו רגוע יותר. אריות ונמרים, שהם בעלי החיים הפראיים יחסית בעולם המוכר לנו, נחשבים מתונים לעומת המציאות שלפני המבול. רק בים, הזירה היחידה שלא הוכתה במבול, קיימים עדיין יצורים מיתיים דוגמת הלווייתנים. פרשת נח מפגישה אותנו עם הקומה הבסיסית בהתפתחות האדם, הקומה הפראית.

האנשים שלפני המבול חיו מאות שנים מפני שמשך הזמן עד שהופיע הייעוד שלהם בעולם היה ארוך יותר. הכוחות שלהם היו אדירים, וגם העבודה שנדרשה מהם כדי להתקיים הייתה אדירה. בני אדם בימי קדם היו צריכים להשקיע כוחות נפש עצומים בהשגת מזונם: לרדוף אחרי בעלי חיים ולצוד אותם או לגדל בעצמם בהמות, פירות וירקות. בימינו, לעומת זאת, הפעולות הממושכות האלה דורשות מאיתנו רק כמה דקות, ותהליכים שארכו אז שנים רבות נמשכים בימינו שנים ספורות. כל זה ביטוי לפער התהומי בינינו - האנשים של אותם ימים היו שונים מאיתנו בכוחותיהם, במחשבותיהם, ברצונותיהם ובחלומותיהם. זהו העולם שאנו נפגשים עמו בפרשת המבול, עולם ללא סייגים וגבולות.

העולם הפראי עומד לקרוס בפרשת נח. ומכאן אנו לומדים כיצד להתמודד עם עולמות שנחרבים בחיינו. כפי שראינו בפרשת בראשית, "הקב"ה בורא עולמות ומחריבן",[2] החיים מלאים תהליכים של התחדשות. המחשבות שהיו לנו אתמול אינן המחשבות של היום, ומחר יהיה לנו כבר עולם אחר של מחשבות. אנו יכולים לזהות בתוכנו עולמות שהיו פעם חלק מהאישיות שלנו - בילדותנו ובתחנות חיינו הקודמות - ועולמות אחרים שצמחו במקומם. זה התהליך שאנו עומדים לפגוש בפרשת נח: עולם נעלם, ובמקומו נבנה עולם אחר.

ותִשחת הארץ

אֵלֶּה תּוֹלְדֹת נֹחַ, נֹחַ אִישׁ צַדִּיק תָּמִים הָיָה בְּדֹרֹתָיו, אֶת הָאֱלֹהִים הִתְהַלֶּךְ נֹחַ. וַיּוֹלֶד נֹחַ שְׁלֹשָׁה בָנִים, אֶת שֵׁם אֶת חָם וְאֶת יָפֶת. וַתִּשָּׁחֵת הָאָרֶץ לִפְנֵי הָאֱלֹהִים, וַתִּמָּלֵא הָאָרֶץ חָמָס. בני האדם נהנים מכוחות אדירים וחסרי גבולות ומעצורים, והתוצאה היא **השחתה**. **להשחית** פירושו לעמוד מול דבר יפה ולהרוס אותו, כפי שרואים למשל באיסור "בל תשחית", שבו התורה אוסרת על הרס של עצי פרי[3] (או של כל דבר טוב ומועיל אחר)[4] ללא צורך מוצדק. יש סוגים שונים של השחתה, כגון השחתת זמן לבטלה; השחתת זרע לריק, לשם סיפוק חושני בלבד במקום להוליד וליצור חיים; השחתת הגוף על ידי פגיעה עצמית בו כמו

כתובת קעקע, ועוד. הקדוש ברוך הוא ברא דבר־מה בעולם, והאדם משחית והורס אותו. תופעה שלילית זו גברה אצל בני האדם שלפני המבול, מפני שהכוחות והעוצמות שבידיהם גרמו להם להתבלבל.

לשם מה נצרך שלב זה, שבו בני האדם בפראותם הרסו הכול?

האנושות בתחילת דרכה הייתה זקוקה לפרשות בראשית ונח, לשלב שבו תהיינה בטבע ובאדם עוצמות אדירות. העוצמות הללו חיוניות לעולם, אך אם משאירים אותן כפי שהן, הן מביאות לידי התפרקות. ההבדל בין עוצמות אדירות לכוחות מרוסנים מקביל להבדל בין מבול לגשם. בשונה מהמבול, שמציף את העולם ללא הבחנה ובזרם אחיד ובלתי פוסק, הגשם מורכב מטיפות שיורדות בנפרד זו מזו, באופן מדוד ומדויק.

המבול הוא מלשון **בלילה ובלבול**; הגשם נקרא **מטר** מלשון **מטרה**, לכל טיפה תפקיד משלה. חז"ל מכנים את הגשם בביטוי "גבורות גשמים", והסיבה היא: "מפני שיורדים בגבורה".[5] גבורה היא היכולת להפריד בין כוחות, לגרום שכל אחד מהם יופיע במידה המדויקת ובשליטה, כפי שיש הפרדה בין טיפה לטיפה. בתקופת חז"ל היו מברכים את ברכת "אוזר ישראל בגבורה" שבברכות השחר בזמן שהיו חוגרים את החגורה בבוקר, ובזה מפרידים בין החלק העליון של גוף האדם לחלק התחתון שלו. פעולה זו נקראת **גבורה**, מפני שמי שמסוגל להפריד בין דברים הוא גיבור, כמו זה הכובש את יצרו. העוצמה של המים היא טובה - בתנאי שיש לה גבול ומידה; עוצמה בלתי נשלטת היא מבול, וזה אסון לעולם.

כאשר האדם אינו שולט בעצמו, כאשר האנושות אינה חיה מתוך תורה והכרה, הכוחות הפראיים הורסים את המציאות. המים הם רק דוגמה וביטוי לכך, אך הדברים נכונים לכל הכוחות בעולם. לטבע יש מקום בחיינו, אבל טבע ללא שליטה הוא אסון טבע. האש היא טובה, מפני שהיא מספקת חום, אור ואנרגיה, אבל אם נותנים לה להשתולל ביער - היא תשרוף את היער על כל אשר בו. גם חיידקים הם טבעיים וחיוניים לגוף האדם, אבל אם מאפשרים להם להתרבות בלי הגבלה, הם יכולים למוטט את הגוף.

ברמה האישית - ילד שנולד הוא כמו פרשת בראשית, הוא מתחיל לגלות את העולם דרך עיניו הקטנות. הוא אופטימי ושמח מאוד. הסיבה לכך היא משום שהוא אינו חושב על הקשיים והכישלונות שצפויים לו בעתיד, אלא יש לו תחושה ספונטנית של "בראשית ברא אלוהים". אומנם הוא אינו יודע להסביר זאת לעצמו, אבל התחושה שמלווה אותו היא שיש משמעות וטעם

לחיים. אבל אם הוא יגדל ללא תורה, ללא משמעות עמוקה והכוונה אלא רק בטבעיות זורמת, הוא ילך ויגיע להשחתה והרס. אדם שיש לו עוצמות אבל אין לו גבולות ושליטה - עלול להמיט מבול ושואה. אנושות שאין לה תורה והכרה באלוהים לא תוכל לשרוד. בפרשה הבאה יבוא אברהם העברי ויתחיל ללמד את העולם איך מכוונים את הכוחות ולאיזה כיוון, כפי שנער לומד להיות בוגר ולנתב את כוחותיו. בינתיים, בפרשת נח, העולם עודנו כמו ילד מתבגר חסר שליטה, שמלא בעוצמות אך אינו יודע היכן לפרוק אותן. והתוצאה היא: "ותשחת הארץ לפני האלהים".

כאמור, שלב זה נצרך עבור תהליך ההתבגרות. אם ננסה ללמד ילד קטן תורה ומוסר בטרם התחיל לגדול, הוא לא יבין ויפנים את החומר הנלמד. ילד קטן צריך לממש קודם כול את הטבעיות הזורמת שלו. זו הסיבה של מנהג ה'חלאקה', שבו נותנים לשיער של הפעוט לצמוח פרא, ורק בגיל שלוש גוזרים אותו. הרעיון שעומד מאחורי המנהג הוא כפי שאמרנו: השיער הוא ביטוי לזרימה טבעית. הוא חלק מהגוף שצומח ומתארך בלי הפסקה. בשלוש השנים הראשונות נותנים לילד להצמיח את כוחותיו, להשתולל, לעשות מה שהוא רוצה ומיד. החל מגיל שלוש מתחילים לחנך אותו לדחיית סיפוקים ולשליטה. למה לא מתחילים את תהליך החינוך הזה משעה שהוא נולד? כי אנו רוצים שיהיה לנו ילד בריא ונורמלי. אולם שלב זה אינו אמור להימשך לנצח, אלא יש לנתב את כוחותיו של הילד המתבגר לחסד, לרחמים, לטוב.

היום אנשים רבים מתקשים להבין זאת וסבורים שלא צריך להטיל מגבלות ולדחות סיפוקים. הביטויים השגורים בפיהם הם "כזה אני", "קבלו אותי כמו שאני". הם מדברים על זרימה טבעית, אך כדי לשלוט בטבע נדרשת התערבות מלאכותית. האשליה שאפשר להתנהל באופן טבעי, בלי שליטה ובקרה, יכולה לסכן את האדם. כדי שהכוחות שבו לא ישטפו ויסחפו אותו, אדם חייב ללמוד לשלוט בעצמו.

התכנסות

ראינו לעיל מהו מבול וכיצד הוא נגרם. כעת נשאל, כיצד מתמודדים איתו? איך שורדים בעולם שמאבד את הגבולות ומתפרק?

הפתרון הוא התכנסות. נח מצטווה לבוא אל התיבה, ועמו שניים שניים מכל מין בעולם החי. כדי שהאנושות ובעלי החיים יצלחו את המבול וישרדו, צריך לקחת מדגמים מכל החי שעל פני האדמה, והם אלה שיעבירו את האנושות ואת עולם החי לשלב הבא, למציאות המתוקנת.

פתרון ההתכנסות בתיבה הוא לכאורה אגואיסטי מאוד; למעשה, מצבה המתפורר של האנושות לא נפתר כלל, אלא אדם אחד ניצל וכל השאר גוועו. מכאן נלמד כלל חשוב בעבודה המוסרית: לעיתים אין ברירה, וכאשר אדם מרגיש שהוא יוצא מכלל שליטה, שהעוצמות שלו יוצאות מבקרה ומשתוללות, שחייו קורסים מבחינה אישית ומשפחתית - הפתרון הוא להתכנס פנימה **באופן זמני**, למרות המחיר שהוא ואחרים ישלמו על כך בטווח הקרוב.

זה נכון בכל תחום בחיים; למשל, כשבחור או בחורה מחליטים ללמוד כמה שנים בישיבה או במדרשה, הם אינם בורחים מהחיים ומההתמודדות. אלא כדי להתמודד בהמשך החיים, יש צורך לבנות קודם כול תיבה פנימית. יש שלבים בחייו של אדם, וגם בהיסטוריה האנושית, שבהם הדרך לתקן את העולם היא להתכנס.

בתוך התיבה

המבול עצמו, דהיינו ירידת המים על הארץ, לא כולל הזמן שבו העולם התייבש לאיטו, נמשך ארבעים יום וארבעים לילה. המספר ארבעים בתורה, בהקשר של זמן, מבטא עידן שעומד בפני עצמו. למשל: כשמשה עולה להר סיני למשך ארבעים יום וארבעים לילה, המשמעות היא תחילתו של עידן חדש, עידן של תורה. "ארבעים יום קודם יצירת הולד, בת קול יוצאת ואומרת: בת פלוני לפלוני...".[6] המספר ארבעים הוא מכפלה של ארבע - המספר שמבטא את ארבע רוחות השמיים, ועשר - המספר שמבטא שלמות. ארבעים הוא מספר שמקיף את כל הצדדים באופן שלם. בשבת אסורות שלושים ותשע מלאכות, "ארבעים חסר אחת",[7] כדי לשבות מכל מרחב החיים - פחות אחד. גם כשחוטא מתחייב מלקות, לפי התורה מלקים אותו שלושים ותשע מלקות, שהן ארבעים חסר אחת. צריך להלקות אותו, אבל לא עד הסוף. ארבעים יום וארבעים לילה הם ביטוי לעולם שלם, עידן שמשתנה בעולם.

מה התרחש בתיבה באותו זמן? חז"ל מתארים את החיים בתיבה כסדר משלו כעולם שמתנהל בפני עצמו. התיבה הייתה מחולקת לשלושה מדורים:[8] במדור התחתון נמצא האוכל והזבל, באמצעי גרים בעלי החיים ובמדור העליון בני האדם. כאמור, איננו יודעים מה קרה בפועל בתיבה, אבל חז"ל במדרש זה מציבים את סדרי העדיפויות שהתנהלו בתוכה. סדר נכון בין זבל ואשפה, בעלי חיים, והמין האנושי.

דרך תיאור זה מלמדים חז"ל כי כשאדם מתכנס בתוך עצמו, הוא צריך לחלק את חייו למדורים ולקבוע סדרי עדיפויות בין החלקים. אם בחוץ יש

מבול, והכול מעורבב ומתנהל בהפקרות, ההתמודדות בתוך התיבה מתחילה בעשיית סדר. זבל ואשפה הם חלק מהחיים, אבל הם בתחתיתם, וזהו מקומם הראוי להם; מעל גביהם יש מקום לבעלי החיים; ומעליהם נמצא מקומם של בני האדם. בתיבה מסדרים את החיים ומתחילים להעמיד גבולות.

מה עושים נח ומשפחתו במשך כל הזמן הזה שבו הם מכונסים בתיבה? התורה אינה עוסקת בכך, אך בפשטות, וכפי שעולה ממדרשי חז"ל, בתקופה זו נח ומשפחתו דאגו לקיומם של בעלי החיים שבתיבה. כלומר, העיסוק העיקרי של בני האדם שחיים בתיבה הוא גמילות חסד. אם המבול הגיע בגלל החמס והגזל, פעולות שבהן אדם לוקח הכול לעצמו, בתיבה צריך לעסוק בחסד, שזו העמדה ההפוכה - האדם פונה אל המעגלים שמחוץ לו ומעניק להם משלו.

במישור האישי - תוך כדי תהליך ההתכנסות הפנימית, אדם צריך לסגל את היכולת לצאת מעצמו. להתחיל לחשוב היכן וכיצד יוכל לבנות שוב את העולם, אחרי שיצא מההתכנסות בתיבה. אם מדובר בשלב בחיים של בנייה אישית, בישיבה למשל, ייתכן שהאדם ישב בבית המדרש ויבנה את עצמו, אבל בראשו יהיה עסוק במחשבות על חסד.

לחסד יש מחיר. למשל, המדרש מתאר שהאריה היכה את נח כשהלה בא להאכיל אותו וגרם לו לצליעה.[9] אך למרות המחיר והכאב, אדם חייב לגמול חסד. ההתכנסות פנימה במקביל לרצון להשפיע החוצה - יוצרת נכות מסוימת, ועם זאת, זו הדרך הנכונה. סדר וחסד, חסד וסדר - אלו שתי הפעולות שעושה נח בתיבה, ויש קשר ביניהן. אדם המסדר את כוחותיו מסוגל להשפיע טוב על המציאות, אך מי שמצוי באנרכיה פנימית משחית ופוגע באחרים.

בין כה וכה, גם בזמן ההתכנסות הפנימית, יש בתיבה צוהר. במדרש הובאו שני הסברים למילה 'צוהר': האחד - אבן טובה, סוג של מנורה שהאירה את תוך התיבה; והשני - חלון.[10] כשאדם מתכנס בתוך עצמו, דרושים לו שני דברים: אבן טובה שתאיר לו מבפנים, וחלון שיפנה כלפי חוץ. הוא צריך מקור אנרגיה פנימִי מול הסערה שבחוץ, אך עליו גם לזכור שיש עולם בחוץ בזמן שבו הוא מתכנס בתוך עצמו פנימה. עליו להביט מדי פעם דרך החלון ולראות מה קורה בחוץ.

הרב קוק, בספר מוסר אביך (העוסק בבניית הנפש של האדם), מדבר על תיבת נח בהקשר של התמודדות האדם עם כוחותיו שלו.[11] למשל, אדם ששולטת בו מידת הכעס צריך להיכנס לתיבה. כאשר אדם נמצא בתקופה בחייו שבה הוא סוער כמבול, הוא יבריא את עצמו באמצעות התכנסות בתוך עצמו, בניסיון

לא לכעוס בכלל. על פי שיטת הרמב"ם בחיבורו שמונה פרקים, כדי לשנות את אישיותו, האדם הכעסן צריך לפנות לקיצוניות השנייה, ולמשך תקופה מסוימת לא לכעוס, גם לא על דברים שראוי לכעוס עליהם. אדם קמצן צריך באופן זמני לתת צדקה יותר מהסכום המומלץ, כדי להרגיל את נפשו להתרחק ממידת הקמצנות, ולאחר מכן לחזור למידה הממוצעת. הרב קוק מוסיף שגם אדם שמלא בתאוות שונות, צריך להתכנס פנימה ולהתרחק מהתאוות שמושכות אותו; אבל כדי שלא יתנתק לחלוטין מהסביבה, עליו לעשות צוהר לתיבה שלו, ומדי פעם להביט החוצה. לראות את הדברים החיוביים בחוץ, שאליהם הוא עוד ישוב כשתסתיים ההתכנסות שלו.

פרשת נח מלמדת כיצד לחיות בעולם הזה: אדם אינו אמור להתעלם מכל הכוחות שיש בעולם, אבל הוא צריך ללמוד כיצד לשלוט בעצמו, כיצד לכנס את הכוחות שלו וכיצד לעבור שלבים בחיים שלו, כדי שיוכל לצאת באופן הנכון אל העולם.

לצאת מהתיבה

כשהמבול מסתיים, נח ובעלי החיים אינם יוצאים מהתיבה. הם מגששים בזהירות עד שברור להם שבחוץ יש קרקע מוצקה שאפשר להניח עליה את הרגל.

נח שולח את העורב לבדוק מה קורה מחוץ לתיבה. העורב מבטא כוח חיים שלילי, של בוגדנות, אפלוליות ואכזריות.[12] אפשר לשמוע זאת אפילו בקריאה שלו: "ק־רע ק־רע". העורב אינו מצליח לעמוד במשימה שניתנה לו, והניסיון הראשון לבדוק מה מצב הארץ נכשל. לניסיון השני הוא שולח את היונה, בעל חיים שמבטא תום ונאמנות. גם היונה אינה מצליחה בפעם הראשונה, אך בניסיון השני היא חוזרת כשעלה זית בפיה, עדות כי קרבים לסוף המבול. וַיֵּדַע נֹחַ כִּי קַלּוּ הַמַּיִם מֵעַל הָאָרֶץ.

כאשר האדם רוצה לסיים את ההתכנסות ולצאת החוצה ולחזור לחיים רגילים, תחילה הוא צריך לשלוח גששים. אם בתחילה הוא התכנס מפני הכוחות השליליים שבחוץ, גם ביציאתו הוא צריך לברר מה מצבם של אותם כוחות שליליים. אם הוא מסוגל להביט החוצה מבלי שיתעוררו בו שוב הכעס, האגואיזם או האכזריות, סימן שהסתיים בהצלחה תהליך ההתכנסות, וכעת הוא כשיר לצאת אל העולם. אולם אם הוא עדיין לא התעדן מספיק, והפנייה המחודשת החוצה מעוררת את הצדדים האפלים שבו, כנראה עדיין לא הגיע הזמן לצאת. המבחן לכך פשוט ומבוקר, וקשור למידה הרעה שהייתה בו, ועליו

לראות אם היא מתוקנת. לאחר מכן עליו לבדוק גם את צדדיו החיוביים - האם הם יכולים למצוא את מקומם בעולם, האם המפגש המחודש עם העולם אינו פוגע בהם. כך, באופן מבוקר והדרגתי, אפשר לצאת מחדש לחיים תקינים בעולם.

עולם חדש

לאחר שעבר את המבול ויצא מהתיבה, נח פוגש עולם חדש. מה מתרחש בעולם החדש? כיצד מתחילים החיים שאחרי המבול?

המילה המרכזית בתיאור היציאה מהתיבה, שחוזרת על עצמה שבע פעמים תוך פסוקים אחדים, היא "ברית": וַאֲנִי הִנְנִי מֵקִים אֶת **בְּרִיתִי** אִתְּכֶם, וְאֶת זַרְעֲכֶם אַחֲרֵיכֶם, וְאֵת כָּל נֶפֶשׁ הַחַיָּה אֲשֶׁר אִתְּכֶם, בָּעוֹף בַּבְּהֵמָה וּבְכָל חַיַּת הָאָרֶץ אִתְּכֶם, מִכֹּל יֹצְאֵי הַתֵּבָה לְכֹל חַיַּת הָאָרֶץ. וַהֲקִמֹתִי אֶת **בְּרִיתִי** אִתְּכֶם, וְלֹא יִכָּרֵת כָּל בָּשָׂר עוֹד מִמֵּי הַמַּבּוּל, וְלֹא יִהְיֶה עוֹד מַבּוּל לְשַׁחֵת הָאָרֶץ. וַיֹּאמֶר אֱלֹהִים זֹאת אוֹת **הַבְּרִית** אֲשֶׁר אֲנִי נֹתֵן בֵּינִי וּבֵינֵיכֶם, וּבֵין כָּל נֶפֶשׁ חַיָּה, אֲשֶׁר אִתְּכֶם, לְדֹרֹת עוֹלָם. אֶת קַשְׁתִּי נָתַתִּי בֶּעָנָן, וְהָיְתָה לְאוֹת **בְּרִית** בֵּינִי וּבֵין הָאָרֶץ...[13] ברית היא קשר נצחי. אחרי המבול, הקב"ה כורת עם האנושות ברית והיא עתידה להימשך לנצח. לימים, כשהנביא ישעיהו ירצה לבטא את הקשר התמידי בין הקב"ה לישראל, הוא יזכיר את השבועה שלאחר המבול בתור דוגמה לברית נצחית: כִּי מֵי נֹחַ זֹאת לִי, אֲשֶׁר נִשְׁבַּעְתִּי מֵעֲבֹר מֵי נֹחַ עוֹד עַל הָאָרֶץ, כֵּן נִשְׁבַּעְתִּי מִקְּצֹף עָלַיִךְ וּמִגְּעָר בָּךְ.[14] בתפילת ראש השנה, בברכת זכרונות, אנו מזכירים את הברית עם נח כעדות שהקב"ה הוא "זוכר הברית". כריתת הברית, יצירת הקשר הקבוע והקיים לדורות, היא ההתרחשות המרכזית לאחר המבול.

מה תוכן הברית שהקב"ה כורת עם בני האדם? וְלֹא יִהְיֶה עוֹד הַמַּיִם לְמַבּוּל לְשַׁחֵת כָּל בָּשָׂר.[15] היינו מצפים שתוכן הברית יהיה אזהרה לבאות. היה מתבקש לאיים עליהם שאם שוב האנושות תידרדר, היא תימחה מן העולם כמו דור המבול. במפתיע, הברית נושאת מסר הפוך לגמרי: ה' מבטיח שלא יהיה שוב מבול. מה המטרה בהבטחה הזו? האין היא עלולה לשמש עידוד לאנושות לחטוא, מתוך ידיעה שהיא מוגנת על ידי ברית?

למעשה, הברית מבטאת מצב חדש של העולם. האנושות עברה תהליך ארוך וקשה, וכתוצאה ממנו נוצר כעת קשר חדש בינה ובין הקב"ה. במערכת היחסים החדשה בין הקב"ה לאנושות, אין עוד אפשרות של מבול. כוחות החיים התמתנו, בעלי החיים האימתניים נעשו מבויתים יותר, העולם נרגע.

גם בני האדם מתחילים לעבוד יותר את האדמה, עיסוק הקרוב יותר לקרקע. על פי הברית, כך ייראה העולם מעתה ואילך: בלי כוחות פראיים אצל האדם והחי, וממילא בלי צורך במבול אדיר שישטוף אותם. כאן מתחיל השלב הבוגר בתולדות האנושות.

תהליך התבגרות דומה עובר על כל אדם. הוא נולד בלי שום מעצורים, אבל בשלב כלשהו הוא חווה מבול, סטירת לחי כלשהי שמטלטלת את כל עולמו. הטלטלה שפוקדת אותו מרגיעה את המזג שלו ומבהירה לו שהעולם אינו הפקר. יש שעוברים מבול דרך הראש, ויש שעוברים מבול דרך הרגליים. יש שמספיק להם להתבגר באופן הראוי, להבין את הגבולות ומתי צריך לרסן את כוחותיהם, ויש כאלה שצריכים ליפול באופן כואב כמה פעמים. אבל כולם, בסופו של דבר, כורתים ברית עם אלוהים.

הברית עם אלוהים באה לידי ביטוי בקשת, **אֶת קַשְׁתִּי נָתַתִּי בֶּעָנָן.**[16] קשת מורכבת מגוונים שונים של צבעים, לכל אחד גבול משלו. יש גוונים רבים בעולם, יש כוחות רבים בעולם, אבל אין עוד מבול, אין עוד ערבוב וטשטוש שבו כל אחד עושה כאוות נפשו ללא גבולות. מעתה כל אחד ידע את מקומו.

תופעה משונה בימינו היא שצבעי הקשת הפכו לסמלן של קבוצות הדוגלות בטשטוש גבולות ובהפקרות. גוני הקשת באים לומר את ההפך: זֶרַע וְקָצִיר וְקֹר וָחֹם וְקַיִץ וָחֹרֶף וְיוֹם וָלַיְלָה לֹא יִשְׁבֹּתוּ.[17] הברית קובעת שמעתה העולם יתנהל על פי גבולות מוגדרים - קיץ וחורף, יום ולילה, כל דבר בזמן המיועד לו. זהו עולם מסודר ומבוקר. חז״ל מלמדים כי לבני נח ניתנו גם שבע מצוות; מעתה יהיה לבני האדם קוד התנהגות, ולא יעשה כל אחד כאוות נפשו, כמו שהיה עד ימי נח. מצוות בני נח נוגעות בעניינים חברתיים בסיסיים ומסייעות לאנושות להביא את עצמה לשליטה. בהמשך יגיע אברהם, שיפתח עוד את האנושות ויקבל מצווה נוספת - ברית מילה. גם ברית זו נושאת עימה את אותו רעיון, היא מטביעה בבשר התינוק את התודעה שצריך לרסן את החיים ואת היצרים. מאברהם יצא עם ישראל, שיצטווה מערכת שלמה של מצוות (כמניין המילה ׳ברית׳, בגימטרייה = תרי״ב, 612. ובתוספת ברית המילה - תרי״ג, 613 מצוות התורה), ויחיה חיים של שליטה עצמית.

חיים בשליטה על פי גבולות, זו הדרך לממש את הברית - החיבור הנצחי עם אלוהים.

העולם שאחרי המבול

בוני האנושות החדשה

האנושות נבנית מחדש מכוחם של שלושת בני נח: שם, חם ויפת.

חם - מלשון חום ובעירה. הוא הבן ה'ארור', בלשון זו נח מקלל אותו.[18] זהו החלק של האנושות שנשארה בו מהעוצמה הפראית שהייתה לבני האדם קודם המבול.

יפת - מלשון יופי, שהוא עוצמת חיים מעודנת. אסתטיקה אינה דבר גס ומפלצתי; אומנם גם ליופי יש שייכות לחומר, ובזה היא דומה לחם, אבל זו חומריות עדינה יותר. הברכה שמקבל יפת היא יַפְתְּ אֱלֹהִים לְיֶפֶת.[19] ואכן, לימים תצא מיפת התרבות היוונית, שתבנה את הצדדים האסתטיים והעדינים של העולם.

שם - מלשון קריאת שם, המהות של הדבר.

תחילת דרכם של שם, חם ויפת מתוארת דרך מעשה בעייתי. נח משתכר, וחם חוטא כלפיו ומבזה אותו. מנגד, שם ויפת מגלים יחס עדין וצנוע כלפי אביהם. בהמשך, העולם מתחיל להיפתח להכרה בשם אלוהים. תהליך זה מתחיל אצל שם; לפי חז"ל, הוא הקים בית מדרש, ואליו הצטרף גם נינו עבר.[20] זהו ביטוי לתהליך חדש של האנושות אחרי המבול: היא מתחילה להכיר את הצדדים הרוחניים בעולם.

כשהאדם מתבגר ועובר את המבול והטלטלה האישית, הוא יכול לגלות את הצדדים העדינים והרוחניים שבו. לעיתים התהליך צומח מתוך אי־סדר, מתוך מעשים ואירועים לא תקינים, אך דרכם צומחת באדם קומה חדשה.

מגדל בבל

אחרי שבני האדם עברו את המבול, הם חושבים שהבינו את הלקח, והם מתקבצים לבקעת שנער. חז"ל אומרים שזהו המקום "שכל מתי מבול ננערו שם".[21] שם ניצב בית הקברות הגדול של כל מתי המבול. כשבני האדם רואים את הגופות של מתי המבול, הם גומרים אומר להפסיק עם ההפקרות, ומחליטים לבנות מגדל. הם בונים ציביליזציה - תרבות אנושית. בתרבות הזו יהיו חוקים, סדר והיררכיה, ולא יהיה מצב שכל אחד יעשה ככל העולה על רוחו, כפי שהיה לפני המבול. כדי לבנות את המגדל צריך מיזם משותף, וצריך לפתח טכנולוגיה וטכניקות. הבעיה היא שהם בוחרים לבנות מגדל שראשו מגיע לשמיים. הם סוברים כי אפשר להקים סדר חברתי שלא מתוך דבקות באלוהים.

החשיבה הבסיסית של בני האדם היא חיובית ומאפיינת את המציאות שאחרי המבול: מעתה צריך לפעול על פי השכל, בכלים האנושיים, באופן מסודר, בשליטה ובדחיית סיפוקים. מדובר במצב טוב יותר מזה שהיה קודם המבול, אבל גם בגישה כזו לא מגיעים רחוק. בלי לכלול את שם ה׳, ובלי לעשות את הדברים מתוך אמונה, הכול יתפרק. כל תרבות שהיא אנושית מיסודה, גם אם תהיה המתורבתת והמפותחת ביותר, סופה ליפול.

את זה האנושות בדור הפלגה עדיין אינה מבינה, ולכן בני האדם מתפלגים. בניין המגדל התחיל בהתלהבות גדולה, בהתאחדות סביב יוזמה אחת, אך בהמשך המיזם המשותף הלך והתפרק. לפי תיאור חז״ל, בוני המגדל היו אכזריים מאוד: כשהייתה נופלת להם לבנה מהמגדל - הם היו נעצבים מאוד על חומר הבנייה שאבד, אבל כשאדם היה נופל ומת - הם לא ייחסו לכך חשיבות.[22] בעיניהם זה היה רק כוח אדם, שאותו אפשר להשיג בזול. תיאור זה ממחיש את התפיסה החברתית שמאחורי דור הפלגה: התקשרות בין בני אדם, אבל רק לצורך תכליתי של בניית מגדל ופיתוח עוצמה אנושית. גם תפיסה זו לא תצלח.

האנושות מנסה לפעמים לבנות חברה ללא אלוהים, אך מתברר שהדבר בלתי אפשרי. לא ייכון שלום ולא תהיה הרמוניה בלי שם ה׳. לכן, על פי ההלכה, אסור לומר ׳שלום׳ לאדם בבוקר קודם שמתפללים תפילת שחרית;[23] קודם שמתפללים ומכניסים שם שמיים לדיבור, אין קשר חברתי. הקשרים החברתיים, ההצלחות ושאר הדברים שנבנים בחיים, כולם יכולים להיבנות רק מתוך שם שמיים.

אחרי שמבינים שניסיונות אנושיים כאלו נועדו לכישלון, אנו בשלים לפרשת לך לך. בין המבול לפרשת לך לך עוברים עשרה דורות, ״עשרה דורות מנח עד אברהם״,[24] תהליך איטי ומדורג שעובר ביסודיות שלב אחר שלב, עד שמגיעים לקומה חדשה. בשלב החדש יופיע אברהם אבינו, שיתחיל ללכת בצו אלוהים, ואז האנושות תתחיל דרך חדשה. זה יקרה רק מתוך החיבור של אברהם אל הקב״ה, וַיֹּאמֶר ה׳ אֶל אַבְרָם לֶךְ לְךָ.[25] אחרי המבול, ורק מתוך חיבור למשמעות, לרוחניות, לפנימיות ולקדושה, אפשר להתחיל לבנות את העולם.

סיכום

בשלב השני בהתפתחות האדם, אחרי ההכרה הבסיסית בקיומו של כיוון לעולם, הוא חווה קריסה של כל עולמו. הכוחות האדירים והקמאיים שהתגלו בו מביאים

רק להרס. במצב כזה, כשכל עולמו מיטלטל ומתפרק, נדרש האדם להתכנס פנימה ולבנות את עצמו. אחר כך הוא ישוב אל העולם, בריא ומתוקן, מוכן לבנות חיים חדשים של גבולות, סדר ושליטה עצמית. זאת בתנאי שלא יחשיב יותר מדי את כוחו האנושי העצמי ויתנהל מתוך ברית נצחית עם אלוהים.

לך לך
להתחיל ללכת

פרשות בראשית ונח העניקו לנו את התובנות היסודיות בדבר הכיוון שאליו חותרת המציאות. גם אם העולם מעורפל, אנו יכולים לזהות בו את טביעות האצבע האלוהיות. כעת מופיעה דמות ממשית שמתחילה להצעיד בפועל את המין האנושי לעבר ייעודו. זהו אב־רהם - אביה המרומם של האנושות.

הציווי הראשון שנאמר לאברהם הוא המאפיין את כל חייו: "לך לך"! הליכה והתקדמות שפורצות דרך ואינן מאפשרות לאף אחד לעצור אותן. אברהם מתמודד עם מלכי התקופה ומעצב הנהגה חדשה בעולם, הנהגה של חסד ואמונה.

האדם לומד מקריאת פרשת לך לך שהתחושות העמומות שהוא חש, תחושות של צדק ותקווה, אינן חלום בלתי מושג, אלא מסד לשיטת חיים מובנית. שיטת חיים המסוגלת להתמודד עם כל ניסיונות החיים וקשייהם - ולנצח.

הנושאים בפרשה:

מסעו של אברהם לארץ כנען • ירידת אברהם למצרים • מלחמת ארבעת המלכים את החמישה • ברית בין הבתרים • שרי, הגר והולדת ישמעאל • מצוות ברית מילה

מבוא לפרשת לך לך

פרשת לך לך היא הפרשה הראשונה בתורה שעוסקת בעולם הדומה לעולם שלנו.

פרשות בראשית ונח עסקו בעולם פרה־היסטורי: בריאת עולם, גן עדן,

בני אדם עם תוחלת חיים ארוכה מאוד, מבול, סיפורים מעורפלים על אודות דור הפלגה. התיאורים הללו של ראשית האנושות נתנו לנו השראה מסוימת, אבל לא נגעו בחיים כפי שאנחנו מכירים אותם. מפרשת לך לך והלאה התורה עוסקת באדם, באישיותו, במידותיו ובהתמודדויות שלו.

בפרשת לך לך אנחנו נפגשים עם אברהם אבינו. המפגש מתרחש רק אחרי כל המאורעות שפקדו את העולם בשתי הפרשות הקודמות. חכמים[1] חישבו על פי הפסוקים כמה זמן ארכה התקופה מבריאת העולם עד לידתו של אברהם, והעלו כי הוא נולד בשנת 1948 לבריאת העולם. כפי שהסברנו בפרשת בראשית, בריאת העולם המתוארת בתורה היא הנקודה שבה האדם היה מסוגל לקלוט את הרעיון האלוהי;[2] רק קרוב לאלפיים שנה לאחר שהאנושות הגיעה למדרגה זו, המדרגה המוסרית המינימלית, היה יכול אברהם להופיע.

לפי מדרש חז"ל, שנות העולם מתחלקות ל"אלפיים שנות תוהו", "אלפיים שנות תורה" ו"אלפיים שנות משיח".[3] לפי חלוקה זו, אלפיים השנים הראשונות היו שנות 'תוהו', עולם ללא סדר, מציאות שפועלים בה כוחות פראיים. כפי שראינו בפרשות בראשית ונח, התקופה של ראשית העולם הייתה אכן פראית, במובן של עוצמות חיים בלי סדר ועיצוב. לאורך פרשת נח התמתנו הכוחות הללו - המבול ריכך את העולם, מרכז העוצמה שנבנה סביב מגדל בבל התפזר לעמים שונים, גם הקיצור של תוחלת החיים מעיד על מעבר מכוחות חסרי שליטה למציאות מתונה ורגועה יותר. בנקודה זו אברהם פותח עידן חדש בעולם, שאותו מכנים חז"ל "אלפיים שנות תורה".[4]

הופעת אברהם היא נקודת התפנית בתולדות האנושות. בתחילת דרכו הוא נקרא **אברם**, כלומר **אביה המרומם** של האנושות. חז"ל מבטאים זאת בדרשתם על הפסוק אֵלֶּה תוֹלְדוֹת הַשָּׁמַיִם וְהָאָרֶץ **בְּהִבָּרְאָם**[5] - השמיים והארץ נוצרו בשביל **אברהם**.[6] מדרש אחר מכנה את אברהם אבינו 'איתן האזרחי',[7] ואומר שהופעתו מסמלת את זריחת השמש בעולם. המשמעות של מדרשים אלו היא שכעת, עם הופעתו של אברהם, מתחיל עידן חדש, מואר ומתוקן. אומנם בפרשה עצמה לא נראה שאברהם משנה את פני כל העולם מקצה לקצה, אך זה מפני ששינויים דורשים תהליך ממושך. בהמשך התורה עוד נראה כיצד המהלך שאברהם התחיל בא לידי ביטוי באנושות לאורך מאות השנים שאחריו.

שלב המעבר לעידן החדש הוא שלב שמתרחש גם אצל כל אדם, בהתפתחותו האישית. קווי דמותו של אברהם אבינו, שאותם נפגוש עתה, מאפיינים גם את האדם הפרטי, שהגיע זמנו להתקדם, להתבגר ולעצב את חייו.

דמותו של אברהם - האדם ההולך

לֶךְ לְךָ מֵאַרְצְךָ וּמִמּוֹלַדְתְּךָ וּמִבֵּית אָבִיךָ אֶל הָאָרֶץ אֲשֶׁר אַרְאֶךָּ. אלו המילים הראשונות שאומר אלוהים לאברהם. הן מסמנות את אופייה של התקופה החדשה: מעבר מפסיביות להליכה. אחרי נח, שהתכנס מפני האנושות שמלאה חמס, אברהם נוהג באופן שונה - הוא נמצא כל הזמן בתנועה. הוא הולך, רץ, ממהר, מזדרז לקיים את מצוות ה׳. האקטיביות באה לעולם.

ההליכה של אברהם נמשכת לאורך כל הפרשה: בתחילת הפרשה הוא עולה לארץ; עקב הרעב הוא יורד למצרים ומתמודד שם מול פרעה; אחר כך נפרד מלוט בן אחיו, ונלחם נגד ארבעת המלכים להצלת לוט; כורת ברית בין הבתרים עם ה׳; נולד לו בנו ישמעאל; ובסוף הפרשה הוא כורת עם ה׳ את ברית המילה. המון פעילות, המון נמרצות.

מאפיין נוסף של העידן החדש הוא **העצמאות**. אברהם מקבל ציווי להתנתק מבית אביו ומכל מה שהיה מוכר לו ולפנות לדרך עצמאית משלו, במקום חדש שבו דפוסי התנהגות אחרים. חז״ל דורשים כי אברהם מכונה ״עברי״ מפני שכל העולם עמד מעבר אחד - והוא מהעבר האחר.[8] משמעות המדרש היא שאברהם אינו רואה את עצמו מחויב לכלום, הוא אינו תלוי בשום דבר ואינו מכור לשום דבר. אברהם אבינו מתנער מכל מה שהיה ידוע עד כה, ומתחיל במסע שלו, הלוך ונסוע.

במהלך הפרשה מתמודד אברהם אבינו עם מלכים - בתחילה מול פרעה, ולאחר מכן מול ארבעת המלכים. עובדה זו מעידה על ממד נוסף בדמותו של אברהם, ממד של מלכות. אם אברהם נאבק מול מלכים, הרי שהוא עצמו מלך. אברהם מחדש בעולם את המלכות, אך לא במובן של עריצות ורודנות, אלא של עצמאות **ויכולת שליטה**. כפי שעוד נראה בהרחבה, התרבות האנושית שאברהם חי בה הייתה כנועה למציאות, ואברהם חידש שאפשר לשלוט במציאות, לנוע ולהתקדם בה. כאמור, אברהם אבינו מופיע הרבה אחרי בריאת העולם; אין מטרתו לברוא עולם חדש יש מאין, אלא להופיע במציאות שכבר קיימת וללמד כיצד אפשר להניע את מה שקיים אל המגמה הנכונה והאלוהית.

עשרה ניסיונות מתנסה אברהם אבינו במהלך דרכו.[9] ׳ניסיון׳ אין פירושו רק אתגר, אלא גם עשייה שאין ודאות מתי היא תסתיים ואם בכלל תצליח. המספר עשר מבטא מכלול; אברהם אבינו נדרש לעבור את כל סוגי הניסיונות, האתגרים והקשיים שיש בעולם.

זהו מהלך שחווה כל אדם בעת שהוא נדרש לעבור משלב ׳נח׳ לשלב ׳לך לך׳, מהתקופה הבוסרית לחייו המעוצבים. תחילה הוא בנה את עצמו והתכנס

פנימה, אך עתה בא הזמן לנוע החוצה. אחרי שבנה את אישיותו בינו לבין עצמו, מעתה הוא יצטרך לפעול, להיות עצמאי, לעמוד בניסיונות. אם כן, מילות המפתח שמלוות אותנו מעתה והלאה הן: לך לך. בניגוד לנח, שמשמעו מנוחה, כעת בא שלב של הליכה ועשייה. עולם התוהו הכין את התשתיות כדי שהאנושות תוכל לעבור לשלב הבא, השלב של אברהם העברי.

המסלול של אברהם - מכעס ותחרות לחיים של מגמה

התורה מתארת את המהלך של אברהם מרגע יציאתו לארץ כנען, אך חז"ל מפרטים מה אירע לפני היציאה, מה היו תחנות חייו הראשונות של אברהם שאותן הוא התבקש לנטוש ולעזוב.

אברהם החל את דרכו **באור כשדים**, שם מלך נמרוד, שעליו נאמר כי הוא היה גִּבֹּר צַיִד לִפְנֵי ה'.[10] פעולת הציד האלימה מאפיינת את התרבות האנושית שממנה מתנתק אברהם. זו דרך לשרוד בעולם מלא 'אור' - אש, ביטוי המייצג עוצמות ומלחמות. חז"ל מתארים כי נמרוד לא רק צד בעלי חיים, אלא גם השליך לכבשן האש את כל מי שקרא עליו תיגר, ואף את אברהם אבינו הוא השליך אך הקב"ה הצילו.[11] זו נקודת הפתיחה שממנה יוצא אברהם: הוא מפנה עורף לעולם של ציד, מלחמות ומאבקי כוחות אלימים.

התחנה הבאה של אברהם הייתה **חרן**. על פי חז"ל, השם חרן בא מלשון **חרון**: "עד אברם חרון אף של מקום",[12] עד אברהם הכעס שלט בעולם. אביו של אברהם נקרא **תרח**, וחז"ל דורשים שהיה **תר אחרי הרוח**, כלומר חי בתהייה בעולם חסר משמעות. גם את המציאות הזאת עוזב אברהם. מתוך עולם של ציד, כעס ותהייה - צומחת דמות שתוביל את העולם לעידן של צדק, מוסר ואמונה.

עוד צעד שנדרש אברהם לעשות הוא התנערות מהתפיסה האלילית, עבודת הכוכבים והמזלות, שרווחה אז בעולם. לפי המדרש,[13] אברהם אבינו לא הכיר את הבורא עד גיל שלוש, ואז החל בתהליך חיפוש שבסופו נגלה אליו אלוהים ואמר לו כי הוא "בעל הבירה" - מנהיג העולם. בהמשך אמר לו אלוהים, "צא מאצטגנינות שלך",[14] צא מתפיסת הכוכבים והמזלות. תפיסה זו רואה את כל ההתרחשויות במציאות כתוצאה של מהלך הכוכבים הקבוע. עד אז האנושות תפסה את העולם כמעגל סגור שסובב סביב עצמו, ללא מגמה, כפוף להשפעתם השרירותית של הכוכבים. אברהם מפתח תודעה חדשה: העולם הזה אינו מתנהל על פי המזל ואינו מסתובב סביב עצמו בלבד. יש מי שמכוון אותו.

אצל כל אדם במהלך חייו, אחרי שהוא עובר את השלב הבראשיתי בעיצוב אישיותו, נפתח משהו בשכל. לאו דווקא במובן האינטלקטואלי, אלא בעיקר במובן של אינטואיציה בריאה. אומנם גם לתינוק יש תחושה קמאית אינטואיטיבית, אבל לאדם בוגר יש אינטואיציה גבוהה ותבונית יותר. אדם בוגר רואה את העולם לא כאוסף של התרחשויות אקראיות, אלא ככזה שיש לו כיוון ומגמה. כך אברהם, אחרי שעבר כמה מאורעות בחייו, חש באופן ברור מאוד שיש אלוהים. לא ייתכן שהעולם הזה עסוק אך ורק בתאוות ובכעסים, בציד אנשים ובתהייה סתמית. יש כיוון מסוים שאליו העולם הולך.

לך לך - מאזור הנוחות למגרש של ניסיונות

וַיֹּאמֶר ה' אֶל אַבְרָם: לֶךְ לְךָ מֵאַרְצְךָ וּמִמּוֹלַדְתְּךָ וּמִבֵּית אָבִיךָ. הביטויים **ארצך, מולדתך ובית אביך** מבטאים את בית הגידול של האדם, והציווי לאברהם הוא לצאת משם. בית, ארץ ומולדת הן מילים קסומות, המשדרות לאדם תחושת שייכות; אבל אברהם אבינו אינו נשאר באזור הנוחות.

האמירה הזו נאמרת לאברם בשם הוי"ה, ולא בשם אלוהים שהופיע בפרשת הבריאה. בפרשת בראשית הסברנו כי שם אלוהים הוא צורת ריבוי של המילה אל, ומשמעותו פעולה בתוך ההווה של העולם הזה; לעומת זאת, בשם הוי"ה באה האות י' לפני המילה הוה, והיא מבטאת גם את העתיד, את המדרגה שמעבר לעולם הזה. קול זה קורא לאברהם לעבור מההווה לעתיד. לצאת מהאצטגנינות שלו, להפסיק להיות שקוע בארצו, במולדתו ובבית אביו. לא להיות שקוע בהרגלים, לא לחיות עוד מכוח האינרציה, אלא להתחיל ללכת.

וַיִּקַּח אַבְרָם אֶת שָׂרַי אִשְׁתּוֹ, וְאֶת לוֹט בֶּן אָחִיו, וְאֶת כָּל רְכוּשָׁם אֲשֶׁר רָכָשׁוּ, וְאֶת הַנֶּפֶשׁ אֲשֶׁר עָשׂוּ בְחָרָן; וַיֵּצְאוּ לָלֶכֶת אַרְצָה כְּנַעַן, וַיָּבֹאוּ אַרְצָה כְּנָעַן. את השם **כנען** ניתן לדרוש: ארץ כנועה, ובלשון ימינו - ארץ שפלה, הארץ שהכילה את כל סוגי העבודה הזרה שבעולם. כלומר, אברהם אבינו לא הגיע למקום זרוע שושנים ופרחים, אלא למוקד של אלילות. המסלול של אברהם מתואר כמעבר ממקום נוח למקום מאתגר. בשלב זה לא מובטחת לו שלווה בארץ; אומנם הוא יודע שבסופו של דבר זרעו יהיה כעפר הארץ וככוכבי השמיים, אבל בדרך לשם צפוי לו תהליך ארוך ובלתי ידוע של התמודדות מול עבודה זרה ועשרה ניסיונות. אם לא די בזה, בהמשך יודיע הקב"ה לאברהם: גֵר יִהְיֶה זַרְעֲךָ בְּאֶרֶץ לֹא לָהֶם, וַעֲבָדוּם וְעִנּוּ אֹתָם אַרְבַּע מֵאוֹת שָׁנָה. הדרך תמשיך להתארך ולהתפתל בדורות הבאים.

לֶךְ לְךָ מֵאַרְצְךָ, זו הקריאה ששומע כל יהודי מאז אברהם אבינו. שלב ה'לך לך' בחיים, שלב ההליכה והעשייה, מחייב יכולת לנוע לעבר הלא נודע. אין הכוונה למשימות התאבדות חסרות היגיון, אלא לנכונות לדרך ארוכה וקשה, עד ההגעה אל הטוב והנחלה. מי שרוצה להיות מצאצאיו של אברהם אבינו אינו נשאר באזור הנוחות; הוא אינו מהטיפוסים הנינוחים שרוצים את הטוב מיד, אלא נכון להליכה, לניסיונות ולאתגרים.

הירידה למצרים – התמודדות מול שלטון החומרנות

אחרי שאברהם מגיע אל הארץ שאליה ה' שלח אותו, יש רעב שאינו מאפשר לגור שם. אברהם הולך למקום שיוכל לגור בו בתקופת הרעב. זהו ניסיון נוסף שעובר אברהם: על אף המצב הקשה, אברהם אינו מתייאש, וגם לא מתקבע, אלא ממשיך להיות דינמי. הוא מוכן להמשיך את התנועה, לרדת לארץ אחרת ולאחר מכן לחזור.

אברהם יורד למצרים, ושם מצפה לו אתגר נוסף – מלך מסוג אחר, מלך שכל מה שיש במדינתו שייך לו. מלכות שבה האלים והחזק הוא השולט, בהתאם לשיטה האלילית. כשאברהם ושרה מגיעים למצרים, שרה נלקחת אל פרעה. עובדה מצערת זו מעידה כי במצרים אין מוסר, אמונה, קדושה וצדק, עד כדי כך שהנורמה היא שאישה יפה נלקחת אל המלך. אולם הבאת שרה אל פרעה נתקלת בתגובה אלוהית, בדמות נגעים שפוקדים את פרעה ואת עבדיו. המדרש מתאר שכל קירות הבתים במצרים התמלאו נגעים.[15] כלומר, התפיסה המצרית האלילית חווה תהליכי פירוק במפגש עם אברהם. מתוך הפחד שהמלכות שלו תתפרק ותקרוס מול הערכים שמייצג אברהם, פרעה מחזיר את שרה.

פרעה, השם המסורתי של מלכי מצרים, הוא מלשון **הפרעה**. מלכי מצרים הם אנשים מופרעים, במובן של גסות וחומרנות. את ארץ **מצרים** נפגוש עוד פעמים רבות בהמשך, ושמה נגזר מהמילה **מיצר**, שהוא מקום צר שגם גורם **לצרות**. מקום אלילי הכנוע לחומר הוא מקום צר וחונק. את התפיסה הזאת בא אברהם אבינו לשנות: הסתיימו הימים שבהם מלך יכול לקחת אישה ולעשות בה כטוב בעיניו. נגמר העידן שבו אין דין ואין דיין. מעתה לא החומרנות תשלוט באדם, אלא האדם ישלוט בחומרנות.

וַיַּעַל אַבְרָם מִמִּצְרַיִם... וַיֵּלֶךְ לְמַסָּעָיו מִנֶּגֶב וְעַד בֵּית אֵל... אֶל מְקוֹם הַמִּזְבֵּחַ אֲשֶׁר עָשָׂה שָׁם בָּרִאשֹׁנָה, וַיִּקְרָא שָׁם אַבְרָם בְּשֵׁם ה'.[16] אברהם אבינו חוזר ממצרים

לארץ עם הון ונכסים, ומבסס את הנוכחות שלו בארץ. המשמעות היא שכעת אורו מתחיל לזרוח בעולם. מנקודה זו הוא מתחיל להשפיע.

הקמת המזבח היא פעולה שחוזרת על עצמה כמה פעמים במהלך חייו של אברהם. מהתבוננות בנקודות הזמן שבהן אברהם בונה מזבח, עולה שפעולה זו מופיעה בכל פעם שאברהם עומד בניסיון. אחרי כל ניסיון שהוא צולח, אחרי כל שלב בלימוד שאברהם אבינו מלמד את העולם, הוא מקים מזבח וקורא בשם ה׳ - להכריז שמתחולל מהלך חדש בעולם. הפעם, דרך הניסיון שהתרחש במצרים, הוא לימד את העולם שיש יכולת שליטה מסוג אחר, שאינה נובעת מתוך חומרנות אלא מושלת בה.

היכולת להיפרד מבן משפחה

<u>וַיְהִי רִיב בֵּין רֹעֵי מִקְנֵה אַבְרָם, וּבֵין רֹעֵי מִקְנֵה לוֹט, וְהַכְּנַעֲנִי וְהַפְּרִזִּי אָז יֹשֵׁב בָּאָרֶץ</u>. הניסיון הבא של אברהם, לאחר שחזר לארץ ישראל והתמקם בבית אל, מתרחש מול לוט. כאשר אברהם עזב את בית אביו, הלכו איתו שרה אשתו ולוט בן אחיו, שהיה קשור אליו. עד עתה היה נראה שלוט ואברהם שותפים לאותו רעיון, אך כעת מתברר שאין התאמה מלאה בין לוט לאברהם.

הנתק בין השניים מתחיל אומנם בסכסוך פשוט בין רועי צאן, אך עד מהרה מתברר שיש בין לוט לאברהם הבדל מהותי: <u>וַיִּשָּׂא לוֹט אֶת עֵינָיו וַיַּרְא אֶת כָּל כִּכַּר הַיַּרְדֵּן כִּי כֻלָּהּ מַשְׁקֶה... וְאַנְשֵׁי סְדֹם, רָעִים וְחַטָּאִים לַה׳ מְאֹד</u>. כשלוט חושב על מקום מגורים חדש, הוא בוחר בסדום, מקום שמאופיין באיכות חיים גבוהה אך גם באוכלוסייה אכזרית וחסרת מוסר. לוט נמשך לעושר של כיכר הירדן, והרוע של סדום אינו מפריע לו. הפער בינו ובין אברהם יתחדד עוד יותר בהמשך, בהתנהלותו של לוט בתחילת פרשת וירא. לאברהם אבינו יש שאיפות אחרות מאלה שלוט חושק בהן.

מה עושה אדם שרוצה להתקדם ולהעמיד סטנדרטים חדשים בחייו, אך הוא מוקף באנשים שמושכים אותו לאחור? במבט אנושי פשוט, לכאורה צריך להתייחס ללוט כאל שותף ותיק, שיש להכיר לו טובה ולשמור עימו על קשר. אולם תגובתו של אברהם למצב היא: <u>הִפָּרֶד נָא מֵעָלָי, אִם הַשְּׂמֹאל וְאֵימִנָה וְאִם הַיָּמִין וְאַשְׂמְאִילָה</u>. אברהם בוחר להיפרד מלוט.

יש לאברהם יכולת להתנער מכל דבר שמעכב אותו בהליכתו בדרך ה׳. הוא דוחה מעליו את מה שאינו מתאים להמשך דרכו. אברהם אינו רוצה להיות

תלוי בדבר, גם לא באנשים הקרובים אליו. כמובן, הפירוד לא נעשה מחוסר אכפתיות של אברהם כלפי לוט בן אחיו; עובדה היא שלאחר מכן, אברהם יוצא למלחמה מול כמה מעצמות רק כדי לשחרר מהשבי את לוט, מה שמעיד על האכפתיות שלו כלפיו. אלא שעם זאת, יש בחייו של אברהם משהו גדול יותר אפילו מהחיבור בינו ובין לוט. בהמשך, בפרשת העקדה, נגלה גם שיש לאברהם משהו גדול יותר אפילו מהחיבור בינו ובין יצחק בנו. לאברהם יש אלוהים. אדם שניגש למלא את תפקידו בעולם הזה אינו יכול לאפשר לאיש למנוע ממנו לבצע את תפקידו. היכולת של אברהם ללכת, תוך כדי שהוא מנתק את עצמו ממה שהיה קרוב אליו ושייך אליו, היא מה שאברהם אבינו מעניק לעולם.

הזכרנו שאברהם נקרא עברי, כל העולם מעבר אחד והוא מהעבר האחר. אין הכוונה שאברהם מנותק משאר האנשים, שהרי כשאברהם ושרה באו מחרן לארץ כנען, הם לקחו איתם גם אֶת הַנֶּפֶשׁ אֲשֶׁר עָשׂוּ בְחָרָן, אלו האנשים שאברהם ושרה גיירו וצירפו אליהם,[17] ובהמשך אברהם גם מכניס אורחים לאוהלו. אברהם הוא אדם לבבי שרוצה להעניק טוב לכולם, כחלק מהתפקיד שלו בעולם, אבל מבחינה אידיאולוגית - התודעה שמניעה את אברהם אבינו היא "כל העולם כולו מעבר אחד, והוא מעבר אחד". גם לו יצויר שכל העולם יהיה נגדו, הוא ימשיך בשלו.

זו תכונת אברהם שמוטבעת בעם ישראל. לעם ישראל אין עניין להיות לבד; הביטוי עם לבדד ישכון[18] אין פירושו שעם ישראל מתנכר לאחרים, שהרי נאמר לאברהם: ונברכו בך כל משפחות האדמה, כלומר בעתיד כולם יתחברו לעם ישראל. השאלה היא מאיזו עמדה עם ישראל מחובר לעמים האחרים, מתוך תלות בהם או מתוך בחירה ועצמאות. אברהם אינו תלוי באיש, ולכן הוא יכול להיפרד מלוט, ובהמשך נפרד גם מהגר וישמעאל. אברהם אבינו עוד מנסה להציל בהמשך לא רק את לוט, אלא גם את אנשי סדום, כי אברהם מנסה להציל את כל מי שאפשר; אבל הוא עצמו אינו תלוי באף אחד.

רבים מבלבלים היום בין אהבה לאנשים לתלות בהם. בחינוך ילדים, למשל, לפעמים יש חבר שמקלקל את הילד מבחינה חינוכית, לכן צריך להורות לילד לא להיפגש איתו יותר. הילד עלול לטעון שהוריו לא אוהבים את החבר שלו, וההורים יצטרכו להסביר לו: אנחנו אוהבים את החבר שלך, אבל הוא מפריע להתפתחות שלך, והיא חשובה יותר עבורך, ולכן החברות איתו חייבת להיפסק. חשוב להיות מחוברים לאחרים; השאלה היא אם אדם

מחובר לאחרים כתלוי בהם, כי בלי החיזוק שלהם הוא לא יהיה בטוח בדרכו ובבחירותיו, או שהוא הולך בדרך הנכונה - ואם אחרים לא יצטרפו אליו, הוא ייפרד מהם כידידים. עמדה זו מאפיינת את ממשיכי דרכו של אברהם. אם החיבור מפריע - לא הולכים יחד, אלא הִפָּרֶד נָא מֵעָלָי.

וַיֶּאֱהַל אַבְרָם וַיָּבֹא וַיֵּשֶׁב בְּאֵלֹנֵי מַמְרֵא אֲשֶׁר בְּחֶבְרוֹן, וַיִּבֶן שָׁם מִזְבֵּחַ לַה'. אחרי שלוט נפרד מאברהם מופיע מזבח נוסף, אות לשלב חדש בחייו של אברהם. זהו חידוד נוסף שאברהם אבינו מגלה בעולם: הוא אינו תלוי אפילו בבני המשפחה שלו.

מלחמת המלכים - מאבק ממניע ערכי

בעולם הזה יש מלחמות ויש אנשים רעים שגורמים לסכסוכים. אחרי שאברהם כבר לימד את האנושות כיצד להילחם במצריות, ולימד גם כיצד להתמודד עם בני משפחה שחותרים תחת המגמה הרצויה, עתה הוא מלמד את העולם כיצד להתמודד במלחמה.

וַיְהִי בִּימֵי אַמְרָפֶל מֶלֶךְ שִׁנְעָר, אַרְיוֹךְ מֶלֶךְ אֶלָּסָר, כְּדָרְלָעֹמֶר מֶלֶךְ עֵילָם, וְתִדְעָל מֶלֶךְ גּוֹיִם. עָשׂוּ מִלְחָמָה אֶת בֶּרַע מֶלֶךְ סְדֹם, וְאֶת בִּרְשַׁע מֶלֶךְ עֲמֹרָה, שִׁנְאָב מֶלֶךְ אַדְמָה, וְשֶׁמְאֵבֶר מֶלֶךְ צְבֹיִים, וּמֶלֶךְ בֶּלַע הִיא צֹעַר. רש"י מביא את מדרשי חז"ל על שמות המלכים: "ברע - רע לשמים ורע לבריות, ברשע - שנתעלה ברשע, שנאב - שונא אביו שבשמים" וכן על זו הדרך. מבלי להתעמק בכל אחד מהשמות, הרושם הכללי הוא שמדובר בשמות של רשעים. מדובר במלחמה עולמית בין מלכים רשעים - ארבעה מלכים רשעים זרים מול חמישה מלכים מקומיים.

אומנם אברהם אינו מוזכר בשלב זה של המלחמה, אך חז"ל דורשים שהמלחמה הזו פרצה בעטיו של אברהם.[19] כאשר לוט בן אחיו של אברהם בא להתיישב בסדום, עלה חשד בין המלכים כי סדום מתחילה לשתף פעולה עם אברהם, זה שהביא לעולם מוסר וערכים. בתגובה הם יוצאים נגד סדום ולוקחים בשבי את נציגו של אברהם, מתוך התנגדות לאברהם. במדרש זה באים חז"ל לומר שהעולם כולו סוער סביב אברהם. אברהם אבינו מפתח שיטה חדשה בעולם, מדבר על אלוהים שהוא מעבר לעולם הזה, ואינו תלוי בשום דבר מתוך העולם הזה. גישה זו מאיימת על המלכים, שהרי כפי שראינו אצל נמרוד,[20] המלכים של אותה תרבות ייסדו את שלטונם על אלימות וכוחנות, וכעת בא אברהם ומחדש תפיסה של ערכים ומשמעות. לכן לא במקרה נכנס לאברהם

ללב הסכסוך. הוא יוצא להציל את לוט, המייצג את הנקודה החיובית בתוך כל המהומה, ומנצח את המלכים הכוחניים והחומרניים.

ההבדל העקרוני בין אברהם לשאר המלכים מתגלה בעיקר בסוף המלחמה. כשמלך סדום פונה לאברהם, הוא מדבר איתו כפי שמקובל באותה תרבות: תֶּן לִי הַנֶּפֶשׁ וְהָרְכֻשׁ קַח לָךְ. הנחת היסוד של מלך סדום היא שאברהם בא להילחם בשביל הרכוש, מפני שזה העולם שמלך סדום מכיר, עולם שבו אנשים מונעים מאינטרסים. אברהם אבינו מלמד אותו כלל חשוב: אִם מִחוּט וְעַד שְׂרוֹךְ נַעַל, וְאִם אֶקַּח מִכָּל אֲשֶׁר לָךְ. אינני לוקח מהרכוש שלך דבר. אומנם השותפים שלי - ענר, אשכול וממרא - יקבלו את חלקם מהרכוש בעד המאמץ המלחמתי שהם עשו עבורך, אבל אני איני נוגע בדבר.

כאן מתבררת הגישה של אברהם כלפי המלחמה, השונה מכל מה שהיה מקובל עד אז. הוא בא לחדש מלחמה מסוג אחר, שאינה מונעת מאינטרסים אישיים, אלא מערכים כמו הצלת חיים וערבות הדדית. חלק מהדרך החדשה שמופיעה בעולם, דרך התנועה והשליטה על המציאות, הוא שחרור מההתמכרות לרכוש ולמניעים האישיים.

התורה מתארת את המקום שבו מסתיימת המלחמה: עֵמֶק שָׁוֵה הוּא עֵמֶק הַמֶּלֶךְ. לפי חז"ל, אין זה רק תיאור מקום, אלא תיאור של תמונת המצב של סוף המלחמה. המלחמה מסתיימת במעמד של המְלכה: כל המלכים היו שווים בדעתם להמליך את אברהם עליהם.[21] זו נקודת מפנה בתהליך ההשפעה של אברהם על האנושות - כעת מתברר לכולם שהעמדה של אברהם, שהעולם הזה שייך לא־ל עליון קונה שמים וארץ, היא העמדה שתוביל את העולם.

במעמד זה של המלכה מופיע גם **מלכיצדק**, מלכה של העיר שלם, הגלגול הקודם של העיר ירושלים, והוא בא לכבד את אברהם ולברך אותו. חז"ל מזהים כאן רמז לירושלים;[22] השלמות מתחילה להופיע, הצדק מתחיל להתגלות בעולם, אלה הערכים שיעמדו במרכזה של ירושלים בעתיד.

ברית בין הבתרים - דרך חשוכה, והבטחה בסופה

אַחַר הַדְּבָרִים הָאֵלֶּה הָיָה דְבַר ה' אֶל אַבְרָם בַּמַּחֲזֶה לֵאמֹר: אַל תִּירָא אַבְרָם אָנֹכִי מָגֵן לָךְ, שְׂכָרְךָ הַרְבֵּה מְאֹד. את האמירה הזו אומר ה' לאברהם אחרי ניצחונו במלחמה וכהקדמה לברית בין הבתרים. ברית זו נראית מעט משונה, ואף אפלה ומפחידה.

וַיֹּאמֶר אֵלָיו: קְחָה לִי עֶגְלָה מְשֻׁלֶּשֶׁת וְעֵז מְשֻׁלֶּשֶׁת וְאַיִל מְשֻׁלָּשׁ וְתֹר וְגוֹזָל. תחילה ה' אומר לאברהם לקחת כוחות שונים של המציאות: **עגל**, שהוא בעל

חיים מלא בשר, מבטא ממשות של החיים ושל המותרות שבהם. **עז היא** בעל חיים ללא שליטה; זו בהמה דקה שאסור לגדל אותה בצורה משוחררת בארץ ישראל, כדי שלא תשחית את השיחים והעצים, כי היא אינה יודעת גבולות.[23] **איל** הוא בעל חיים המדלג ומקפץ על הגבעות. אלה שלושה כוחות גדולים המייצגים נוחות מול סערה וקפיצות, ולצידם באים **תור וגוזל**, שהם כוחות קטנים. אברהם מבתר כל אחד מהם לשני חלקים, ובכך מבטא כי כל הכוחות הבהמיים שבעולם, מכל הסוגים, הולכים להשתנות. עד כאן זו למעשה תמצית חזונו של אברהם: לעצב מחדש את העולם החומרי והבהמי. אך עתה מתברר כיצד חזון זה יצא אל הפועל בדורות הקרובים.

אפשר היה לצפות שברית בין ה' לאברהם תיראה כמו טקס רשמי וחגיגי. אולם כפי שראינו, דרכו של אברהם אבינו אינה סוגה בשושנים, ולכן גם הברית של ה' איתו אינה מצטיירת כחגיגה. אחרי שבעלי החיים בותרו וסודרו בשורות, התיאור נראה מאיים: וַיֵּרֶד הָעַיִט עַל הַפְּגָרִים, וַיַּשֵּׁב אֹתָם אַבְרָם. כוחות טורפים יורדים מן השמיים. האימה גוברת: וַיְהִי הַשֶּׁמֶשׁ לָבוֹא וְתַרְדֵּמָה נָפְלָה עַל אַבְרָם, וְהִנֵּה אֵימָה חֲשֵׁכָה גְדֹלָה נֹפֶלֶת עָלָיו. התפאורה המאיימת מעידה על דרך שהולכת להסתבך. על רקע זה אומר הקב"ה לאברהם גם דברים קשים: וַיֹּאמֶר לְאַבְרָם: יָדֹעַ תֵּדַע כִּי גֵר יִהְיֶה זַרְעֲךָ בְּאֶרֶץ לֹא לָהֶם, וַעֲבָדוּם וְעִנּוּ אֹתָם אַרְבַּע מֵאוֹת שָׁנָה. תקופת גיבוש ארוכה למדי צפויה לעם שיצא מאברהם.

מראות הרקע המפחידים נמשכים: וַיְהִי הַשֶּׁמֶשׁ בָּאָה וַעֲלָטָה הָיָה, וְהִנֵּה תַנּוּר עָשָׁן וְלַפִּיד אֵשׁ אֲשֶׁר עָבַר בֵּין הַגְּזָרִים הָאֵלֶּה. ההיסטוריה עומדת להיות קשה, מלאת תימרות אש ועשן. צפויים קשיים - מוות, גלות ושואה - אבל אחרי כל אלו באה הבטחה נחרצת: בַּיּוֹם הַהוּא כָּרַת ה' אֶת אַבְרָם בְּרִית לֵאמֹר: לְזַרְעֲךָ נָתַתִּי אֶת הָאָרֶץ הַזֹּאת, מִנְּהַר מִצְרַיִם עַד הַנָּהָר הַגָּדֹל נְהַר פְּרָת. זרעו של אברהם יירש את הארץ ויגיע בסופו של דבר למקומו המיועד. כל הקשיים והאסונות לא ימנעו את מימושה של הבטחה זו. אינסוף אתגרים צפויים בעתיד, אבל זו המשימה של אברהם - ללכת ולהתקדם, ליפול בגלות ולהגיע גם לגאולה.

הברית הזו באה לידי ביטוי לאורך כל חייו של עם ישראל. בכל יום בתפילה אנו אומרים: "ברוך אתה ה' מגן אברהם". עם ישראל עובר קשיים רבים, אך הוא מוגן מכוח הבטחת ה' לאברהם.[24]

אברהם הוא כוח שמצוי בעם ישראל ומוטבע בכל אחד מאיתנו. כולנו עוברים דרכים מסובכות, קשות ואף אפלות. לא פעם אימה ועלטה נופלות עלינו. הניצוץ הזה שבכל אחד מאיתנו עוזר לנו להיאבק, להילחם ולעבור קשיים, והוא שינצח בסוף.

ישמעאל - גם חלק מהתהליך

וְשָׂרַי אֵשֶׁת אַבְרָם לֹא יָלְדָה לוֹ, וְלָהּ שִׁפְחָה מִצְרִית וּשְׁמָהּ הָגָר. זהו האתגר הבא של אברהם. זרעו של אברהם עדיין אינו מופיע, וצריך להתמודד גם עם הקושי הזה. בשלב הזה בהתמודדות, שרה נותנת את שפחתה הגר לאברהם כדי שתלד לו בן. ההתמודדות נעשית קשה יותר כשהגר נכנסת להיריון, ובעקבות זאת מבקשת לעצמה עליונות על חשבון שרה: וַתֵּרֶא כִּי הָרָתָה וַתֵּקַל גְּבִרְתָּהּ בְּעֵינֶיהָ. בהמשך נאמר להגר שייולד ממנה ישמעאל, שעתיד להיות פֶּרֶא אָדָם, יָדוֹ בַכֹּל וְיַד כֹּל בּוֹ.

כפי שלמדנו לעיל, יש כוחות שהם אומנם בעייתיים, אבל גם הם צריכים לצאת מאברהם. ישמעאל ייצור בעיות רבות במציאות, אבל גם הוא חלק מהתהליך, וגם אותו שומע הא־ל. לאחר שהגר בורחת מפני שרה, המלאך אומר לה לשוב, כי ישמעאל צריך לגדול במשך זמן מסוים בבית אברהם ושרה. גם זה יהיה חלק מההתמודדות שלהם: עליהם להכניס גם כוחות בעייתיים ושליליים לתוך ביתם. בשלב זה או אחר נאלץ לדחות ולגרש אותם, כפי שעשה אברהם ללוט וכפי שיעשה בהמשך להגר ולישמעאל, אולם עמדת המוצא היא להכיל ולהכליל.

ברית המילה

בסוף הפרשה באה ברית המילה, שהיא שיא המלוכה והשליטה העצמית של אברהם. אברהם אבינו התגלה עד כה כמלך - הוא מתמודד עם כל אתגר ומצליח לנצח. הוא עבר את פרעה מלך מצרים, נפרד מלוט בלי מריבות, ניצח את ארבעת המלכים כדי להציל את לוט, עבר את ברית בין הבתרים, הכיל את ישמעאל, וכעת הוא כורת ברית עם אלוהים על ידי ברית המילה.

וַיְהִי אַבְרָם בֶּן תִּשְׁעִים שָׁנָה וְתֵשַׁע שָׁנִים. המספר מאה מבטא שלמות, והמספר תשעים ותשע מבטא את השלב שלפני שלמות זו. כדי להגיע לשלמות נדרש אברהם לכרות ברית עם ה׳ - לפגום באיבר ההולדה על ידי הסרת העורלה.

עורלה פירושה כיסוי או אטימות, כמו עץ בשלוש שנותיו הראשונות, שנקרא עורלה כי הוא אטום וחסום בפני האדם ופירותיו אסורים באכילה. חז״ל אומרים שאדם הראשון נולד מהול,[25] הוא נולד עם גוף שאין כל חסימה בינו לקב״ה. זה היה המצב השלם. רק אחרי חטא אדם הראשון התפתחה העורלה, החלק באדם שמפריד בינו ובין הקב״ה. האנושות פיתחה גסות לב חומרנית,

והיא באה לידי ביטוי במקום הרגיש ביותר, ביצר המיני. המקום שמבטא את שיא התאווה, שנעשתה חומרית כל כך עד שיצרה מחסום, אטימות מפני קשר בינה ובין הקב"ה.

היצר המיני הוא היצר בעל הכוח החזק ביותר בנפש האדם, כיוון שבעומקו טמון החיבור של האדם אל אלוהים. היצר המיני נותן לאדם את היכולת להוליד ילדים ולהיות מחובר אל הנצח; על ידו האדם לא נשאר במקום שלו, עם כל התאוות והחומריות, אלא הולך ומתרחב. הולדת ילדים מאפשרת לאדם להישאר גם עוד אלף שנים, באמצעות הצאצאים. אדם שמוליד ילדים ומשאיר זרע בעולם - חי לנצח והופך להיות חלק מאלוהים. יצר הוא מלשון יצירה, שמחברת את האדם לשרשרת שאינה מסתיימת לעולם. לכן כוח היצר המיני חזק מכל כוח אחר. יש לנו הרבה תאוות: תאווה לכעס, תאוות אכילה, תאוות שתייה, תאוות שינה ועוד, אבל אף אחת מהן אינה מתקרבת בעוצמתה לתאוות המין. באמצעות היצר המיני אדם נוגע בנקודה האלוהית ביותר שקיימת אצלו בנפש; ממילא, אם אדם אינו שולט על יצר זה, באופן טבעי הוא אינו שולט על כלום. יצר זה הוא כמו בורג ההנעה של האדם, שמחזיק את אישיותו, ולכן במצב שאדם מאבד שליטה עליו - הוא מפתח בהדרגה תפיסת עולם שבה אין שליטה על שום דבר, הכול לא ברור, ובמילים אחרות: אין אלוהים. לעומת זאת, אדם שיכול לתת אות ברית קודש ביצר הרגיש ביותר - מכניס את חייו, עם הנקודה החזקה ביותר בהם, תחת מלוכה.

שליטת האדם אינה דיכוי של היצר - הוא יוליד ילדים, אבל יתנהל בשליטה וישתמש ביצר בזמן הנכון ובמקום הנכון. הוא לא ינצל אותו כדי להישאר במקום, כפי שהיה בימי נח כשהארץ נשחתה לפני האלוהים (לפי חז"ל, דור המבול היו משחיתים את זרעם ארצה[26]), אלא ישתמש ביצר כדי להוליך את העולם הלאה ולקדם את המציאות. ברית המילה היא ביטוי להימצאות האדם כל חייו בעמדת שליטה ובהליכה קדימה.

אדם ששולט בעצמו באופן טבעי, כמו אברהם, מפנים גם את העובדה שיש שליטה בעולם כולו, כלומר שיש אלוהים. יש קשר ישיר בין השליטה האישית של האדם בכוחותיו ובין פיתוח של תודעה רוחנית ואמונית. איוב אומר לרעיו: מִבְּשָׂרִי אֶחֱזֶה אֱלוֹהַ[27] - כפי שאדם מתנהל עם הבשר שבו, כך גם אלוהים נמצא אצלו בראש. אם אדם חי בעולם ללא ברית, בעולם שבו הכול מתפרק, דבר אינו בשליטתו ואינו יודע לדחות סיפוקים והוא מפתח בהדרגה אטימות רגשית ושכלית. מצב זה ישתקף אצלו באופן ישיר דרך עייפות בעיניים, אדישות

והתבודדות עם עצמו. לעומתו, אדם ששולט ביצר זה מכונה בדברי חכמינו: "צדיק יסוד עולם".[28] הוא הולך ומתמודד, ובכל דבר חותם אות ברית קודש.

את החותם הזה מטביעים בבשרו של כל תינוק יהודי ביום השמיני ללידתו. המספר שבע מבטא את הטבע, כמו שבעת ימי השבוע שבהם מתגלגלים חייו של האדם, ואילו היום השמיני הוא מעל הטבע. כך נחקקת בכל אדם מישראל דרכו של אברהם: יש מה שמעל העולם הזה, והוא שם הוי"ה, השולט על העולם. יש לעולם כיוון, ובו אנו צועדים.

סיכום

אברהם זורע את הזרעים של עידן חדש בעולם. הוא מעביר את העולם מאי־סדר לשליטה, מפיזור למיקוד, מהתפרקות לברית עם אלוהים. זהו עידן שהתחיל באברהם עצמו, המשיך ביצחק וביעקב, עבר דרך שנים עשר השבטים, ומהם נוצר עם שלם - עם אלוהי אברהם. עם שלם שימשיך לבשר את דרכו של אברהם לאנושות, וכל אחד מאיתנו הוא חלק ממנו.

כל אחד מאיתנו שקורא את פרשת לך לך נפגש עם אברהם שנמצא בתוכו. הוא עצמו האדם שניצב מול אתגרים, ועליו ללכת, לפעול ולעבוד, בלי עצלות ובלי עייפות, מבלי לפחד ומבלי להתמכר למה שנוח ומוכר. אדם כזה פועל, יוצר ומקדם את האנושות, מתוך אמונה במגמה שאליה צועד העולם. בזה מתבטא הקשר שלו עם אלוהים.

וירא

לחיות עם מלאכים

בפרשת וירא נמשכת הליכתו של אברהם אבינו, שהחלה בפרשת לך לך. בשלב זה אנו מתוודעים ('מתראים') למלאכים המלווים את אברהם. המלאכים מפרטים את ייעודו הגדול של אברהם לפרטים, נותנים לעולמו משימות חדות ומוגדרות ונושאים בכנפיהם זריזות ומסירות נפש.

עולמנו מורכב מפרטים רבים, יש בהם רגעי אושר ורגעי עצב. רגעים שבהם אנו יוצרים חיים, ורגעים שבהם נאלצים לגרש ואפילו ליטול חיים. המלאכים מלווים הן את לידת יצחק והן את השמדת סדום, את גירוש ישמעאל ואת שיא העקדה. לכל מצב יש מלאך משלו, תפקיד ושליחות המיועדים לו. הרגשות העמוקים ביותר של חיינו - החל מהיחס לרשע הסדומי וכלה באהבת אב לבנו - יונקים ממלאכי אלוהים שנמצאים סביב לנו.

הנושאים בפרשה:

ביקור המלאכים אצל אברהם • השמדת סדום • לוט ובנותיו • אברהם ואבימלך • לידת יצחק וגירוש ישמעאל • עקדת יצחק

פרשת וירא ממשיכה לתאר לנו את קורותיו של אברהם אבינו. בפרשת לך לך פגשנו את הליכתו הנמרצת והתקדמותו התמידית של אברהם, ועתה ההליכה הזו עוברת ממגמה כללית למשימות מוגדרות.

לאורך כל הפרשה מופיעים מלאכים. מלאכים מבקרים את אברהם אבינו בתחילת הפרשה ומבשרים לו בשורות, מלאכים מחריבים את סדום ומצילים

את לוט משם, גם כשיצחק נולד והגר וישמעאל מגורשים - מלאך מתגלה אל הגר ומסביר לה מה תפקידו של ישמעאל, ולבסוף ניסיון העקדה מסתיים בהופעתו של מלאך האומר לאברהם לא לשלוח ידו אל הנער. לכן, כדי להבין את המתרחש בפרשת וירא, יש להבין תחילה מהם מלאכים.

אברהם והמלאכים

מיהו מלאך

למרבה הצער, יש ילדים שמבקשים מהם בגן לצייר מלאכים, והם מציירים אותם כיצורים בעלי כנפיים וחישוק זוהר - והציור הזה נתקע בדמיונם עד גיל מבוגר. רבים מהם צופים בסרטים שבהם מלאכים מוצגים כך, וזה מחזק את הציור שהתקבע בדמיונם. כשדעתו של האדם כבר בוגרת, עליו להשתחרר ממה שדמיין בגן הילדים ולהבין את המושג **המופשט** שנקרא מלאך.

המונח **מלאך** נגזר מהמילה **מלאכה**, שמשמעה עשייה. מלאך הוא כוח של עשייה חיובית, כוח שעומד מאחורי פעולות בעולם ומניע אותן. לדוגמה, המלאך רפאל מופקד על הרפואה. אין הכוונה שאם אדם היה חולה והתרפא, היה זה בזכות יצור מסתורי שבא אליו בלילה, נגע בו בקצה שרביטו והסיר ממנו את המחלה. ודאי שהוא הבריא באמצעים טבעיים, כגון תרופות, מנוחה או טיפול רפואי. אבל מאחורי כל התהליך הזה עומד **כוח הרפואה האלוהי**, רפא־אל; יש מטרה מוסרית ורוחנית להתרפאות זו. דוגמה אחרת: אם אדם שוכב במיטתו בבוקר, מרגיש חלש ואין לו כוח לצאת מתחת לשמיכה, אך לפתע הוא מתגבר על עצמו וקם - המלאך גבריאל הופיע אצלו. בוודאי אין הכוונה שיצור חיצוני בא ושלף אותו מהמיטה, אלא הכוח לקום מופיע מתוך האדם עצמו שמתגלה בו **כוח הגבורה**.

אם כן, למה איננו מסתפקים במילים כמו רפואה וגבורה, אלא מתעקשים לקרוא לתופעות האלו מלאכים, ומוסיפים להן את הסיומת 'אל' (רפאל, גבריאל, מיכאל)? בזאת התנ"ך וחז"ל באים לומר לאדם שכל דבר שהוא עושה - אינו מתחיל ממנו, אלא מכוח אלוהי שמלווה אותו. בקריאת שמע על המיטה נהוג לומר: "מימיני מיכאל ומשמאלי גבריאל, מלפני אוריאל, מאחורי רפאל, ועל ראשי שכינת א־ל". נדמה לנו שהעולם הזה הוא עולם טכני בלבד, וכולו מורכב רק מאובייקטים פיזיקליים, אך האמת היא שמאחורי כל תופעה בעולם עומד מלאך. כוח המשיכה, למשל, הוא מלאך. מאחורי החוק שטבע הקב"ה בעולמו,

שכל גוף בעל מסה מושך אליו את מה שבסביבתו, עומד רעיון רוחני, במקרה הזה - שכל גוף רוצה ואמור לשמור ולהגן על הקיום שלו.

כל הזמן נמצאים סביבנו מלאכים, כוחות רוחניים המניעים אותנו ואת סביבתנו. בליל שבת, כשחוזרים מבית הכנסת, נהוג לשיר: "שלום עליכם מלאכי השרת מלאכי עליון, ממלך מלכי המלכים הקדוש ברוך הוא". האמירה שבשבת מלווים אותנו מלאכים פירושה שבשבת אנו נמצאים במצב רוחני מפותח יותר לעומת שאר ימי השבוע. יש בשבת תוספת כוחות. בשיר 'שלום עליכם' האדם מקבל את פניהם של הכוחות הרוחניים האלה: "בואכם לשלום"; מתברך מהם: "ברכוני לשלום"; ונפרד מהם: "צאתכם לשלום". כלומר, האדם נמצא בשיג ושיח עם העולם הרוחני שלו.

הדימוי שלפיו למלאכים יש כנפיים מקורו בספר ישעיהו, שם אומר הנביא ישעיהו על המלאכים: "שרפים עומדים ממעל לו, שש כנפיים שש כנפיים לאחד; בשתיים יכסה פניו, ובשתיים יכסה רגליו, ובשתיים יעופף".[1] זהו תיאור שונה מהציור הרווח בסרטים ובגני הילדים, שהרי בפסוק יש למלאכים שש כנפיים, ולא שתיים, אך מכל מקום - מדובר בדימוי נבואי שיש להבין את משמעותו.

הנביא מסביר מה תפקידו של כל זוג כנפיים: יש כנפיים למעוף, כנפיים לכיסוי הפנים וכנפיים לכיסוי הרגליים. על פי הסבר הרמב"ם,[2] הכנפיים של המעוף משמען תנועה מהירה. הכוחות הרוחניים באים במהירות, בפעולה חדה וממוקדת, בלי מניעות ובלי עיכובים; לכל כוח יש תפקיד ייעודי משלו, "אין מלאך אחד עושה שתי שליחויות".[3] זו תכונה על־טבעית, המאפיינת כוחות רוחניים, בשונה מדברים פיזיים, דורשים זמן ותהליך. הכנפיים המכסות את הרגליים - משמען שהסיבות, ה'רגליים' של הדבר, מכוסות מאיתנו.

הגורמים להופעת המלאך נעלמים מבני האדם. מה גורם לאדם להתגבר פתאום על עצמו? איך זה שעכשיו פתאום יש לו כוחות לכך? התשובה נעלמת מאיתנו, כיוון שהיא עמוקה ונסתרת בהיבט הפיזי של העולם. הכנפיים המכסות את הפנים מתייחסות להכרה השכלית ('פני הדבר'). המלאכים אינם מגיעים מתוך מודעות שכלית של האדם, אלא הם אינסטינקטים רוחניים, דוגמת תנועת יד אינסטינקטיבית להגן על הפנים ברגע שחפץ מושלך לעברן. לפי הרמב"ם, חייל בשעת קרב שנחלץ להגנה על עמו, ומגלה גבורה עילאית כדי להציל אזרח, מופיע בו מלאך. הכוונה היא שהחייל לא עצר וחשב אם להציל את האזרח או לא להציל, אלא בדחף רגעי ביצע את הפעולה. מלאך הוא כוח

חזק, אינסטינקטיבי, מיידי ומהיר. כשאדם מן השורה הולך ברחוב ורואה ילד יורד מהמדרכה לכביש, בדיוק כשרכב דוהר לכיוונו, הוא יקפוץ בחלקיק שנייה למשוך את הילד מהכביש למדרכה. ברגע הזה הוא אינו מנהל בתוך ראשו דיון מוסרי, אלא מופיע בו ניצוץ מלאכי המורה לו כי זהו המעשה הנכון כעת. אלה הם מלאכים, האינסטינקטים הרוחניים שמלווים אותנו.

אם נרחיב ונפרט מעט, נבחין על פי המקרא וחז"ל בין סוגים שונים של מלאכים: מלאכי שרת - אלו מלאכים שמשרתים אותנו בעולם הזה, הכוחות הפיזיקליים הטבעיים; אראלי שחק - כוחות שנמצאים בשחקים ורחוקים מאיתנו; שרפים - כוחות ששורפים את המציאות; אופנים - כעין גלגלים, כלומר כוחות שמניעים את העולם; חיות הקודש - כוחות חייתיים חסרי שליטה. יש מלאכים של מוסר, של צדק ושל אהבה. בין הכוחות הרוחניים נמצאים גם שדים; כפי שמלאכים אינם יצורים בעלי כנפיים, גם שדים אינם יצורים בעלי קלשונים וקרניים, אלא כוחות **ש**אומרים **די** למציאות, שעוצרים את המציאות. מלאכים בונים את המציאות, ושדים הורסים אותה.

הגמרא[4] אומרת שאילו אדם היה מסוגל לראות את הכוחות הללו, הוא היה רואה שהשדים מקיפים אותו מכל סביבותיו, וזה היה משתק אותו. אנחנו מוקפים בפוטנציאל אינסופי של נזקים; למשל, התקרה שמעלינו יכולה בכל רגע ליפול. אבל המחשבה על כל הנזקים שיכולים לקרות עלולה להביא את האדם לידי שיגעון. לכן הקב"ה יצר מנגנוני הדחקה בריאים, שבזכותם האדם אינו רואה את השדים. גם לא ראוי שיעסוק בהם ויעורר אותם, ולכן לא רצוי לחשוב מחשבות שליליות ולמלא את הראש והלב פחדים וחששות.

לכל דבר בעולם יש מלאך בעולם שמצמיח אותו, "אין לך כל עשב ועשב שאין לו מזל ברקיע, שמכה אותו ואומר לו גדל".[5] אין הכוונה שיורדים יצורים קטנים מן השמיים ומרביצים בעשבים, אלא שיש לכל עשב כוח שמצמיח אותו, לכל ברייה בעולם יש מלאך משלה. גם אנו, בני האדם, יוצרים מלאכים דרך מעשינו - כל מעשה טוב שלנו בורא מלאך, וכל מעשה רע בורא שד.[6] על ידי מעשינו הטובים אנו מוסיפים עוד שליחות חיובית בעולם, עוד טוב בעולם, ואילו מעשים שליליים עוצרים את התקדמותו של העולם ומזיקים לו.

על כל המלאכים אנו אומרים בתפילה: "והאופנים וחיות הקודש ברעש גדול מתנשאים לעומת שרפים, לעומתם משבחים ואומרים: ברוך כבוד ה' ממקומו". יש כוחות רוחניים רבים ומגוונים - ומכולם עולה כבודו של ה'.

הייעוד של אברהם יורד לפרטים

אברהם אבינו רואה שלושה מלאכים. לאחר שהבנו שמלאכים הם כוחות רוחניים, יש מקום לשאול, מה הוא בדיוק ראה? לפי הרמב"ם, הגיעו אליו שלושה חזיונות של נבואה, שלוש מחשבות נבואיות. לפי פרשנים אחרים, הוא ראה דמויות שנראו לו כאנשים, אולי כערבים, מפני שכוחות רוחניים יכולים להופיע גם בדמויות ממשיות. במקרה שלנו, ייתכן שהמלאכים הופיעו דרך שלושה בני אדם, שחשו לפתע צורך לבוא אל אברהם ולבשר לו דברי נבואה. כך או כך, שלושה מלאכים באו בשליחות רוחנית כדי לשנות את עולמו הרוחני של אברהם אבינו.

ראינו כי אברהם אבינו הולך, מתקדם ויוצר. הוא אומר לנוחות ולעמידה במקום די! ומתחיל לצעוד מתוך אמונה בשם ה'. אולם בשלב זה מתברר לו שהוא זקוק למלאכים, או במילים שלנו: כדי לפעול בעולם הזה צריך לרדת לפרטים.

המלאכים לוקחים את הטוב האלוהי ומעבירים אותו למשימות מוגדרות. חז"ל מלמדים אותנו ש"אין מלאך אחד עושה שתי שליחויות"[7] - זהו אחד מהאפיונים המרכזיים של המלאכים, לכל מלאך יש ייעוד רוחני מדויק. לכל פעולה רוחנית צריכה להיות מטרה מוגדרת, היא צריכה למלא את תפקידה מבלי להתערבב עם תפקידים אחרים. כשאדם מחליט להיות 'איש טוב', הוא צריך לפרוט את ההחלטה הזאת לפרטים מעשיים מוגדרים - למשל, לקום בבוקר בשעה מוגדרת ולהגיע לבית הכנסת בשעה של תפילת שחרית. אחרי שיסיים את הפעולה הזאת, הוא יצטרך להמשיך לפעולה אחרת, שגם לה מטרה מוגדרת משלה. בהקשר זה, תנועת ה'כנפיים' של המלאכים היא הגשמה של היעדים הרוחניים למציאות. נהוג לומר כי 'אלוהים נמצא בפרטים הקטנים' - אלו המלאכים, הכוחות שממלאים את החיים בשליחויות מפורטות. גם אברהם צריך עכשיו להפוך את המגמה הגדולה שלו לצעדים מעשיים נקודתיים.

אל אברהם אבינו באים שלושה מלאכים, שלהם שלושה תפקידים רוחניים שונים. על פי חז"ל, מלאך אחד בא לרפא את אברהם מברית המילה, שבגיל מבוגר כזה נחשבת למעין ניתוח, מלאך שני בא לבשר על הולדת יצחק והשלישי בא להפוך את סדום. כל משימה דורשת מלאך משל עצמה, מפני שאלו משימות שונות ולכאורה אפילו סותרות. לרפא את אברהם - זו משימה חיובית, לבשר על הולדת יצחק - זו משימה משמחת, אבל להפוך את סדום - זו כבר משימה של השחתה והשמדה. האם זו משלחת מלאכים טובים או משלחת מלאכי חבלה? כפי שהסברנו, יש מלאכים כאלה ויש כאלה, יש כוחות של בנייה וכוחות של הרס, וכולם פועלים בשליחותו של אלוהים.

מהמפגש עם המלאכים אנו לומדים לפרט את ייעודנו למשימות. כדי לפעול בעולמו של הקדוש ברוך הוא, אדם צריך להיות חד וברור ולבצע היטב את הפעולות הנדרשות ממנו. לפעמים המשימה היא לעזור ולפעמים המשימה היא להרוס. לפעמים אדם נדרש לרפא חולה ולפעמים הוא לוחם שעליו לירות באויב. הן במשימות הבנייה והן במשימות ההרס, אדם צריך להתמלא בתודעה מלאכית. הוא פועל בשליחותו של הקדוש ברוך הוא.

לפעול בעולם עם מלאכים

המלאך הראשון, כאמור, בא לרפא את אברהם. אברהם מל את עצמו, גילה התגברות ושליטה עצמית, ולכן עתה הוא חלש. כיבוש היצר הוא חשוב, אך משאיר אחריו חולשה בנפש, ולפעמים גם בגוף. כדי להשתקם ולהתרפא צריך כוח רוחני, מלאך.

המלאך השני מבשר על הולדת יצחק. לידתו של יצחק תהיה מאורע לא טבעי; בהתנהלות טבעית, מכוח האינרציה, לא מולידים ילדים קרוב לגיל מאה, לכן זו בשורה שדורשת מלאך. לאברהם כבר נאמר שבנו ייקרא יצחק, שעניינו 'צחוק' בלשון עתיד, כלומר אברהם ושרה עתידים לצחוק. **צחוק** הוא מלשון **צא מהחוק**. על פי חוקי הטבע, עקרות בגיל תשעים היא מצב לא משתנה; ולכן שרה בתחילה מביעה חוסר אמון, אולם הולך ומתברר לאברהם ולשרה שיש מלאכים שמלווים אותם. הצחוק של חוסר האמון של שרה הופך לצחוק של ודאות. הם חשים ודאות פנימית, על־טבעית, שהחוק הזה יישבר והם עוד יצחקו. המלאכים נותנים להם את התחושה הפנימית שהם בדרך הנכונה, הם עושים את המעשה הנכון, גם אם כרגע נדמה שאין לו סיכוי להצליח.

על צחוק כעין זה נאמר: אָז יִמָּלֵא שְׂחוֹק פִּינוּ וּלְשׁוֹנֵנוּ רִנָּה. עם ישראל עתיד לצחוק בעת הגאולה, ולהגיד הִגְדִּיל ה׳ לַעֲשׂוֹת עִמָּנוּ, הָיִינוּ שְׂמֵחִים.[8] איך יהודים החזיקו מעמד במשך אלפיים שנה, במזרח אירופה או בצפון אפריקה, כשלא ראו שום סימן התקדמות במצבו של עם ישראל? הם התפללו שנה אחר שנה "לשנה הבאה בירושלים הבנויה". הם שלחו מלאכים בתפילות שלהם, האמונה הוודאית פיעמה בליבם. הם עצמם לא הגיעו לירושלים ומתו אי שם בגלות, אבל הם צוחקים יחד איתנו, הצאצאים שלהם, בשובנו לציון.

בלידת יצחק התחיל שלב חדש בעולם. הלידה חידשה שאפשר לצאת מחוקי הטבע וההסתברות. על פי חז"ל,[9] בלידתו של יצחק כל העולם צחק - כל החולים התרפאו, הפיסחים החלו ללכת והעיוורים לראות. כלומר, התברר שאין בעולם מגבלות טבעיות מוחלטות, כי יש מלאכים צוחקים.

כדי להתקדם בעולם אדם צריך מלאכים. משימות רציניות זקוקות למלאכים שילוו את האדם העושה אותן. כדי להתחתן צריך מלאך, ואפילו כדי לקום בבוקר צריך מלאך. המלאך מעניק לאדם את הוודאות בצעד שלו. אם אדם מצא בת זוג, ועל פי כל הידוע לו מניסיון חייו ומהתייעצויות שעשה - היא מתאימה לו, אל לו להכניס את עצמו לפחדים וחששות. הוא צריך להיות מלאך, להיות ודאי, לא להסתפק או לחשוש מה יקרה אם זה לא יצליח. אדם שמלווים אותו מלאכים - מתמקד בכל משימה ומתמסר אליה. כשהוא שומע שיעור, הוא מתעמק בו כדי להבין היטב. כשהוא נוהג ברכב, הוא מתרכז בנהיגה ללא הסחות דעת. כשהוא כותב פתק או ממלא טופס, הוא רושם כל אות בכתב נאה, מדויק וקריא. כשהוא תולה תמונה על הקיר, הוא תולה אותה ישר ובאופן יציב כך שלא תיפול. כך נראות פעולות מלאכיות - פעולות מוגדרות, ודאיות ושלמות. כִּי מַלְאָכָיו יְצַוֶּה לָּךְ לִשְׁמָרְךָ בְּכָל דְּרָכֶיךָ.[10]

הפיכת סדום

המלאך השלישי שבא אל אברהם קשור לסיפור הבא בחייו, סיפור הפיכת סדום.

אחרי שהמלאכים ביקרו באוהל אברהם ושרה, הם הולכים לסדום. גם בסדום נדרשת פעולה על-טבעית, השמדת ערים שלמות מעל פני האדמה. אברהם אבינו מנסה למנוע את ההרס ומבקש להציל את סדום אם יימצאו בה צדיקים. הקדוש ברוך הוא מסכים לבקשה אם אכן יימצאו צדיקים בסדום, אך אם לא יימצאו - דינה של העיר הוא השמדה.

וַיֹּאמֶר ה' זַעֲקַת סְדֹם וַעֲמֹרָה כִּי רָבָּה, וְחַטָּאתָם כִּי כָבְדָה מְאֹד.[11] הקדוש ברוך הוא מסביר לאברהם תוך כדי בירור שבמקרה זה יש להפעיל את מידת הדין, מפני שיש דברים שצריכים להיעלם מן העולם. הצעקות מסדום, בעקבות מעשי השחיתות הנוראים שנעשים שם, עולות לשמיים. לכן המלאכים ישמידו את הערים האלה ויהפכו אותן לְגָפְרִית וָמֶלַח.[12] **מלח** הוא חומר כימי חריף ביותר, ולכן משמש בתנ"ך כביטוי לגורם המשמיד ומכחיד את השטח. אם רוצים ששדה כלשהו לא יוכשר לזריעה או לבנייה, זורים עליו מלח. במקרה שלנו, היה צורך לשדר לאנושות שיש כאן גידול סרטני בעולם וצריך לבער אותו כליל. המלאכים יצאו למשימה ממוקדת זו, משימה של הרס, כחלק ממידת הדין המבערת את העולם מהרע שבו.

בתוך המשימה הייתה משימה נוספת: להציל את לוט, שהיה שקוע בתוך סדום המסואבת. לוט עצמו היה במצב מסובך. **לוט** מלשון כיסוי, נתון בתוך

מציאות אחרת.[13] הוא מצוי בסדום אך לא שייך אליה לגמרי. המורכבות באה לידי ביטוי גם בתוך משפחתו של לוט: לוט עצמו יוצא מהעיר, אבל אשתו, שהיא ביטוי לחלק מהעולם של לוט עצמו, מביטה לאחור. היא מנסה גם לברוח מסדום וגם להישאר קשורה אליה, רגל פה ורגל שם. אבל כשמדובר בפעולה של מלאכים, כפי שראינו, המשימה חדה וברורה - ולכן ההרס של סדום מוחלט. האנשים נחלקים באופן קיצוני לרשעים וצדיקים, ומי שמביט אחורה ואינו מתנתק מהרשעים - נספה עימם. המשימה להפוך את סדום וסביבותיה מבוצעת באופן נחרץ. כְּמַהְפֵּכַת סְדֹם וַעֲמֹרָה אַדְמָה וּצְבוֹיִם אֲשֶׁר הָפַךְ ה׳ בְּאַפּוֹ וּבַחֲמָתוֹ.[14]

הכלל הנלמד מכאן הוא שמי שעושה מעשי סדום - נמחה מעל פני האדמה. יש כוח אלוהי שפועל להכרית אנשים כאלה מהעולם, אֵל קַנּוֹא וְנֹקֵם ה׳.[15] יש בתנ״ך ביטויים חדים וקיצוניים, שלחלקנו קשה היום לקרוא אותם, אבל התנ״ך בא ללמד עקרונות רוחניים לדורות. את הרע צריך להשחית. אין הכוונה רק להשמדת ערים שלמות של רוע, מה שפחות נמצא היום, ולמעשה גם לא מוטל עלינו לחפש סביבנו ׳אנשי סדום׳ ולעשות בהם שפטים. את המשימה יכול וצריך כל אדם לבצע כלפי עצמו: לכל אדם יש בנפש צדדים של סדום ועמורה, צדדים של רוע ושחיתות, ועליו לזהות אותם, לכרות אותם ולהתנתק מהם מבלי להביט אחורה.

בנות לוט

אחרי מהפכת ערי סדום, לוט ושתי בנותיו מגיעים למערה, ושם מתרחש מעשה מזעזע. בנות לוט חושבות שהאנושות כולה נכחדה ורק הן נשארו בעולם. כדי שהאנושות לא תיכחד, הן בוחרות בגילוי עריות עם לוט אביהן. המעשה עצמו נורא, אבל חז״ל[16] אומרים שכוונתן הייתה לשם שמיים, ולכן יצאו מהן שני עמים: עמון ומואב (**מואב - בא מאב**). ממואב תצא בעתיד רות המואבייה, אשת בועז שמזרעה ייוולד דוד המלך. מעמון תצא בעתיד נעמה העמונית, אשת שלמה המלך ואם בנו רחבעם. משושלת זו, שלרות ונעמה יש חלק בה, יצא משיח בן דוד.

על פי תורת הסוד, טמונה כאן אמירה כי לכל כוח בעולם, גם המעוות ביותר, יש תפקיד. אין בסיפור זה הדרכה מעשית לפעול בדומה לבנות לוט, שהרי הן עשו מעשה רע וחטאו בחטא חמור ביותר; אבל בסופו של דבר, מהמעשה הזה יצאה השושלת של משיח בן דוד. במעשה זה היה טמון רצון גדול

לקיים את העולם, עד כדי פריצת כל גבול מוסרי, והמשיח זקוק גם לכוחות כאלה. ההתקדמות של העולם זקוקה גם לכוחות של הרס, רוע, עיוות, וגם כוחות אלה תורמים לעולם. חז"ל אומרים שהכל מסייעין לבניין בית המקדש, "אפילו רוחות ואפילו שדים".[17] אין זו הדרכה ישירה לעשות מעשים שליליים רק כדי שתתגלגל מהן תוצאה חיובית; המעשה הוא בוודאי שלילי, ואף נענשים עליו. אולם בעקיפין, גם מהמעשה השלילי יכולה לצמוח תועלת לעולם. כאשר אנו עושים מעשה לשם שמיים, גם אם בטעות המעשה יצא באופן עקום ומעוות - הניצוץ הטוב שבתוכו יצמיח את משיח בן דוד.

המעשה החמור של בנות לוט היה גילוי עריות בתוך המשפחה. מדוע זהו איסור חמור, שאנו גם נרתעים ממנו באופן טבעי? על פי הרב קוק,[18] הזיווג המיני נועד כדי ליצור חיים חדשים בעולם. יצירה חדשה נולדת מתוך חיבור בין בני אדם שונים ורחוקים. אדם צריך להתחבר למעגלים חדשים. החתונה מחברת בין משפחות שונות, וכך היצירה מתרחבת בעולם. יחסי אישות בתוך המשפחה משאירים את האהבה במעגל סגור. בלשון התורה הם נקראים **תועבה**, לשון **תועה־בה**.[19] תועה הוא אדם שמתהלך אבל אינו מגיע לשום מקום. יש לזה ביטוי גם במישור הגנטי - יחסים בתוך המשפחה עלולים ליצור בעיות גנטיות, כיוון שהגנים קרובים וזהים. כלומר, אפילו בדרך הטבע, כדי להגדיל את הסיכוי ללדת ילד בריא עדיף להתחבר למעגלים רחוקים יותר.

לכן, אומר הרב קוק, גילוי העריות של בנות לוט היה מעשה עקום ביותר, ובכל זאת למשיח יש צורך בו. לעם ישראל יש נטייה להתפזר ולפנות החוצה, מתוך הרצון הפנימי להפיץ את דבר ה' בעולם, ולכן כדי להקים את מלכות ישראל - צריך כוח שיבנה את העמידה הלאומית העצמית. כששלמה יישא אלף נשים, שרבות מהן תהיינה שגרירות של עמים אחרים, הוא יצטרך את הכוח הטמון בנעמה העמונית כדי להשאיר את המלוכה במעגל הקרוב, ולשמור על העמדה העצמית. כך מתוך גילוי העריות של בנות לוט, שהביא לעולם את רות המואבייה ונעמה העמונית, נכנס אל תוך המשיחיות הישראלית גם צד של אגואיזם לאומי.

למעשה, כל העולם בנוי על בסיס מעשים שליליים. אנו משתמשים בטכנולוגיה פרי ידיה של התרבות המערבית, שדרכה על הרבה גוויות בדרך ליצירת הקִדמה של ימינו. אנחנו משתמשים בתוצרת של עמים שטבחו ביהודים רק לפני כמה עשרות שנים. להבדיל, מדינת ישראל הוקמה בידי אנשים

שרבים מהם לא היו כשרים במעשיהם, כל אחד וקופת השרצים שמאחוריו. יש אנשים שאינם מוכנים להשתמש כלל בתוצרת של מעשים שליליים או של מניעים פסולים; ברמה המיידית זה אכן נכון, אפשר להבין את ההתנזרות מתוצאה של מעשה שלילי שנעשה זה עתה, כפי שאסור להשתמש בחפץ גנוב. אבל בפרספקטיבה היסטורית, גם המעשים השליליים מצטרפים למהלך של התקדמות העולם.

דו־שיח נוקב עם אבימלך

לאחר מכן, אברהם עובר לגור בגרר, ואבימלך מלך גרר לוקח את שרה. לאברהם כבר יש ניסיון קודם מהירידה שלו למצרים, שם פרעה היה זה שלקח את שרה, כמסופר בפרשה הקודמת. בסיפור הקודם, הקב"ה הביא נגעים על בית המלוכה המצרי, ובעקבות זאת פרעה שחרר את שרה, ואברהם קיבל אותה בשתיקה והלך משם; אולם הפעם הסיפור מסתיים אחרת.

אבימלך מחזיר את שרה לאחר שהקב"ה נגלה אליו בחלום הלילה ומאיים עליו, ומנהל עם אברהם דו־שיח. הוא מיתמם כאילו לא עשה כל רע ופונה בטענות לאברהם: מֶה עָשִׂיתָ לָּנוּ, וּמֶה חָטָאתִי לָךְ, כִּי הֵבֵאתָ עָלַי וְעַל מַמְלַכְתִּי חֲטָאָה גְדֹלָה, מַעֲשִׂים אֲשֶׁר לֹא יֵעָשׂוּ עָשִׂיתָ עִמָּדִי. וַיֹּאמֶר אֲבִימֶלֶךְ אֶל אַבְרָהָם: מָה רָאִיתָ כִּי עָשִׂיתָ אֶת הַדָּבָר הַזֶּה?[20] בשונה מהפעם הקודמת, הפעם אברהם אינו שותק, אלא עונה בלשון ברורה: כִּי אָמַרְתִּי: רַק אֵין יִרְאַת אֱלֹהִים בַּמָּקוֹם הַזֶּה, וַהֲרָגוּנִי עַל דְּבַר אִשְׁתִּי.[21] כשהיה נכון לשתוק - אברהם שתק, אך כשהגיעה עת לדבר - תשובתו החדה של אברהם מעמידה את אבימלך במקום.

יש זמנים ומקומות שבהם צריך לשתוק, ויש זמנים ומקומות שבהם צריך לדבר ולענות. כשאכן צריך לדבר, אברהם עונה באופן חד ונחרץ, בהתאם לעמדה הנפשית המלאכית שמניעה אותו.

ילד נולד, ילד מגורש

כפי שבישרו המלאכים, יצחק אכן נולד, אך הלידה עדיין אינה מביאה את השקט והשלווה לבית אברהם. כשיצחק גדל, מתברר שהוא וישמעאל אינם יכולים לחיות יחד. שרה מצווה על אברהם לגרש מהבית את הגר וישמעאל, והקב"ה אומר לאברהם לציית לה: כֹּל אֲשֶׁר תֹּאמַר אֵלֶיךָ שָׂרָה שְׁמַע בְּקֹלָהּ. מתברר כי

יש מצבים הדורשים גירוש. יש עבודת בירור שצריכה להיעשות. לישמעאל יש מקום משלו בעולם, אבל לא בבית אברהם. גם זו התנהגות של מלאכים - לחתוך את הדברים ולקבוע גבולות ברורים: ישמעאל לא יהיה בבית אברהם אלא יגדל כפרא אדם במדבר.

וַיִּקְרָא מַלְאַךְ אֱלֹהִים אֶל הָגָר מִן הַשָּׁמַיִם, וַיֹּאמֶר לָהּ: מַה לָּךְ הָגָר? אַל תִּירְאִי כִּי שָׁמַע אֱלֹהִים אֶל קוֹל הַנַּעַר בַּאֲשֶׁר הוּא שָׁם.[22] הגר הולכת עם ישמעאל למדבר, אך המים אוזלים להם. כשישמעאל שוכב בין השיחים על סף מוות מצמא, מתגלה אל הגר מלאך אלוהים. נשים לב כי הוא נקרא 'מלאך אלוהים', ואילו המלאכים שבישרו על הולדת יצחק התגלו בשם הוי"ה. כפי שראינו בפרשת בראשית, השם אלוהים קשור למכלול הכוחות של **העולם הטבעי**. אכן, בתוך העולם הטבעי יש כוחות רבים שדורשים סדר, ובתוכם גם הכוח של ישמעאל צריך למצוא את מקומו הנכון. יצחק שייך לשם הוי"ה, המתקשר אל העולם העליון ואל העתיד. ישמעאל ויצחק נפרדים זה מזה; ישמעאל יהיה פרא אדם, ועם ישראל יסבול ממנו כל הדורות, אבל גם לו יש תפקיד בתהליך שיצמיח את העולם. את התפקיד הזה הוא יממש במדבר, ולא בתוך ביתו של אברהם. זהו חלק מיכולתם של המלאכים: לחלק, לבודד ולדייק. ליצור מצב שבו בבית אחד שמחים בלידתו של ילד אחד ומגרשים ילד אחר. אברהם נדרש להבחין בין שני בניו, גם לאהוב וגם לגרש, כך שכל אחד יבוא על מקומו.

העקדה - התמסרות לדבר ה' שמעל לחיים

וַיְהִי אַחַר הַדְּבָרִים הָאֵלֶּה וְהָאֱלֹהִים נִסָּה אֶת אַבְרָהָם, וַיֹּאמֶר אֵלָיו: אַבְרָהָם, וַיֹּאמֶר: הִנֵּנִי.[23] הקרבת הבן האהוב שסוף סוף בא לעולם היא מעשה לא טבעי בעליל. בכל זאת, אברהם אבינו פועל כפי שנצטווה, ומממש את מלוא החדות והנחרצות שבנה עד כה במשימה הקשה המוטלת עליו. לציווי של ה' הוא עונה: "הנני", אני עומד ומוכן למשימה, כפי שמפרש שם רש"י: "לשון ענוה הוא ולשון זריזות". הפסוקים הבאים ממשיכים לתאר את פעילותו החדה והנמרצת של אברהם: וַיַּשְׁכֵּם אַבְרָהָם בַּבֹּקֶר, וַיַּחֲבֹשׁ אֶת חֲמֹרוֹ, וַיִּקַּח אֶת שְׁנֵי נְעָרָיו אִתּוֹ, וְאֵת יִצְחָק בְּנוֹ, וַיְבַקַּע עֲצֵי עֹלָה, וַיָּקָם וַיֵּלֶךְ אֶל הַמָּקוֹם אֲשֶׁר אָמַר לוֹ הָאֱלֹהִים.[24] רצף של פעולות שעושה אברהם בזריזות. הוא משכים בבוקר בלי להתעכב, מכין את הציוד מראש ולא מסתמך על העצים שאולי ימצא בדרך. לזריזות זו מצטרף גם יצחק עצמו: וַיֵּלְכוּ שְׁנֵיהֶם יַחְדָּו.[25]

כיצד הרגישו אברהם ויצחק בדרך לעקדה? חז"ל אומרים כי אברהם זיהה את מקום העקדה על ידי נבואה, וכדי להגיע לנבואה נדרשת שמחה; משמע שאברהם ויצחק היו שרויים בשמחה לאורך הדרך.[26] הם שמחו לברר ולגלות דבר חדש בעולם, לגלות שיש דבר גדול יותר מכל מה שקיים במציאות, אפילו מהרגש האנושי העצום ביותר. נדמה שאין דבר גדול מאהבת אב לבנו יחידו; אך מי שחי עם מלאכים, מי שיודע את האלוהים, יודע שיש דבר גדול מזה.

יש אנשים המאמינים באלוהים כל עוד הדבר מסתדר עם עולם הערכים האנושי שלהם. הם מתלהבים מפסוקים כמו "ואהבת לרעך כמוך", אבל אינם מוכנים לעכל את עקדת יצחק, מחיית עמלק, כיבוש הארץ משבעת עממי כנען. אכן, היישום המעשי של פרשות כאלו דורש בירור עמוק, כיוון שהתורה אינה מדריכה שום אדם להעלות לעולה את בנו. אולם בראש ובראשונה, פרשת העקדה מציבה בפנינו גישה רוחנית־נפשית: גם אהבת אב לבנו מתחילה מהקב"ה. הרגש שלנו כלפי ילדינו, כמו כל דבר טבעי יפה ונפלא, אינו קיים מצד עצמו אלא בא מאלוהים. לכן כל החיים מבוססים על הנכונות של האדם למלא את רצון האלוהים ממנו, כפי הבנתו, בלי תלות במחיר שזה ידרוש ממנו.

אחרי שנקודה זו מתבררת, נשלח מלאך אל אברהם ואומר לו: אַל תִּשְׁלַח יָדְךָ אֶל הַנַּעַר וְאַל תַּעַשׂ לוֹ מְאוּמָה.[27] אלוהים אינו רוצה לפגוע בעולם הזה ואין לו דבר נגד אהבה אנושית של אב לבנו. מתוך ההתמסרות של האדם לאלוהים, מתברר מקומם של כל הדברים הטובים בעולם. מתוך ההתמסרות לה', מתברר כי אין צורך לשלוח יד אל הנער, כי ה' רוצה בטוב ובחיים. אין הכוונה שכל המהלך עד כה מתבטל כרגע והופך למיותר, אלא להפך: רק לאחר שקישר אברהם את האהבה הטבעית אל המקור האלוהי שלה, יכול להתברר מה מקומה בעולמו של אלוהים.

וַיִּקְרָא אַבְרָהָם שֵׁם הַמָּקוֹם הַהוּא ה' יִרְאֶה, אֲשֶׁר יֵאָמֵר הַיּוֹם בְּהַר ה' יֵרָאֶה.[28] בפרשה הקודמת פגשנו את מלכיצדק מלך שלם, המזוהה עם ירושלים, וגם במקום העקדה - בְּהַר ה' יֵרָאֶה - עתידה להיבנות ירושלים. שני השמות **יראה ושלם** מרכיבים יחד את **ירושלים**, ופירוש השם הוא: ראיית השלמות, יראה מהשלמות. זה המקום השלם שמקשר את כל הדברים בעולם, וממנו מתברר ערכו של כל דבר. עתה אברהם יכול להקריב איל במקום בנו, לכרות ברית נצחית עם ה' ולשוב הביתה עם יצחק. כעת הם כבר שייכים לעולמם של המלאכים.

סיכום

התנהלותו של אברהם במהלך פרשת וירא ובדרך לעקדה מלמדת אותנו ירידה לפרטים וזריזות. גם זו מידה של מלאכים, כפי שראינו, פעילות מתוך אינסטינקט פנימי ולא מתוך עיון שכלי. "יתגבר כארי לעמוד בבוקר לעבודת בוראו".[29] נוסף על זאת, היא מלמדת אותנו כי דבר ה' נמצא מעל לכל דבר, ונותן ערך לכל דבר, מה שמאפשר מסירות נפש. כל דור פוגש את מעמד העקדה באופן המתאים לו - בעבר היו מקרים שאנשים הקריבו את משפחתם כדי לא לעבור על הדת, ובימינו יש שאדם נדרש לפעול בצבא או בארגון חברתי ולאומי מבלי להיות פעיל בגידול ילדיו. וזו רק דוגמה אחת מני מצבים רבים של מסירות נפש - לפעמים האדם מוסר את חיי המשפחה שלו, ולפעמים הוא נדרש לוותר על איכות חייו או על כבודו האישי. עליו להפעיל שיקול דעת, לחשוב מה רמת מסירות הנפש שנדרשת ממנו (כיוון שלפעמים הנזק בעקבות מסירות הנפש רב מהתועלת), ולעשות את מה שהוא מבין שנכון לעשות.

מסירות נפש זו היא חלק מדפוס החיים שמחדש אברהם בעולם. במהלך שעוברת הנפש שלנו, מאז פרשת בראשית, כעת איננו רק מתקדמים בעולם - אלא עושים זאת באופן מפורט ומוגדר, חד וברור, ודאי ושלם, מתוך התמסרות לאלוהים. בזאת אנו מידמים למלאכים.

חיי שרה

חיים לנצח

פרשת חיי שרה מפגישה אותנו עם שלב נוסף בחיבור עם אלוהים - רגע המוות. אברהם ושרה, הזוג האידיאלי של האנושות, נפטרים בפרשה. במותם מתבררת נקודת החיבור שלנו לעולמו של אלוהים - בבית הקברות בחברון. המקום שבו מתברר כי יסוד החיים אינו כסף או כבוד, אלא החיבור והחסד.

הטוב והחסד הם אלה שעומדים לאדם גם בעת הקמת המשפחה: הזיווג בין יצחק לרבקה, והמשכיות חייו של אברהם, נבנים אף הם מתוך חיבור לנקודה הפנימית.

כשהנקודה הפנימית הטובה נשמרת, גם הכוחות ה'ישמעאליים' שסטו מן הדרך ויצאו החוצה שבים למקורם.

הנושאים בפרשה:

מות שרה • קניית מערת המכפלה • השידוך בין יצחק לרבקה • נישואי אברהם לקטורה • מות אברהם • חיי ישמעאל

פרשת חיי שרה היא שלב נוסף במסע שלנו בעולמו של אלוהים. ראינו כבר את אלוהים בבריאת העולם, ראינו אותו בזמן המבול והקריסה, ואחר כך גם יצאנו למסע של הליכה והתקדמות, דרך כל פרטי החיים. זה המסלול שעברנו עד כה, מבראשית עד וירא. כעת, אחרי שלמדנו דרך אברהם אבינו איך להתנהל בחיים, נלמד כיצד נפגשים עם אלוהים דרך המוות.

האנשים הגדולים שפגשנו, אברהם ושרה, נפטרים בפרשה שלנו.[1] כאשר

שרה הולכת לעולמה, הכתוב מציין את גילה בניסוח ייחודי: וַיִּהְיוּ חַיֵּי שָׂרָה מֵאָה שָׁנָה וְעֶשְׂרִים שָׁנָה וְשֶׁבַע שָׁנִים שְׁנֵי חַיֵּי שָׂרָה.[2] חז"ל דורשים מדוע הגיל של שרה מנוסח כך: "לומר לך שכל אחד נדרש לעצמו - בת מאה כבת עשרים לחטא, מה בת עשרים לא חטאה, שהרי אינה בת עונשין - אף בת מאה בלא חטא, ובת עשרים כבת שבע ליופי".[3] בגיל מאה, מספר המציין שלמות, שרה הייתה בלי חטא כאילו הייתה בת עשרים; ובגיל עשרים הייתה יפה כמו בת שבע. כלומר, שרה הייתה צעירה לנצח. רעננות החיים שלה נשמרה בה כל חייה, עד הרגע האחרון. המדרש[4] אומר שהמזמור "אשת חיל" שבספר משלי, שיר ההלל לאישה המושלמת, הוא ההספד של אברהם על שרה. כלומר שרה היא אשת החיל, האישה האידיאלית.

קבורת שרה במערת המכפלה

קניין בארץ

אברהם מבקש לקנות אחוזת קבר כדי לקבור את שרה. לכאורה מדובר בדבר טכני שהיה אפשר להיכתב בפסוק אחד, מבלי להביא את המשא ומתן הארוך בין אברהם לבני חת ועפרון סביב קניית המערה. אולם הדיון על המערה מתואר בהרחבה, ויתרה מזאת - חז"ל אף רואים בקניין המערה אבטיפוס הלכתי ('בניין אב') לכל הקניינים בהלכה. גם דיני הקידושין, שהם מעשה קניין (כלומר, יצירת פעולה מחייבת בין בני אדם), נלמדים מפרטי הקניין של מערת המכפלה.[5] מדוע קניין זה משמעותי כל כך?

מערת המכפלה היא הקרקע הראשונה שאברהם קונה בחייו. עד כה הוא התהלך בארץ לאורכה ולרחבה, אבל תמיד כנווד. זו הפעם הראשונה שהוא קונה קרקע משלו. אחריו, גם שאר האבות יקנו שטחים בארץ; יצחק יזרע שדה, כמתואר בפרשה הבאה, ויעקב יקנה את חלקת השדה בשכם, בפרשת וישלח. קניין קרקע אינו רק פעולה כספית טכנית, אלא מקור לתחושת יציבות. אדם שאין לו קרקע הקנויה לו הוא תלוש ואינו מממש את האנושיות שבו, כדברי חז"ל: "כל אדם שאין לו קרקע אינו אדם".[6]

על פי הידוע לנו על העולם העתיק, ההתפתחות של החברה האנושית התרבותית החלה במהפכה החקלאית.[7] לפני כן בני האדם היו ציידים־לקטים, הנודדים ממקום למקום כדי להשיג את מזונם. מסיבה זו הם היו מעטים יחסית, כי היכולת להתפרנס מציד בעלי חיים מוגבלת. הם גם נדדו בתדירות גבוהה, בחילופי העונות, ללא מקום קבוע. כיוון שלא היה להם מקום, הם

גם לא התאגדו. רק כאשר בני האדם החלו לעסוק בחקלאות, וממילא כל משפחה הייתה מוכרחת לגור במקום מסוים - היכן שנמצאת הקרקע החקלאית שברשותה, האנושות החלה להתרבות. מקורות הפרנסה התרבו, שהרי שדה אחד יכול לפרנס כמה משפחות, ובעיקר החלה התאגדות חברתית. ההישארות במקום אחד קבוע אפשרה לגור במשפחות ובשבטים, וכך התחילה בכל מקום הכרונולוגיה ההיסטורית שהצמיחה את תרבותו. מאז, אוכלוסיית העולם גדלה ממיליון אנשים לשמונה מיליארד. קרקע היא הבסיס להתפתחות האנושית; היא התנאי לציוויליזציה.

חברון

מה קונה אברהם? מהו שטח הקרקע הראשון שבו הוא נאחז? באופן מפתיע, זהו מקום קבורה. את החיבור היציב הראשון שלו לארץ אברהם משיג דווקא בקניית אחוזת קבר. בשונה מלוט, שהמקום שהוא בחר בארץ ישראל היה הקרקע האיכותית והפורייה של כיכר הירדן, המקום שבו מתחיל אברהם להיאחז הוא בית קברות. זו **חברון**, לשון **חיבור**, שם מתחיל החיבור הממשי של אברהם עם ארץ ישראל.

חברון אינה נכס משובח במיוחד. חז"ל מספרים כי אין מדובר באדמה איכותית, "אין לך טרשים בכל ארץ ישראל יותר מחברון".[8] גם האוכלוסייה של חברון אינה שגרתית, בהמשך התורה יתגלה כי גרים שם ענקים - וַיַּעֲלוּ בַנֶּגֶב וַיָּבֹא עַד חֶבְרוֹן וְשָׁם אֲחִימַן שֵׁשַׁי וְתַלְמַי יְלִידֵי הָעֲנָק.[9] במקום לרכוש קרקע חקלאית טובה בעלת פוטנציאל כלכלי גבוה, אברהם בוחר דווקא אדמת טרשים מוקפת בשכנים מאיימים. בזה הוא מביע אמירה עקרונית: אחיזתו בארץ אינה נובעת ממניעים כלכליים. החיבור לארץ ישראל, לעולמו של אלוהים, אינו מרצון לגור בנדל"ן יוקרתי או במעמד חברתי גבוה. אברהם מעוניין בקרקע שתחבר אותו אל הנצח. ערש התרבות שלנו הוא לא החומר אלא הרוח.

בית קברות הוא מקום שבו כולם שווים. לא משנה לאיזה מעמד הגיע כל אדם בחייו, בבית הקברות לכולם מעמד, עושר וכבוד. דוד המלך מזכיר לנו שאַל תִּירָא כִּי יַעֲשִׁר אִישׁ כִּי יִרְבֶּה כְּבוֹד בֵּיתוֹ, כִּי לֹא בְמוֹתוֹ יִקַּח הַכֹּל לֹא יֵרֵד אַחֲרָיו כְּבוֹדוֹ.[10] בית הקברות מזכיר לנו שכולנו באנו ממקום אחד, ואליו כולנו הולכים. אך מעבר לזה, בית הקברות הוא המקום שבו מתחברים אל הנצח. בנבואת זכריה על גוג ומגוג, מתואר שהאויב יעמוד על הר הזיתים, ואז ההר ייבקע תחתיו: וְנִבְקַע הַר הַזֵּיתִים מֵחֶצְיוֹ מִזְרָחָה וָיָמָּה גֵּיא גְּדוֹלָה מְאֹד וּמָשׁ חֲצִי הָהָר צָפוֹנָה וְחֶצְיוֹ נֶגְבָּה.[11] בעלי הסוד מסבירים כי הר הזיתים הוא בית הקברות

הלאומי של עם ישראל;[12] אוצר הנשמות, המקום שבו מתרכזות הנשמות של כל עם ישראל בעבר ובעתיד, זה מה שישמוט את הקרקע מתחת לתרבויות העמים. של עם ישראל אוחז בנצח, וזו הקרקע העמידה והיציבה ביותר.

לכן הבחירה בחברון, בית הקברות היהודי הראשון, מייצגת אחיזה שאינה קשורה לאינטרסים אישיים. בהמשך, בספר במדבר, כשהמרגלים יתורו את ארץ ישראל לפי מבטם הארצי, כלב יהיה היחיד שילך לחברון.[13] הוא יהיה זה שיזכור שהקשר שלנו לארץ ישראל אינו נובע משיקולי כדאיות, אלא מתחיל מהאבות הקבורים שם. כלב גם ייכנס לארץ ישראל אחרי ארבעים שנה ויתנדב לכבוש את חברון. לא מפני שחסרה לו נחלה בארץ, אלא כדי לקיים את רצון ה'.

את הקניין הזה, החיבור והאחיזה שמיועדים לקיים את רצון ה', אנחנו ממשים במצבים שונים בחיים. במעשה הקידושין - שנלמד כאמור מקניין מערת המכפלה - החתן אומר לכלה בשעת הקניין: "הרי את מקודשת לי כדת משה וישראל". כלומר, איננו מתחתנים עכשיו רק בגלל האהבה האנושית בינינו, אלא גם ובעיקר כדי להקים בית נאמן בישראל.

כאמור, העיקרון הזה קיים גם בנוגע למוות, בחשיבות שאנו רואים בקבר ישראל, במקום שהאדם כבר אינו יכול להפיק ממנו רווח אישי - אך הוא זה המחבר אותו אל הנצח. זו גם הסיבה שיהודים בכל הדורות רצו להיקבר בארץ ישראל; הם הבינו שגם אם בחייהם נאלצו להיות בגלות, הקשר הנצחי הוא לארץ ישראל. משם תתחיל תחיית המתים, שם מקומנו בעולם הנצח.

חיפוש כלה ליצחק

חסד

אחרי שלמדנו שכל פעולה משמעותית בעולם, כולל בניית בית, מתחילה מרצון ה' - אנו לומדים על יסוד נוסף הקשור גם הוא להקמת בית: יסוד החסד.

למעשה, החסד קשור כבר בנקודה האחרונה שראינו, במערת המכפלה. המדרש[14] מספר כי כאשר אברהם קיבל את פניהם של המלאכים (בפרשת וירא) ורצה לשחוט להם בקר, הבקר ברח מפניו, ואברהם רדף אחריו עד שהגיע למערת המכפלה. שם מצא אברהם נר דלוק, הריח ריח גן עדן וגילה את מקום קבורתם של אדם וחווה. כך הוא ידע היכן לקבור את שרה אשתו. מדרש זה קושר בין תכונת החסד של אברהם לחיבור לחיי הנצח שמתבטא בחברון. הדרך לבנות בית, להקים משפחה, ליצור שרשרת נצחית - בנויה על יסוד החסד. כאשר אברהם רץ אחר החסד ומתמסר אליו, הוא מגלה את יסוד החיים.

לכן בשלב הבא בפרשה, כאשר אברהם מחפש אישה ליצחק בנו, מובן שדרושה אישה גומלת חסדים. הוא שולח למשימת החיפוש את עבדו אליעזר. אליעזר, מלשון **עזר**, עוזר להוציא לפועל את כוונותיו של אברהם. גם הוא מבין מה הנקודה החשובה בבניית בית, ולכן הוא מחפש אשת חסד. כך הוא מגיע אל רבקה, שעושה חסד ומשקה אותו ואת גמליו.

צדיקה בחרן

אליעזר נשלח לחוץ לארץ, לחרן, ודווקא שם הוא מוצא את רבקה. רבקה גדלה בבית לא פשוט, עם בתואל ולבן, שאינם צדיקים גדולים. בהמשך התורה נראה כיצד לבן, אחיה של רבקה, הוא רמאי ורודף כסף. בשונה מרבקה, ששמה דגש על החסד והפנימיות, לבן מחפש את הרכוש והחיצוניות. אף על פי כן, רבקה מצליחה להתמודד מול כוחות הרוע, ולהישאר בְתוּלָה וְאִישׁ לֹא יְדָעָהּ.[15]

חז"ל, בעקבות שיר השירים, מדמים את רבקה לפרח הגדל בין קוצים - כְּשׁוֹשַׁנָּה בֵּין הַחוֹחִים כֵּן רַעְיָתִי בֵּין הַבָּנוֹת.[16] למרות הקוצים המקיפים אותה, היא מצליחה לשמור על תומתה. זו תופעה שמאפיינת אנשי קודש רבים בעם ישראל לאורך הדורות, כגון אסתר המלכה בבית אחשוורוש. מעבר לזה, היא מאפיינת את האומה הישראלית עצמה, שהנקודה הפנימית שלה נשארת תמיד בטהרתה: "כל ציורי העולם לא עשו שום רושם כלל על עצמיותה הפנימית של כנסת ישראל. כל ההשקפות, כל מיני התרבויות ששלטו ושולטים ברוח האדם, מקצה תבל ועד קצהו, לא הגיעו להעיב אפילו נקודה אחת של יפעת האורה הא-להית החופשית של כנסת ישראל. תמימה היא, תמימה אשר לא עלה עליה עול, בתולה ואיש לא ידעה, נפלה ולא תוסיף לנפול קום בתולת ישראל".[17]

עזרה משמים

סיפור השידוך בין יצחק ורבקה, כולל תיאור המפגש בין אליעזר לרבקה שחוזר ונשנה פעמיים (פעם אחת כפי שהיה, ופעם נוספת כשאליעזר מספר עליו למשפחתה של רבקה), מתפרס על פני שישים ושבעה פסוקים. זאת לעומת מצוות רבות בתורה שכתובות בתמצות, לפעמים אפילו במילים אחדות, אף שהן מכילות פרטים הלכתיים רבים מספור. על כך אומרים חז"ל: "יפה שיחתן של עבדי בתי אבות מתורתן של בנים".[18] התורה מפרטת באריכות את שיחתם של עבדי האבות, כדי לתאר את הרעיונות הגדולים של האבות, וכיצד הם פועלים בתוך החיים. האותיות **שיח** הן ראשי תיבות - **ש**כל, **י**כולת, **ח**יים.[19] זהו יישום

הרעיונות של השכל בתוך החיים כפי יכולותיהם. לכן חשוב להתבונן בסיפורו של אליעזר על כל פרטיו.

מהתבוננות במעשיו של אליעזר עולה כי את הבחינה של האישה המיועדת לא מסר לו אברהם. אברהם נתן לו הוראות מפורשות: אֶל אַרְצִי וְאֶל מוֹלַדְתִּי תֵּלֵךְ וְלָקַחְתָּ אִשָּׁה לִבְנִי לְיִצְחָק;[20] אך עבדו 'מגדיל ראש' ויוזם ניסוי בבאר המים. הוא מחליט שהאישה שתציע לו מים לשתות היא האישה המתאימה ליצחק. חז"ל[21] דנים אם ניסוי זה נחשב ל'ניחוש' מיסטי, שאסור משום עבודה זרה, ומגיעים למסקנה שאין זה ניחוש אסור אלא בדיקה הגיונית - העבד רצה לדעת שהאישה גומלת חסדים. אולם עדיין יש לשאול - מי ביקש ממנו לערוך מבחנים? אליעזר, עבד אברהם, שומע בתוכו את השיח של אברהם אבינו, ומבין שרצונו באישה שעושה חסדים; לכן הוא נותן לה' להנחות אותו בדרך לאישה כזאת. כאשר הוא מתקרב לחרן, הוא מתנהג באופן שמהלך הדברים יפתח למקור עליון יותר מתכנון אנושי.

נקודה זו מתקשרת גם למקום האירוע, על עין המים. אבותינו מצאו את זיווגם ליד באר המים - שם יעקב פגש את רחל, ומשה את ציפורה. ייתכן שאין זה מקובל וטבעי שנערות באות עם הצאן לבאר, שכן בדרך כלל זו עבודתם של הגברים, ובכל זאת שם נפגשו אבותינו ואימותינו. בבאר המים נובעים מלמטה; האדם הזקוק למים אינו יכול למצוא אותם על פני השטח, אלא עליו לדלות אותם ממקור עמוק, מעבר לכוח האנושי. לכן גם מקומה של הבאר הוא מחוץ לעיר, לא בתוך מרחב הפעולה המסודר של האדם. מתוך הבאר משקה רבקה את בהמות המשא, המקור הפנימי הוא שמחיה את העולם החיצוני.

הבאר שונה מעולם הקניינים שבו עסקנו לעיל; קניין הוא יוזמה אנושית מוגדרת, בעל סדר פעולות מוכתב מראש, בשליטה מלאה של הקונה. זו דרך הפעולה המועדפת על אנשים שאצלם הכול מאורגן, הם מסודרים בעזרת מסגרות מתוכננות ומערכות טכנולוגיות אוטומטיות. אנשים שיש להם עמדה נפשית כזו אוהבים, לרוב, לגור בעיר. עיר נותנת תחושת ביטחון. הנוף האורבני מורכב מבתים ישרים וכבישים ישרים, הוא בנוי על פי כללים ברורים, וכל אלו נותנים לאדם העירוני תחושת מוגנות. כשבן העיר יוצא אל מחוץ לה - תוקף אותו לחץ, כי הוא יוצא מהאזור המסודר שנתון תחת שליטה. אליעזר עוצר מחוץ לעיר דווקא; הוא מחנה את הגמלים בכניסה לעיר, וַיַּבְרֵךְ הַגְּמַלִּים מִחוּץ לָעִיר אֶל בְּאֵר הַמָּיִם.[22] או אז הוא פונה לאלוהים בתפילה: ה' א־להי אֲדֹנִי אַבְרָהָם הַקְרֵה נָא לְפָנַי הַיּוֹם וַעֲשֵׂה חֶסֶד עִם אֲדֹנִי אַבְרָהָם.[23] אליעזר מחבר לסיטואציה

את מידת החסד האלוהית, ונותן מקום לספונטניות. כמו תפילת מנחה שיתפלל יצחק[24] בעת שייפגש עם רבקה בפעם הראשונה, תפילה שזמנה הוא באמצע היום, בין כל העיסוקים, גם אליעזר עוצר את מסע השליחות שלו ומתפלל. הוא מאפשר למי הבאר לעלות, לחסד להופיע, ומאפשר לחיבור לבוא מתוך הנקודה האמיתית ביותר.

אדם צריך לדעת, גם בתוך מסע של פעולה ועשייה, לשחרר במעט את השליטה האנושית ולתת מקום לחסד האלוהי. בתקופה שבה ניתנה התורה, אנשים אכן עסקו ב'ניחושים': פחד היציאה משליטה הוביל את האדם אל מגידי עתידות למיניהם, אובות וידעונים, כדי שיעניקו לו תחושת ידיעה מה הולך לקרות, או מה מתרחש ברבדים הנסתרים ממנו. התורה אסרה ללכת אליהם והתירה לשמוע רק לנביא, המורה את העקרונות והיסודות בנוגע לעתיד, אך אינו נוגע בפרטים שעתידים להתרחש (מה שמאפשר בחירה חופשית). גם היום, האדם נמשך אל סקרים ומדגמים, לפני בחירות למשל, כדי להיחלץ ממצבים של חוסר ידיעה. התורה מנחה אותנו להתפלל, לתת למי המעיין לעלות מאליהם. ביציאה לדרך - חוץ ממלאכת התכנון של הנסיעה, צריך להתפלל לה' שיצליח את הדרך. אפילו בהכנת שיעור, חשוב אומנם לתכנן ולהכין מראש, אבל צריך גם לתת לאלוהים להיות שותף בשיעור. כל שכן בעניין הזיווג, עם כל ההשתדלות, חשוב להשאיר מקום לתפילה. לפני שהחתן מציע נישואין לכלה המיועדת במבצע מתוכנן בקפידה, כדאי שישלב גם תפילה מעומק הנשמה, שה' יצליח את הזיווג, שיעלה יפה מתוך חסד וחיבור אמיתי.

שובם של הגר וישמעאל

לאחר שמובטחת ההמשכיות של אברהם, הוא יכול לעזוב את העולם. רש"י[25] בשם המדרש מתאר כי בימי חייה של שרה, נר היה דלוק אצלה מערב שבת עד ערב שבת, ברכה הייתה שרויה בעיסה וענן קשור על האוהל; כל אלה נעלמו עם מותה של שרה אך חזרו ברגע שרבקה נכנסה לאוהלה של שרה. האור, הברכה בעולם החומרי והשכינה על האוהל האנושי - שבים עתה לבית אברהם לנצח.

הצעדים האחרונים במסע של אברהם קשורים לגורמים שנדחו והתרחקו ממנו. אברהם נושא אישה חדשה ששמה קטורה, וחז"ל דורשים שזו הגר, השפחה הזרה שגורשה בעבר. מדוע היא נקראת עתה **קטורה**? מפני ש"נאים מעשיה כקטורת", וכן מלשון קשר (השורש קט"ר בארמית משמעו קשר), מפני ש"קשרה פתחה, שלא נזדווגה לאדם מיום שפרשה מאברהם".[26] מתברר

שאברהם, שכל חייו הם מהלך פנימי אחד גדול, יכול לקשר סביבו את כל נקודות הטוב במציאות, גם אלו שנפרדו ממנו בדרך.

לפני מותו, אברהם מבחין בין יצחק לבני הפילגשים. יצחק הוא הממשיך המרכזי של הזרע, הנקודה הפנימית, ולכן רק הוא יורש את אברהם. אולם גם שאר הכוחות שיצאו מאברהם חשובים, גם הם ממשיכי דרכו, ולכן הם מקבלים מתנות מאברהם ומקימים אומות שעתידות ליישב את העולם.

אחרי ההבחנה הזאת בין יצחק לשאר הבנים, אברהם נפטר וקוברים אותו שני בניו - יצחק וישמעאל. הם כמובן קוברים אותו בחברון, במערת המכפלה. הכתוב מקדים את יצחק לישמעאל, אף שישמעאל נולד לפניו, וחז״ל דורשים משינוי זה שישמעאל עשה תשובה והוליך את יצחק לפניו.[27] גם הביטוי שנאמר על ישמעאל במותו, <u>וַיִּגְוַע וַיָּמָת</u>, מלמד לפי חז״ל על תשובתו של ישמעאל, כי זהו ביטוי ששמור לצדיקים. כוחו של ישמעאל גדול, והוא עתיד להביא ברכה רבה לעולם. זו התמונה שחותמת את מסעו של אברהם: גם הכוח השלילי ביותר שיצא ממנו - חוזר ושב אל מקורו. כולם נפגשים בבית הקברות, כולם **שומעים** בסוף את הא־ל.

סיכום

לקראת סוף חייו, אברהם קונה בארץ ישראל קרקע המבטאת את חיבורו הנצחי אליה. הוא בונה את המשך השרשרת הנצחית על ידי זיווג יצחק עם רבקה, אשת החסד, השומרת על מעיינה הפנימי. את דרכו בעולם ממשיך יצחק, אך גם הגר וישמעאל חוזרים בתשובה ומוצאים את מקומם בביתו הרחב של אברהם.

תולדות

התנגשות הציוויליזציות

פרשת תולדות מתארת לנו את המשך תולדותיה של שושלת אברהם, בשלב שאחרי פריצת הדרך הראשונה. כיצד ממשיכים אחרי רגע הפריצה? איך שומרים על אנרגטיות בחיי היום־יום, גם לאחר שחולף הזוהר של ההתחלה?

דרך ההתנגשות בין יעקב ועשו, אנו לומדים על תפקידו של יצחק בהמשך השרשרת. ההתמדה השקטה והבוטחת של אנשי התמימות מול העשייה הרועשת של הציידים. מי שיודע לחפור בעקשנות את הבארות שנחפרו בעבר ונסתמו ולהתמודד מול אויבים מבית ומבחוץ בהכרעות שקטות – הוא זה שצוחק אחרון ונוחל מאה שערים של הצלחה וברכה.

הנושאים בפרשה:

לידת יעקב ועשו • מכירת הבכורה • יצחק בגרר • המאבק על ברכת יצחק

דור ההמשך

שושלת מייסדי האנושות ממשיכה, אבל באופן שונה מכפי שהיה עד עכשיו. אברהם, אבי השושלת, היה פעיל ונמרץ, ואילו ממשיכו יצחק היה שקט יותר. זה בא לידי ביטוי כבר בתחילת התיאור של יצחק: משעה שהפרשה מתחילה לספר על תּוֹלְדֹת יִצְחָק בֶּן אַבְרָהָם,[1] היא כבר עוברת לדבר על לידת יעקב ועשו, מבלי לעסוק בדמותו של יצחק עצמו. דמותו של יצחק מוגדרת על ידי דמויותיהם

של אבותיו וילדיו. התורה מתארת את יעקב ועשו מלידתם ועד שהם בבגרותם, עושה הפסקה לתיאור קצר של מאבקי יצחק עם הפלשתים, וחוזרת שוב ליעקב ועשו במאבקם על ברכות יצחק. העיסוק העיקרי בפרשה הוא בבניו של יצחק, אבל דווקא דרכם אפשר להבין ולהגדיר את תפקידו של יצחק בעולם.

יצחק, כפי שעולה מכל הפסוקים והמפרשים, הוא דמות פסיבית. בניגוד לאברהם פורץ הדרך הגדול, ובניגוד ליעקב שחייו יהיו מלאים סערות, יצחק מתואר בתורה כ'ילד טוב' שממשיך את אברהם אביו. זה התחיל כשיצחק התמסר לעקדה ונתן לאביו להעלות אותו על המזבח, וממשיך בפרשתנו בפעילות שכולה שמירה על מפעלו של אברהם. מעשיו העיקריים הם פתיחת הבארות שחפרו עבדי אביו. לבסוף הוא מתגלה כפסיבי מול רבקה אשתו, שדואגת שבסופו של דבר הברכה תינתן ליעקב.

נלך בעקבות הפרשה, נפגוש תחילה את בניו של יצחק, ומתוך כך נוכל להבין את עניינו של יצחק עצמו.

מאבק כוחות

על המילים וַיִּתְרֹצְצוּ הַבָּנִים בְּקִרְבָּהּ,[2] אומר רש"י: "מריבים בנחלת שני עולמות". מופיעה כאן התנגשות ציוויליזציות, שני עולמות נאבקים זה בזה. יעקב ועשו מייצגים שתי תפיסות עולם מנוגדות באופן מהותי, שמוטבעות בהם עוד לפני לידתם. שתי תפיסות עולם אלו עתידות לחרוז את ההיסטוריה ולהימשך עד שתבוא הגאולה. עשו מתואר בתור אַדְמוֹנִי, כֻּלּוֹ כְּאַדֶּרֶת שֵׂעָר.[3] עשו נקרא כך מפני שנולד **עשוי**. עשו נולד בעל שיער מגודל ונראה שלם. הוא מייצג את התפיסה שרואה בעולם הזה שלמות. הוא אדמוני, ובהמשך גם מכונה בשם 'אדום'. אדום הוא צבע שמבטא עזות, כוח, עוצמה, אש. זהו צבע שבולט מאוד לעין ומגרה אותה. התפיסה שמגולמת בצבע האדום היא שהכול שלם ועשוי.

חלק מתפיסת השלמות המטריאליסטית הוא ההנחה שאם דבר מה אינו שלם, אם יש מתח בין צדדים שונים, הוא ייפתר על ידי עסקה שתשתלם לכל הצדדים. תמורת דאגה לאינטרסים הכלכליים והביטחוניים, כל העולם יכול לחיות בשלום. **עשו** בגימטרייה **שלום**, מספיק לטפל בצורכי העולם הזה כדי להגיע לשלום עולמי. תפיסה זו אינה מכירה בגורם מעבר לעולם, העולם הזה יכול להסתדר בכוחות עצמו. את מה שנראה בלתי אפשרי להשגה - נמכור עבור נזיד עדשים.

וַיִּגְדְּלוּ הַנְּעָרִים, וַיְהִי עֵשָׂו אִישׁ יֹדֵעַ צַיִד.[4] כשיעקב ועשו גדלים, הולך

ומתבהר מה תפקידו של כל אחד מהם. עשו הוא צייד. ציד אינה רק פעולה טכנית לשם השגת מזון, אלא תכונה של גבורה. בעבר, הציידים היו בראש ההירכיה החברתית. ציד דורש תחכום, אומץ ודיוק. מי שמסוגל לזה - יכול להעביר את כל מה **שבצד** האחר **לצד** שלו. מזון, בעלי חיים, רכוש או כל דבר שאפשר לצוד מהזולת. חכמים אכן מתארים שהציד של עשו גלש לתחומים אחרים - "היה צד נשים מתחת בעליהן ומענה אותם".[5] הצייד הוא מי שמנסה שהכול יהיה שייך לו, שהכול יהיה בצד שלו. נוסף למזון או לרכוש שהוא משיג, הצייד מקבל תחושת סיפוק עצומה.

לעומת עשו, יַעֲקֹב אִישׁ תָּם יֹשֵׁב אֹהָלִים.[6] יעקב אבינו לא נולד עשוי, מלא שיער, אלא חלק. מכאן יש לו לאן לצמוח. יש בו פתיחות נפשית להבין שיש משהו מעבר לעולם הזה, יש אלוהים. לא אלוהים שנועד לספק את צורכי האדם, ושאפשר להכניס אותו לתוך עולמנו הסגור, כל עוד הוא תואם את האינטרסים שלנו. זהו אלוהים שנמצא מחוץ לעולם הזה ומשגיח עליו.

יעקב נקרא על שם **העקב**, וְאַחֲרֵי כֵן יָצָא אָחִיו וְיָדוֹ אֹחֶזֶת בַּעֲקֵב עֵשָׂו וַיִּקְרָא שְׁמוֹ יַעֲקֹב.[7] העקב הוא הבסיס של גוף האדם. זה האיבר שבאמצעותו הולכים ומתקדמים. הוא גם רגיש ופגיע יותר (כמו במיתוס היווני על העקב של אכילס, הגיבור המושלם שנהרג רק כשחץ פגע בעקבו). ידו של יעקב אחזה בעקב עשו; היד פועלת יותר מתוך מודעות וחשיבה, ואילו העקב פועל מתוך אינסטינקט. אצל יעקב הפעולות הן מתוך מודעות ולימוד, ועשו פועל אינסטינקטיבית, מתוך יצרים ותחושת בטן ופחות על פי חשיבה. כשעשו מוצא את מקומו בתחום הציד, יעקב בוחר להיות יושב אוהלים. מקומו הוא מבנה ארעי, שמתנייד ממקום למקום. לעומת עשו, שכבר יודע הכול לפי מחשבתו, יעקב מוכן תמיד לנוע, הוא פתוח להתקדם וללמוד דברים שלא ידע קודם.

מעשו יצאה מלכות אדום, המלכות הרביעית - רומא וממשיכיה, הנצרות והתרבות המערבית. תרבות שתופסת את העולם הזה כשלם מצד עצמו. הטבע הוא הכול, אין מציאות מעבר לו, ועלינו להפיק ממנו את המרב. הדרך להשיג את המבוקש בעולם כזה, שמנסה להזין את עצמו, היא הציד. חוויית ההשתלטות והניצחון. רומא, הממשיכה של עשו, פיתחה את הניצחון המהיר, המידי והאלגנטי. יוליוס קיסר, ראשון הקיסרים הרומאים, ניצח בקלילות ממלכה אסיאתית קטנה, ואז שיגר לסנאט הרומאי איגרת שחצנית שכללה את שלוש מילים: "באתי, ראיתי, כבשתי" (ויני, וידי, ויצ'י). מעולם לא נוסחה במדויק יותר עמדת הנפש האלילית, מלאת ההיבריס והשאיפה להישגיות מידית.

ממשפטים מעין אלו התרקם גם חלומו של בן המאה ה־21, המשופע בטכנולוגיות ובמשאבים אדירים, להשיג כל דבר באופן מוחץ וללא מאמץ. ב'ניצחון בנוק אאוט', כמו בזירת האגרוף. הציד הקדום התחלף בעולם המודרני בצפייה במשחקי ספורט, במשחקי מחשב אלימים, בתוכניות ריאליטי או בתוכניות 'מצלמה נסתרת' שמטרתן לתפוס מישהו בקלקלתו. כך יכול האדם לשבת על הכורסה בבית, מול המרקע, ולהרגיש צייד.

כיוון שהעולם הוא שלם וסופי, בעיני התרבות העשווית, הכול בו חייב להיות מוגדר על פי אמות מידה סופיות ומוגדרות. היא יודעת אומנם שהטבע הוא אינסופי, ויש בו מרחבים לאין קץ, אבל גם אותם היא מודדת על פי ציר המספרים האינסופי המתמטי. גם אם חסרים נתונים במשוואה, התפיסה היא שהכול מדיד, הכול ניתן להבנה ולשליטה, מה שהתבונה האנושית אינה תופסת עכשיו - היא תתפוס בעתיד. כל דבר אפשר להכניס לתבנית כמותית, ואפילו את רגשות האדם אפשר לכמת ולחזות, על פי הכימיקלים המופרשים בכל מצב. בתפיסת עולם זו אין נשמה ואין אלוהים.

אחד התוצרים של התפיסה העשווית הוא מושג הקניון: את הקניון בנה האדם מפלדה, מתכת וזכוכית, ובתוכו הכול נוצץ. הוא ממוזג ומכוון לטמפרטורה נוחה בכל עונות השנה. הכול שם בשליטת האדם. אפשר לצרוך שם הכול: אוכל מסוגים שונים, ביגוד, מוצרי חשמל, בידור, כל מה שבני האדם צריכים ורוצים ניתן להשגה במקום אחד. זו חוויית הקנייה, השליטה, הציד של האדם המערבי.

עשו יודע לתת מקום גם לעולם הרוחני בתוך עולמו. על הפסוק וַיֶּאֱהַב יִצְחָק אֶת עֵשָׂו כִּי צַיִד בְּפִיו,[8] אומרים חז"ל שעשו היה שואל את יצחק שאלות לא מעשיות, כגון איך מעשרים מלח,[9] כדי שאביו יראה שגם הוא מתעניין בהלכה. כך הוא 'צד אותו בפיו'. עשו מרגיש שהוא שולט על כל הדברים, גם על עולם הרוח. העולם המערבי מספק מענה גם לחוויה הדתית, ובתוך הקניון אפשר להקצות חדר לבית כנסת, שאפשר יהיה להתפלל בין הקניות. העירייה מספקת לתושבים את צורכי האינסטלציה, הרפואה, ההשכלה והתרבות, וכוללת בתוכה גם מחלקה לצורכי דת, עבור שומרי המסורת. את הכול מתיימר עשו לצוד.

השאלה ההלכתית ששואל עשו את יצחק היא כמובן מניפולציה, שאינה משקפת את רצונו האמיתי. לציידים מבית מדרשו של עשו יש יכולת דיבור גבוהה, השיחות והנאומים שלהם יפים ומשכנעים. הם יכולים גם להיות מעסיקים נחמדים שאומרים 'בוקר טוב' למנקה במשרד, אבל במקביל מעצבים מערכת שבה עושקים את שכרה בלי שאף אחד יבחין.

המאבק בין יעקב לעשו נמשך, כאמור, לאורך כל הדורות. את עשו ממשיכות תרבויות המבוססות על ציד. אנשים שמנסים ליצור עולם של מצליחנים, עולם שמעודד לשלמות. הם מתוכננים, מדויקים ופונקציונליים, ואין אצלם מקום לנכים, מוגבלים ומסכנים.[10] לפעמים מדובר בעמים שלמים שמנסים לצוד עמים אחרים, לנצל משאבי טבע מעבר לגבולותיהם.

בהמשך התורה, עשו יציע ליעקב לבוא איתו לשעיר, ויעקב ישיב לו: וַאֲנִי אֶתְנָהֲלָה לְאִטִּי לְרֶגֶל הַמְּלָאכָה אֲשֶׁר לְפָנַי וּלְרֶגֶל הַיְלָדִים עַד אֲשֶׁר אָבֹא אֶל אֲדֹנִי שֵׂעִירָה.[11] יעקב אינו רודף אחרי תוצאה מושלמת מיד, אלא יודע שיש דברים שדורשים זמן וסבלנות. גם עצם המאבק מול עשו ידרוש זמן ותהליך ארוך, עַד אֲשֶׁר אָבֹא אֶל אֲדֹנִי שֵׂעִירָה, מה שיקרה לפי חז״ל[12] רק לעתיד לבוא - וְעָלוּ מוֹשִׁעִים בְּהַר צִיּוֹן לִשְׁפֹּט אֶת הַר עֵשָׂו וְהָיְתָה לה׳ הַמְּלוּכָה.[13] זהו המאבק ההיסטורי בין שני העולמות, יעקב ועשו, מבטן אימם ועד אחרית הימים.

המפגש עם המוות ומכירת הבכורה

אחרי שגדלים הנערים, מגיע רגע שבו מתחדד ההבדל המהותי ביניהם: וַיָּזֶד יַעֲקֹב נָזִיד וַיָּבֹא עֵשָׂו מִן הַשָּׂדֶה וְהוּא עָיֵף.[14] מדוע יעקב בישל נזיד ומדוע עשו רצה בו? חז״ל אומרים שבאותו יום נפטר אברהם, והנזיד היה תבשיל עדשים לסעודת ההבראה.[15] העדשים הם מאכל אבלים, כיוון שצורתם העגולה מסמלת את הגלגל החוזר בעולם, המוות מתגלגל ועובר לכל מקום בעולם. נוסף על זאת, לעדשים יש צורה סגורה בלי פתח, וכך גם האבל שותק בעקבות המוות שחווה, כאילו אין לו פה. המוות של אברהם הוא נקודת מבחן עבור יעקב ועשו.

יעקב מתאבל על סבו הגדול. אברהם שינה את המושגים בעולם והצליח בדרכו בעוצמה רבה, ולכן אובדנו הוא טלטלה קשה עבור יעקב. יעקב מבשל תבשיל עדשים המבטא את שתיקתו מול מות אברהם; המוות אינו בשליטה שלנו ואינו מובן לנו, לכן ביהדות התגובה למוות היא שתיקה. האבלות על המוות מראה לנו שיש דברים מחוץ לעולם הזה, וכך גם נותנת משמעות לחיים. כל פריצות הדרך בחיינו נועדו כדי לקדם את המציאות, ולא כדי לממש תאוות לטווח הקצר. יעקב יודע זאת, ולכן מגיב נכון למפגש עם המוות הבלתי נשלט. עשו, לעומתו, מתקשה להתמודד עם מצב של מוות. המוח העשווי אינו יכול לקלוט כיצד אברהם, אדם עשיר ובעל השפעה, יכול למות. האומנם הכסף והפרסום אינם מעניקים חיי נצח? כיצד אפשר להבין ולהכיל את זה?

חז״ל אומרים שאחרי מות אברהם, עשו יצא לתרבות רעה.[16] הוא הרג

נפש, אכל איבר מן החי ובא על נערה מאורסה, ובמילים אחרות - התפרק לחלוטין. המפגש עם המוות הוביל אותו לייאוש מהחיים, והייאוש גרם לו להתפרע. אָכוֹל וְשָׁתוֹ כִּי מָחָר נָמוּת.[17] כיוון שחייו התגלו כחסרי תכלית, עשו גם לא ראה כל צורך לשמור על הבכורה שלו: הִנֵּה אָנֹכִי הוֹלֵךְ לָמוּת, וְלָמָּה זֶּה לִי בְּכֹרָה?[18] בכורה היא היציאה הראשונה מהכוח אל הפועל. הבכור הוא הכוח שאמור למשוך אחריו בהמשך את כל הבית והמשפחה. בכור הוא מי שמאמין בחיים ופונה ליצירה ולהמשכיות. עשו העייף אינו מוצא עוד טעם בחיים, ומוותר על בכורתו ליעקב.

עבודה שקטה

מהבירור בין יעקב לעשו אנו לומדים מהו תפקידו של יצחק. את הסבלנות של יעקב, את הדרך השקטה והבטוחה, הוא קיבל מיצחק אביו.

אחרי המפגש עם יעקב ועשו, התורה מספרת על כמה אירועים שעימם התמודד יצחק. האירוע הראשון הוא ירידה לגרר מחמת רעב. גם אצל יצחק, כמו אברהם, עלה החשש שאבימלך מלך פלשתים יהרוג אותו וייקח את אשתו. יצחק מתמודד באופן דומה לאברהם, אך בשונה מאברהם שהוכיח את אבימלך ישירות, יצחק אינו מתעמת עם אבימלך ונותן לאלוהים לנהל את המצב.

לאחר מכן, על רקע הרעב, מתחיל מתח בין יצחק לפלשתים. יצחק זוכה להצלחה משגשגת, פי מאה מהמשוער - וַיִּמְצָא בַּשָּׁנָה הַהִוא מֵאָה שְׁעָרִים וַיְבָרְכֵהוּ ה׳.[19] הפלשתים מקנאים בו ומגרשים אותו, והוא ממשיך בשקט במקום אחר. המאבק הבא הוא סביב בארות המים שחפר אברהם, לאחר שהפלשתים סתמו אותן ויצחק פתח אותן מחדש. יצחק חופר באר, אך הפלשתים משתלטים עליה, ויצחק עובר למקום אחר. הוא חופר באר נוספת, אך הפלשתים משתלטים גם עליה, ושוב הוא עובר למקום אחר. לבסוף הוא חופר באר שהפלשתים אינם באים אליה, והוא קורא לה רחובות - כִּי עַתָּה הִרְחִיב ה׳ לָנוּ וּפָרִינוּ בָאָרֶץ.[20]

ליצחק יש יכולת לחפור מחדש את הבארות מהדור הקודם. לקחת את היסודות שנבנו בעבר, מתוך התחדשות ופריצה, ולגלות אותם שוב - אף שהפעם העבודה דורשת יותר עקשנות, עמל והתמדה. הוא נופל וקם, מוריד את הראש וממשיך הלאה.

חז״ל מאפיינים את ההבדל בין אברהם, יצחק ויעקב: אברהם משול להר, יצחק לשדה ויעקב לבית.[21] אברהם היה כמו הר גבוה. הוא פרץ בעולם דרך חדשה, מרוממת יותר מכל מה שהיה עד אז. יעקב יהיה כבר מבוסס, ויביא

את המהלך לידי גימור, כמו בית בנוי. באמצע, בין ההר הזקוף לבית השלם, עומד השדה המישורי. צריך לחרוש בו, במאמץ גדול, כדי להוציא יבול. זו עבודה שאין בה הילה ופרסום. תפקידו של יצחק הוא להטמיע, בעבודה איטית וממושכת, את דרכו של אברהם במציאות.

יש בחיים פריצות דרך מזהירות. יש רגעים שבהם נדמה שאנחנו הולכים לכבוש את העולם. אולם לאחר רגעי השיא הללו, אנו נכנסים לשנים ארוכות של פעילות שקטה וסולידית. המבחן הוא אם האדם מתנשא ומתגאה באופן מוגזם, או שהוא מסוגל לצעוד בדרך הארוכה, הפשוטה והצנועה. לרוב דווקא גבהות הלב הקיצונית, ה'היבריס', גוררת אחריה תבוסה, בגלל חוסר היכולת להתמודד עם הירידה מהפסגה. לִפְנֵי שֶׁבֶר גָּאוֹן וְלִפְנֵי כִשָּׁלוֹן גֹּבַהּ רוּחַ.[22] אחרי כל עלייה באה ירידה, אחרי כל 'היבריס' יש 'נמסיס'. השאלה היא אם האדם ייפול בירידה ויתרסק, או שיצחק צחוק שקט על החיים וימשיך בענווה ובבטחה. זו הדרך של יצחק, וזו גם דרכו של יעקב, שמסתדר עם צדדי ה'עקב' הנמוכים והשגרתיים של החיים. זו הדרך שמובילה אל מאה השערים, ההצלחה והברכה.

חשוב לציין ששרשרת האבות מורכבת משלושה שלבים - אברהם, יצחק ויעקב. אף אחד מהם אינו עומד בפני עצמו. אין לראות בשום פן בחיים את חזות הכול, יש לאמץ בכל מצב את אופן ההתנהלות המתאים לו. יש רגעים של פריצת דרך, יש רגעים שבהם אנו מורידים את הראש ורגעים שבהם כבר רואים את הסוף, את האור בקצה המנהרה. אכן, לאורך כל ההיסטוריה, עם ישראל נע בין הדרכים השונות. היו דורות שהצליחו ושגשגו, אך גם דורות שנאלצו להוריד את הראש מפני האויבים מבחוץ. אותם דורות חפרו בשקט ובהתמדה, המשיכו את היסודות שנטעו הדורות הקודמים, ובזכותם נמשכה הדרך עד אלינו.

קול יעקב וידי עשו

המאבק בין יעקב לעשו מגיע לנקודת התנגשות כשיצחק רוצה להעניק ברכה לדור הבא - לעשו. כאן מתגלה מחלוקת בין יצחק לרבקה: יצחק מעוניין לברך את עשו, אך רבקה משוכנעת שיעקב הוא זה שראוי לברכה, וגורמת ליצחק לברך בפועל את יעקב.

לנוכח התכונות השליליות שזיהינו בעשו, מתבקשת השאלה: מדוע יצחק רוצה לברך אותו? הוא אינו יודע על מעלליו? אלא שיצחק חושב כי גם לעשו יש מקום בעולם. גם לאנשי הציד יש תפקיד, הם מפתחים את הטכנולוגיה

ובונים את העולם המעשי. הברכה שמייעד יצחק לעשו נוגעת לניהול העולם הגשמי, מִטַּל הַשָּׁמַיִם וּמִשְׁמַנֵּי הָאָרֶץ וְרֹב דָּגָן וְתִירֹשׁ.[23] את הברכה הרוחנית, כפי שמסבירים מפרשים רבים, התכוון יצחק מלכתחילה לתת ליעקב. עשו יפתח את העולם הארצי, ויעקב את העולם הרוחני.

אולם רבקה מבינה נקודה עמוקה יותר. היא גדלה בבית בתואל ולבן, ויודעת שציידים כאלה אינם רק מתעלמים מהעולם הרוחני, אלא גם הורסים לבסוף את העולם המעשי. לא מספיק להפריד בין שני העולמות, ולמסור את מפתחות העולם הגשמי לידי עשו, מפני שההשתלטות שלו עלולה להשמיד את העולם הגשמי עצמו. לכן ברור לרבקה שגם את עולם המעשה צריך להשאיר לטיפולו של יעקב.

לבסוף יעקב נכנס אל יצחק בבגדי עשו, ומקבל את הברכה שנועדה לעשו. הוא עושה זאת בתזמון מדויק - רגע אחרי שהוא יוצא, עשו כבר מגיע. וַיְהִי אַךְ יָצֹא יָצָא יַעֲקֹב מֵאֵת פְּנֵי יִצְחָק אָבִיו, וְעֵשָׂו אָחִיו בָּא מִצֵּידוֹ.[24] חז"ל מתארים שעשו הזדרז ורצה להגיע מהר יותר אל יצחק, אך עיכבוהו מלמעלה. "כל אותו היום היה עשו צד צבאים וכופתן - ומלאך בא ומתירן".[25] כשעשו היה צד צבי, מלאך היה משחרר אותו, וכך התעכב עשו עד שיעקב הספיק לקבל את הברכה. משמעות המדרש היא שההשגחה האלוהית מובילה את המציאות, באופן שמלמד כי הציד של עשו אינו מועיל. לבסוף דרכו של יעקב גוברת על הציד וההשתלטות של עשו.

מבין שתי הגישות, של יצחק ושל רבקה, ההכרעה האלוהית היא כרבקה - אך באופן שכולל גם את הידיים של עשו בכלל הברכה. מי שמתברך הוא יעקב הלבוש בבגדי עשו, הַקֹּל קוֹל יַעֲקֹב וְהַיָּדַיִם יְדֵי עֵשָׂו.[26] יעקב יישאר עם הקול שלו, עם העולם הרוחני שלו, עם העבודה האיטית; אך לפעמים הוא יצטרך ללבוש אדרת שער על ידיו, ולפעול מתוך מודעות והכרה בענייני העולם הזה, כעשו. העולם הרוחני צריך לעטות לעיתים את בגדי הציד, את דרך המרמה, ולסטות מההתנהלות הרגילה של המציאות. זאת מפני שהעולם הזה אכן כולל צדדים של עשוויות, של ציד ואפילו של שקר. מסיבה זו יצחק חשב בהתחלה לברך את עשו, ומסיבה זו מאשים עשו את יעקב בגנבה של ברכתו, מפני שהעולם הזה צריך להתנהל על ידי אנשים מעשיים. בטענתו זו עשו יגבה את חובו מיעקב, והוא ישלם את המחיר עד סוף כל הדורות. עם זאת, זו ההכרעה הנכונה לטווח הארוך. עם ישראל יצטרך לנהל את העולם ולהיעזר בידי עשו במידת הצורך.

להכרעה זו יש משמעות נפשית - הדרך המרכזית שלנו היא דרך הרוח, אלא שבמצבים מסוימים אנו צריכים להתנהג כציידים. בצבא, למשל, חיילים צריכים להיות מעשיים, תכליתיים ולפעמים אפילו אכזריים. עד כמה? יש צבאות שמקנים לחיילים את מידת האכזריות. מסלול ההכשרה שלהם אלים, וכולל גסות מובנית בהווי הצבאי. יש לזה השפעה חזקה, לטווח קצר. אולם רבקה מלמדת אותנו אחרת: דרכה היא לגדל אנשים עם עולם רוחני טהור ואצילי, שבמקרה הצורך יפעילו את ידיהם, מתוך שיקול דעת ומודעות, ויעשו את המעשים הקשים והאלימים הנדרשים. חייל צריך להרוג לפעמים, אבל מתוך נפש עדינה. בתור מודל לדרך זו, חכמים מציבים את דוד המלך: "כשהיה יושב ועוסק בתורה היה מעדן עצמו כתולעת, ובשעה שיוצא למלחמה היה מקשה עצמו כעץ".[27] הוא נשא בקרבו את השילוב הזה. היו מלכים אכזריים מדי, והיו גם מלכים רחמניים מדי, כפי שבן הדד ניצל את רחמנותו של המלך אחאב: הִנֵּה נָא שָׁמַעְנוּ כִּי מַלְכֵי בֵּית יִשְׂרָאֵל כִּי מַלְכֵי חֶסֶד הֵם.[28] הדרך היא לשמור על המוסר של יעקב, אך להפעיל תוקף של עשו היכן שצריך.

השילוב נצרך גם בתחומים אחרים: בחינוך, למשל, צריך לפעמים לרחם ולהכיל, ולפעמים להציב גבולות ולהפגין קשיחות. בדורנו קמים לעם ישראל כוחות כאלה, דמויות אציליות תורניות ורוחניות עם קישור לקדושה, שיודעים להילחם ולהיאבק בעת הצורך. יש גם אנשים שעוברים את גבול הרחמנות והעדינות, ואכן דווקא מתוך עם ישראל יוצאות תנועות של מוסר רדיקלי, בארץ ובעולם, בגלל היעקביות שטמונה בנו. אולם הדרך שבחרה רבקה היא הנכונה. כך הכריעה ההשגחה, וגם יצחק קיבל אותה לבסוף ללא התנגדות וחרטה.[29] למרות כל החסרונות והמורכבות, זו הדרך הארוכה שהולך בה בית יעקב.

סיכום

בפרשת תולדות, דרכו של אברהם לבניית האנושות עוברת אל יצחק. יצחק מפתח את היסודות שטבע אברהם, בעבודה שקטה ומתונה. הוא מלמד אותנו את הדרך הצנועה והסבלנית להתקדם בה, גם במצבי שגרה נטולי רגעי שיא. מיצחק ורבקה יוצאים שני עולמות, שתי תרבויות - התרבות שרואה את העולם כמעגל סגור, ומנסה לצוד ככל יכולתה; ולעומתה התרבות שמכירה כי העולם חסר ותלוי באלוהים שנמצא מעבר לו. מתוך כך היא מוכנה ללכת בדרך איטית ורגועה, בלי להשתלט ובלי לכבוש, עד שתגיע אל יעדה.

יעקב נבחר להמשיך את הדרך. נוסף על העולם הרוחני, יעקב יצטרך לנהל גם את העולם הגשמי, מתוך העומק ושיקול הדעת שלו. לשם כך הוא יצטרך להשתמש לפעמים בידי עשו, בקשיחות ובאכזריות - אבל מתוך מודעות, וכחלק מהדרך הרוחנית והמוסרית של קול יעקב.

ויצא

חלום של אומה

פרשת ויצא מובילה אותנו לשלב נוסף במסע החיים – משפחה ולאום. אדם פרטי, בעל רצון טוב ככל שיהיה, הוא בודד ואינו חי לנצח. כדי לממש את פוטנציאל החיים, דרושה מסגרת שבה ניתן יהיה להגשים את השאיפות בטווח הארוך. החלום הגדול יוכל להתממש רק דרך אומה. ההתרחבות לחיי משפחה וחברה זוקקת בטבעה התמודדות עם כוחות שונים. חלקם נושאים את פניהם לעתיד ורוקמים חלומות גדולים, וחלקם פועלים למימוש הערכים בהווה. האתגר יהיה לפעול עם כל הכוחות יחד, "כרחל וכלאה אשר בנו שתיהם את בית ישראל".[1]

הנושאים בפרשה:

חלום יעקב • רחל ולאה • הולדת השבטים • התמודדות יעקב מול לבן ובריחתו

בית יעקב

הפרשה הקודמת הסתיימה כשיעקב נטל את הברכות מעשו אחיו, ובזה קיבל על עצמו לנהל את המציאות של העולם הזה מתוך כוחו הרוחני. לנטילת הברכות יש מחיר; עשו, כוח העשייה, מתנגד לו ורוצה להרוג אותו. בעקבות זאת יעקב יוצא לגלות.

במסגרת המהלך שיעקב יעבור בגלות, הוא יקים משפחה ויבנה את **בית יעקב**. הוא יישא לאישה את רחל ולאה, יוליד אחד עשר בנים ויתחיל לחזור

לארץ ישראל עם משפחתו. כאן אנחנו פוגשים מושגים חדשים שלא הכרנו לאורך הדרך עד כה: בית ומשפחה. השלבים הקודמים בדרך עסקו ביחידים ובזוגות. בפרשת בראשית דובר על אדם וחוה, בפרשת נח סופר על נח, ופרשות לך לך עד תולדות סבבו סביב אברהם, יצחק ויעקב. כעת יעקב בונה בית, ועומד להופיע בתור משפחה עם שבטים. מעתה ועד עולם ידובר על משפחת ישראל, ועל עם ישראל שיצא ממנה.

בפרשת ויצא מתחיל להיווצר עם ישראל. אברהם אבינו שתל את הגזע, יצחק טיפח אותו, יעקב גידל אותו, וכעת העץ שנוצר מתפשט לענפים - אלו השבטים. "אברהם יגל, יצחק ירנן, יעקב ובניו ינוחו בו",[2] יעקב ובניו הם יחידה אחת. המשפחה והעם נצרכים כדי למלא את המשימה המיועדת ליעקב בעולם הזה. לאברהם יצחק ויעקב היו רעיונות גדולים, על הכיוון הרצוי של העולם ובניית תשתית חדשה לאנושות. אולם רעיונות של אנשים פרטיים, גדולים ככל שיהיו, נשארים תיאורטיים ומרחפים באוויר. כדי להוריד את הרעיונות האלו אל המציאות - לא די באנשים יחידים, אלא יש צורך במשפחה, ואחריה בעם שלם.

יצירת העם מתחילה בהולדת הילדים. אדם ללא ילדים עוד לא מימש את החיים שלו בעולם הזה באופן מלא, רק כאשר הוא מוליד צאצאים הוא מתחבר אל הנצח. או אז הוא אינו עומד בפני עצמו, אלא יש לו המשכיות שתתקיים אחריו בעולם.

חלומות

הפרשה פותחת בחלום. וַיִּפְגַּע בַּמָּקוֹם וַיָּלֶן שָׁם כִּי בָא הַשֶּׁמֶשׁ וַיִּקַּח מֵאַבְנֵי הַמָּקוֹם וַיָּשֶׂם מְרַאֲשֹׁתָיו וַיִּשְׁכַּב בַּמָּקוֹם הַהוּא. וַיַּחֲלֹם וְהִנֵּה סֻלָּם מֻצָּב אַרְצָה וְרֹאשׁוֹ מַגִּיעַ הַשָּׁמָיְמָה וְהִנֵּה מַלְאֲכֵי אלהים עֹלִים וְיֹרְדִים בּוֹ.[3] ויצא יעקב מבאר שבע וילך חרנה. זו הפעם הראשונה בתורה שאנו פוגשים חלום.* מכאן ועד סוף התורה והתנ"ך כולו עוד ניתקל בחלומות רבים. יעקב חולם, יוסף חולם, פרעה ושריו חולמים, ובהמשך התנ"ך נמצא נביאים שחולמים.

חלום הוא אחת התופעות המסתוריות ביותר בנפש האנושית. בלילה, בזמן שאדם ישן, כל מערכות החיים מושבתות. האדם אינו פועל, אינו הולך ואינו עובד. הוא נמצא במצב של כיבוי מערכות, חוץ מהמערכות החיוניות, כמו הלב שממשיך לפעום ולהזרים דם לגוף, הריאות שממשיכות לנשום ומערכת העיכול.

* לא כולל התגלות של ה' בחלום הלילה כפי שהיה לאבימלך, שזו התגלות מסוג אחר.

המערכות העיקריות של הגוף מצויות במנוחה, ואז מופיע החלום - שהוא פעילות מחשבתית רוחנית בתוך השינה. החלום מרכיב כאוות נפשו תמונות מהעולם הזה, הכוללות מושגים שפגשנו בהם במהלך היום. בחלומות רואים דברים שלא יכולים להופיע במציאות. בחלומות מדלגים על שנים, עוברים בין תקופות שונות של החיים, מקבלים כנפיים ועפים, ועוד כיד החלום הטובה עלינו. החלום שייך לעולם שמעל העולם הזה.

כיום, כשאין כל כך קשר בין העולם הפנימי לעולם הגופני שלנו, איננו מייחסים משמעות רבה לחלומות. מצב זה נמשך כבר מימי חז"ל, שקבעו: וַחֲלֹמוֹת הַשָּׁוְא יְדַבֵּרוּ.[4] בימינו החלומות הם על פי רוב לא יותר מרפלקס פסיכולוגי של מראות או מחשבות שנכחו בתוכנו במהלך היום וצפים ועולים בשינה. לכן, אין להחליט החלטות על סמך החלומות. לעומת זאת, בזמן התנ"ך, בעת שהממד הנשמתי היה דומיננטי יותר, הייתה חשיבות גדולה לחלומות. אנו רואים מהלכים שלמים בתורה שמתנהלים על פי חלומות. חלום פרעה עיצב את הכלכלה המצרית, ועל החלומות של יוסף נבנתה כל ההיסטוריה של עם ישראל. חז"ל אומרים: "חלום - אחד משישים לנבואה".[5] המספר **שישים** מבטא את עולם הטבע - ששת צדדי המציאות (ימין, שמאל, לפנים, לאחור, למעלה ולמטה) כפול המספר עשר המבטא שלמות. חלום הוא אחד משישים של עולם הטבע, כלומר קמצוץ מתוך עולם העומד בפני עצמו, קצת מן הנבואה. בחלום אדם נוגע בצדדים הפנימיים יותר של האישיות שלו. מגע זה מתאפשר דווקא בלילה - "להגיד בבקר חסדך ואמונתך בלילות",[6] זה הזמן שבו העולם החיצוני שובת, והשאיפות הפנימיות יותר צפות ועולות.

החלומות הם בהתאם לשאיפות; אדם שהחיים שלו מלאים שאיפות שליליות ומראות שליליים, גם החלומות שלו ייראו כך. כיום, כאמור, הקשר בין החלומות לפנימיות שלנו אינו הדוק, אבל בזמן התנ"ך - כשהיה קשר חזק בין העולם הגופני לעולם הנפשי - חלומות האדם תאמו את שאיפותיו. עם זאת, גם כיום יש ערך לחלומות. אדם שהציף את נפשו במהלך היום בתכנים חיוביים, הם ישפיעו גם על החלומות שלו.

על פי מחקרים, משך הזמן של חלום הוא מספר שניות לכל היותר, ובזמן הקצר הזה החלום יכול לסקור אלפי שנים. שברירי השניות הללו הם אלה שנותנים לנו את תחושת השינה ומאפשרים את השפעתה. שינה ללא חלומות אינה מסירה מהאדם את העייפות שלו. החלום הוא נקודת ההטענה לעולם הרוחני. אדם שאינו מטעין את עצמו בלילה ברוחניות - לא יוכל לתפקד ביום. היו גדולי ישראל שהסתפקו בטעינה רוחנית קצרה, וישנו מעט, כגון הגאון

מווילנה, שלפי המסופר ישן שעתיים ביממה. לצדיקים יש עולם רוחני עשיר וגדול, ולכן הטעינה הרוחנית שלהם מהירה ומרוכזת. מכל מקום, השינה ובעיקר החלום הם הנקודה הרוחנית של היממה כולה.[7] דרך החלום אדם מלחים ומחבר את עצמו לעולם הרוחני.

מלאכים עולים ויורדים

בחלום הפותח את הדרך להקמת בית יעקב, יעקב רואה סולם. הסולם הוא כלי שתפקידו לחבר בין עולמות, בין שמיים לארץ, ואכן כאן הוא מֻצָּב אַרְצָה וְרֹאשׁוֹ מַגִּיעַ הַשָּׁמָיְמָה. בסולם זה מופיעים המלאכים, והם עֹלִים וְיֹרְדִים בּוֹ. מלאכים, כזכור מפרשת וירא, הם כוחות רוחניים. כשיעקב אבינו הולך לבנות את בית ישראל, הוא מלא בכוחות רוחניים שעולים כלפי מעלה, וגם בכוחות רוחניים שיורדים כלפי מטה. יש לו חזון גדול, חלומות עליונים, שאיפות אדירות אל מעבר למה שקיים בחיים הנוכחיים; אבל החידוש של יעקב הוא שכל אלה יכולים להתממש במציאות. השאיפות הרוחניות מתאימות ללילה, אבל צריך גם להגשים אותם ביום. כמו גשם שיורד מלמעלה למטה, גם השאיפות צריכות לרדת למטה ולהתגשם. זה מה שמייחד את החלומות של בית יעקב - רבים חולמים חלומות, חוזים ומפתחים פנטזיות, אבל עם ישראל גם מוריד זאת לקרקע המציאות. יעקב עצמו יעשה זאת עוד מעט, כשיצא מחלום הסולם מיד אל המציאות המאתגרת בבית לבן.

כאשר יעקב ניעור משנתו בבוקר, הוא אומר: אֵין זֶה כִּי אִם בֵּית אלהים וְזֶה שַׁעַר הַשָּׁמָיִם.[8] התיאור שלו כולל שני כינויים, בית **אלוהים** ושער **השמים**. השם אלוהים מייצג את מידת הדין, אלה הרעיונות הגדולים שמיושמים פה בעולם הזה. המקום הזה הוא בית אלוהים, אבל הוא גם שער השמיים. המילה שמיים, כפי שראינו בפרשת בראשית, היא ריבוי של המילה **שם**. כלומר שם, שם, רחוק יותר ויותר, אינסוף. אלה שני כינויים שונים, והמפרשים אכן מסבירים שיעקב התלבט - האם המקום הוא יותר בית א־להים, כלומר שייך למימוש השאיפות בעולם הזה, או יותר שער השמיים, דהיינו מקום מרומם שאליו יש לשאוף.

שני הצדדים האלה שייכים לשני סוגים של אנשים, שהרב קוק קורא להם 'צדיק נגלה' ו'צדיק נסתר'.[9] הצדיקים הנגלים הם אלה שפועלים בעולם, והצדיקים הנסתרים מלאים שאיפות אך אינם פועלים בגלוי. הם יושבים בבית המדרש, והרצונות והתפילות שלהם מרוממים את כל העולם. יעקב אבינו

נוטה בתחילה להיות צדיק גלוי, שמממש את הדברים בעולם, ולכן הוא קורא למקום **בית אל**, ולאחר מכן מוסיף: וְהָאֶבֶן הַזֹּאת אֲשֶׁר שַׂמְתִּי מַצֵּבָה יִהְיֶה **בֵּית אלהים** וְכֹל אֲשֶׁר תִּתֶּן לִי עַשֵּׂר אֲעַשְּׂרֶנּוּ לָךְ.[10] יעקב אומר שתפקידו הוא לקחת עשירית מכל דבר ולקדש אותה, שזו פעולה שקשורה לעולם הזה. כך יעקב אבינו תופס את תפקידו בעולם. אולם באמת יעקב יישאר גם עם שער השמיים. הוא יבנה בית יציב בתוך כל הסערות והמורכבויות של העולם הזה, שיהיה גם פתח לשאיפות אינסופיות.

המדרש[11] אומר שדמותו של יעקב חקוקה בכיסא הכבוד, המבטא את הנהגת ה׳ בעולם; המלאכים עזבו את יעקב הישן על הארץ, עלו למעלה, אך שם ראו את דמותו של יעקב, הזהה לאדם שישן למטה. המדרש מתאר כי המלאכים התבלבלו, לא היה ברור אם יעקב למעלה או למטה. מדרש זה בא להביע את ייחודו של בית יעקב, היכול לחבר את כל העולמות, מלמטה עד למעלה, מהארץ עד לכיסא הכבוד.

רבי חיים מוולוז׳ין, תלמידו הגדול של הגאון מווילנה, דורש את הביטוי ״עולים ויורדים **בו**״ - ביעקב עצמו.[12] לפי הפשט הכוונה כמובן לסולם, אבל לפי רבי חיים מוולוז׳ין, המלאכים עולים ויורדים בתוך האדם. יש בתוכו תסיסה תמידית של כוחות רוחניים, הוא שואף למעלה ויורד למטה, בתנועה בלתי פוסקת.

בין רחל ללאה

איך בונים את בית יעקב, ומחברים שמיים לארץ? בדרך כלל, כאשר אדם רוצה להגשים חלומות, מחלומות ילדות ועד שאיפות לחבר בין עולמות, הוא מצפה שזה יקרה בדרך הקלה. גם יעקב אבינו רצה כך. הוא מגיע לחרן, ושם על הבאר פוגש לראשונה את רחל, מפגש ישיר ומהיר. וַיְהִי כַּאֲשֶׁר רָאָה יַעֲקֹב אֶת רָחֵל בַּת לָבָן אֲחִי אִמּוֹ וְאֶת צֹאן לָבָן אֲחִי אִמּוֹ, וַיִּגַּשׁ יַעֲקֹב, וַיָּגֶל אֶת הָאֶבֶן מֵעַל פִּי הַבְּאֵר, וַיַּשְׁקְ אֶת צֹאן לָבָן אֲחִי אִמּוֹ.[13] יעקב גולל מיד את האבן מעל פי הבאר ומתחבר לרחל תוך רגע. אהבה ממבט ראשון.

רחל הייתה יְפַת תֹּאַר וִיפַת מַרְאֶה.[14] לפי הזוהר הקדוש, רחל היא ביטוי **לעלמא דאיתגליא**, לעולם הגלוי. היא הכוח שמיישם את החלומות בעולם הזה. התיאור שלה, יפת תואר ויפת מראה, הוא תיאור הרמוני שמסתדר עם הכול. היא פוגשת את יעקב בבאר, שם המים באים מתוך האדמה, צריך רק להזיז את האבן מפי הבאר ולהעלות את המים. בשלב זה הכול נראה ברור, פשוט,

הדרך נראית סלולה ובטוחה, יעקב צריך רק להתחתן עם רחל - והמלאכים העליונים ירדו למציאות.

אולם אז יעקב פוגש את לבן. לבן הוא צבע שמכיל את כל צבעי הקשת. לבן מתפרש אצלנו כצבע יפה שמבטא זוך וטוהר, אך בתורה אין זה תמיד כך. לבן הוא צבע הפכפך, המכיל את כל הספקטרום של צבעי הקשת, כולל הצבעים הרעים. לבן הוא ביטוי לכוחות שליליים שרוצים לנצל את מה שסביבם. לבן רואה את יעקב ואת המוטיבציה שלו ומנצל אותו. הוא מסכים לבקשת יעקב לעבוד שבע שנים כדי לשאת את רחל לאישה, ביודעו שזו תקופה מוגזמת. לאחר שיעקב עובר בקלות גם את השלב הזה - וַיַּעֲבֹד יַעֲקֹב בְּרָחֵל שֶׁבַע שָׁנִים וַיִּהְיוּ בְעֵינָיו כְּיָמִים אֲחָדִים בְּאַהֲבָתוֹ אֹתָהּ[15] - מגיע הזמן לשאת את רחל לאישה. אך אחרי ליל הכלולות, יעקב קם בבוקר ומגלה שלבן רימה אותו. וַיְהִי בַבֹּקֶר וְהִנֵּה הִוא לֵאָה.[16]

יעקב הלך לישון כשבאמתחתו החלום של רחל, ובבוקר מתברר לו שהחלום הזה יתממש בדרך ארוכה וקשה. מעבר לרגע נקודתי זה, שבו החתונה של יעקב עם רחל נדחית מעט, נקבע עתה כי ליעקב תהיינה שתי נשים. כיוון שיעקב בונה בית, שממנו ייווסד עם, הרי שלעובדה הזו יש משמעות לדורות. יהיה יותר מכוח אחד בעם ישראל. נושא הפרשה אינו רמאות בשידוכים ומשולשים רומנטיים, אלא בניית הכוחות בעם ישראל לעתיד.

לעומת רחל, שהיא יפת תואר ויפת מראה, ללאה יש מאפיין אחר - וְעֵינֵי לֵאָה רַכּוֹת.[17] יש שלושה פירושים בחז"ל[18] מה הכוונה:

הראשון - עיני לאה היו בוכיות. לאה הייתה בוכה הרבה. לפי מדרש חז"ל,[19] נאמר ללאה ורחל שהן עתידות להתחתן עם שני האחים בני רבקה, אחות לבן אביהן - לאה הבכורה עם עשו הבכור, ורחל הצעירה עם יעקב הצעיר. הידיעה שהיא מיועדת לעשו גרמה ללאה לבכות. לאה היא כוח שמסתבך כשהוא נפגש עם העולם הזה. רחל מגשימה חלומות, אצלה הכול מסתדר, הכול טוב ויפה, אבל לאה יודעת שאם היא תצטרך להתחבר לעשו ולעולם העשייה שלו - החיים שלה יהיו קשים ואלימים. היא מבינה שצפוי לה מפגש כואב עם העולם הגלוי. לא נותר לה אלא לבכות, וכדרכו של בכי, מסך דמעות כיסה את עיניה. היא אינה מביטה החוצה אלא מתכנסת פנימה. לא רוצה להתמודד עם העולם הזה. אם רחל היא עלמא דאיתגליא, לאה לפי הזוהר היא עלמא דאיתכסיא, עולם הכיסוי. העולם שבו החלום אינו מתגשם בקלות, אלא בדרך ארוכה ומפותלת.

ההסבר השני - עיניה של לאה היו ארוכות. ריסיה היו ארוכים, היא ראתה לטווח ארוך. רחל פועלת לטווח הקצר, ולכן יעקב מתחבר אליה מאוד. יעקב רוצה להגשים את חלומותיו, ועם רחל הוא רואה את אפשרות הגשמתם המהירה, כפי שהשיג את המים בקלות כשהסיר את האבן מעל הבאר. לעומת זאת, המבט של לאה הוא למרחקים, והגשמת החלומות שלה תופיע אולי בעוד אלפי שנים.

הסבר שלישי - ללאה היו עיניים ילדותיות, כמו של ילד **רך**. ילד אינו יכול עדיין לממש את החלומות שלו. הוא מביט לעתיד, וכשיגדל יממש את חלומותיו. הוא תמים ומלא באופטימיות שגם אם עכשיו חלומותיו אינם מתגשמים, כאשר הוא יגדל זה יקרה.

שני משיחים יעמדו לישראל: משיח בן יוסף מצאצאי רחל, ומשיח בן דוד משבט יהודה מצאצאי לאה. משיח בן יוסף יהיה האחראי על הצד החומרי, הוא יופקד על השלמת העולם הזה.[20] משיח בן דוד אמור להופיע אחריו, אולי אפילו כעבור שנים רבות מאוד, כאשר העולם יגיע להשלמתו. רחל ולאה אינן שתי נשים שנלחמות על אותו גבר, אלא בונות את שני הכוחות בעם ישראל. כשם שבאדם יש כוחות היורדים ועולים בו, גם בעם ישראל בכללו יש כוח גלוי וכוח פנימי, רחל ולאה, עלמא דאיתגליא ועלמא דאיתכסיא. בסופו של דבר, שני הכוחות האלו יבנו את עם ישראל במשולב, כפי שייאמר בחתונתם של בֹּעז ורות: יִתֵּן ה׳ אֶת הָאִשָּׁה הַבָּאָה אֶל בֵּיתֶךָ כְּרָחֵל וּכְלֵאָה אֲשֶׁר בָּנוּ שְׁתֵּיהֶם אֶת בֵּית יִשְׂרָאֵל.[21]

חז״ל[22] מספרים שבמעשה הרמאות, רחל עצמה שיתפה פעולה בלית ברירה. יעקב חשד ביושרו של לבן, ולכן קבע עם רחל סימנים מוסכמים ללילה הראשון שלהם יחד, כדי שיוכל לוודא שהיא אכן רחל. רחל גילתה את הסימנים ללאה, כדי שלא תתבייש. במדרש זה מלמדים חז״ל שהמהלך הזה היה גם על דעתה של רחל; גם היא מבינה שהעניינים אינם יכולים להתנהל באופן הפשוט, כפי שהיא ויעקב חשבו.

לאורך ההיסטוריה יהיו חלקים בעם ישראל שיעסקו בחלומות הגבוהים ואחרים שיהיו צריכים ליישם אותם בפועל. כל תנועה בתולדות עם ישראל הייתה מורכבת משני הצדדים הללו, השואפים והמיישמים בפועל. הציונות, למשל, בתחילת פעולתה, הייתה מורכבת משני פלגים עיקריים - ציונות מדינית וציונות מעשית. הרצל הנהיג את הציונים המדיניים, שהעמידו את החזון להקים מדינה ליהודים באמצעות פעילות מדינית מול מנהיגים בעולם. במקביל היה בתנועה הציונית זרם אחר, ששיטתו הייתה להיאחז בארץ ישראל, לתפוס דונם ועוד דונם, לקבוע עובדות בשטח כדי להשיג באופן מעשי מדינה ליהודים. את

הזרם הזה הנהיג בהמשך דוד בן גוריון. הרצל הלך בדרכה של לאה עם החזון הגדול, ובן גוריון בדרכה של רחל עם עבודת השטח, ושניהם יחד בנו וקידמו את עם ישראל למדינתו.

גם ברמה האישית, כל אחד צריך להכיל בתוכו את שני הצדדים הללו, החזון והמימוש. הן החזון והן מימושו מצריכים תהליך ארוך, אבל בסוף צריך לחבר בין שניהם. ביחסים בין אנשים, יש להכיר כי חלק מהאנשים שייכים יותר לעולם החזון, וחלק לעולם הביצוע. גם בין אנשי התורה יש חלוקה בין אנשי הלכה, שעוסקים ביישום הפרקטי של המצוות, ואנשי אמונה, שהם בעלי החזון. אנשי ההלכה מקבילים לרחל, הם מנהיגים את עם ישראל ומכלכלים את צעדיו, כפי שיוסף בן רחל כלכל את משפחתו. זה היה גם היחס בין המלך לנביא, המלך היה המנהיג המעשי והנביא היה הדמות הרוחנית. מלך הוא הדמות המעשית ונביא הוא הדמות הרוחנית. חז"ל[23] קובעים כי בפנים - המלך עומד בפני הנביא, כי הנביא הוא העיקר; אבל בחוץ, כשצריך להנהיג את הציבור במציאות, הנביא עומד בפני המלך. לא מפני שהמלך חשוב יותר, אלא מפני שבמציאות המלך צריך להוביל, ועל הנביא לתת את הרוח. משני הכוחות הללו נבנה עם ישראל, וכן כל יחיד ויחיד.

לידת שבטי ישראל

יעקב מתחיל לבנות את ביתו עם שני הכוחות, רחל ולאה. יעקב אוהב את רחל יותר, אבל בעל כורחו הוא חי גם עם לאה ומבין שחלומות אינם מתגשמים באופן מידי.

<u>וַיַּרְא ה' כִּי שְׂנוּאָה לֵאָה וַיִּפְתַּח אֶת רַחְמָהּ</u>.[24] לאה היא האהובה פחות. הדרך הכוללת לאות, עייפות, קושי - היא בדרך כלל האהובה פחות על אנשים. לכן ה' פותח את רחמה של לאה דווקא, ונולדים ממנה ארבעת הבנים הראשונים של יעקב - ראובן, שמעון, לוי ויהודה.

ללאה חשוב להדגיש שהלידות שלה היו מאת ה'. <u>כִּי רָאָה ה' בְּעָנְיִי כִּי עַתָּה יֶאֱהָבַנִי אִישִׁי, שָׁמַע ה' כִּי שְׂנוּאָה אָנֹכִי וַיִּתֶּן לִי גַּם אֶת זֶה, הַפַּעַם אוֹדֶה אֶת ה'</u>.[25] אין זה מובן מאליו. לעיתים נדמה שאלוהים אינו נמצא במקומות המסובכים. אבל ללאה יש דרך ארוכה עד מימוש חלומותיה והיא זקוקה לסיוע מאת ה'. השמות שלאה נותנת לילדיה הם שמות שמדברים אל ה'. היא פונה אליו, היא מתפללת, היא חולמת על דברים שיופיעו בעתיד.

אל מול שאיפותיה של לאה, רחל רוצה לקבל גם היא את שלה. אולם היא אינה מצליחה ללדת, כי קשה להוביל את עם ישראל על ידי עבודה בשטח. לכן היא נותנת את בלהה שפחתה ליעקב ומקווה שהיא תיבנה ממנה. בלהה יולדת ליעקב את דן, ורחל אומרת: דָּנַנִּי אלהים וְגַם שָׁמַע בְּקֹלִי וַיִּתֶּן לִי בֵּן.[26] הקב״ה עשה עם רחל דין, ועם לאה הוא נהג בחסד וברחמים. רחל קשורה לבית א־להים, להנהגה של הדיינים הפוסקים הלכה למעשה. בעתיד שבט דן יהיה ׳הירוד שבשבטים׳ לפי חז״ל,[27] המאסף לכל המחנות, אבל ממנו יצא שמשון הגיבור שיתמודד עם המציאות. נחלת דן סמוכה לארץ פלשתים, כדי ששמשון יהיה הראשון מעם ישראל להתמודד עם אויב מאתגר זה.

הבן השני שנולד לרחל מבלהה הוא נפתלי, שנמשל לאיילה שלוחה.[28] כמו רחל, התנועה שלו במציאות העולם הזה תהיה גלויה ומהירה. בלידתו אומרת רחל: נַפְתּוּלֵי אלהים נִפְתַּלְתִּי עִם אֲחֹתִי גַּם יָכֹלְתִּי.[29] נפתלי מלשון פתיל, לשון חיבור והצמדה. רחל מתחילה להתחבר לעולם, על ידי הילדים שנולדים ליעקב משִפחתה.

לאחר מכן לאה נותנת את זלפה שפחתה ליעקב, והיא יולדת את גד ואשר, שגם הם שייכים לתפקידה של לאה. **גד** מלשון מזל, זהו מושג השייך לעולם העליון שמעבר לחשבונות האנושיים. משבט גד יָצא אליהו הנביא, שלא ייקבר אלא יעלה בסערה השמיימה, וכוחו ימשיך ללוות את עם ישראל בתהליך הארוך שעוד נכון להם. לעתיד לבוא משימתו תהיה להשיב לֵב אָבוֹת עַל בָּנִים וְלֵב בָּנִים עַל אֲבוֹתָם;[30] לחבר בין העולמות בטווח ארוך כדוגמת לאה; אשר נקרא כך כִּי אִשְּׁרוּנִי בָּנוֹת,[31] כלומר נשים אחרות חיזקו אותי. בגלל הדרך המורכבת של לאה, היא זקוקה לחיזוקים ואישורים שיקנו לה אושר.

לאה ממשיכה ללדת שבטים שיממשו את השאיפות הגדולות של עם ישראל. בין היתר היא מעמידה תלמידי חכמים, אנשים שיראו למרחוק ויחזיקו את עם ישראל בדרכו הארוכה. תפקיד זה נועד לישׂשכר, יִשָּׂשכָר חֲמֹר גָּרֶם רֹבֵץ בֵּין הַמִּשְׁפְּתָיִם.[32] יששכר ילמד תורה, וממנו יצאו תלמידי החכמים של עם ישראל, וּמִבְּנֵי יִשָּׂשכָר יוֹדְעֵי בִינָה לַעִתִּים לָדַעַת מַה יַּעֲשֶׂה יִשְׂרָאֵל.[33] זבולון נועד לעסוק במסחר - זְבוּלֻן לְחוֹף יַמִּים יִשְׁכֹּן וְהוּא לְחוֹף אֳנִיֹּת וְיַרְכָתוֹ עַל צִידֹן.[34] לכאורה התפקיד שלו מעשי, שלא כמו שאר בניה של לאה, אך חז״ל מלמדים שלשבט זבולון היה הסכם עם שבט יששכר - יששכר היה לומד תורה, וזבולון היה עוסק במסחר ומפרנס הן את עצמו והן את יששכר. כלומר, אצל בני לאה, גם אנשי המעשה פועלים כדי לפרנס את עולם הרוח.

גם אחרי שנולדו בני בלהה, רחל עדיין מרגישה שהיא לא מימשה את ייעודה כאם. לבסוף היא יולדת בן בעצמה ואומרת: אָסַף אלהים אֶת חֶרְפָּתִי.[35] אדם מתמלא בחרפה כאשר הוא מרגיש שאינו ממלא את התפקיד שלו. כאשר הוא מציג את עצמו באופן מסוים כלפי חוץ, אך אין זה תואם לאמת. גם רחל הרגישה שהכוח שלה אינו בא לידי ביטוי באופן שלם כל עוד היא אינה יולדת. רק כשנולד יוסף, ה׳ אוסף את חרפתה. יוסף יהיה הבן שמוביל את עם ישראל בעולם הזה. הבנים של לאה יבנו את העתיד הרחוק, אבל לצידם דרוש כוח שיבנה את ההווה. בפרשות הבאות נראה כיצד יוסף עושה זאת.

התמודדות יעקב מול לבן

ההתמודדות של יעקב מול לבן הרמאי נמשכת. יעקב נשאר לעבוד אצל לבן, ולבן מחליף את משכורתו שוב ושוב. כפי שאמרנו, לבן הוא צבע מתעתע - טהור כלפי חוץ, אך באמת מכיל את כל גוני הקשת. גם לבן מציג את עצמו כישר ונקי, בעוד מבפנים הוא צבוע ומחליף צבעים. לעומתו, דרכו של יעקב מתבטאת בצבעים שונים; כשלבן מציע לו לקבוע מה יהיה שכרו, יעקב בוחר ששכרו יהיה צאן בצבעים מסוימים - הָסֵר מִשָּׁם כָּל שֶׂה נָקֹד וְטָלוּא וְכָל שֶׂה חוּם בַּכְּשָׂבִים וְטָלוּא וְנָקֹד בָּעִזִּים וְהָיָה שְׂכָרִי.[36] בהמשך נראה שיעקב מעניק ליוסף כותנת פסים צבעונית, שמבטאת גם היא יכולת הכלה של צבעים רבים, בניגוד לצבע הלבן החד־גוני.

כנגד כל הסיכויים, יעקב מצליח בדרך מורכבת להעמיד לעצמו צאן רב. הכתוב מתאר את צאנו הרבגוני של יעקב: עֲקֻדִּים נְקֻדִּים וּבְרֻדִּים.[37] האר״י הקדוש[38] דורש את משמעות המילים המתמיהות הללו, ומוצא בהן רמזים לעולמות רוחניים: עקוד - ביטוי לעולם רוחני שבו הכול הרמוני ומשתייך לכלל (כמו בהמה **עקודה**, שכולה קשורה למקום אחד); נקוד - עולם רוחני שמתפרט לפרטים שונים (כדוגמת **נקודות** וכתמים, שמפוזרים במרחק זה מזה); ברוד - עולם רוחני שמכיל גם את הכלל וגם את הפרטים (**ברוד** פירושו מנומר, כתמים נפרדים אך מעורבבים זה בזה, דוגמת חתיכות ברד היורדות מן השמיים בנפרד ומתאספות למשטח אחד). יעקב יוצר את ההרמוניה השלמה, שיש בתוכה מקום לגוונים ולפרטים שונים. פסוק זה מופיע בחלומו של יעקב לקראת החזרה לארץ ישראל, כיוון שארץ ישראל היא המקום ליצירת ההרמוניה, המאחדת את הכלל והפרט.

הבריחה מלבן

בסוף הפרשה, יעקב עוזב סוף סוף את לבן. במהלך הבריחה, רחל גונבת את התרפים של לבן אביה. לפי רש"י, כוונתה הייתה למנוע מאביה לעבוד עבודה זרה. ללאה יש שאיפות לעתיד, אבל רחל רוצה לסלק את העבודה הזרה כאן ועכשיו. היא מצליחה לגנוב את התרפים ולהסתיר אותם באמצעות יכולת ההערמה שלה. עם זאת, גם לרחל לא הכול מצליח, ולא כל מה שהיא רוצה לממש במציאות העכשווית ניתן ליישום. בפרשה הבאה היא תמצא את מותה באמצע הדרך, תוך כדי לידת בנה השני, בנימין. גם זה חלק מהדרך המסובכת של בית ישראל.

בעקבות הפעולה האמיתית אך הנחפזת של רחל - המצב מסתבך; לבן רודף אחרי יעקב ומשיג אותו. הוא מנסה לטעון מולו טענות צודקות לכאורה - לָמָּה נַחְבֵּאתָ לִבְרֹחַ וַתִּגְנֹב אֹתִי וְלֹא הִגַּדְתָּ לִּי, לָמָּה גָנַבְתָּ אֶת אֱלֹהָי[39] - כאן יעקב משתמש ב'ידי עשו', בכוחות העשייה שגם הם חלק מעולמו, ונכנס לתוך הקלחת של העולם הזה. כפי שהצליח להתחכם מול לבן ולהרבות את צאנו בשיטות שונות, הוא מצליח להתמודד מולו גם עתה; ובסוף נכרתת עימו ברית שברירית - "גלעד"[40] - עדות שבנויה על גל אבנים רעוע (בניגוד לאבן שעליה שם יעקב את ראשו בתחילת הפרשה שעל פי חז"ל[41] התאחדו כל האבנים הקטנות לאבן גדולה).

ההתמודדות נעשית בין השאר בעזרת רחל, הכוח שיודע להתמודד מול רמאים בדרך שלהם. במקרה זה, הכוחות המעשיים בבית יעקב פועלים ללא ידיעתו של יעקב עצמו; יעקב אינו יודע על גנבת התרפים, ואף מטיל עונש מוות על מי שהתרפים יימצאו אצלו, אך רחל בינתיים מחביאה את התרפים ומונעת מלבן למצוא אותם. דרכו של יעקב לעיתים מתכחשת לכוחות העולם הזה שטמונים בה, אך הם משיגים את שלהם בסופו של דבר.

סיכום

המסלול שעובר יעקב מציב לפנינו את השלב הבא בבניין הנפש. אדם צריך לפתח שאיפות עליונות, כמו המלאכים העולים בסולם, וגם להיות מסוגל ליישם אותן בהווה, כמו המלאכים היורדים. עליו לתת מקום בתוכו לשני הכוחות, הכוח שחולם על חזון אידיאלי והכוח שפועל במציאות העכשווית. זה פשר חלום יעקב, שמתגשם בתהליך ארוך וממושך, עד למימוש כל השאיפות העליונות במציאות העולם הזה.

וישלח

לקנות את כל העולם

כדי שהמשפחה הישראלית תגלה את האמונה והתקווה לעולם, יש 'לשלוח' את היד ולקנות את העולם. יעקב קונה קניינים ומחבר את חלקי העולם זה לזה.

בניגוד לתפיסה ה'עשווית', שבה עשו שמחפש את העשייה והשלמות כאן ועכשיו, ומוכן לגנוב ולצוד לשם כך, התפיסה ה'יעקבית' מוכנה לתהליך איטי וארוך; יעקב יודע הוא שלא הכול מתממש בשלמותו בהווה, כפי שרחל מתה על אם הדרך.

אדם בחייו עובר מעברים רבים, נפגש עם גורמים שונים, מול חלקם הוא מסתבך, לפעמים הוא אפילו נכשל ונשבר באמצע הדרך. אולם בסופו של דבר הוא מתמודד ומנצח. זו משמעות השם ישראל – כִּי שָׂרִיתָ עִם אֱלֹהִים וְעִם אֲנָשִׁים וַתּוּכָל.

הנושאים בפרשה:

פגישת יעקב ועשו • סיפור דינה ושכם • מות דבורה ורחל • לידת בנימין • מעשה ראובן ובלהה • תולדות אלופי עשו

רכושו של יעקב

יעקב אבינו חוזר מגלות אצל לבן לארץ ישראל. החזרה לארץ רצופת אירועים בקצב מסחרר: יעקב נערך למפגש עם עשו ואכן פוגש אותו; יעקב ומשפחתו מתיישבים בשכם; דינה נחטפת בידי שכם, ומשוחררת בידי שמעון ולוי תוך הריגת אנשי העיר; משפחת יעקב נוסעת לבית אל, ושם מתה דבורה מינקת רבקה

ונקברת תחת האלון; יעקב אבינו מקבל מאת ה׳ את השם ישראל; רחל יולדת את בנימין ונפטרת בדרך לבית לחם; רק לאחר כל אלה יעקב חוזר אל יצחק. לאחר מכן מספרת הפרשה על פטירת יצחק, ועל תולדות עשו.

הציר המחבר את כל המאורעות הללו מעט מפתיע: **קניין ורכוש**.

יעקב עוסק רבות בצבירת רכוש וקונה עם הזמן נכסים. כבר בתחילת פרשת תולדות, בעודו נער, הוא קונה את הבכורה בעד נזיד עדשים; הוא עובד קשה כדי לקבל מיצחק את הברכות, והן מקנות לו ״רוב דגן ותירוש״, כלומר קניינים ששייכים לעולם הזה; גם את נשותיו רחל ולאה, בפרשת ויצא, הוא קונה תמורת עבודה של שבע שנים; בהמשך הוא מנהל משא ומתן ממושך עם לבן, על הרכוש שיקבל תמורת עבודתו ברעיית הצאן. בשלב זה הרכוש של יעקב מתעצם: וַיִּפְרֹץ הָאִישׁ מְאֹד מְאֹד וַיְהִי לוֹ צֹאן רַבּוֹת וּשְׁפָחוֹת וַעֲבָדִים וּגְמַלִּים וַחֲמֹרִים. חז״ל דורשים את המילה מאד כהיפוך אותיות אדם, כלומר חלק מאישיותו של יעקב הוא לפרוץ ולקנות. בני לבן מבחינים ברכושו המתעצם של יעקב ואינם רואים זאת בעין יפה: לָקַח יַעֲקֹב אֵת כָּל אֲשֶׁר לְאָבִינוּ וּמֵאֲשֶׁר לְאָבִינוּ עָשָׂה אֵת כָּל הַכָּבֹד הַזֶּה. יעקב עוזב את בית לבן, ושוב מודגש הרכוש שלו: וַיִּנְהַג אֶת כָּל מִקְנֵהוּ וְאֶת כָּל רְכֻשׁוֹ אֲשֶׁר רָכָשׁ מִקְנֵה קִנְיָנוֹ אֲשֶׁר רָכַשׁ בְּפַדַּן אֲרָם. שלוש פעמים חוזר בפסוק זה השורש קנ״ה (מקנה, קניין), ועוד שלוש פעמים מופיעה המילה רכוש.

ציר הרכוש ממשיך בפרשת וישלח, כאשר יעקב מתכונן למפגש עם עשו. הוא מחלק את אנשיו לשני מחנות, מה שנראה מעין ספירת מלאי, ושולח מנחה לעשו אחיו. המנחה כתובה בפירוט רב: עִזִּים מָאתַיִם וּתְיָשִׁים עֶשְׂרִים רְחֵלִים מָאתַיִם וְאֵילִים עֶשְׂרִים... יעקב מבקש מעשו שיקבל את מנחתו, ומצהיר שיש לו הכול: קַח נָא אֶת בִּרְכָתִי אֲשֶׁר הֻבָאת לָךְ כִּי חַנַּנִי אלהים וְכִי יֶשׁ לִי כֹל. כאשר עשו מציע ליעקב ללוות אותו דרומה, יעקב דוחה את ההצעה: וַיֹּאמֶר אֵלָיו, אֲדֹנִי יֹדֵעַ כִּי הַיְלָדִים רַכִּים וְהַצֹּאן וְהַבָּקָר עָלוֹת עָלָי, וּדְפָקוּם יוֹם אֶחָד וָמֵתוּ כָּל הַצֹּאן. יַעֲבָר נָא אֲדֹנִי לִפְנֵי עַבְדּוֹ וַאֲנִי אֶתְנָהֲלָה לְאִטִּי לְרֶגֶל הַמְּלָאכָה אֲשֶׁר לְפָנַי וּלְרֶגֶל הַיְלָדִים. התנהלותו של יעקב נקבעת בהתאם למשפחה ולנכסים שלו.

לאחר המפגש עם עשו, נאמר: וַיָּבֹא יַעֲקֹב שָׁלֵם עִיר שְׁכֶם, וחז״ל דורשים: ״שלם בגופו, שלם בתורתו ושלם בממונו״. חשוב לחז״ל להבהיר שיעקב לא ספג הפסד כלכלי מהמנחה המרובה שנתן לעשו, ונשאר עשיר. בהמשך כתוב על יעקב: וַיִּחַן אֶת פְּנֵי הָעִיר, וחכמים דורשים שיעקב עשה פעולה כלכלית כלשהי בעיר. לפי דעה אחת יעקב תיקן להם מטבע, ובזה ארגן את חיי המסחר שלהם, ולפי הדעה השנייה הוא תיקן שווקים וחנויות. כיוון שיעקב הגיע כבר

לארץ ישראל, הוא החל לקנות גם קרקעות: וַיִּקֶן אֶת חֶלְקַת הַשָּׂדֶה אֲשֶׁר נָטָה שָׁם אָהֳלוֹ מִיַּד בְּנֵי חֲמוֹר אֲבִי שְׁכֶם בְּמֵאָה קְשִׂיטָה.

אנו רואים לכל אורך הדרך שיעקב הוא מומחה פיננסי ובעל חוש מסחרי. אולם מעבר לכל התיאורים הללו, חז"ל מציינים נקודה משמעותית בתחילת פרשת וישלח. לאחר שיעקב אבינו מעביר בלילה את מחנותיו מעבר לנחל יבוק, לקראת המפגש עם עשו, מתואר כי הוא נשאר לבד: וַיִּוָּתֵר יַעֲקֹב לְבַדּוֹ. חז"ל שואלים: למה יעקב נשאר שם לבד? ועונים: "שנשתייר על פכין קטנים". הוא כבר סיים להעביר את כולם, אבל חזר לקחת חפצים קטנים שנשארו מעבר לירדן. על כך אמר רבי אלעזר: "מכאן לצדיקים שחביב עליהם ממונם יותר מגופם". אפשר היה לחשוב על שבחים גדולים יותר ליעקב אבינו, אך לחז"ל חשוב להבהיר את מקומו המרכזי של הרכוש באישיותו של יעקב. זה הקו החורז את פרשת וישלח, ובאמצעותו נבין את מגמת הפרשה.

קניין

מהו קניין? קניין זו הפעולה המרכזית שאדם עושה בחייו. הילד הראשון בעולם נקרא קין, וכך הסבירה זאת אמו חוה: קָנִיתִי אִישׁ אֶת ה'. כביטוי למושג הלידה, חוה אומרת שהיא רכשה את הילד מאת ה'. הקניין נעוץ עמוק מאוד בנפש. אפילו אצל ילדים קטנים, אפשר להבחין עד כמה חשוב להם שחפצים יהיו שלהם: הם רבים פעמים רבות עם אחרים על צעצוע, בטענה שהוא שלהם, כי חשובה להם הבעלות על החפץ. הריב נובע לאו דווקא מטעמים תועלתניים, כי אחרי שהילד רב על הצעצוע עם אחיו וזוכה בו, פעמים רבות הוא זונח אותו מיד אחר כך; העיקר מבחינתו הוא שהצעצוע יהיה שלו. ילדים שיושבים בשולחן זוגי בבית הספר נוהגים לסמן קו הפרדה ביניהם, לא סתם כדי לקשקש על השולחן, אלא בעיקר כדי 'לסמן טריטוריה' - זה שלי! גם אצל מבוגרים יש הקפדה על ההגדרה מה שייך להם: הם יכולים, למשל, להיות בסכסוך עם השכנים במשך שנים, רק מתוך התעקשות על גודל חצר אף שלא ישתמשו בשטח. כל זה מפני שהקניין הוא מרכיב משמעותי בנפש האדם.

מה עושה קנייה של חפץ לאדם? אם מדובר בחפץ נצרך ושימושי, ברור שהוא מספק תועלת מעשית. אבל מה אם החפץ הוא דבר מותרות, או שהתועלת שלו היא רק לטווח הארוך? כשאדם קונה יחידת קרקע בארץ רחוקה, למשל, ברור לו שהיא תניב תשואה רק בעוד שנים רבות; ובכל זאת כבר ברגע הקנייה הוא מרגיש תחושה טובה, אפילו התעלות. תחושה זו מעידה על צורך נפשי של האדם בקניין. הקניין מייחד את האדם; לבעלי חיים אין צורך לקנות, אלא

רק לאכול, ולכן חשובה להם הטריטוריה שלהם שבה יוכלו להשיג את מזונם. אבל לבני האדם יש צורך נפשי לקנות דברים, וזה דבר שממלא אותם אושר. למעשה כל חייו של האדם, מיום לידתו עד יום מותו, הם מסע קניות אחד גדול. ככל שהאדם מחזיק ביותר דברים, הוא מרגיש חי יותר. הקניין נותן תחושת סיפוק אדירה של בעלות, אף שהחפץ עצמו לא השתנה במהותו ממה שהיה לפני שנקנה. עצם המעבר של החפץ לבעלות הקונה נותן לו תחושת סיפוק, הוא מרגיש שבקניין זה הוא מימש את עצמו יותר.

אכן, חז"ל אמרו: "כל אדם שאין לו קרקע אינו אדם". מי שאין לו בעלות על נכס נדל"ני לא מימש עדיין את היותו אדם. אפילו קידושי אישה בעם ישראל נעשים בקניין, כפי שמפורט במסכת קידושין. אם גבר אומר לאישה שהוא אוהב אותה מאוד - לא די בזה כדי שהם יהיו זוג נשוי, אלא צריך פעולת קניין וכתובה שתסדיר את תנאי הנישואים שלהם. רבות ממסכתות הש"ס עוסקות בדיני ממונות, שהם קניינים מסוגים שונים. היינו אולי מצפים שנושא הרכושנות והקניין יהיה צדדי ביהדות, שהיא תעסוק בו רק כלאחר יד, שהרי לא מדובר בנושא ברומו של עולם. אולי מתבקש היה שהתורה שבעל פה תסתפק בכלל-העל "ואהבת לרעך כמוך", ותקבע שבכל סכסוך כספי צריך לוותר לצד שמנגד. זה היה קצר ופשוט הרבה יותר מהדיונים הארוכים והמפורטים על כל פרוטה. אבל חז"ל בכל זאת מאריכים לברר מה הדין כששניים אוחזים בטלית, או כששור נוגח את הפרה, ואף קובעים: "הרוצה שיחכים יעסוק בדיני ממונות". זאת מפני שקניין אינו רק פיזי וטכני, אלא גם בעל השלכות נפשיות עמוקות.

התורה וחז"ל מתארים לנו כיצד יש מערכת יחסים רוחנית בין האדם לקנייניו. המטה ששייך לאהרון הצמיח שקדים ופרחים, האדרת של אליהו חוללה פלאים, חמורו של רבי פנחס בן יאיר לא היה אוכל מאכלים שאינם מעושרים. למקל ולאדרת אין רוח חיים, ולחמור אין תבונה אנושית, אבל השייכות שלהם לאדם מרוממת אותם. האדם הקדוש מאחד את כל העולם סביבו, וכל מה שהוא קונה מוצא את מקומו בעולם. זו משמעותה העמוקה של פעולת הקניין.

כסף

אחת מהפעולות הכלכליות שחז"ל מייחסים ליעקב, כאמור, היא תיקון המטבע בשכם. בעבר הרחוק, בכל פעם שאדם רצה לקנות סחורה מאדם אחר, היו עושים סחר חליפין, כלומר מחליפים חפץ בחפץ אחר. הבעיה בסחר החליפין היא שהוא

מוגבל לעסקאות שבהן כל צד רוצה בחפץ שיש לצד השני. הוא מצריך את הקונה להציע כל פעם חפץ בתמורה, מה שהופך את סוג הקניין הזה לגשמי מאוד. הפתרון שניתן לזה הוא מטבע כסף, אמצעי אחיד שהמוכר מקבל בעד הסחורה, ובאמצעותו יוכל לקנות מה שירצה מתי שירצה.

האמירה שיעקב תיקן את המטבע אינה אמירה היסטורית, שהרי היו מטבעות כסף כבר קודם לכן (אברהם, למשל, קנה את מערת המכפלה בכסף עובר לסוחר), אלא אמירה שהכסף הוא "המצאה יהודית". מטבע (וכן שטר) הוא חפץ קטן ונוח לנשיאה, שמצד החומר שבו אין לו ערך רב, אבל הוא מקובל בציבור כמייצג ערך גדול, בהתאם לציור ולמספרים שעליו. כסף משמש מכנה משותף לכל בני האדם, והם מוכנים לסחור בו, כי תמורתו יוכלו לקבל כל חפץ שערכו כערך אותו המטבע או שטר הכסף. זהו יסוד מופשט שמחבר את כל האנושות. **כסף** מלשון **כיסופים**, לכולם יש געגועים אליו, כולם רוצים בו. הכסף מאפשר לאדם להיות מחובר לכל מה שיש בעולם.

זה התפקיד של יעקב אבינו, לקנות את הכול, וזה התפקיד שיאפיין את עם ישראל לדורות. עם ישראל לאורך כל ההיסטוריה הצטיין בקניינים. היהודים לא הצטיינו אף פעם ב'עבודות שחורות'. גם בספורט אין לעם ישראל עליונות על שאר העמים. עם ישראל הצטיין ביכולת להפעיל את המוח כדי לחבר דברים - בעבר זה התבטא במסחר, והיום זה מתבטא בטכנולוגיה עילית, שמשמעה לגלות בחומרים פיזיים לא את הממד הכמותי שלהם, אלא את הממד האיכותי. זהו קניין. היהודים נחשבו בכל העולם לסוחרים מובילים, ודוגמה בולטת היא 'רוטשילד', שם המשפחה שהפך למילה נרדפת לשליטה פיננסית.

יש לתופעה זו הסברים סוציולוגיים - בזמן הגלות היהודים היו מפוזרים בעולם, וכך היו פרוסים כרשת בינלאומית. ועוד שבתקופות רבות נאסר עליהם לרכוש אדמות ולעבד אותן, וכך הם נמשכו לעסוק במסחר וקניין. אבל יש בתופעה זו גם יסוד עמוק יותר: יהודים אוהבים כסף, ותמיד הצטיינו בפיננסים. כסף אינו דבר רע, הוא מניע את העולם, גורם למציאות לזוז קדימה. הוא מוליד ייצור של אוכל, בגדים, מכשירים ועוד הרבה מעבר לזה. כסף הוא היכולת של אדם להימצא במקום אחד בעולם ולהשקיע במפעל בצד השני של העולם, כדי לספק בו מקום עבודה וכדי לייצר דברים הנחוצים לאנושות. באמצעות הכסף אפשר לרתום את כל העולם למטרה אחת משותפת, להשקיע בה את האנרגיה של כולם.

זו התחנה הבאה במסלול החיים של האדם, לפעול במציאות דרך הקניין. כאשר אדם קונה חפץ מתוך אוסף של חפצים, או נכסים שמפוזרים בעולם

בבעלויות שונות, הוא מחבר בין דברים שונים בעולמו של אלוהים, ובזה הוא ממַמש את צלם אלוהים שבאדם. קניין אינו פעולה פיזית אלא פעולה מופשטת. הוא אינו משנה את מצבו המוחשי של החפץ, אלא מגדיר את הבעלות עליו. אומנם יש להיזהר שההפשטה לא תבוא על חשבון הטבעיות הנורמלית, ולכן חז"ל אומרים: "לעתיד לבוא עתידים כל בעלי אומניות שיעמדו על קרקע", כלומר, כל המקצועות יקבלו את העוגן הקרקעי שלהם. למשל: בתוך הסביבה האורבנית של ההיי־טק יהיה גם פארק ירוק או ריאה ירוקה, והאוכל התעשייתי יהיה כמה שיותר אורגני וטבעי. צריך שכל הקנייניות והפיתוח התעשייתי של העולם לא יבואו על חשבון המציאות הקרקעית, הטבעית. החקלאות היא דוגמה לתחום הקשור לקניין ורכושנות, אבל באופן שמעוגן בקרקע ובטבע. מכל מקום, עניינו של הקניין הוא חיבור בין דברים, וזהו אחד הגילויים של אלוהים בעולם.

יעקב הקונה מול עשו הצד

זה היסוד שמוביל את יעקב אבינו בהתמודדות מול עשו. יעקב נמצא בלילה בגבול בין חוץ לארץ לארץ ישראל, במעבר יבק, שדרכו הוא מעביר את כל אשר לו, גם את הפכים הקטנים. המילה **יַבֹּק**, לפי המקובלים, היא ראשי תיבות של **י**יחוד, **ב**רכה, **ק**דושה. יעקב 'מעביר' את כל חפציו במסלול שנותן להם משמעות. הוא מייחד אותם, כלומר מחבר אותם לאחד; מברך אותם, מלשון **הברכה**, שהיא פעולת חיבור של צמחים; מתוך זה הוא מקדש את הדברים, ובזה מקיים אותם. "קדוש לעולם קיים". "אין הנבואה שורה אלא על חכם, גיבור ועשיר" - ככל שאדם מלא יותר בחיים, והוא מקדש יותר דברים, כך הוא קרוב יותר למדרגת הנבואה. יעקב מעביר את כל רכושו דרך מעבר יבק, כל חפציו עוברים ייחוד, ברכה וקדושה, כלומר מתחברים והופכים להיות חלק מהעולם הרוחני. הוא אינו משאיר שום חפץ קטן מאחור וחוזר על "פכים קטנים"; לֹא יִפּוֹל צְרוֹר אָרֶץ, כי תפקידו לחבר את העולם כולו, על כל פרטיו, תחת ההנהגה של אלוהים.

באותו רגע, כשיעקב נשאר לבדו במעבר יבק, מופיע איש ונאבק עמו: וַיִּוָּתֵר יַעֲקֹב לְבַדּוֹ וַיֵּאָבֵק אִישׁ עִמּוֹ עַד עֲלוֹת הַשָּׁחַר. לפי חז"ל מדובר בשרו של עשו, כלומר מלאך המייצג את כוחו של עשו בעולם. הם נאבקים עד עלות השחר, ואז יעקב גובר על שרו של עשו, ומבקש לברוח: וַיֹּאמֶר שַׁלְּחֵנִי כִּי עָלָה הַשָּׁחַר. יעקב אינו ממהר לשחרר אותו, ולפי המדרש, כך הוא מגיב: "גנב אתה, או קוביוסטוס (גנב נפשות) אתה, שמתיירא מן השחר"? שרו של עשו הוא כוח העשייה והרכושנות, אלא שאצלו הדרך להשיג רכוש היא ציד. דרכו היא להעביר דברים לצד שלו בכוח, גם כשהם שייכים לאחרים. זו התפיסה

של בעלי התאוות בעולם הזה, שבו רוכשים דברים באופן שמנצל את האחרים. ולכן יעקב מתריס כנגד שרו של עשו, שמתבייש במעשיו; ובצדק. ליעקב אין מה להתבייש בקניינים שלו, הוא רוכש דברים בלי לנצל אף אחד, כדי לחבר את החלקים של העולם.

בתגובה, שרו של עשו מודה לו ומעניק לו את השם שילווה אותו לנצח: לֹא יַעֲקֹב יֵאָמֵר עוֹד שִׁמְךָ כִּי אִם יִשְׂרָאֵל, כִּי שָׂרִיתָ עִם אלהים וְעִם אֲנָשִׁים וַתּוּכָל. דרך הקניין הישרה והמתונה היא זו שמתמודדת ומנצחת.

זו הגישה הנכונה לניהול העולם הזה. אדם צריך כל חייו לקנות ולמכור דברים. גם העבודה שלו שייכת לעולם הקניין, הוא מוכר את זמנו וכישוריו ומקבל תמורתם משכורת. השאלה שעליו לברר היא - כיצד הוא קונה ומוכר? האם הוא עושה זאת כמו עשו, שצד דברים בכוח כאן ועכשיו? או מתנהל כמו יעקב אבינו ביושר ובאמונה, לא כדי להשתלט אלא כדי לחבר ולהביא ברכה?

יש לי כל

ההבדל בין יעקב לעשו מתגלה בהמשך, כשכל אחד מהאחים מבטא את יחסו לרכושו. עשו אומר שאין לו צורך במתנה של יעקב: **יֶשׁ לִי רָב** אָחִי יְהִי לְךָ אֲשֶׁר לָךְ. עשו מתרברב שיש לו **הרבה**, מצד הכמות. לעומתו יעקב אומר: קַח נָא אֶת בִּרְכָתִי אֲשֶׁר הֻבָאת לָךְ כִּי חַנַּנִי אלהים וְכִי **יֶשׁ לִי כֹל**. יש לי כל מה שדרוש לי - באיכות.

בסוף המפגש, כאמור, יעקב דוחה את ההצעה של עשו ללכת עימו: יַעֲבָר נָא אֲדֹנִי לִפְנֵי עַבְדּוֹ וַאֲנִי אֶתְנָהֲלָה לְאִטִּי לְרֶגֶל הַמְּלָאכָה אֲשֶׁר לְפָנַי וּלְרֶגֶל הַיְלָדִים. יעקב אינו הולך בקצב המהיר של ארבע מאות האנשים שעם עשו, אלא לאט. הוא לא בא לכבוש את העולם ולרמוס אותו תחת כפות רגליו, אלא לחבר את העולם, וזהו תהליך ארוך. מתי יסתיים התהליך? יעקב אומר לעשו שהוא יגיע בעוד זמן רב, עַד אֲשֶׁר אָבֹא אֶל אֲדֹנִי שֵׂעִירָה. חז״ל דורשים שזה יתרחש רק באחרית הימים, וְעָלוּ מוֹשִׁעִים בְּהַר צִיּוֹן לִשְׁפֹּט אֶת הַר עֵשָׂו וְהָיְתָה לַה׳ הַמְּלוּכָה. כלומר, יעקב יודע שחיבור כל הדברים למקומם הוא תהליך ארוך שיימשך לאורך כל ההיסטוריה. הדרך של יעקב איטית ושיטתית, ולבסוף היא תנצח את הדרך המהירה של עשו להשיג את הדברים.

אכן, בעולם המודרני אפשר לזהות את עקבותיו של יעקב. הקניין הולך ונעשה מושג מופשט יותר ויותר; הוא התחיל בסחר חליפין, עבר לקניין באמצעות מטבעות ושטרות של כסף, והיום רוב פעולות המסחר מתבצעות על ידי כרטיסים מגנטיים ורישום מספרים במחשבי החברות והבנקים. היום כבר לא

שומרים אוצרות של מטבעות זהב בבתי העשירים והשליטים; רוב הכסף הצבור של האנשים נמצא בבנקים, בעיקר ברישומים שלהם. התהליך הזה מתבסס על אמון הציבור בניהול החשבונות של הבנקים. האמון הזה נקרא בלטינית ׳קרדיט׳, ועליו מבוסס כל שוק האשראי הנפוץ כל כך היום. אם בו בני אדם מאבדים את האמון במערכת הפיננסית, נוצרת קריסה כלכלית: אנשים רבים באים לבנקים בו זמנית בדרישה לקחת את הכסף שלהם, לבנקים אין אפשרות להיענות לכולם יחד, וכך נוצרת מפולת. האסונות הגדולים של המין האנושי התחילו באירועים כאלה, של חוסר אמון ציבורי. התפקיד של עם ישראל הוא להאמין בעולם, כך שבתוך העולם יהיה אמון בין בני אדם. שאדם יוכל להעביר כסף לאדם אחר, תוך אמון שהוא ישקיע אותו בצורה חכמה. אומנם יש ערבונות ליתר ביטחון, אבל בבסיס כל עסקה כזו יש אמון, והכול בנוי על ההנחה שבני האדם רוצים ליצור בעולם ולקדם אותו.

אנשים גסים דוגמת עשו פוגעים באמון בין בני האדם, וגם לא מגיעים רחוק מבחינה כלכלית, כי הם מתקשים ליצור שיתופי פעולה. הם גם נמנעים מהשקעות, מתוך תאווה לממש את הרווחים מיד. מי שאינו מוכן לעבוד במשך חודש, ורק אחרי כן לקבל את המשכורת, לא יוכל להגיע רחוק. חייב להיות אמון בסיסי בין בני האדם. גם יסוד זה טמון באמירה: שָׂרִיתָ עִם אֱלֹהִים וְעִם אֲנָשִׁים וַתּוּכָל. העולם הזה בבסיסו הוא טוב. הוא אינו שדה קרב, שאי אפשר לנצח בו כי כל מי שבקרב הוא רע, אלא להפך. יש בו בני אדם, ואפילו כוחות רוחניים, ולכן אפשר להתמודד ולהצליח.

יעקב אבינו מלמד אותנו שאפשר לקנות את הכול, ולחבר את כל העולם כולו לרעיון אחד מופשט. זה העולם העתידי שהיהדות דיברה עליו מאז ומתמיד. אנחנו רואים בימינו שהעולם מתקדם למצב הזה, מה שקרוי גלובליזציה, במישור הכלכלי החיובי. פעם כל אדם היה משתמש רק במה שהיה מיוצר בסביבת מגוריו, אבל בימינו אנחנו מסובבים בחפצים שונים שיוצרו בפינות שונות ומגוונות של העולם. בזכות הכסף והמערכות הפיננסיות, ובזכות המסחר והקניין המשוכלל, אנחנו יכולים למקסם את משאבי העולם כולו. מכשיר שפותח אחרי שנות טכנולוגיה רבות, באמצעות רכיבים ממקומות שונים בעולם, והגיע אלינו על ידי השקעה אדירה בשינוע ובשיווק - יכול להיות זמין לקנייה בשקלים בודדים. בעבר הרחוק אדם היה מקבל משעת עבודה שלו כמה גרגירי חיטה; כחלק מתהליך הגאולה שבימינו, על ידי שכר העבודה שלנו, בכמה שעות אנחנו יכולים לקנות מחשב. אנחנו יכולים לנסוע למרחקים בכלי רכב

ובמטוסים, כי העולם הולך ומתחבר. העם היהודי, שדוגל בדרך איטית וישרה ומיישם אותה במישור הכלכלי, אחראי לחלק חשוב מההתפתחות הזו.

דינה בשכם - החיבור שלא צלח

וַתֵּצֵא דִינָה בַּת לֵאָה אֲשֶׁר יָלְדָה לְיַעֲקֹב לִרְאוֹת בִּבְנוֹת הָאָרֶץ. חז"ל אומרים שדינה הייתה יוצאת לרחובות העיר, ומסתובבת יותר מדי בחוץ. דינה מייצגת גישה מסוימת בבית יעקב, של חיבור עם אנשי העולם. זהו פיתוח הגישה של יעקב עצמו: דינה רואה שיעקב אביה פועל לשיפור העולם ולחיבור בין חלקיו, ושלצורך כך הוא מתקן מטבע ושווקים, ומבקשת לצעוד צעד אחד קדימה. להתחבר לאנשי הארץ. אולם התוצאה מרה וכואבת: שכם בן חמור תופס את דינה ומענה אותה.

שמעון ולוי פועלים לחילוץ דינה מידי שכם, באמצעות הריגת אנשי העיר. יעקב אבינו מתרעם עליהם: עֲכַרְתֶּם אֹתִי לְהַבְאִישֵׁנִי בְּיֹשֵׁב הָאָרֶץ. יעקב אבינו ממשיך בגישתו, וטוען כי תפקידו הוא לחבר את כל העולם. הריגת אנשי העיר מנוגדת לגמרי למגמה זו. שמעון ולוי עונים ליעקב: הַכְזוֹנָה יַעֲשֶׂה אֶת אֲחוֹתֵנוּ? שמעון ולוי אומרים ליעקב שהוא ממהר מדי. יעקב רוצה שכל העולם כבר יתחבר, אבל שמעון ולוי טוענים שהעולם עדיין רחוק משם, ובינתיים יש כוחות מסוכנים שצריך להיאבק בהם עד תום. אומנם המטרה הסופית היא חיבור ושלום בין כל האומות, אבל בינתיים צריך להציב גבולות בין בית יעקב ובין שאר הגויים; אחרת זו כבר פריצות וזנות.

לחיבור הכלכלי של כל העולם יש מטרה: שכל העולם יתאחד בשפה ברורה לקרוא בשם ה'. הכלכלה היא רק הביטוי הטכני והחומרי לחיבורים המופשטים שצריכים להתחולל בעולם. לכן, אם עם ישראל יוותר על הייחוד שלו לטובת שיתוף פעולה כלכלי והתבוללותי, לא נגיע לחיבור האמיתי המיוחל.

השאלה כיצד להגיע לחיבור עם כל העולם נתונה במחלוקת בבית יעקב. שמעון ולוי בולמים את הגישה הזאת, ויעקב אבינו אינו ממשיך את הוויכוח איתם, אולי הוא אפילו נענה לגישה שלהם. מנגד, בהמשך נראה את יוסף, שחולם כבר עכשיו לחבר סביבו את כל האחים, ולאחר מכן מנהל את מצרים. יוסף מייצג את בני רחל, שמבקשים לקדם את העולם כאן ועכשיו, ושמעון ולוי - המתנגדים גם ליוסף - מייצגים את בני לאה, המאמינים בתהליכים ארוכים.

המחלוקת סביב החיבור לאומות העולם תמשיך גם בדורות הבאים: בעלי

החסידות מסבירים ששלמה המלך, שהִרבה את רכושו וקיבץ כסף וזהב, רצה גם ליצור חיבורים מול כל אומות העולם, ולכן נשא אלף נשים בתור נציגות של כל האומות. אולם גם המקרה שלו לא הסתיים בטוב, שהרי נשותיו של שלמה הביאו את התרבויות של עמיהן לירושלים, והיטו את לבבו של שלמה המלך בסוף ימיו. גם בתקופתו עדיין לא הגיע הזמן לחבר את כל האומות לעם ישראל.

איחוד כל העולם היה ונשאר היעד הנכסף של עם ישראל, אך זהו יעד לטווח רחוק. הוא מעוניין להגשים אותו, ולפעמים רוצה להאיץ את התהליך, אך העולם צריך לעבור דרך ארוכה, וחשוב לאורך הדרך לשמור על הגבולות.

דבורה מינקת רבקה

בהמשך הפרשה, בית יעקב נוסעים משכם לבית אל, ושם מסופר: וַתָּמָת דְּבֹרָה מֵינֶקֶת רִבְקָה וַתִּקָּבֵר מִתַּחַת לְבֵית אֵל תַּחַת הָאַלּוֹן וַיִּקְרָא שְׁמוֹ אַלּוֹן בָּכוּת. מסופר כאן על דמות שלא שמענו עליה קודם. מיהי דבורה? ולמה מספרים לנו על פטירתה, אחרי שלא ידענו כלל על חייה?

לפי דעה אחת במפרשים, רבקה מתה באותו זמן, ומותה נכתב בלשון עקיפה, כדי שלא יקללו את הרחם שממנה יצא עשו. לפי דעה אחרת בפרשנים, דבורה הייתה יותר ממינקת; היא שמרה על רבקה בילדותה בבית בתואל, ויצרה גבולות בינה ובין בני משפחתה הרשעים, שלא ישפיעו עליה לרעה. גם כאן מתברר לנו כיצד מקדמים את העולם, אילו חיבורים עושים כבר עכשיו, וממה יש להיזהר לעת עתה. יצחק צריך להתחבר אל רבקה בת בתואל, אך משאר משפחת בתואל חובה להישמר. לכן גם בוכים תחת העץ הזה - בכי בא לומר שהמלאכה לא הושלמה עדיין והגבולות עדיין נצרכים בעולם.

גם רבקה ידעה לשמור על הגבולות, כאשר החליטה שיעקב יקבל את הברכות מיצחק ולא עשו, וכשהחליטה לשלוח את יעקב לחרן, להתחתן עם בנות משפחתה ולא עם בנות כנען. גם שרה ידעה לשמור על הגבולות בין יצחק וישמעאל: כִּי לֹא יִירַשׁ בֶּן הָאָמָה הַזֹּאת עִם בְּנִי עִם יִצְחָק. שרה אינה מוכנה לחיבור של יצחק עם ישמעאל, ודורשת מאברהם לגרש את ישמעאל לפי שעה, כי זמנו של החיבור ביניהם יגיע רק לעתיד לבוא. גם אצל יעקב, לאה וחלק מבניו בולמים את הרצון שלו להתחבר מיד לגורמים אחרים בעולם, וכך נוצר האיזון בין הרצון להתחבר מיד ובין הצורך לסמן גבולות.

מות רחל על אם הדרך

אחרי שיעקב מציב מצבה בבית אל, הוא נוסע עוד דרומה עם משפחתו ובדרך רחל יולדת בן ומתה בלידתה. וַיְהִי עוֹד כִּבְרַת הָאָרֶץ לָבוֹא אֶפְרָתָה וַתֵּלֶד רָחֵל וַתְּקַשׁ בְּלִדְתָּהּ... וַיְהִי בְּצֵאת נַפְשָׁהּ כִּי מֵתָה וַתִּקְרָא שְׁמוֹ בֶּן אוֹנִי וְאָבִיו קָרָא לוֹ בִנְיָמִין. רחל היא בעלת הגישה שהדברים צריכים להופיע כאן ועכשיו, והיא מתה בלידתה. לפני מותה היא מספיקה לקרוא לבנה "בן אוני", כלומר בן צערי.

רחל עוזבת את העולם על אם הדרך, באמצע הדרך, וגם באמצע האימהות שלה עצמה ("אם" זה חצי מ"אמא"), לפני שהספיקה להיות אימו של בנימין. היא רצתה להביא את כל החיבורים לידי ביטוי כאן ועכשיו, אך לומדת בדרך הקשה והמצערת שאין זה אפשרי. היא נקברת בדרך, המבטאת את המסלול הארוך שבני ישראל עתידים לעבור. הצער שלה על הדרך הארוכה עתיד ללוות את עם ישראל בעתיד: רָחֵל מְבַכָּה עַל בָּנֶיהָ מֵאֲנָה לְהִנָּחֵם עַל בָּנֶיהָ כִּי אֵינֶנּוּ. בכי הוא ביטוי לדבר גדול שאדם עומד מולו ללא יכולת לעכל. רחל אינה רוצה להשלים עם אורך התהליך, והיא מצטערת על בניה שיוצאים לגלות, אך בסוף הדרך הארוכה הם יחזרו ויתקנו את העולם כולו. לאחר מסלול ארוך, עתיד בית המקדש להיבנות בחלקו של בנימין.

בין לאה לבלהה

לאחר מכן שוב מתרחש סיבוך בבית יעקב: וַיִּשְׁכַּב אֶת בִּלְהָה פִּילֶגֶשׁ אָבִיו. חז"ל אומרים שראובן לא שכב עם בלהה ממש: "כל האומר ראובן חטא אינו אלא טועה... אלא מה אני מקיים 'וַיֵּלֶךְ רְאוּבֵן וַיִּשְׁכַּב אֶת בִּלְהָה פִּילֶגֶשׁ אָבִיו'? מלמד שבלבל מצעו של אביו, ומעלה עליו הכתוב כאילו שכב עמה". ראובן הוציא מאוהל יעקב את מיטת בלהה, והכניס לשם את מיטת לאה. הוא סבר שאחרי שרחל מתה, ראוי שהאישה העיקרית בביתו תהיה לאה, אשת יעקב השנייה, ולא שפחת רחל. הכתוב מייחס לפעולה זו של ראובן חומרה רבה מאוד.

מתח גדול מתגלע בין ראובן ליעקב. גם ראובן הולך בגישה של לאה, שצריך להתנהל באיטיות ובדרך ארוכה. לעומתו, יעקב רוצה לחבר את כל העולם כולו, להעביר את כל העולם דרך מעבר יבק, להתמודד עם שרו של עשו. ראובן דורש שעכשיו הגישה של לאה לטווח הארוך תוביל; היא זו שתחליף את מיטתה של רחל. הרי ראינו שאי אפשר עדיין ליצור חיבורים בעולם, חווינו את התוצאות המרות בשכם, ואפילו רחל נפטרה בדרך. אולם יעקב מתעקש

לשמור על דרכה של רחל, ולהשאיר את בלהה בתור האישה העיקרית במקומה, מתוך הבנה שגם הדרך של רחל נכונה. המציאות צריכה להתנהל גם במציאות העכשווית של העולם הזה, ולא רק להמתין למימושן של שאיפות ארוכות טווח.

יעקב מוכן לדרך ארוכה, אך גם מאמין בהווה, ובהמשך יהיה קשוב לחלומותיו של יוסף על ניהול העולם הזה. רק בעזרת שני הכוחות הללו יהיה אפשר לבנות את ההיסטוריה של עם ישראל.

אלופי עשו

יצחק נפטר, ולפני שהתורה תספר על בני יעקב בפרשות הבאות, היא מוסרת רשימה ארוכה של תולדות עשו. מעשו יוצאים 'אלופים', אנשים בעלי כוחות אדירים. היום אנו רגילים להשתמש בביטוי הזה בהקשרים חיוביים, אך 'אלוף' הוא מי שמאלף, כלומר כובש את המציאות כדי שתתנהל כפי שהוא רוצה, לאו דווקא לטובה. מהרשימה של עשו ותולדותיו אנו לומדים שכעת תורו למשול בעולם. החזון של אברהם, יצחק ויעקב לקנות את כל העולם ולחבר אותו מיועד להתממש רק לעתיד לבוא. יעקב עצמו מודע לזה: יעקב אומר לעשו יַעֲבָר נָא אֲדֹנִי לִפְנֵי עַבְדּוֹ, וחז"ל דורשים שהוא שלח לעשו "פורפירא", שפירושו בגד מלכות. כלומר, יעקב נתן לעשו את שרביט ההנהגה, ונתן לו לנהל את העולם. העולם מלא עדיין ברשע, בגזל ובציידים, ואלופי עשו הם אלה שצריכים לטפל בו. רק לאחר זמן רב יהיה העולם בשל להנהגתו של יעקב.

ישראל, מאז ולתמיד

לקראת סוף הפרשה, לאחר שיעקב נוסע עם משפחתו משכם לבית אל, מתגלה אליו שוב הקדוש ברוך הוא. כעת הוא זה שנותן ליעקב ישירות את שמו החדש - ישראל: וַיֹּאמֶר לוֹ אלהים שִׁמְךָ יַעֲקֹב לֹא יִקָּרֵא שִׁמְךָ עוֹד יַעֲקֹב כִּי אִם יִשְׂרָאֵל יִהְיֶה שְׁמֶךָ וַיִּקְרָא אֶת שְׁמוֹ יִשְׂרָאֵל.

מאז ועד סוף כל הדורות אנחנו נקראים עם ישראל ותפקידנו לשרות, להתמודד ולחבר את העולם. במדינת ישראל של ימינו אפשר כבר לראות ניצנים לזה: מדינה כמעט ללא אוצרות טבע, דלה יחסית בכמות האוכלוסייה, מוקפת בבעיות ביטחון עצומות ואיומים רבים מצד המדינות שסביבה, פורחת בכל זאת. לא בזכות משאבים כלכליים שיש בה, אלא בזכות הראש היהודי, שמפתח את החיים באמצעות חיבורים, אלתורים וגמישות מחשבתית. יהודים

תמיד היו נוכחים במוקדי שלטון של הון, חקיקה, תקשורת ובידור, ואף הניעו מהפכות רוחניות וחברתיות. הם עשו זאת גם בארצות הגולה, כי השאיפה ליצור חיבורים בעולם הייתה טבועה בדמם. כאשר הם לא עשו זאת מתוך תורה, הרעיונות שלהם גם הביאו צרות רבות לעולם (הסוציאליזם והקומוניזם הם דוגמא לכך); האידיאל של יעקב הוא להגיע לחיבורים הללו בדרך מתונה ונכונה. לפעמים במלחמה ולפעמים בשלום, לפעמים בפירוד ולפעמים על ידי קניין והסכמים הדדיים. אבל הדרך של **ישראל** הולכת תמיד **ישר**, **לשרות** עם אלוהים ועם אנשים, בקו החורז את המציאות ומחבר את כל העולם כולו סביב בית ישראל.

סיכום

בפרשת וישלח יעקב אבינו נותן את קריאת הכיוון: הוא מגיע לארץ ישראל שלם בגופו, בממונו ובתורתו, מתקן מטבע ושווקים, מתקן את העולם דרך קניין רכוש ויצירת חיבורים. זו נטיית הנפש של האדם, לקנות ולחבר כמה שיותר גורמים בעולם אליו. עם ישראל עושה זאת כדי לאחד את כל העולם ולפתח אותו, אך מבלי להזדרז ולהקדים את המאוחר. חיבור כל העולם דורש דרך ארוכה, אך לבסוף ננצח ונגיע אל היעד, כפי שמעיד שמנו ישראל.

וישב

כתונת פסים ועין הרע

משפחת יעקב מתחילה להתיישב ולהתבסס בעולם, והיא מורכבת מכוחות שונים שכל אחד מושך לכיוונו. כוחו של יוסף חולם חלומות כיצד לתקן את ההווה, וכוחותיהם של בני לאה נושאים עיניהם אל העתיד.

בפרשת וישב, חלומותיו של יוסף מתעמתים עם ההתנגדות להם, ובמקביל יהודה – בחיר בניה של לאה – זורע זרעים למשיח בן דוד.

כדי שאדם יוכל לממש את ייעודו, לעיתים הוא זקוק להיות כיוסף, להוסיף טוב במציאות הנוכחית, לחבר גוונים שונים בכתונת פסים אחת, ולא להיות מושפע מפיתוייהם ומן "העין הרע" שהם משדרים כלפיו; ולעיתים הוא צריך להיות כיהודה, להודות על חטאיו ולפרוץ דרך לעתיד.

הנושאים בפרשה:

המאבק בין בני יעקב ומכירת יוסף • יהודה ותמר • יוסף בבית פוטיפר • שר האופים ושר המשקים

וַיֵּשֶׁב יַעֲקֹב בְּאֶרֶץ מְגוּרֵי אָבִיו בְּאֶרֶץ כְּנָעַן.[1] סיפורה של משפחת יעקב ממשיך. בסוף הפרשה הקודמת ראינו כיצד עשו מתיישב בארץ, מקים מלוכה ומבסס את שלטונו בעולם הזה. לעומתו, גם יעקב מבקש להתיישב ולהתחיל לבנות את המלוכה שלו. אחרי כל השנים שעבד אצל לבן, כל ההתמודדות עם עשו ויתר הקשיים שעברו עליו, יעקב רוצה לשבת קצת בנחת. אך סיפור חייו עדיין אינו מסתיים, וכעת צפוי לו מאבק בין בניו.

רש"י מביא את דברי חז"ל:[2] "ביקש יעקב לישב בשלוה, קפץ עליו רוגזו של יוסף. צדיקים מבקשים לישב בשלוה, אומר הקב"ה: לא דיין לצדיקים מה שמתוקן להם לעולם הבא, אלא שמבקשים לישב בשלוה בעולם הזה?". משמעות האמירה היא שבית יעקב לעולם אינו יושב בשלווה. הרצון להגיע לרגיעה, ולהפסיק להתקדם, מתאים לעשו היושב במקומו עם אלופיו, אך לא לעם ישראל. עם ישראל נועד להיות בהתקדמות מתמדת. "תלמידי חכמים אין להם מנוחה, לא בעולם הזה ולא בעולם הבא".[3]

הרב קוק, בספר אורות, אומר שכך יקרה גם בתהליך הגאולה: חלק מעם ישראל יחשוב שכבר הגענו אל המנוחה ואל הנחלה, הקמנו מדינה והתבססנו מבחינה פיזית, אך המהלך לא ייעצר בזה. "מקובלים אנו שמרידה רוחנית תהיה בארץ ישראל ובישראל",[4] יקומו כוחות תוססים מלמטה, שיתבעו קומה עליונה יותר. פעמים רבות, תביעת ההתקדמות באה לידי ביטוי דרך תסיסה ומאבק, וגם בבית יעקב עולים כוחות שמתסיסים את המשפחה.

הכוחות שעולים בבית יעקב הם אלה שכבר החלו להופיע בפרשות הקודמות. ראינו בפרשות הקודמות שבבית יעקב יש שתי נשים, רחל ולאה. רחל נחושה לתקן את העולם הזה, כבר בהווה, וללאה יש שאיפות רחוקות לעתיד. בנה של רחל הוא יוסף, והוא ימשיך את דרכה ויעמוד במרכז הפרשות הקרובות. מולו יעמדו בני לאה, ובראשם יהודה. אלו הכוחות העיקריים שייאבקו ביניהם על המשך הדרך של יעקב.

וישראל אהב את יוסף

אֵלֶּה תֹּלְדוֹת יַעֲקֹב, יוֹסֵף בֶּן שְׁבַע עֶשְׂרֵה שָׁנָה הָיָה רֹעֶה אֶת אֶחָיו בַּצֹּאן, וְהוּא נַעַר אֶת בְּנֵי בִלְהָה וְאֶת בְּנֵי זִלְפָּה נְשֵׁי אָבִיו, וַיָּבֵא יוֹסֵף אֶת דִּבָּתָם רָעָה אֶל אֲבִיהֶם.[5]

מבין שני הכוחות, ראינו כי יעקב מעדיף את רחל. הוא עצמו נוטה לפעול כבר בהווה, וראינו כיצד הוא קונה אדמה בשכם, פועל בקרב האוכלוסייה המקומית ויוצר חיבורים בעולם. גם כשהמאבק בין הכוחות עובר לדור הבא, לבני יעקב, יעקב מסמן את הכוח של רחל בתור המרכזי בבית, ולכן מעדיף את יוסף. לא מדובר בסתם העדפה של אח אחד על פני אחיו, אלא בהגדרת הכיוון שבו תמשיך המשפחה.

כבר בשלב זה אנו רואים את פעילותו של יוסף כדי לתקן את העולם. **יוסף** רוצה **להוסיף** טוב, ובכלל זה הוא מנסה לאחד את הכוחות בבית. כאן

מתגלה הבדל ראשון בין יוסף לבני לאה: על פי חז"ל,[6] יוסף לא סתם הביא "דיבה רעה" על בני לאה כדי להפריד בינם לבין יעקב, אלא להפך, הוא התכוון לחבר את המשפחה: בני לאה ביזו והרחיקו את בני השפחות ויוסף ניסה לקרב אותם. בני לאה מבזים את בני השפחות מפני שהם בונים את עולמם לטווח הרחוק, ובני השפחות מייצגים כוחות נמוכים ובעייתיים - שיכולים להפריע להם כרגע. רק בעתיד, אחרי שיפתחו את עצמם, הם יהיו בשלים לחיבור עם בני הגבירות. יוסף, לעומת זאת, מקרב את בני השפחות: וְהוּא נַעַר, משחק איתם כדרך הנערים, כדי לחבר אותם למשפחה כבר עכשיו.

יוסף רואה זאת כחלק ממשימתו בעולם, לחבר את כל הכוחות כפי שהם עכשיו, גם את אלה הנחשבים לנמוכים יחסית. יוסף גם מביא את דיבתם של אחיו, כלומר מספר לאביו מה מתרחש בבית, מה אלו אומרים על אלו ולמה אלו כועסים על אלו, כל זאת מתוך מטרה להביא לפשרה בין כולם.

וְיִשְׂרָאֵל אָהַב אֶת יוֹסֵף מִכָּל בָּנָיו כִּי בֶן זְקֻנִים הוּא לוֹ וְעָשָׂה לוֹ כְּתֹנֶת פַּסִּים.[7] המקובלים מסבירים שכתונת פסים היא בגד בעל צבעים שונים, שמבטא חיבור בין כל הגוונים. יהודה, לעומתו, כשיוביל בהמשך את מחנה ישראל במדבר, יניף דגל בעל צבע אחד. המדרש אומר שהצבע של דגל מחנה יהודה הוא תכלת, צבע השמיים, המבטא שאיפות שמימיות אל מעבר לעולם הזה. לפי המהר"ל,[8] יוסף ויהודה ביחס לשבטים הם כמו לב ומוח; המוח מתווה את הכיוון הכללי קדימה, ואילו הלב מחבר בין כל האיברים. זהו תפקידו של יוסף, לקחת את כל הגוונים בבית יעקב ובעולם בכלל, ולטוות אותם לכתונת פסים אחת.

חלומות יוסף

<u>וַיַּחֲלֹם</u> יוֹסֵף חֲלוֹם.[9] פרשת וישב פותחת בחלומותיו של יוסף ומסתיימת בחלומותיהם של שר המשקים ושר האופים. החלומות מאפיינים את יוסף. החלום הוא חלק מכוח הדמיון, שמסוגל ליצור דברים שאינם מופיעים במציאות. הוא מחבר גורמים נפרדים זה לזה ויוצר חיבורים שאינם אפשריים בעולם האמיתי.[10] בחלום אדם יכול להתעלות מעל המגבלות של העולם הזה.

החלומות מאפיינים את יוסף, מפני שאומנם אי אפשר להגשים אותם במלואם במציאות, אבל הם מבוססים על דברים שקיימים במציאות. ליוסף יש תקוות גדולות, והוא יודע שלא כולן בנות מימוש, אבל בחלום שלו הן כבר קיימות. **החלום** שלו הוא **להלחים** את כל הכוחות, לחבר בין כל האחים,

חלום שנראה מנותק מהמציאות העכשווית - אבל יכול להתממש בהמשך, עוד בהווה הקרוב שלנו.

כל אדם חולם חלומות, וחז"ל אומרים שבכל חלום יש ניצוץ של נבואה.[11] אומנם חלומות כוללים גם דברי הבל, "וַחֲלֹמוֹת הַשָּׁוְא יְדַבֵּרוּ",[12] אבל בכל חלום, שאיפה ודמיון יש גרעין של אמת, שבסופו של דבר יבוא לידי מימוש. אם לא בעולם הזה, בעולם הבא. זו הסיבה שכולנו נמשכים לחלומות, אף על פי שמבחינה הגיונית הם אינם יכולים להתממש במציאות. בתוכנו פנימה אנו מרגישים שיש בהם ניצוץ אמיתי, שבפרספקטיבה של נצח הם עוד יתגשמו.

שאיפת המלכות

וַיֹּאמְרוּ לוֹ אֶחָיו, הֲמָלֹךְ תִּמְלֹךְ עָלֵינוּ אִם מָשׁוֹל תִּמְשֹׁל בָּנוּ? וַיּוֹסִפוּ עוֹד שְׂנֹא אֹתוֹ עַל חֲלֹמֹתָיו וְעַל דְּבָרָיו.[13] החלומות של יוסף מרגיזים את אחיו. יוסף רואה את עצמו במרכז, והאחים מתנגדים לזה. אומנם אין כוונתו לרדות בכל האחים ולרמוס אותם, אלא להיות זה שמחבר בין כל הכוחות בעם ישראל, אך האחים מתנגדים לגישה שלו. אי אפשר למשול בכל הכוחות, לא נכון לחבר בין כולם כבר עכשיו. יש כוחות שיתחברו רק עוד אלפי שנים, ויש כוחות שאין להם כלל מקום בעולם הזה, ונקודת הטוב שבהם תתברר בחשבון הנצחי, וכעת זהו חטא ותועבה. אנשים שטחיים יכולים לחשוב שהרעיון של "כתונת הפסים" אומר שכבר עכשיו אין גבולות במציאות, הם מסוגלים להתגאות בדגל עשוי גוונים שונים בלי להבין שיש גוונים שלא אמורים להתבטא בעולם הזה. האחים מבהירים ליוסף שאם הוא מתכוון להמשיך בגישה שלו, הם יילחמו בה.

את החלום השני של יוסף, שבו השמש, הירח ואחד עשר כוכבים משתחווים לו, הוא מספר גם ליעקב אביו. יעקב מגיב בגערה: מָה הַחֲלוֹם הַזֶּה אֲשֶׁר חָלָמְתָּ, הֲבוֹא נָבוֹא אֲנִי וְאִמְּךָ וְאַחֶיךָ לְהִשְׁתַּחֲוֹת לְךָ אָרְצָה?[14] עד כה יוסף המשיך את דרכו של יעקב, בשאיפת התיקון בעולם הזה, אך כאן הוא כבר עוקף את יעקב. יעקב עצמו אומר ליוסף שהוא מתקדם יותר מדי. חיבור בין כוחות הוא דבר טוב, אבל לעשות זאת דרך שלטון, ולהיות מעל כולם - זה כבר צעד בעייתי. כדי לממש את הגישה שלו, יוסף יצטרך לעבור תהליך, שבסופו הוא יבין שעליו לחבר את כולם - אך בתור לב, ולא בתור מוח. מבפנים ולא מלמעלה. לא כולם יתיישרו לפי השיטה שלו, אלא הם ייבנו כולם יחד, עם התרומה המיוחדת של כל אחד. החיבור הזה עתיד להתממש בסופו של תהליך,

ולכן לאחר שיעקב גוער ביוסף, בכל זאת הוא שומר בליבו את החלום וזוכר אותו. וְאָבִיו שָׁמַר אֶת הַדָּבָר.[15]

בשלב זה, נדמה שהגישה הדוגלת באחדות זורעת רק פירוד. יוסף מנסה להיות זה שמחבר בין אחיו, אך הוא גורם להם לקנא בו ולשנוא אותו. על כך אומר הזוהר הקדוש דבר חשוב: "סטרא אחרא שרי בחיבורא וסיים בפירודא, וסטרא דקדושא שרי בפירודא וסיים בחיבורא".[16] ובעברית: הכוח האחר (=יצר הרע, הכוח המנוגד לטוב ולקודש) מתחיל באחדות ומסיים בפירוד, ואילו כוח הקדושה מתחיל בפירוד ומסיים באחדות. כשהאיחוד נעשה שלא לשם שמיים, כל חילוקי הדעות יצופו ויעלו על פני השטח, ולבסוף הצדדים רק יתרחקו וייפרדו זה מזה. לעומת זאת, כשהצדיק אומר את האמת, בשלב ראשון דבריו מעוררים התנגדות כלפיו - אך בהמשך כולם יפנימו את הדברים ויתחברו באמת. יוסף מציב אמת גדולה, שלפיה כל הכוחות בעם ישראל יכולים להתחבר ולפעול יחד בעולם הזה, והאחים מגיבים כרגע בהתנגדות חריפה; אך כשיגיע זמנם של חלומות יוסף להתגשם, האחים עוד יתחברו ויתאחדו סביבו.

את אחי אנכי מבקש

לאחר מכן, יעקב פונה ליוסף בבקשה מפתיעה: לֶךְ נָא רְאֵה אֶת שְׁלוֹם אַחֶיךָ.[17] יוסף נענה לבקשה ויוצא אל אחיו הרועים בשכם. איך ייתכן שיוסף הולך אל אחיו השונאים אותו? ומדוע יעקב שולח אותו לשם כשהוא יודע מה האחים חושבים על יוסף? על זה נאמר "עזה כמות אהבה".[18] יש מצבים שבהם ברור שהסוף יהיה קשה, אך המחיר הכבד אינו מכבה את האהבה. גם יוסף אוהב את אחיו ומוכן ללכת אליהם.

יתרה מזאת, יוסף מבקש את אחיו. כשהוא אינו מוצא את אחיו בשכם, הוא מבקש עזרה מאיש שנמצא שם: אֶת אַחַי אָנֹכִי מְבַקֵּשׁ הַגִּידָה נָּא לִי אֵיפֹה הֵם רֹעִים.[19] יוסף הולך לאחיו באשר הם, מחפש אותם במקום שבו הם נמצאים. כאמור, יוסף מחבר בין האחים בתור לב, לעומת יהודה שמחבר ביניהם בתור מוח. הלב מחבר את הגוף היכן שהוא, הוא מזרים דם לאיברי הגוף באשר הם. בשונה מהמוח, שנותן פקודות לאיברים, הלב מחזיק את איברי הגוף בכל רגע, לא משנה מה הם עושים, ואפילו אם הם הורסים ברגע זה את הגוף. גם יוסף פועל במציאות כמו שהיא, ורוצה לחבר את האחים גם במצבם הנוכחי, עם כל הבעיות והכשלים שיש. "חֲבוּר עֲצַבִּים אֶפְרָיִם, הַנַּח לוֹ"[20] - כשעם ישראל

מחובר (שנקרא כאן על שם "אפרים", בנו של יוסף) גם אם מצבו רחוק מלהיות שלם, ואפילו אם הוא עובד לעצבים (=עבודה זרה), יש חשיבות לחיבור שלו.

גם משיח בן יוסף מגיע לפני המציאות השלמה, ופועל לחבר את עם ישראל כפי שהוא, לקראת בוא משיח בן דוד.

מכירת יוסף

כאשר בני לאה רואים את יוסף, הם רוצים לפעול נגד הכוח שמתחיל להשתלט עליהם. הגישה של יוסף מעוררת אצלם חשש. הוא מטשטש את ההבדלים בינם ובין בני השפחות, ואולי בשלב הבא יטשטש גם את ההבדלים בינם ובין הגויים. לכן הם מחליטים לעצור אותו.

וַיַּפְשִׁיטוּ אֶת יוֹסֵף אֶת כֻּתָּנְתּוֹ, אֶת כְּתֹנֶת הַפַּסִּים אֲשֶׁר עָלָיו.[21] קודם כול, האחים מפשיטים את יוסף מכתונת הפסים שלו, הבגד המייצג את גישת החיבור. הם משדרים לו שהגישה הזאת לא תימשך עוד. לאחר שהם משליכים את יוסף אל הבור, הם שוחטים שעיר עיזים וטובלים את הכתונת בדמו. שעיר **עיזים** מבטא **עזות** ותקיפות, ההפך מהרצון של יוסף להיות נחמד לכולם. בזאת בני לאה מבקשים לסיים את סיפורו של יוסף, אך יהודה פועל בדרך אחרת. במקום להרוג את יוסף על ידי השארתו בבור, הוא מציע למכור אותו.

יוסף נמכר לעבד, אם כי לא ברור בפסוקים מה זהותם של הקונים אותו - וַיַּעַבְרוּ אֲנָשִׁים מִדְיָנִים סֹחֲרִים וַיִּמְשְׁכוּ וַיַּעֲלוּ אֶת יוֹסֵף מִן הַבּוֹר וַיִּמְכְּרוּ אֶת יוֹסֵף לַיִּשְׁמְעֵאלִים בְּעֶשְׂרִים כָּסֶף וַיָּבִיאוּ אֶת יוֹסֵף מִצְרָיְמָה.[22] יש כאן אי־בהירות, האם יוסף נמכר לידי הישמעאלים או לידי המדיינים? בתורת הסוד אומרים שאין זה משנה, יוסף מסתדר עם כולם. יוסף מסתדר עם כל כוח במציאות הקיימת, מסתדר עם כל מי שבא איתו במגע, וכך הוא יסתדר וישמור על עצמו גם בתור עבד במצרים.

ירידתו ועלייתו של יהודה

לפני שהתורה ממשיכה לעסוק בעניינו של יוסף, היא מביאה במאמר מוסגר סיפור על קורותיו של יהודה. לעומת יוסף, שמחבר את המציאות כפי שהיא, יהודה מבקש לפרוץ את המציאות. **יהודה** אומנם **מודה** על הקיים, אך אינו מסתפק בו. הוא אינו הולך לפי הסטנדרטים המקובלים, אלא נכנס לכל מקום, ומוציא משם ניצוצות קדושה.

וַיֵּרֶד יְהוּדָה מֵאֵת אֶחָיו וַיֵּט עַד אִישׁ עֲדֻלָּמִי וּשְׁמוֹ חִירָה.[23] יהודה יורד למציאות לא פשוטה, ומתחתן עם אישה כנענית. מאישה זו נולדים ליהודה שני בנים, והם רעים בעיני ה׳, עד כדי כך שהוא ממית אותם בצעירותם. ירידה אחרי ירידה.[24] משם ממשיך יהודה להידרדר למעשה זנות עם תמר כלתו, מבלי לזהות אותה. כאשר יהודה מגיע לעומק התחתית, הוא שומע שכלתו בהיריון ממעשה זנות וגוזר עליה למות בשרפה. היא מציגה בפניו את החפצים האישיים שהשאיר אצלו אבי העובר שבבטנה, ובנקודה זו יהודה מתגבר, מודה בחטאו ועושה תשובה.

זהו כוח המלכות בישראל. כוח שגם אם הוא נמצא בשפל תחתיות, הוא פורץ משם מעלה. דרך המציאות עם המגבלות שלה, הוא מוצא את המסלול לתשובה עליונה. זו דרכם של מלכי בית דוד משבט יהודה, וכך יעשה דוד עצמו לאחר מעשהו עם בת שבע, כשיתעלה מעל המקום שאליו הגיע ו״יקים עולה של תשובה״.[25]

בסוף הסיפור, תמר יולדת תאומים מיהודה. אחד התאומים פורץ ויוצא ראשון מהרחם, ועל כן הוא מקבל את השם **פרץ**. מפרץ, המבטא את יכולת הפריצה, יצא דוד המלך, ואחריו תבוא שושלת שמגיעה עד משיח בן דוד. המשיח נקרא ״איש בן פרצי״, כפי ששרים בפיוט ״לכה דודי״. ״מלך פורץ לעשות לו דרך ואין מוחין בידו״.[26] כוחו של יוסף הוא בהתמודדות עם המציאות כמו שהיא, והוא שומר על עצמו שלא ליפול; יהודה פורץ קדימה, ומתוך כך גם נופל, אך מתוך הנפילה הוא עושה תשובה וממשיך הלאה.

המדרש מתאר את המצב שבו מתרחש סיפורו של יהודה: ״שבטים היו עסוקין במכירתו של יוסף, ויוסף היה עסוק בשקו ובתעניתו, ראובן היה עסוק בשקו ובתעניתו, ויעקב היה עסוק בשקו ובתעניתו, ויהודה היה עסוק ליקח לו אשה, והקב״ה היה עוסק, בורא אורו של מלך המשיח״.[27] מתוך כל הסיבוכים האלה מופיע כוחו של פרץ בן יהודה, שממנו יצא משיח בן דוד. כמובן, מבחינה מעשית, לא מדריכים שום אדם לפעול בצורה עקומה כדי להביא את המשיח, וגם יהודה נענש על מעשיו. אבל מבחינה רוחנית - יש בעם ישראל כוחות כאלה, פורצי גדרות, שנופלים וקמים, סוללים את הדרך אל המציאות השלמה.

מכאן התורה תחזור לספר על יוסף. יוסף הוא העומד במרכז הפרשה, וכוחו של יהודה מתחיל רק להבזיק בה. אולם בפרשות הבאות נראה כיצד יהודה, לאט לאט, מתקדם אל ההנהגה.

יוסף ואשת פוטיפר

כשיוסף מגיע למצרים הוא נמכר לפוטיפר, שר הטבחים. הוא משרת שם בתור עבד, אך עד מהרה מתגלים הכישורים שלו והוא הופך להיות אחראי על כל הבית. אשת פוטיפר מנסה לפתות את יוסף לחטוא עימה, אך הוא עומד בפיתוי הקשה. זו עוד תכונה השייכת לכוחו של יוסף: הוא שולט בגורמים שונים ומחבר אותם יחד, ובכלל זה גם שולט ביצרו.

בתור מי שפועל במציאות ומתמודד מולה, הכוח של יוסף צריך לדעת לא להיות מושפע מהכוחות הסובבים אותו. ראינו כי יהודה נופל לפעמים בהווה, והופך את נפילתו לתיקון לעתיד, אך יוסף רוצה לתקן את המציאות כבר בהווה - ולכן חייב להיות חסין מפני כל השפעה חיצונית. ואכן, יוסף אינו נכנע להשפעתה של אשת פוטיפר ושומר על חוסן פנימי.

ההתמודדות האישית מול השפעות חיצוניות קשורה למושג **עין הרע**. הגמרא ממליצה למי שחושש מעין הרע לומר, "אני פלוני בן פלוני מזרעו של יוסף, שלא שולטת בו עין הרע".[28] המושג עין הרע משמש כמילת קוד של חכמי ישראל לתיאור מצב שבו האדם מודד את פעולותיו רק על פי מבטם של אחרים. זהו מצב נפשי רעוע המביא להחלטות שגויות. במצבים קיצוניים, יכול מבט חיצוני להשפיע על הנפש באופן מיסטי, גם ללא מילים או מעשים, דוגמת אדם חסר ביטחון הנכנס לחדר דחוס באנשים ומתבלבל רק מעצם המבטים הננעצים בו. ממילא מובן כי הדרך המרכזית להינצל מעין הרע אינה תלות בלחשים למיניהם; אדרבה, 'תרופות' מעין אלו רק מגדילות את התלות של האדם בגורמים חיצוניים, במקום להיות אחראי על חייו בעצמו. הדרך שמתווים חז"ל להתמודד בתלות חברתית היא להיות 'מזרעו של יוסף', כלומר **לבנות עולם פנימי** עשיר ויציב שאינו תלוי באישור חברתי. זהו כוחו של יוסף, שגם בהיותו עבד, במצב קיצוני של שעבוד ותלות, מצא בנפשו את האומץ לסרב לפיתוי אשת פוטיפר. אדם שמצוי בשלמות נפשית מעין זו מסוגל להתמודד עם מבטיהם של הסובבים, וכך ניצל הוא מ'עין הרע'.

שר המשקים ושר האופים

בעקבות סירובו של יוסף לחטוא עם אשת פוטיפר, היא מעלילה עליו עלילות שווא, ובעקבות זאת פוטיפר משליך אותו לבית האסורים. גם שם, כמו בבית פוטיפר, יוסף מסתדר עם כולם וממונה לאחראי כללי. יוסף, שמשוחרר מעין הרע ותלות חברתית, אינו נגרר לקטנוניות, קנאה ותחרות, ומביט על כולם בעין

טובה. כך הוא מוצא חן בעיני כולם, זוכה להצלחה בכל תחנה שאליה הוא מגיע, וממשיך במסלול עד שיתמנה למשנה למלך מצרים.

בבית האסורים פוגש יוסף שני שרים של פרעה, שר האופים ושר המשקים. שניהם חולמים חלומות, וכשהם מספרים את חלומותיהם ליוסף, הוא אומר להם ששר המשקים יחזור לתפקידו, ושר האופים ייתלה.

חז"ל אומרים במה הואשם כל אחד מהשרים: שר המשקים נכלא בגלל זבוב שנכנס למשקהו של פרעה, ושר האופים נכלא בגלל אבן שנכנסה ללחם של פרעה.[29] לפי תורת הסוד, אלו שני סוגים של טעויות אנוש. יש תקלות שמתרחשות שלא בכוונה ואינן בשליטת האדם. שר המשקים הגיש לפרעה יין, ובדרך נכנס זבוב למשקה. חז"ל משתמשים לפעמים בזבוב לתיאור היצר הרע, "יצר הרע דומה לזבוב, ויושב בין שני מפתחי הלב".[30] הזבוב הוא יצור שפל שנמשך ללכלוך ומופיע פתאום שלא בשליטתנו. יוסף, הכוח שיודע כיצד לתקן את העולם, מגיב לתקלה הזאת, ואומר לשר המשקים שהוא ישוב לתפקידו. מי שנכשל ביצר הרע באופן מקרי - יש לו תיקון. לעומת זאת, יש תקלות שנובעות מהתנהגות רשלנית מודעת של האדם. איך אבן מגיעה לבצק של הלחם? ודאי היא לא נכנסה אליו מעצמה, אלא מתוך רשלנות וחוסר תשומת לב בעת האפייה. את זה יוסף אינו מתקן; מי שאינו מטפל בעצמו, ומאפשר לגורמים מזיקים להיכנס אליו פנימה, בעייתו לא תיפתר בקלות. שר האופים יוכל לתקן את הבעיה רק בעולם הבא.

יוסף מלמד שניתן לתקן תקלות. אם מדובר בכישלון צדדי, אפשר יהיה לשוב ממנו. אפשר לחבר את מציאות של העולם הזה, עם כל חולשותיה וכשליה, אל הקדושה. כך יהיה אפשר גם לפתור את השנאה והקנאה בין האחים ולחבר ביניהם מחדש. את זה יעשה יוסף בפרשות הבאות.

יוסף ויהודה - שני כוחות בעם ובאדם

יוסף ויהודה הם שני הכוחות שימשיכו לפעול לאורך ההיסטוריה, בתוך עם ישראל ומול העולם כולו. יהודה, המוח שמעל הגוף הלאומי של עם ישראל, יציב מטרות לעם ויורה לו כיצד להתרומם ממצבו הנוכחי ולהתקדם. סמלו של יהודה הוא אריה,[31] וכשבני ישראל ילכו במדבר, הוא יצעד בראשם כמלך. יוסף, הלב שבגוף הלאומי,[32] נמצא במרכז הגוף ומחבר את כל האיברים. סמלו של יוסף הוא שור,[33] שמסוגל לעמוד בכל משא.

יצירת חיבורים בעולם הזה אינה מלאכה פשוטה. מלאכה דומה אנו

מוצאים בבית המקדש, והיא עבודת הקטורת. הקטורת כוללת אחד עשר סממנים ששוחקים ומחממים אותם ומהתערובת יוצא ריח טוב. **קטורת** בארמית - לשון **קשר**, היא מקשרת בין גורמים שונים ורוקחת אותם לתערובת ריחנית. החומר החשוב בקטורת הוא הצורי, שהוא שרף חריף המתסיס את החומרים האחרים. אל הצורי יש לצרף שני חומרים: בורית כרשינה - סבון ניקוי לזיכוך הצורי, ויין לבן עתיק - המעורר את כוחו של הצורי. כוחו של יוסף משול לצורי, הוא הכוח שמתסיס את האחים ומחבר אותם. יש לו בורית כרשינה - הוא זך ונקי מפניות אישיות, ויש לו גם יין - "יין ישן שדעת זקנים נוחה הימנו".[34] זהו היין שלפי חז"ל יוסף שלח ליעקב (בפרשת ויגש) כדי לשכנע אותו שהוא אכן יוסף. כלומר יוסף מבטא כי הוא ממשיך את דרכו של 'הזקן', הולך בדרכו של יעקב אבינו.

אולם לא כל חומר אפשר לערב בקטורת: חז"ל אומרים שמי רגליים היו יכולים להוסיף לריח של הקטורת, אך אין להכניס אותם למקדש מפני הכבוד. הרצון לחבר את כולם מוביל לפעמים לפנייה למכנה המשותף הנמוך ביותר, כדי לחבר גם את מי שנמצא במקום רדוד ושפל. מלכים מבית יוסף כבר ניסו ליצור חיבורים כאלה - כך עשו ירבעם ואחאב, שרצו לאחד את ממלכתם סביב אלילים ועגלי זהב. בשל סכנה זו, הכוח של יוסף סופג תמיד התנגדות קשה מצד הכוח של יהודה. יוסף אכן נדרש להשתמש בכוח החיבור שלו בזהירות רבה. עבודת הקטורת הייתה הקשה ביותר בבית המקדש, מפני שהיא דרשה דיוק מרבי, לקמוץ את הכמות הנכונה מבלי לחסר או להותיר; כך עבודת החיבור והאיחוד מצריכה בירור ודיוק, להיות במינון המדויק.

שתי הגישות הללו באות לידי ביטוי לא רק ברמה הלאומית אלא גם ברמה האישית. למשל, יש מחלוקת ארוכת שנים בשאלה מי יכול ללמוד תורה ואת מי מותר ללמד. יש גישה הדוגלת בלימוד לכולם, ויש גישה שלפיה רק אנשים צדיקים וטהורים יכולים לגשת לתורה. מחלוקת כזו הייתה למשל בבית המדרש ביבנה, לאחר חורבן בית המקדש השני. רבן גמליאל הלך בגישתו של יהודה, והתנגד לחיבור של כל אדם באשר הוא ללימוד התורה. הוא דגל במיון והכניס לבית המדרש רק את מי שתוכו כברו. אולם חכמים העבירו את רבן גמליאל מנשיאותו, ועימו סילקו גם את שומר בית המדרש מתפקידו, כדי שכל אחד יוכל להיכנס. באותו יום נוספו כמה מאות ספסלים לבית המדרש, מפני שנכנסו תלמידים רבים שרבן גמליאל מנע מהם להיכנס.[35] יש סכנה כשנותנים גישה של כל הכוחות הנמוכים לתורה, אך מנגד היא מוסיפה תורה בישראל.

אלו שתי הגישות שהולכות ללוות את עם ישראל עד קץ הדורות, עד

משיח בן יוסף ומשיח בן דוד. הרצל, כך מסביר הרב קוק,[36] היה מעין משיח בן יוסף, כיוון שהוא החל לאחד באופן בסיסי את עם ישראל ולדאוג לתקומתו הפיזית. על משיח בן יוסף מוטל לבנות את הקומה החומרית של גאולת ישראל, ובמסגרת זו להתמודד מול מצבים לא אידיאליים ולהסתדר איתם, עד שיבוא משיח בן דוד ויממש את היעדים הרוחניים הגדולים של האומה.

סיכום

המתח הפנימי בתוך בית יעקב, בין תיקון ההווה לשאיפות העתידיות, מתפתח בפרשה לכדי מאבק איתנים. יוסף, הכוח של תיקון העולם הזה, מבקש לחבר בין אחיו, אך נתקל בהתנגדותם ונמכר בידיהם למצרים. שם הוא יתמודד מול פיתויים והשפעות זרות, אך ישמור על עצמו בזכות יציבות וחוסן פנימי. יהודה, הכוח שמצמיח שאיפות לעתיד, נכשל ומידרדר בהווה, אך מתגבר, עושה תשובה ופורץ קדימה.

גם האדם חווה בתוכו לפעמים מאבקי כוחות. יש בו כוח שרוצה לתקן ולהוסיף טוב כבר עכשיו, למרות המחירים שהוא עלול לספוג במציאות; ויש בו גם מתינות שקולה ומיושבת, שדוחה כל ניסיון לתיקון מהפכני, במיוחד אם היא מזהה בו סכנות מוסריות או רוחניות. שני הכוחות הללו מתנגשים ומתעמתים פעמים רבות, אך לבסוף שניהם בונים את האדם ואת בית ישראל כולו.

מקץ

לפעמים חלומות מתגשמים

בפרשת מקץ מתחיל קץ המשבר בין האחים. יהודה ובני לאה עדיין חולמים על העולם השלם העתידי, אך בינתיים יוסף מקבל את שרביט ההובלה של העולם הזה. הוא מגשים את חלומותיו, מתחיל לנהל את העולם העתיק ופועל לגילוי האחדות בעולם.

אחיו, שבזו לחלומות על תיקון המציאות, נאלצים בעל כורחם לרדת למצרים ולעבור שם סדרת חינוך. הם לומדים שאי אפשר לדלג על שלבים, לא ניתן להגיע לעולם הבא ולקץ הימים ללא תיקון העולם הזה.

פרשת מקץ מלמדת את האדם השואף לדעת אלוהים לבסס תחילה את הקומה החומרית, להתנהל בעולם הכלכלי וליצור קשרים עם אחרים. קומה זו תשמש תשתית לקומה הבאה – המלכות הרוחנית האידיאלית של משיח בן דוד.

הנושאים בפרשה:

חלום פרעה • מינוי יוסף משנה למלך • ירידת האחים למצרים בפעם הראשונה • ירידת האחים למצרים בפעם השנייה

במסלול החיים שאנו עוברים לאורך ספר בראשית, הגענו לשלב שבו המתח גובר. פרשת מקץ מאופיינת בדרמה המבטאת עימות פנימי בין כוחות אדירים שהולכים ומבררים את דרכם.

את שני הכוחות המרכזיים פגשנו כבר בפרשות הקודמות - הכוח של לאה, כוח החזון הרוחני העתידי, והכוח של רחל, כוח התיקון וההתמודדות

בהווה. הכוח של לאה מואס ולאֶה מן העולם כפי שהוא עכשיו; הוא נושא את עיניו לגאולה השלמה. כוחה של רחל לעומת זאת מאמין בעולם הזה ופועל בו, עם כל הבעיות והחסרונות. המתח בין הכוחות מתבטא גם בשאלת היחס לאחדות: בני לאה רואים באחדות חזון עתידי שאינו בר מימוש כרגע, כיוון שבמציאות הנוכחית יש אנשים שליליים שלא נכון להתחבר איתם, ואילו בני רחל חותרים לאחדות עם כל הסכנות שבה.

בפרשת מקץ מגיע תורו של יוסף - בנה של רחל - להגשים את חלומותיו ולקבל את שרביט ההנהגה. זהו הקו החורז את הפרשה, ובפרשה הבאה יגיע תורו של יהודה להוביל.

חלום פרעה

גם פרשת מקץ, כמו וישב, נפתחת בחלום. וַיְהִי מִקֵּץ שְׁנָתַיִם יָמִים וּפַרְעֹה חֹלֵם וְהִנֵּה עֹמֵד עַל הַיְאֹר.[1] כבר ראינו שחלום הוא ביטוי לשאיפה, להתנוצצות פנימית בתוככי האדם. החלום מופיע בדרך כלל בלילה, בזמן החושך. בדיוק אז, כשההכרה הגלויה של האדם מושבתת, יכולה להופיע אצלו קריאת כיוון לאן להתקדם.

אחד המאפיינים שמייחדים את יוסף, בשונה מחולמים אחרים, הוא האמונה ביכולתם של חלומות להתגשם. בשונה מבני לאה, שהשאיפות שלהם מיועדות לטווח הארוך, יוסף מגשים חלומות כבר בעולם הזה. יש אנשים שמתייאשים מהחלומות שלהם, שמתחילים את חייהם עם שאיפות גדולות - אבל בהמשך הדרך מתרחקים מהן, ומתוך כך מזלזלים באפשרות לממש אותן. הם נעשים ציניים כלפי חלומות גדולים, כולל אלה שהם עצמם חלמו. לעומת זאת, יוסף מבקש בפרשה שלנו לממש את החלומות במציאות, ודרכם לרפא את המציאות ולהביא ל**החלמתה**. הוא נלחם על החלומות שלו, במטרה ליצור חיבורים ו**להלחים** את העולם.

החלום שבו פוגש יוסף הפעם הוא חלומו של פרעה, מנהיג התרבות האנושית. החלום שלו מבטא את המצוקה שהאנושות העתיקה ניצבת מולה. הוא מנבא על משבר, אבל אין איש בארמון פרעה שיודע כיצד להבין את המשבר ולפתור אותו. לבסוף שר המשקים ממליץ לפרעה לפנות ליוסף. שר המשקים יודע מניסיונו, שעליו סופר בסוף פרשת וישב, כי יוסף יודע לפתור חלומות. כפי שראינו בפרשה הקודמת, שר המשקים הושלך לבית האסורים בגלל חטא שלא היה בשליטתו, בניגוד לשר האופים שחטא ברשלנות פושעת;

יוסף בישר לשר המשקים שהוא עומד להשתחרר, כי הוא הבין שחטא כמו שלו, מעידה רגעית מתוך יצר הרע, ניתן לתיקון. כעת שר המשקים אומר לפרעה: אֶת חֲטָאַי אֲנִי מַזְכִּיר הַיּוֹם,[2] חטאתי, נפלתי ותיקנתי. יוסף לימד אותי שאפשר לתקן ולצאת מבית האסורים, הוא יוכל גם לעזור לך לתקן את המשבר שצפוי למצרים.

שר המשקים מתאר את יוסף בלשון גנאי: וְשָׁם אִתָּנוּ נַעַר עִבְרִי עֶבֶד לְשַׂר הַטַּבָּחִים.[3] יוסף נמצא במקומות הנמוכים ביותר, הוא נער, עברי, עבד. עם זאת, יוסף יודע כיצד לפתור חלומות גם מתוך הצדדים הנמוכים של הנפש, כיצד למצוא את הכיוון גם בתוך העולם המבולבל הזה.

יוסף מתייצב בארמון המלך

וַיִּשְׁלַח פַּרְעֹה וַיִּקְרָא אֶת יוֹסֵף וַיְרִיצֻהוּ מִן הַבּוֹר וַיְגַלַּח וַיְחַלֵּף שִׂמְלֹתָיו וַיָּבֹא אֶל פַּרְעֹה... וַיַּעַן יוֹסֵף אֶת פַּרְעֹה לֵאמֹר בִּלְעָדָי אלהים יַעֲנֶה אֶת שְׁלוֹם פַּרְעֹה.[4] יוסף ניגש בכבוד אל פרעה, ודורש בשלומו. חז״ל לומדים מכאן שחובה לדרוש בשלומה של מלכות.[5] אדם צריך לתת מקום למלכות שבעולם, למישור של ניהול העולם הזה.

גם בזה יוסף שונה מבני לאה. כפי שראינו, בני לאה מייצגים את הצד של השאיפות האידיאליות. אנשים כאלה, פעמים רבות, נוטים לזלזל במלכות, כי היא ביטוי לעולם כפי שהוא עכשיו. בעולם במצבו העכשווי יש חסרונות וכישלונות. מסיבה זו רבים מזלזלים בפוליטיקאים, וכל העיסוק בפוליטיקה ובעשייה הציבורית נתפס בעיניהם כבזוי. עמדה זו מתקשרת לגישה הצינית הכללית כלפי העולם הזה: העולם הזה רחוק מהאידיאל, וגם האנשים שמנהלים אותו אינם לרוחנו. אולם חז״ל אומרים: ״אפילו ריש גרגותא משמיא מוקמי ליה״,[6] אפילו ממונה זוטר בעולם מקבל את כוחו מהשמיים. כאשר אדם מקבל סמכות כלשהי בעולם הזה, ולו המצומצמת ביותר, העולם נעשה באמצעותה קצת יותר טוב. העולם מתוקן בזכות המלכות הזאת. לכן צריך לדרוש בשלומה של מלכות. זו עמדתו של יוסף, היונקת מגישתו הכללית - להיטיב עם העולם כאן ועכשיו, גם אם יש בו פגמים.

העם היהודי לדורותיו ידע לכבד את השלטונות. גם הרבנות הראשית בארץ ישראל, לפני קום המדינה, התנהגה באופן ממלכתי מאוד כלפי המנדט הבריטי. כמובן אנו שואפים לגילוי מלכות ה׳, אלא שמהלך זה עובר דרך המלכות האנושית. לכן הגמרא אומרת: ״בראש השנה יצא יוסף מבית האסורין״.[7] פתרון

חלומו של פרעה התרחש ביום גילוי מלכות ה', היום הרת עולם, היום שבו אומרים בתפילה: "וידע כל פעול כי אתה פעלתו, ויבין כל יצור כי אתה יצרתו, ויאמר כל אשר נשמה באפו - ה' א-להי ישראל מלך, ומלכותו בכל משלה".[8]

העולם הזה אינו הפקר. יש בו חסרונות, אך יש בו גם מלכות. לכן מישהו צריך להתייצב בארמון, לפתור את החלומות של פרעה ולהכין את העולם לקראת שנות הרעב. הוא יצטרך להיכנס לתוך שכבת ההנהגה המשופעת באינטרסים, כי כך מתנהל העולם מימי הפרעונים ועד היום; אבל רק כך הוא יגאל את העולם הזה ממצוקתו ויקדם את המהלך האלוהי בעולם.

חלום פרעה אחד הוא

הכותרת שבה פותח יוסף את פתרון חלומו היא: חֲלוֹם פַּרְעֹה אֶחָד הוּא, אֵת אֲשֶׁר הָאֱלֹהִים עֹשֶׂה הִגִּיד לְפַרְעֹה.[9] לפי המדרש, זה היה ההבדל המהותי בין פתרון יוסף לפתרונות החרטומים. החידוש של יוסף הוא האחדות, בניגוד לחרטומי מצרים שרק ניבאו את פירוק המציאות ופירודה. ברור היה שחלומות פרעה נושאים עימם בשורה פסימית - הפרות הרזות בולעות את הפרות הבריאות, והשיבולים הדקות בולעות את המלאות. אי אפשר היה לפרש זאת כבשורה משמחת ואוטופית. השאלה הייתה כיצד לפרש את הדברים: החרטומים פירשו שיתרחשו מאורעות טובים, אך הם יתקזזו מול מאורעות רעים. "שבע בנות אתה מוליד, שבע בנות אתה קובר. שבע מלכיות אתה מכבש, שבע אפרכיות מורדות בך".[10] הטוב יתחלף ברע, והתוצאה הסופית תהיה מוות ומשבר. אלה פתרונות שבהם הייאוש מנצח וגובר על הכול. יוסף, לעומתם, טען שהפתרון אחד, כלומר כל הדברים מתחברים. השובע והרעב משלימים זה את זה, כך שאפשר ליהנות מתבואת השובע בעיצומו של הרעב. הרע אינו מקזז את הטוב, אלא הטוב והרע מתחברים למציאות אחת. חלום פרעה אחד הוא.

זה הרעיון שמחדש יוסף. כל העולם הזה, עם כל הפרות הרזות והשיבולים השדופות שבו, וגם עם הפרות השמנות והשיבולים המלאות שבו, עולם אחד הוא. השפע והמצוקה, ההישגים והבעיות, כולם מובילים אל האחדות. את הכול מוביל הקב"ה אל הטוב. זה הכוח של יוסף ושל ממשיכיו, לא להשאיר את האחדות בתור חלום רחוק בלבד, אלא לגרום לה להופיע בשטח. ממנו ילמדו כל אחיו, כשיתאחדו ויאמרו "שמע ישראל ה' אלוהינו ה' **אחד**"[11] סביב מיטתו האחת של יעקב.[12]

פרעה שומע את הפתרון האחד של יוסף ושואל בפליאה את עבדיו:

הֲנִמְצָא כָזֶה אִישׁ אֲשֶׁר רוּחַ אלהים בּוֹ?[13] האם יש אדם שיודע לאחד בין הדברים? לאחר מכן הוא מכריז שרק יוסף מסוגל לעשות זאת: אַחֲרֵי הוֹדִיעַ אֱלֹהִים אוֹתְךָ אֶת כָּל זֹאת אֵין נָבוֹן וְחָכָם כָּמוֹךָ.[14] האדם שיכול להוביל לאחדות בעולם הזה הוא יוסף, עם חכמתו ותבונתו. לא רק רוח הקודש עליונה יש לו, אלא גם חכמה ותבונה, כלומר יכולת לנהל את העולם הזה. הוא מוצב ארצה וראשו מגיע השמיימה.

בעקבות זאת פרעה ממנה את יוסף למשנה למלך. וַיַּרְכֵּב אֹתוֹ בְּמִרְכֶּבֶת הַמִּשְׁנֶה אֲשֶׁר לוֹ וַיִּקְרְאוּ לְפָנָיו אַבְרֵךְ.[15] חז"ל דורשים את המילה **אברך: אב** בחכמה **ורך** בשנים.[16] ביטוי זה מאחד את שתי התכונות של יוסף: מצד אחד הוא אב, בעל ניסיון ופרספקטיבה, ומצד שני הוא צעיר, פעיל במציאות ויודע לנהל אותה. הוא יודע לשלב את הזקנה והבחרות, את הרעיון והמימוש, החלום וההתגשמות. ההבנה שיש אחדות במציאות - היא כעין פיצוח הקוד הנסתר של העולם הזה, ולכן יוסף נקרא 'מפענח הצופן': וַיִּקְרָא פַרְעֹה שֵׁם יוֹסֵף צָפְנַת פַּעְנֵחַ.[17]

יוסף נושא לאישה את אסנת בת פוטיפרע. חז"ל דורשים שאסנת הייתה בתה של דינה,[18] אותה דינה שבפרשת וישלח יצאה לראות בבנות הארץ, ושכם בן חמור אנס אותה. לפי המדרש, אסנת היא הבת שנולדה מדינה ושכם, והיא התגלגלה למצרים ואומצה בידי פוטיפרע. כאשר יוסף היה עובר במרכבת המשנה, בנות מצרים היו רואות אותו וזורקות לו את תכשיטיהן; אסנת זרקה לו קמיע שעליו רשום כי היא בתה של דינה, ולכן יוסף הסכים להתחתן איתה.[19] כך נשא יוסף אישה עברייה ממשפחת יעקב, ולא אחת מנשות מצרים.

ייתכן שחז"ל לא באו לתאר מה התרחש במאורעות, אלא לרמוז עניינים רוחניים. דינה הייתה בת לאה, וזה אומר שהיא השתייכה לכוח בעל החלומות הגדולים, אך בכל זאת היא נטתה מעט לגישתה של דודתה רחל וניסתה להתחבר עם תושבי הארץ. הניסיון הזה היה מהיר מדי, ולכן שמעון ולוי, נושאי הדגל של גישת לאה, חילצו אותה משם. חז"ל מגלים לנו כי מהחיבור הזה, שלכאורה פרץ את הגבולות והפך לטומאה, יצאה בסופו של דבר אשתו של יוסף. **אסנת** מלשון **סנה**, שכאשר יעקב גירשה מביתו הלכה והתחבאה בין הסנה והקוצים;[20] 'בת פוטיפרע' כלומר יש בה צד של מופרעות; אצל יוסף יכולים גם הצדדים הבעייתיים למצוא את מקומם הנכון.

מכאן מתחיל יוסף לפרנס את האימפריה המצרית, לנהל את כלכלת האנושות. עדיין מדובר רק בתיקון המציאות בהווה, ובפרשה הבאה כבר נראה כיצד הפתרון של יוסף מסתבך ומתגלגל לשעבוד;[21] אבל בהווה, ברגע נתון

זה, יוסף הוא המשביר לכל ארץ מצרים. הוא מספק לכל המצרים **לחם**, ובזאת **מלחים** אותם, כלומר מחבר ומאחד אותם דרך אספקת המזון לכולם.

האחים רעבים ללחם

בינתיים, שאר בני יעקב, ובראשם בני לאה, נמצאים עדיין בארץ כנען ורעבים ללחם. העובדה שבני לאה רעבים ללחם נובעת מהעדרו של יוסף. יוסף הוא שיודע לנהל את העולם הזה, ובלעדיו המשפחה אינה יכולה לצלוח את משבר הרעב. בני לאה, כפי שראינו, אינם עוסקים בפתרון בעיות בהווה, אלא רק באידיאל העתידי. לכן אין להם כלים להתמודד עם הרעב.

למעשה, מרגע שנפרדנו מבני לאה בפרשת וישב, הם לא התקדמו במישור ההווה. לכן גם האחווה ביניהם התפרקה, כי בניין האחדות הוא חלק מתיקון המצב בהווה. נוסף על זאת, ההידרדרות של יהודה נבעה מאי־תיקון המציאות. יהודה השאיר את העולם הזה מופקר, ובסוף נישא לאישה כנענית, איבד את שני בניו הראשונים, וגם את שני בניו האחרונים הוא הוליד דרך מעשה שמצידו היה זנות. מי שאינו מוכן להתמודד עם העולם הזה - עלול למצוא את עצמו במחוזות אפלים, אלו שהוא נמנע מלתקן אותם.

לבסוף בני לאה מגלים שאכן אי אפשר להסתדר בלי לתקן את העולם הזה. הם יורדים למצרים, מגיעים אל יוסף ומשתחווים לו. השתחוויה זו מביעה את ניצחונו של יוסף: כעת גם האחים מכירים בצורך להתנהל בעולם הזה.

את העיקרון שלימד יוסף את האחים, ילמדו אותנו חכמי ישראל לאורך הדורות. אם אין קמח אין תורה.[22] חז"ל אומרים שמי שאינו מלמד את בנו מקצוע - כאילו מלמד אותו לגנוב.[23] יש החושבים שאם הם עוסקים באידיאלים נשגבים - אין להם צורך ללכלך את ידיהם בעבודה לפרנסתם; אך לעיתים הם מוצאים את עצמם ללא אמצעי מחיה, ובסוף אפילו גונבים כדי להתקיים. כדי לא להידרדר, אין מנוס מלעסוק ביישובו של עולם. האדם מוכרח לעבוד בעולם כדי להתקיים, ועל ידי עבודתו גם המציאות כולה מתקדמת אל תיקונה.

בדור שלנו, כאשר אנו שקועים בחומרנות עד צוואר, קצת מצחיק אותנו לראות את הדגש הגדול של התורה על שיטתו של יוסף. אצלנו המצב לעיתים הפוך: אנו מאוד שקועים בתיקון ההווה וקצת שוכחים את האידיאלים הרוחניים הגדולים של העתיד. אולם התורה נאמרה לדורות הנצח של האומה: בעם ישראל, בפרספקטיבה היסטורית, יש נטייה לרוחניות וזלזול בעולם החומרי.

לכן חז"ל דורשים שלעתיד לבוא נצטרך לעשות תשובה על כך ש"דקרנו את משיח בן יוסף";[24] שזלזלנו בתיקון המעשי של העולם. זוהי תכונה נפלאה שקיבלנו מבני לאה, והיא גם החזיקה אותנו בדורות הגלות. יחד עם זאת, התורה מלמדת אותנו את המבט השלם של משיח בן יוסף שמקדם את ההווה כהכנה למשיח בן דוד.

דרכם של האחים אל האחווה

וַיִּזְכֹּר יוֹסֵף אֵת הַחֲלֹמוֹת אֲשֶׁר חָלַם לָהֶם וַיֹּאמֶר אֲלֵהֶם מְרַגְּלִים אַתֶּם לִרְאוֹת אֶת עֶרְוַת הָאָרֶץ בָּאתֶם.[25] יוסף מאשים את האחים שלו בריגול. כביכול, הוא אומר להם: ממתי אתם עוסקים בקניית לחם? אתם הרי עוסקים רק באידיאלים הגבוהים. הכניסה שלכם לארץ מצרים, לעולם של תיקון והתנהלות מעשית, היא לכאורה פלישה לארץ לא לכם.

האחים עונים: לֹא אֲדֹנִי, וַעֲבָדֶיךָ בָּאוּ לִשְׁבָּר אֹכֶל. כֻּלָּנוּ בְּנֵי אִישׁ אֶחָד נָחְנוּ כֵּנִים אֲנַחְנוּ לֹא הָיוּ עֲבָדֶיךָ מְרַגְּלִים.[26] חז"ל אומרים שפה התנוצצה בהם רוח הקודש, ובמילים: "כֻלנו בני איש אחד נחנו" הם כללו עמם את יוסף.[27] האידיאל של יוסף מתחיל להופיע עכשיו אצל האחים. הם מתחילים ללמוד בעל כורחם שאי אפשר להתנכר לאחווה.

הדרך אל האחדות מתחילה בהתנהלות הכלכלית. שני דגלים אלה שייכים לעולמו של יוסף וכרוכים זה בזה; האחדות היא השיא והפסגה, אך הצעד הראשון בדרך אליה הוא ההכרה בצורך לפעול בעולם הזה. כל עוד אדם אינו עוסק ביישובו של עולם, הוא יכול לחיות לעצמו ולהסתדר לבד; אבל ברגע שמתגלים אצלו הצרכים החומריים, והוא נזקק ללחם, הוא מבין שהוא זקוק לחברה.

השלב הראשון בפיתוח המוסריות אצל האדם הוא הדאגה לעצמו: כיוון שאדם זקוק לאמצעי מחיה, הוא מתנהג בעל כורחו בצורה מנומסת, אחרת לא יעזרו לו. הוא צריך להיות טוב לאחרים כדי שהם יהיו טובים אליו. זה אומנם שלב נמוך יחסית, שבו האחווה נובעת ממניעים אנוכיים ותועלתיים, אך זו ההתחלה ואין לזלזל בה. מכאן האדם נבנה, נעשה ישר והגון יותר בהליכותיו ובמשא ומתן שלו, ותורם את חלקו לחברה. המוסר האנושי והיושר הבסיסי נבנים מהצורך בלחם. לכן גם יוסף, דרך הצורך של האחים במזון, בונה אצלם את האחווה.

בְּזֹאת תִּבָּחֵנוּ חֵי פַרְעֹה אִם תֵּצְאוּ מִזֶּה כִּי אִם בְּבוֹא אֲחִיכֶם הַקָּטֹן הֵנָּה.[28] יוסף עורך מבחן לאחים: כדי לראות אם אתם יודעים כבר מהי אחווה, הביאו את אחיכם הקטן אתכם הנה. בשיח הפנימי בין האחים, כשהם מגיבים למצב, גם הם משתמשים במילה **אח**: וַיֹּאמְרוּ אִישׁ אֶל אָחִיו, אֲבָל אֲשֵׁמִים אֲנַחְנוּ עַל **אָחִינוּ** אֲשֶׁר רָאִינוּ צָרַת נַפְשׁוֹ בְּהִתְחַנְנוֹ אֵלֵינוּ וְלֹא שָׁמָעְנוּ עַל כֵּן בָּאָה אֵלֵינוּ הַצָּרָה הַזֹּאת.[29] האחים מתחילים להבין את מושג האחווה.

וַיִּסֹּב מֵעֲלֵיהֶם וַיֵּבְךְּ.[30] יוסף מתרגש לשמוע שהתיקון מתחיל להופיע והחלום שלו מתחיל להתגשם, אך הבירור רק בתחילתו. יוסף עדיין נזהר משמעון ולוי, שפעלו בשכם נגד החיבור והאיחוד (היה זה חיבור קיצוני, עם אנשי שכם), ולכן מפריד את שמעון מלוי ואוסר אותו. את שאר האחים הוא שולח חזרה לארץ כנען ודורש מהם לשוב אליו עם אחיהם הצעיר, בנימין. לפני שיצאו, יוסף מחזיר להם את כספם ללא ידיעתם; הוא טומן את הכסף בשקים שלהם, ובזאת רומז שהכסף והתבואה יחד נחוצים לקיום העולם, כפי שיעקב תיקן מטבעות בשכם.[31]

ערבות

אחי יוסף מגיעים לשיאה של התשובה, לאחר שהם חוזרים הביתה אל יעקב. גם כשהם מתארים לאביהם יעקב מה התרחש במצרים, הם חוזרים ומזכירים את היותם אחים: וַנֹּאמֶר אֵלָיו כֵּנִים אֲנָחְנוּ לֹא הָיִינוּ מְרַגְּלִים. שְׁנֵים עָשָׂר אֲנַחְנוּ **אַחִים** בְּנֵי אָבִינוּ, הָאֶחָד אֵינֶנּוּ וְהַקָּטֹן הַיּוֹם אֶת אָבִינוּ בְּאֶרֶץ כְּנָעַן.[32] הם מבקשים מיעקב לשלוח איתם את בנימין, אך הוא מסרב, בטענה שהם מביאים להרס המשפחה. אֹתִי שִׁכַּלְתֶּם יוֹסֵף אֵינֶנּוּ וְשִׁמְעוֹן אֵינֶנּוּ וְאֶת בִּנְיָמִן תִּקָּחוּ.[33] את יוסף – שהיה אמור לחבר את כולם – איבדתי, שמעון לא חזר הביתה, ועכשיו אתם מבקשים לקחת את הבן האחרון שנותר מהצד של רחל במשפחה. זה יוביל לפירוק בית יעקב.

בני לאה מנסים לפתור את הבעיה, אלא שכאמור, המשימה של תיקון המציאות בהווה שייכת לבני רחל. לכן הם מתקשים למצוא פתרון מעשי. ראובן מציע: אֶת שְׁנֵי בָנַי תָּמִית אִם לֹא אֲבִיאֶנּוּ אֵלֶיךָ.[34] זו הצעה לתיקון המצב, אך אין בה פתרון של ממש. אם יעקב יאבד את בנימין, כיצד זה יועיל שהוא יאבד גם את נכדיו? "וכי בניך אינן בני?".[35]

רק לאחר שנגמר שוב הלחם בבית, יהודה מציע את הצעתו: שִׁלְחָה הַנַּעַר אִתִּי וְנָקוּמָה וְנֵלֵכָה וְנִחְיֶה וְלֹא נָמוּת גַּם אֲנַחְנוּ גַם אַתָּה גַּם טַפֵּנוּ. **אָנֹכִי**

אֶעֶרְבֶנּוּ מִיָּדִי תְּבַקְשֶׁנּוּ אִם לֹא הֲבִיאֹתִיו אֵלֶיךָ וְהִצַּגְתִּיו לְפָנֶיךָ וְחָטָאתִי לְךָ כָּל הַיָּמִים.[36] הערבות היא מילת המפתח בהצעתו של יהודה. היא שייכת לעולם האחווה והאחדות. בני לאה לא התמסרו עד כה למען האחדות, אך יהודה הוא הראשון לתקן. כפי שראינו בפרשת וישב, בסיפור יהודה ותמר, **יהודה** הוא זה שמוכן **להודות** בטעות ולומר "צדקה ממני".[37] הוא מבין כי עם כל האידיאלים הגדולים, קורה שבדרך למימוש שלהם עושים טעויות, ואפשר לתקן אותן ולשוב בתשובה. מכוח התשובה, יהודה מוביל מהפך אצל כלל האחים: ממכירת אח לערבות כלפי אח.

הערבות של יהודה כלפי בנימין משמשת מקור לדיני ערבויות בהלכה.[38] הדוגמה הפשוטה לערבות מוכרת לנו מעולם הכספים וההלוואות: אם אדם צריך ללוות כסף מחברו, אדם אחר יכול להיכנס להלוואה בתור ערב, ולשאת באחריות במקרה שהלווה לא יוכל להחזיר את ההלוואה. כביכול, הוא עצמו הופך להיות הלווה. למה שמישהו יסבך את עצמו בצרות ויהיה ערב לאדם אחר? הדבר נובע מתחושה של אחווה, אמון ואחריות הדדית. הערב יודע שבני האדם טובים מיסודם, למרות היצרים והאינטרסים שיש להם, ולכן אפשר לסמוך עליהם. הערב מאמין שהעולם כולו הוא טוב. יש אנשים שאינם בוטחים באף אחד מתוך אידיאלים גבוהים, שמביאים אותם לזלזל בעולם הזה ובבני האדם, והתוצאה היא שהם אינם עוזרים לאחרים.* יהודה חוזר בתשובה, מאמין במציאות, ומקבל על עצמו ערבות כלפי אחיו.

ערבות במבחן המציאות

כאשר האחים חוזרים בשנית למצרים עם בנימין, יוסף מזמין אותם לסעודה בביתו. הוא מתרגש לראות את בנימין, ואומר לו: אלהים יָחְנְךָ בְּנִי.[39] **יחנך** מלשון **חן**. לבנימין יש חן מיוחד, בדיוק כפי שיוסף מצא חן בעיני פוטיפר, וכפי שה' נתן את חנו בעיני שר בית הסוהר. זו המומחיות של בני רחל, הפועלים בתוך העולם הזה, למצוא חן ושכל טוב בעיני א־להים ואדם.[40]

בסעודה, יוסף מסדר את האחים לפי סדר הגיל שלהם, וַיֵּשְׁבוּ לְפָנָיו הַבְּכֹר

* דוגמה לזה חווינו בתקופת נגיף הקורונה. כאשר פותחו חיסונים נגד הנגיף, הופצו בעולם תיאוריות פסאודו־מדעיות, שלפיהן יצרניות החיסונים מנסות להרעיל אנשים. ביסוד השמועות הללו עמדה התפיסה שהעולם הזה הוא רע, ושבני אדם פועלים מתוך מניעים אפלים. תפיסה זו הובילה למסקנות לא רציונליות ולנזק בריאותי.

כִּבְכֹרָתוֹ וְהַצָּעִיר כִּצְעִרָתוֹ.[41] בכך ממשיך יוסף את החיבור בין האחים. כולם יושבים יחד לאכול **לחם**, ששוב מבטא את **ה**ל**ח**מה והחיבור בין בני האדם. כדי לא לחשוף את עצמו, יוסף עושה את עצמו כאילו הוא מנחש בגביע הכסף שלו. חז"ל אומרים שלגביע היו ארבע דפנות, ועל כל דופן דמות של פרצוף אחר מארבעת הפרצופים שבמרכבה: נשר, אריה, שור ואדם.[42] ארבעת הפרצופים מבטאים את ארבע הרוחות, מכלול הכוחות במציאות, ויוסף מסוגל להכיל את כולם ולהושיב אותם סביב שולחן אחד.

יוסף עדיין לא סיים את מסלול התיקון של אחיו, וכעת הוא רוצה להעמיד את ערבותו של יהודה במבחן המציאות. הוא מצווה את משרתו לשים את גביע הכסף שלו בשק של בנימין, ואחר כך לרדוף אחרי האחים ולהאשים אותם שגנבו את הגביע. כשהמשרת משיג אותם, הם טוענים להגנתם: הֵן כֶּסֶף אֲשֶׁר מָצָאנוּ בְּפִי אַמְתְּחֹתֵינוּ הֱשִׁיבֹנוּ אֵלֶיךָ מֵאֶרֶץ כְּנָעַן וְאֵיךְ נִגְנֹב מִבֵּית אֲדֹנֶיךָ כֶּסֶף אוֹ זָהָב?[43] חז"ל מזהים שמדובר בטיעון לוגי שנקרא קל וחומר:[44] אם את הכסף שמצאנו אצלנו - החזרנו מרצוננו הטוב, ברור שלא נגנוב כסף שאינו שייך אלינו כלל. גם זה כלי של יוסף, שהאחים לומדים כעת לאמץ - כלי החשיבה וההיגיון. גם הכלי הזה, היכולת לטעון טענות שכליות ולהתנסח באופן ברור, הוא חלק מניהול המציאות. העובדה שהאחים מתנסחים כך מעידה על שינוי התפיסה שלהם כלפי המציאות ותיקונה.

לאחר שהגביע נמצא בשקו של בנימין, האחים חוזרים ליוסף, וכעת יוסף מותח את המבחן עד לקצה. האחים קובעים שכולם יהיו עבדים ליוסף, אך יוסף מתעקש שרק בנימין - שלכאורה גנב את הגביע - יישאר העבד שלו. לפני יהודה עומדות כעת שתי אפשרויות: הוא יכול להשאיר את בנימין במצרים, שהרי נראה שהוא גנב את הגביע. המדרש מספר שהאחים אכן חשדו בו, ואף קראו לו 'גנב בן גנבת'.[45] אימו רחל גנבה את התרפים, וכעת הוא גנב גביע כסף. גם יהודה היה יכול לספר ליוסף: כאלה הם בני רחל, מתעסקים בעולם הזה ומסתבכים איתו. אימו המנוחה של בנימין גנבה את התרפים של אביה, אחיו שנעלם הסתבך גם הוא בעולם הזה, עכשיו תורו של בנימין להתלכלך ולהסתבך. אנחנו, בני לאה, איננו אשמים בזה, אנו עסוקים באידיאלים ולא בכסף ובהבלי העולם הזה. אולם יהודה אינו מעלה כלל את האפשרות שבנימין אשם בגנבה, ואינו מוכן להיפרד מבנימין.

שאר האחים מקבלים את הקו שמתווה יהודה, בתור המנהיג שלהם, מתייצבים מאחוריו ודורשים להיות עבדים עם בנימין. הִנֶּנּוּ עֲבָדִים לַאדֹנִי גַּם אֲנַחְנוּ גַּם אֲשֶׁר נִמְצָא הַגָּבִיעַ בְּיָדוֹ. איננו נפרדים עוד, אנחנו יחד בעולם הזה.

משפט שלמה והפרדת הקהילות

ההפטרה של פרשת מקץ (אם אינה חלה בחנוכה) היא משפט שלמה,[46] המספר על שתי נשים שרבו על תינוק. כדי להכריע מי אימו האמיתית של התינוק, פסק שלמה לחתוך אותו; האם שהייתה מוכנה לוותר עליו, ובלבד שהתינוק יישאר בחיים, התבררה בתור האם האמיתית.

הרב קוק יישם את העיקרון של נבואה זו בוויכוח קשה שהיה בדורו (ולמעשה בכל הדורות בהיסטוריה היהודית והעולמית), סביב 'הפרדת הקהילות'. כלומר, האם במצבים מסוימים יש עניין להיפרד מאנשים שליליים ולהקים קהילות נפרדות בעם ישראל. הרב קוק התנגד בחריפות לרעיון הפירוד, וטען כי אימא אמיתית מוכנה לוותר על חלק גדול מהשאיפות העתידיות שלה - ובלבד שהילד, או העם במקרה שלנו, יישאר חי. "והאם הרחמניה, אם האמת, אומרת: 'תְּנוּ לָהּ אֶת הַיָּלוּד הַחַי, וְהָמֵת אַל תְּמִיתֻהוּ', ורוח הקודש צווחת: 'תְּנוּ לָהּ אֶת הַיָּלוּד הַחַי, הִיא אִמּוֹ!'. אין קץ לרעות הגשמיות והרוחניות של התפרדות האומה לחלקים... זאת היא ממש מחשבה של עבודה זרה כללית, שהננו בטוחים עליה שלא תתקיים".[47]

זו תפיסתו של יוסף, שמוכיחה את עצמה בפרשת מקץ: יש להתחבר גם עם כוחות שאינם שלמים, כדי להגיע לאחדות בהווה ולצעוד יחד אל העתיד הגדול.

סיכום

בפרשת מקץ יוסף מגשים את חלומותיו. חושף את פרעה לרעיון האחדות, ובעקבות זאת מקבל את תפקיד הניהול הכלכלי של העולם הזה. בני לאה, שנקלעים למציאות של מחסור, מבינים שאם לא יפעלו גם הם בעולם הזה - הם יגוועו ברעב. מתוך המשבר, יהודה ואחיו מתחילים לצעוד לעבר האחדות; הם אינם שוכחים לרגע את השאיפות הגדולות, ויהודה אכן יוביל בעתיד את עם ישראל למציאות של משיח בן דוד, אך בינתיים הם פועלים בעולם הזה ומגלים אחווה ביניהם.

חז"ל דורשים על פרשת מקץ את הפסוק: קֵץ שָׂם לַחֹשֶׁךְ.[48] לא במקרה קוראים את הפרשה הזאת בחורף, בתקופה שבה הלילה הוא הארוך ביותר, אך אחריה הלילות מתחילים להתקצר והחושך פוחת. זו גם התקופה שבה חוגגים את חנוכה, חג הניצחון על היוונים שהחשיכו את עיניהם של ישראל, ועליית האור. אחרי המשברים שפקדו אותנו בפרשת הקודמת, אחרי הקנאה והפירוד, אחרי תלאות יוסף והידרדרות יהודה, החושך מתחיל להתפוגג. לאט אט מתגלה אור התיקון, האחדות והערבות ההדדית.

ויגש

החיים זה לא הכול

לאחר ההתבססות בעולם הזה, הגיע הזמן לגשת ולבנות את הקומה הבאה. בסיום העימות בין בני יעקב, האחים מתאחדים והתמונה מתבהרת: יוסף יצר את המצע לבואם של אביו ואחיו למצרים, בכך שהגשים את חלומותיו, איחד את הכוחות בעולם הזה והוביל אותו להצלחה ושגשוג; כעת יהודה נוטל את ההנהגה, ומתוך הגלות במצרים הוא יוביל את בית ישראל לייעודו הרוחני.

לאחר שאדם סידר בנפשו את קומת הגוף, הוא מסוגל להתחיל תהליך ארוך של חישול בארץ "מצרים" – להיכנס במצרי העולם הזה, כדי לבסס בעצמו את עליונות עולם הרוח. לגלות מאזור הנוחות ולהיות גר בארץ זרה, כדי להפנים שהעולם הזה אינו חזות הכול.

הנושאים בפרשה:

יהודה מתעמת עם יוסף • יוסף חושף את זהותו • בית יעקב יורד למצרים • יעקב ובניו נפגשים עם פרעה • המצרים מוכרים את אדמתם מחמת הרעב

מספרים על אישה מבוגרת שהייתה באה כל שבת לשמוע את קריאת התורה, וכשהיו מגיעים לסיפור של מכירת יוסף - היא הייתה צועקת: "לא! אל תלך לשכם! הם רוצים להרוג אותך!". כך נהגה מדי שנה בשנה. פעם אחת, כשהגיעו לקטע שבו יוסף הולך לחפש את אחיו בשכם, היא שתקה. שאלו אותה: "למה

שתקת?", והיא ענתה: "כל שנה אני מזהירה אותו שזה ייגמר רע, והוא שוב הולך לשם, אז הפסקתי".

הסיפור הזה מציף את הבעיה שבידיעת סוף הסיפור. אנחנו כבר יודעים כיצד יסתיים הסיפור של יוסף ואחיו, אך בפרשה עצמה - הדרמה בשיאה. פרשת מקץ הסתיימה במתח רב. כך אנו צריכים לקרוא את הפרשה, כמאבק שאיננו יודעים כיצד הוא יסתיים. כפי שראינו בפרשות הקודמות, המתח נובע מהתנגשות בין שני כוחות: הכוח שמוביל יוסף, כוחם של בני רחל המאמינים בתיקון העולם כאן ועכשיו, והכוח שמוביל יהודה, כוחם של בני לאה השואפים לתיקון רוחני שלם בעתיד. בפרשת מקץ ניצח יוסף: חלומותיו התגשמו, הוא קיבל את השלטון על מצרים כולה, ואפילו אחיו השתחוו לפניו. הכניעה של אחיו כלפיו - גם אם הם כלל לא זיהו אותו - הוכיחה שהדרך שלו נכונה. הוא הצליח בדרך של תיקון העולם הזה, וגם ערך האחווה שדגל בו הצליח להשתרש בקרב האחים.

אולם המתח עדיין בעיצומו - ברגע שנדמה שיוסף ניצח, ניגש יהודה ואומר את דברו.

יהודה מול יוסף

וַיִּגַּשׁ אֵלָיו יְהוּדָה וַיֹּאמֶר בִּי אֲדֹנִי יְדַבֶּר נָא עַבְדְּךָ דָבָר בְּאָזְנֵי אֲדֹנִי וְאַל יִחַר אַפְּךָ בְּעַבְדֶּךָ כִּי כָמוֹךָ כְּפַרְעֹה.[1] לפי המדרש, יהודה הביע במילים אלו איום נוקב: אם לא תשמע לי, שליט מצרים, אהרוג אותך ואת אדונך פרעה.[2] המשמעות היא שיהודה מראה ליוסף מי השולט האמיתי. נכון שיוסף הוכיח את צדקת דרכו והצליח לתקן את המציאות העכשווית עם כל המורכבות שבה, אך זה עדיין לא הכול. מעבר למציאות העכשווית מצפה המציאות העתידית של משיח בן דוד. יהודה אינו מוותר ומעמיד את המשימה של ניהול העולם על מקומה. יהודה אומר: אני ערב לבנימין, כלומר יש משהו מעבר לשרידות האישית; יש מושג של אחווה; יש מושג של ערכים; השאיפה היא לבנות, מתוך העולם הזה, עולם שיהיה מעל ומעבר לעולם הזה.

התוודעות יוסף ואיחוד המשפחה

לאחר נאום יהודה, יוסף מתוודע אל אחיו. האחים הכירו בחשיבות של יוסף ודרכו, אך כעת גם יוסף מקשיב ליהודה ומודה לו. כעת המעגל יכול להיסגר.

וְלֹא יָכֹל יוֹסֵף לְהִתְאַפֵּק.[3] הניכור עד כה היה מתוך איפוק, מאמץ לעצור את התנועה הטבעית. הפער בין יוסף לאחיו היה מצב לא טבעי, אך כעת הכוחות פורצים מבפנים. יוסף מחבק ומנשק את אחיו, והטבעיות שבה לבית יעקב. המשפחה סוף סוף מתאחדת. זה לא היה מיד, אבל כל אחד למד את הלקח שלו. עכשיו יוסף יכול לתת לאחים כסף, עגלות ובגדים, וכך הוא ימשיך להנהיג את בית יעקב במישור העולם הזה.

עם ישראל יודע לכלכל את ארץ מצרים, אך יש לו גם תפקיד גבוה יותר, מעבר להווה. יהודים לכל אורך ההיסטוריה יחדשו דברים ויובילו פריצות דרך מדעיות, כלכליות וחברתיות. אולם לא בזה יסתכם תפקידו של עם ישראל. יש לעם ישראל תפקיד שנמצא מעבר להווה, והוא יתגלה רק באחרית הימים. הוא צריך להכיר בחשיבות של קידום העולם, אך מבלי לאבד את השאיפה הגדולה יותר.

בנבואות אחרית הימים מתואר מספד גדול: בַּיּוֹם הַהוּא יִגְדַּל הַמִּסְפֵּד בִּירוּשָׁלַם כְּמִסְפַּד הֲדַדְ־רִמּוֹן בְּבִקְעַת מְגִדּוֹן.[4] חז״ל[5] דורשים שזהו מספד על משיח בן יוסף שנדקר. אחרי שתקום התשתית החומרית של גאולת עם ישראל ייווצר זלזול מוחלט במשיח בן יוסף, שעוסק בעניינים הגשמיים. כשתתחיל להתברר הקומה הרוחנית, הכוח המנהל את הגשמיות ייתפס כמזיק, שרק מושך את כולם לאחור. הנבואה אומרת שעל היחס הזה יצטרכו כולם לעשות תשובה. ולבסוף יתברר לכולם שתפקידו של יוסף היה נחוץ.

פרשות וישב ומקץ לימדו אותנו לא לזלזל ביוסף, לדאוג לכלכלה ולהיות ערבים זה לזה; אך לאחר שהובהר מקומו של יוסף, יש להתקדם הלאה, לבניין הרוחני הנצחי. זה יהיה הצעד הבא בדרך של בית יעקב, ואותו יוביל יהודה.

הירידה למצרים

כעת מגיע עיקר החידוש של פרשת ויגש. בית יעקב ניגש לעולם הזה, וזה על ידי גלות.

חז״ל אומרים שיעקב היה צריך לרדת למצרים אפילו על כורחו, ״ראוי היה ליעקב אבינו לירד למצרים בשלשלאות של ברזל״,[6] אלא שזכה וירד בדרך כבוד על ידי יוסף. במילים אחרות, הגלות היא מציאות בלתי נמנעת. יש לה תפקיד מהותי בדרך של בית יעקב, ולכן הוא חייב לעבור דרכה. הגלות מבררת מה תפקידו של עם ישראל בעולם, ובכלל זה מה התפקיד של כל אחד ואחת בעולם.

וְאֶת יְהוּדָה שָׁלַח לְפָנָיו אֶל יוֹסֵף לְהוֹרֹת לְפָנָיו גֹּשְׁנָה וַיָּבֹאוּ אַרְצָה גֹּשֶׁן.[7] ביציאה הראשונה לגלות, יעקב שולח את יהודה להיות המוביל. חז"ל אומרים[8] שהוא שלח אותו להקים בית מדרש. לצורכי הדרך דאג יוסף, אבל את הדרך לטווח הרחוק יתווה יהודה. עכשיו, כשעם ישראל יוצא לגלות, מגיע תורו של יהודה לפרוץ את הדרך הרוחנית. יעקב יודע שהגלות אינה מקרית, ויודע גם לאן היא תתפתח בהמשך, ולכן הוא אומר ליהודה לעשות מה שיעשה כל יהודי בצאתו לגלות - קודם כול, להקים בית מדרש (שבראשו יעמוד לוי).

המושג "בית מדרש" התקיים בעם ישראל במשך אלפי שנות גלות. כפי שמפרט הרמב"ם:[9] "ושתל (אברהם) בלבם העיקר הגדול הזה וחבר בו ספרים והודיעו ליצחק בנו. וישב יצחק מלמד ומזהיר. ויצחק הודיע ליעקב ומינהו ללמד וישב מלמד ומחזיק כל הנלוים אליו. ויעקב אבינו למד בניו כולם והבדיל לוי ומינהו ראש והושיבו בישיבה ללמד דרך השם ולשמור מצות אברהם. וצוה את בניו שלא יפסיקו מבני לוי ממונה אחר ממונה כדי שלא תשכח הלמוד".

הגלות הובטחה לאברהם אבינו עוד בברית בין הבתרים: יָדֹעַ תֵּדַע כִּי גֵר יִהְיֶה זַרְעֲךָ בְּאֶרֶץ לֹא לָהֶם וַעֲבָדוּם וְעִנּוּ אֹתָם אַרְבַּע מֵאוֹת שָׁנָה.[10] יש תהליך של תיקון שעם ישראל צריך לעבור. למה התיקון חייב להיעשות דרך מאתיים ועשר שנות גלות במצרים? אם המטרה היא להוביל את עם ישראל למטרתו בעולם העתידי הרוחני, למה אי אפשר להסביר את הדברים בדיבור? למה צריך לרדת למצרים לשם כך? כאן אנו מגיעים אל העיקר: תפקידו של עם ישראל להביא לעולם בשורה שהיא מעל העולם הזה. התפקיד של יוסף, לדאוג לענייני העולם הזה של עם ישראל, הגיע לשיאו ומוצה. כעת בא תפקידם של שאר האחים. גם המצרים הבינו זאת, ולכן קיבלו את משפחתו של יוסף והושיבו אותה במיטב ארצם. הם הבינו שיש צורך גם באחיו של יוסף.

כאשר האחים מגיעים עם משפחותיהם לארץ מצרים, הם מתיישבים בארץ גושן, המבודדת משאר ארץ מצרים. הפסוק מסביר מדוע הם ישבו דווקא שם: בַּעֲבוּר תֵּשְׁבוּ בְּאֶרֶץ גֹּשֶׁן כִּי תוֹעֲבַת מִצְרַיִם כָּל רֹעֵה צֹאן.[11] בני יעקב עוסקים ברעיית צאן, שהיא ביטוי למציאות נפשית של הליכה והתקדמות, בלי להתקבע יותר מדי בעולם הזה. הרועה אינו תלוי בקרקע, אלא נע ונד ממקום למקום. המצרים אינם אוהבים רועי צאן. הכלכלה המצרית מבוססת על הקרקע ותלויה בנילוס, וְהִשְׁקִיתָ בְרַגְלְךָ כְּגַן הַיָּרָק.[12] גם בגלויות השונות בהמשך, יהודים לא ירבו לעסוק בעבודות קרקע בארצות שלהם. הם יחיו מתוך עמדה נפשית של עלה נידף, ללא עוגן באדמה. מצב זה משקף חוסר שייכות לעולם הזה ואחיזה רק בעולם הנצח.

היציאה לגלות היא מהלך שמובילים יהודה ובני לאה. חשוב לתקן את העולם הזה, ולכן ליוסף יש מקום מרכזי בבית יעקב, אך לעם ישראל יש תפקיד עליון יותר. כדי לברר את התפקיד הזה, נצרכת גלות.

עם לבדד ישכון

מה מתברר במצב שבו בית יעקב גולה מהארץ?

הגירות, מציאות שהתורה עוסקת בה רבות, אינה מוכרת לנו כל כך כאנשים מודרניים. היום יש תקשורת בין־ארצית מפותחת, כך שאדם העובר מארץ לארץ יכול לשמור על קשר עם מולדתו, וגם ליהנות מערוצי הקשר שבין המדינות והתרבויות השונות; אך בעבר, מי שגלה לארץ אחרת הגיע למציאות שונה לגמרי מזו שהכיר והיה זר בה לחלוטין, ללא אמצעי תיווך וללא שפה משותפת. מסיבה זו, קשה לנו היום להבין מדוע הדורות הקודמים לא עלו לארץ כשהם סבלו מצרות רבות בגלות, אך באותם ימים היה קשה מאוד לעבור מארץ לארץ. אין זה רק צעד טכני־מעשי, אלא גם מעבר תרבותי וחברתי למקום שבו אתה לא שייך.

גם עם ישראל היה חייב לעבור מאתיים ועשר שנות גירות, ובהמשך קרוב לאלפיים שנות גירות, כדי להרגיש שאינו שייך לעולם הזה. כדי שיופיע הכוח של העולם העתידי, של יהודה ומשיח בן דוד, צריך ליצור בנפש צד מסוים של זרות כלפי העולם הזה. הֶן עָם לְבָדָד יִשְׁכֹּן וּבַגּוֹיִם לֹא יִתְחַשָּׁב.[13]

אנשים אוהבים מאוד להרגיש שייכים, ואינם אוהבים להרגיש זרים. הרב סולובייצ'יק הרחיב בעניין בספרו איש האמונה הבודד. הוא מתאר שם תחושה שלדעתו מלווה את האדם המאמין: הוא מבין מה הקב"ה רוצה בעולם, יודע שהעולם צריך להיות לא כפי שהוא עכשיו, ולכן הוא מרגיש בודד. אף פעם הוא אינו מרגיש לגמרי בנוח בעולם הזה. אומנם צריך להרגיש טוב בעולם הזה, ולכן הכוח של יוסף קיים בעולם, אך נדרש גם כוח שהעולם הזה יהיה זר לו. תפקידו של האדם הוא לבנות וליצור, פְּרוּ וּרְבוּ וּמִלְאוּ אֶת הָאָרֶץ,[14] לֹא תֹהוּ בְרָאָהּ לָשֶׁבֶת יְצָרָהּ,[15] אבל עם זאת אדם צריך להרגיש גם קצת זרות וגלות.

על כך נאמר בגמרא: "אסור לאדם שימלא שחוק פיו בעולם הזה, שנאמר: אָז יִמָּלֵא שְׂחוֹק פִּינוּ וּלְשׁוֹנֵנוּ רִנָּה[16]".[17] אדם מישראל אינו יכול לצחוק בפה מלא, כי המציאות עדיין אינה שלמה, משיח בן דוד עוד לא בא. לכן בחתונה, ברגע המאושר ביותר בחיי האדם, הוא שובר כוס ושם אפר מקלה על ראשו. כשיהודי נכנס לבית חדש, הוא משאיר בו אמה על אמה בלי טיח; הכניסה לדירה חדשה

היא אומנם צעד מבורך, דירה נאה מרחיבה דעתו של אדם,[18] אך יש לזכור שהעולם הזה עדיין אינו שלם. יש מציאות שלמה שעדיין צריכה להתגלות.

גירות, עבדות ועינוי

לפי חז"ל, בהבטחה "כי גר יהיה זרעך... ועבדום וענו אותם" כלולות שלוש גזרות: גירות, עבדות ועינוי. לדבריהם, עם ישראל קיבל את שלושת העונשים הללו בעקבות שלוש עברות של אברהם אבינו:[19] הגירות - על שהשתמש בתלמידי חכמים כלוחמים במלחמה מול ארבעת המלכים, וַיָּרֶק אֶת חֲנִיכָיו;[20] העבדות - על שאלתו של אברהם אם יזכה לרשת את ארץ ישראל, בַּמָּה אֵדַע כִּי אִירָשֶׁנָּה,[21] שמבטאת כביכול ספק באמונה; העינוי - על שאברהם השיב את אנשי סדום למלך סדום הרשע, ולא לקח אותם תחת חסותו להכניסם תחת כנפי השכינה. אין פירושם של דברים שכיוון שאברהם אבינו אמר משפט לא זהיר כל עם ישראל סובל מזה שנים רבות; אלא ששלושת הצעדים הללו מעידים על חסרונות מסוימים בבית אברהם שצריכים להתברר ולעבור תיקון. התיקון נעשה דרך גלות, עבדות ועינוי של עם ישראל.

עם ישראל ביחס לאומות מאופיין בשלוש תכונות: כישרון, קיום והשפעה.[22] הכישרון המיוחד של עם ישראל הוא הנבואה, שבאמצעותה קיבלו את ישראל את התורה; הקיום הוא יכולת ההישרדות הייחודית של עם ישראל; וההשפעה היא ההקרנה של ישראל על כלל העולם. את הנקודה הראשונה, הכישרון, מייצגים לומדי התורה. אברהם אבינו עושה שימוש בתלמידי חכמים, צעד שיכול לנבוע מתפיסת התורה כאמצעי לעולם הזה. בעיני מי שמנצל לומדי תורה למטרות שונות, התורה היא אוסף של כלי עזר, שאפשר לתקן באמצעותם את העולם באופן משופר. לדוגמה, אפשר לראות בברכות לפני האכילה כלי לדחיית סיפוקים ותו לא. אומנם זהו יחס חיובי לתורה, שהרי אנשים שרואים כך את התורה מאמינים ביכולתה להועיל, אך הראייה שלהם מוגבלת לתועלת בעולם הזה. זו הייתה מטרתו של יוסף, לנהל את המציאות, אבל צריך לדעת שעניינה העיקרי של התורה הוא גדול יותר מניהול העולם הזה. יש עולם רוחני שעומד בפני עצמו. התיקון לעמדה זו הוא גירות - כשעם ישראל אינו בארצו, אין לו צבא, כלכלה ומשטר, אלא רק תורה. כך הוא מתרגל לעובדה שהתורה עומדת מצד עצמה ואינה אמורה רק לשרת את שאר מעגלי החיים.

הנקודה השנייה, הקיום, קשורה לשאלה "במה אדע כי אירשנה". רבים מאיתנו נוהגים לזהות את הקיום של עם ישראל עם תחייתו בארצו. כשיש

מדינה שיש בה ביטחון, צבא, כלכלה וחקלאות, ברור שעם ישראל מתקיים בארץ. בגלות, לעומת זאת, הקיום אינו מובטח. תחושת הארעיות וחוסר הביטחון, נוסף על הבדידות וחוסר השייכות שבגלות, מעלים את התהייה - איך נדע אם נירש אי פעם את הארץ? והאם עם ישראל יחזיק מעמד בגלות ויוכל לחזור לארצו? בימינו, קל הרבה יותר לדעת שעם ישראל יכול להחזיק מעמד. גם בלי קשר לפריחה ולהצלחה של מדינת ישראל - אנו זוכרים שעברנו את פרעה, ועברנו גם אלפי שנות היסטוריה, לכן נוכל לעבור גם את הקשיים שיש לנו עדיין במדינת ישראל. אולם לפני מאות שנים בגלויות השונות, יהודי שחי בכפר נידח, ולא ידע מה הוא יאכל מחר, לא היה יכול לדעת בוודאות שעם ישראל ישרוד. הגלות מבררת כי נֵצַח יִשְׂרָאֵל לֹא יְשַׁקֵּר וְלֹא יִנָּחֵם כִּי לֹא אָדָם הוּא לְהִנָּחֵם.[23] בדיעבד הגלות בירה את הנצחיות והשרידות של עם ישראל.

הנקודה השלישית, ההשפעה של עם ישראל בעולם, היא סוגיה רחבה:[24] כל עוד עם ישראל נמצא בארצו, השפעתו על העולם היא בצורה חיונית. למשל בזמן מלכות שלמה, כאשר עם ישראל היה בשיא תפארת ממלכתו, כל העמים רצו להתחבר לעם ישראל מרצונם מתוך הזדהות ושמחה, ולא על ידי כפייה. ראשי העמים ראו אימפריה של עם מצליח, ורצו להתחבר אליה. כאשר עם ישראל בגלות, הוא מתפזר ברחבי העולם ונמצא במעמד פיזי שפל, אך בכל זאת הוא משפיע על העולם דרך הקהילות היהודיות. היהודים מפוזרים בין הגויים ומפיצים רעיונות שהגויים נאלצים לקבל בעל כורחם. השפעה זו מתקנת את הבחירה של אברהם שלא להשפיע על אנשי סדום. כיוון שהשפעה זו אינה נובעת מרצונם של העמים, היא גורמת גם לשנאת ישראל. הגויים מזהים מולם תוכן נכון, אך מנוגד לאופן שבו הם חיים כעת, וכך נוצרת אצלם בתת־ההכרה שנאה כלפי היהודים. אפשר לדמות זאת לכיתה שיש בה ילד מצטיין - שאר הילדים יודעים שהם אמורים להיות כמותו, אך דווקא בגלל זה סביר להניח שהם ישנאו אותו ויתעורר אצלם אנטגוניזם כלפיו בגלל עצם נוכחותו. רוב שונאי ישראל לא הכירו בזה בגלוי, אך היטלר ימ"ש כתב במפורש בספרו מיין קאמפף (=מלחמתי) כי היהודים מפיצים את "חיידקי המוסר". הוא זיהה מה גורם לו לשנוא את היהודים עד מוות. זהו השורש העמוק של האנטישמיות.

אלו התפקידים של הגלות ברמה הלאומית, וגם ברמה האישית. אדם צריך לדעת שהעולם הזה אינו חזות הכול. לדוגמה, אדם פועל בעולם הזה מתוך יראת שמיים ומגיע להצלחה כלכלית, משפחתית וחברתית. הוא שמח בהישגים שלו עד

שהם ממלאים את עולמו. הוא שוקע בעולם הזה ואינו רוצה להרפות ממנו. זו נטייה שקיימת אצל כולנו. איננו רוצים לעזוב את העולם הזה. חז"ל[25] מתארים את ההבדל בין צדיקים לרשעים בשעת מיתתם: הרשעים עוזבים את העולם הזה "כפיטורי בפי ושט" - כמו חבל מטבעת של ספינה, שקשה לקרוע אותו, כך הם נקרעים בקושי מתענוגות העולם הזה, כי הם מרגישים בו טוב. צדיקים עוזבים את העולם הזה "כמשחל בניתא מחלבא" - כמו ששערה נמשית מכוס חלב בקלות רבה. הם אומנם חיו בעולם הזה ועשו בו את מה שנדרש, אך הם אינם אחוזים בו יותר מדי. כשצריך לצאת ממנו, הם יוצאים.

חלק מתהליך הצמיחה של עם ישראל, ושל כל אדם באופן אישי, הוא להתנתק לזמן מה מהעולם הזה. להרגיש זרות ולהתכנס בבתי הכנסיות ובתי המדרשות. אנשים זחוחים, שמרוצים מחייהם בעולם הזה טוב להם בו, על פי רוב יש להם חסך כלשהו בעולם הרוחני. הם צריכים לעבור תהליך של גירות, כדי להבין שהם אינם שייכים לעולם הזה באופן מלא. הם זקוקים לעבדות ולעינוי, שמוציאים את האדם מהמציאות הנוחה שלו; העבדות היא תלות במציאות אחרת, והעינוי הוא מלחמה פנימית של האדם נגד עצמו. זה מצב של כתישה, קושי ומאבק מול העולם הזה, שמבהיר לאדם כי מקומו האמיתי גבוה יותר.

בעבודת ה' האישית, כפי שכותבים ראשונים ואחרונים רבים, יש שני שלבים, כתישה והזדהות. בעל הכתב והקבלה,[26] רבי יעקב צבי מקלנבורג, מקשר זאת למושגים "כובש" ו"ישר". השלב הראשון הוא כיבוש - בתחילת הדרך אין אפשרות שהאדם ירגיש שמחה ואושר בעבודת ה', כי הוא עדיין אחוז בעולם הזה. קשה לו מהעולם הזה ומהנאותיו, והמגע עם העולם הרוחני גורם לו עינוי. "לעולם יעסוק אדם בתורה ובמצוות אף על פי שלא לשמה, שמתוך שלא לשמה בא לשמה"[27] - ההבנה המקובלת היא שאם אדם אינו מצליח ללמוד לשמה, שילמד שלא לשמה; אך לפי רבי חיים מוולוז'ין, אדם אמור להתחיל מלימוד שלא לשמה,[28] ורק בהמשך הדרך הוא יגיע להזדהות. בשלב השני, כשיהיה "ישר", הוא כבר יחוש הזדהות עם התוכן הרוחני וישמח בו. אוֹר זָרֻעַ לַצַּדִּיק וּלְיִשְׁרֵי לֵב שִׂמְחָה[29] - הצדיק זורע ואינו שמח, כי קשה לו בהתמודדות ובמלחמת היצר, והוא עדיין אינו רואה את פירות מאמציו. אך עם הזמן הוא ייעשה ישר ויזכה לשמחה.

כך מתחילות שנות הגירות והעבדות של בית יעקב. יעקב ומשפחתו יורדים למצרים בעגלות, ולפי בעלי הסוד, העגלות מסמלות את המעגל לעומת הקו הישר - הדרך הולכת להתעגל ולהתפתל, והמציאות תהיה לא פשוטה.

כל זאת מפני שעם ישראל אינו מסתפק בעולם הזה, ומגמת פניו היא לבניית העולם הרוחני העתידי.

התיישבות רוחנית במצרים

הדרך הרוחנית של יהודה והאחים מופיעה כבר בראשית התיישבותם במצרים. הפרשה מפרטת את כל בני משפחת יעקב היורדים למצרים, וכולם יחד, כולל יוסף ובניו, מונים שבעים נפש. המספר שבעים מבטא מציאות כללית, דוגמת שבעים אומות העולם. המספר שבעים בנוי מעשר כפולות של שבע: המספר שבע מבטא את עולם הטבע עם הקדושה שבתוכו (כמו שבעת ימי השבוע כולל השבת), והמספר עשר מבטא הרחבה. המספר שבעים מבטא את הכוח הבסיסי שמתוכו יצמח כל עם ישראל. עם ישראל יורד כגרעין איכותי למצרים, ומשם יפרה וירבה לכמות עצומה. כרגע בית יעקב עדיין קטן בכמותו, אך כיוון שעיקרו הוא הייעוד הרוחני, אין לו צורך בכמות גדולה. הכמות תגדל מאליה באופן טבעי, וְהָיָה רֵאשִׁיתְךָ מִצְעָר וְאַחֲרִיתְךָ יִשְׂגֶּה מְאֹד.[30]

בני ישראל מתיישבים בארץ גושן. המצרים זקוקים למרחבים גדולים, אך עם ישראל הוא עם איכותי - די לו בקרקע קטנה אך דשנה (האותיות ג־ד מתחלפות: גשן־דשן). העיקר אצלם הוא הרוח. גם כשיעקב אבינו מוצג לפני פרעה, המייצג את שיא ההצלחה של העולם הזה - הוא מרגיע: מְעַט וְרָעִים הָיוּ יְמֵי שְׁנֵי חַיַּי.[31] העולם הזה אינו חזות הכול.

דרכו של יהודה משפיעה גם על יוסף. בסוף הפרשה אוזל כספם של המצרים והם אינם יכולים לקנות אוכל מיוסף כדי לשבוע ברעב. יוסף קונה אותם לעבדים ומעביר אותם ממקום למקום בכל ארץ מצרים: וַיִּקֶן יוֹסֵף אֶת כָּל אַדְמַת מִצְרַיִם לְפַרְעֹה... וְאֶת הָעָם הֶעֱבִיר אֹתוֹ לֶעָרִים מִקְצֵה גְבוּל מִצְרַיִם וְעַד קָצֵהוּ.[32] בהשפעת מה שלמד מיהודה, הוא יוצר מודל כלכלי שבו גם המצרים כבר אינם מרגישים בבית. כל אחד מוכר את נחלתו לפרעה, חוץ מהכוהנים, המייצגים את הצד הרוחני. כל העולם מבין, דרך הירידה של עם ישראל לארץ גושן, מה העיקר ומה הטפל בחיים. המצרים מגלים שהעולם הזה, עם כל ההערכה כלפיו, אינו יציב, ויציבות אמיתית טמונה רק בעולם הרוחני הנצחי.

בזאת מסתיים המאבק הדרמטי בין יהודה ליוסף. המתח הגדול מסתיים בהתוודעות והסכמה, ללמדנו שבמאבקים בתוך עם ישראל אין מנצחים ומנוצחים. כל הצדדים נצרכים. גם אצל האדם ברמה האישית, כל הכוחות חשובים, ושום כוח אינו אמור לדחוק את זולתו. כפי שראינו בפרשות הקודמות,

יוסף ויהודה הם הלב והמוח. חשוב לתת ללב את מקומו ולאחד את כוחות הגוף; אך ברגע שנדמה שהלב שולט, וכל עניינו של האדם הוא רק לתפקד באופן הרמוני ותקין - המוח משדר לאדם את כיוונו ומטרתו.

סיכום

בפרשת ויגש מתוארת עלייתו של יהודה, והכוח הרוחני בעם ישראל תופס את הבכורה. שתי פרשות שלמות נתנו ליוסף את המקום שלו, כדי להדגיש שגם פעולתו בעולם הזה נדרשת, אולם כעת צריך להעמיד בראש את הייעוד הרוחני. הדרך לשם מתחילה מגלות, מצב של טלטלות וחוסר שייכות, שיוצר תחושה של זרות כלפי העולם הזה. כך מתברר שהיעד העיקרי הוא העולם הנצחי העתידי.

גם בחייו, האדם הפרטי צריך להתבסס היטב בעולם הזה, אך להציב בראש את העניינים הרוחניים. לעיתים הוא יידרש לעבור גלות וטלטלות כדי להתנתק מהעולם הזה ולהפוך את הרוח למרכז חייו.

גם במישור הלאומי, למדינת ישראל יש אתגרים רבים בהווה, אך מעבר להם מחכה לה ייעוד עליון ונצחי. אנחנו עדיין קרובים יותר לשלב של יוסף, עם רצון להתנהל בעולם הזה ככל העמים, אך הדברים ילכו ויתבררו עד למימוש הקומה הרוחנית של עם ישראל. מוטב יהיה אם התהליך יתברר מתוך הכרה ומודעות, אך אם הוא לא יקרה כך - נצטרך גירות, עבדות ועינוי, עד שבסופו של דבר יתברר תפקידנו בעולמו של הקדוש ברוך הוא.

ויחי

כל המעגלים נסגרים

ספר בראשית מלא במאבקים, אסונות ומוות, אך לקראת סופו – ורגע לפני ספר שמות ואפלת העבדות – כל המעגלים נסגרים. יוסף ואחיו, עם ישראל ואומות העולם – כולם מגיעים לשלום זה עם זה. רגע קטן של שלמות שמעניק לנו את התקווה לעתיד.

חיי האדם הם "מעטים ורעים", כדבריו של יעקב לפרעה, אולם לקראת מותו הוא זוכה לראות כיצד כל בניו עומדים סביב מיטתו. הוא יכול להבחין בחותם שהותיר בעולם הזה, ואז מתברר שמותו אינו אמיתי. הוא נשאר בחיים לנצח.

הנושאים בפרשה:

ברכת יעקב לאפרים ומנשה • ברכת יעקב לשבטים • מות יעקב וקבורתו • מות יוסף

כל סוף הוא סגירת מעגל. גם פרשת ויחי, הפרשה החותמת את ספר בראשית, היא פרשה של סגירת מעגלים.

פרשת ויחי פותרת מועקה שמלווה אותנו כבר מתחילת ספר בראשית, ספר עקרונות היסוד וקריאות הכיוון של האנושות. לאורך הספר, היה אפשר לבוא לידי ייאוש; הספר מלא במלחמות, במאבקים, בקנאה ובתחרות בין הדמויות המופיעות בו. החל מהקנאה בין קין והבל, דרך ההתמודדויות של יצחק אבינו מול ישמעאל ומול הפלשתים, ושל יעקב אבינו מול לבן ומול עשו, עד למאבקים הפנימיים במשפחתו של יעקב בין יוסף לאחיו.

אולם עתה, בפרשת ויחי, מגיעה ההרמוניה. כל המתחים מתיישבים, כל אחד מוצא את מקומו. אחרי שנסגר המעגל ונשלמת בנייתה של קומה זו - משפחת יעקב, אפשר בספר שמות לבנות את הקומה הבאה: עם ישראל.

יעקב לא מת

וַיְחִי יַעֲקֹב בְּאֶרֶץ מִצְרַיִם שְׁבַע עֶשְׂרֵה שָׁנָה... וַיִּקְרְבוּ יְמֵי יִשְׂרָאֵל לָמוּת.[1] הפרשה פותחת בביטוי "ויחי יעקב", אף שבפרשה זו יעקב הולך למות. המילה **ויחי** משדרת מעין אופטימיות, על אף מיתתו המתקרבת של יעקב אבינו.

אכן, בגמרא מובאים דברי רבי יוחנן: "יעקב אבינו לא מת".[2] שואלת הגמרא: והרי חנטו אותו וספדו לו? והתשובה היא: "מה זרעו בחיים, אף הוא בחיים". יעקב לא מת, עם ישראל לא מת, הטוב בעולם אף פעם אינו מת. ספר בראשית עסק רבות במוות, בכל המובנים. זה התחיל כבר בגירוש אדם הראשון מגן עדן, ברגע שבו התברר כי האדם כבר לא יחיה לעולם, אלא יתמודד עם המציאות בעולם על כל קשייה וכאביה - ובתוכם המוות שנמצא בכל פינה. בסוף הספר באה פרשת ויחי ומאירה את עינינו לבל נטעה: כל המיתות שאנחנו רואים, כל החסרונות והכאבים, כל המחלוקות והכישלונות, אינם אמיתיים. המיתה מתרחשת רק בעולם הזה. עבור אדם המבקש לחיות לנצח, הגוף הפיזי שסופו למות בבוא עיתו אינו חשוב, אלא האמונה, הנשמה והאמת שנשארים לתמיד. אדם יכול להישאר בחיים על ידי זרעו - הן במובן הפשוט, דרך צאצאים שהוא מעמיד אחריו, והן במובן של השארת חותם, דרך המעשים הטובים שהוא מותיר בעולם.

יעקב אבינו משאיר ילדים בעולם הזה, ולהם כוחות שונים ומגוונים. גם ריבוי הילדים הוא חלק מהדרך לחיות חיי נצח. מי שמקובע וממוקד בכוח אחד בלבד - מגביל את עצמו, וסופו לדעוך כאשר ייתם זמנו של אותו כוח. אולם ליעקב אבינו יש זרע אינסופי, שכולל את כל הכיוונים וכל האפשרויות, ולכן הוא יתקיים לנצח.

וַיִּקְרְבוּ יְמֵי יִשְׂרָאֵל לָמוּת, וַיִּקְרָא לִבְנוֹ לְיוֹסֵף וַיֹּאמֶר לוֹ... וְעָשִׂיתָ עִמָּדִי חֶסֶד וֶאֱמֶת - אַל נָא תִקְבְּרֵנִי בְּמִצְרָיִם. וְשָׁכַבְתִּי עִם אֲבֹתַי וּנְשָׂאתַנִי מִמִּצְרַיִם וּקְבַרְתַּנִי בִּקְבֻרָתָם.[3] יעקב פונה ליוסף בבקשה: אל תשאיר אותי סגור במציאות של מְצרים. במקום זאת, מקום הקבורה שאני רוצה הוא "עם אבותי". זהו ביטוי שחוזר כמה פעמים אצל האבות לפני מותם. בזאת מודיע יעקב לפני פטירתו:

במותי אני לא אעלם, חנוט בתוך קבר מצרי מקובע. אני אתחבר לשושלת הדורות, לשרשרת הנצח, ובתוכה אמשיך לחיות איתכם תמיד.

כאפרים וכמנשה

<u>וַיְהִי</u> <u>אַחֲרֵי</u> <u>הַדְּבָרִים</u> <u>הָאֵלֶּה</u> <u>וַיֹּאמֶר</u> <u>לְיוֹסֵף</u> <u>הִנֵּה</u> <u>אָבִיךָ</u> <u>חֹלֶה</u> <u>וַיִּקַּח</u> <u>אֶת</u> <u>שְׁנֵי</u> <u>בָנָיו</u> <u>עִמּוֹ</u> <u>אֶת</u> <u>מְנַשֶּׁה</u> <u>וְאֶת</u> <u>אֶפְרָיִם</u>.[4] יוסף הוא בכיר הבנים במצרים, והוא מתפצל לשניים. כחלק ממגמתו של יעקב לפרות ולרבות כדי להותיר זרע לנצח, הוא מפצל גם את יוסף לשני כוחות, מנשה ואפרים.

כיוון שיוצאים מיוסף שני כוחות, בהכרח יש לעסוק בשאלה מי יהיה הבכור. שאלה זו בולטת לאורך כל התורה: היא הופיעה במאבק בין עשו ליעקב על הבכורה, ותופיע במכת בכורות, במצוות פטר חמור, בדיני הירושה שבהם הבכור נוטל פי שניים ועוד. בימינו איננו מייחסים חשיבות רבה לבכורה, אך אצל אבותינו היא הייתה משמעותית מאוד. הבכור מחבר את הוריו אל הנצח, ובזה חשיבותו. לפני שנולדים ילדים לאדם, הוא חי את חייו הפרטיים; כל עוד אין הוא זוכה להוליד ילדים, הוא עלול למות ולהיעלם מן העולם. כאשר הוא מוליד אפילו ילד אחד, מצבו משתנה, והוא נהיה אבא. מעתה גם אם ימות, יהיה זרע אחריו בעולם. לכן ברגע זה הוא הופך מאדם פרטי לחלק משרשרת הנצח של האנושות. כשלאה יולדת את ראובן היא אומרת: "ראו בן", היא קוראת לכולם להביט ולראות שיש לה המשכיות ועתיד. גם יעקב בהמשך הפרשה יאמר לראובן: רְאוּבֵן בְּכֹרִי אַתָּה כֹּחִי וְרֵאשִׁית אוֹנִי.[5] אתה הפכת אותי לאב המון גויים ולחלק מהנצח האלוהי. זו משמעותו העמוקה של מעמד הבכור.

אם יש שני מועמדים לבכורה, עולה השאלה מיהו הבכור, כלומר מה יהיה הכיוון של המשפחה. הבירור מי הבכור הוא עיסוק בשאלה: לאיזה כיוון החיים מובילים? לאן יתפתח ההמשך? שאלה זו עמדה במוקד המאבקים הקודמים בספר בראשית, שבירורו לאן יתפתח בית אברהם, באיזה כיוון תתקדם המציאות. עכשיו יעקב אבינו דן בשאלה זו בתוך בית יוסף וניגש להכריע מי יהיה הבכור.

כאן יעקב עושה מעשה מפתיע: הוא מסכל את ידיו ומברך את אפרים, אף שמנשה נולד ראשון. יוסף כבר יודע מה עלול להתרחש בעקבות העדפה של בן אחד על פני אחיו הגדולים יותר. הוא חווה על בשרו, בפרשת וישב, את המתח והמלחמות שהתעוררו בעקבות היחס המועדף כלפיו. אולם יעקב אינו

חושש לזה ואומר שברכת הבנים לדורות תהיה: יְשִׂמְךָ אלהים כְּאֶפְרַיִם וְכִמְנַשֶּׁה.[6] בזאת מברכים את הילדים: כמו אפרים ומנשה שלא הייתה קנאה ביניהם, אף שהקדימו את אפרים הצעיר למנשה הגדול, כך לא תשרה קנאה ותחרות ביניכם.

כעת המעגל נסגר: אין עוד תחרות בין האחים. יש כוחות שונים בין הבנים, ולפעמים יש צורך להקדים את האחד על פני האחר. כרגע צריך להקדים את אפרים מפני שלשבט אפרים צפוי מקום חשוב בעתיד של עם ישראל, ועם זאת צפויות לו גם בעיות בדורות מסוימים - כגון מלכותו של ירבעם בן נבט משבט אפרים. מנשה אינו מקנא באפרים על כך. לעתיד לבוא, כשגדעון משבט מנשה יהיה השופט המושיע מפני מדין, ואנשי שבט אפרים יבואו אליו בטענות על שלא קרא להם למלחמה, הוא יענה להם: הֲלוֹא טוֹב עֹלְלוֹת אֶפְרַיִם מִבְצִיר אֲבִיעֶזֶר.[7] גדעון מעריך את הכרעת הקרב בידי אפרים יותר מאת הקרבות שניהל הוא עצמו, כלומר מודה שאפרים טובים ממנו. הוא אומר זאת אף על פי שדחקו את מנשה מפני אפרים, מפני שאין עוד מקום לתחרות וקנאה בין האחים.

אנשים מקובעים אינם יכולים לסכל את הידיים, אבל אצל יעקב מופיעה גמישות זו. הוא יודע לספוג שינויים שדרושים במציאות. בהמשך הפרשה ייעשו שינויים נוספים: יעקב ישנה את מעמדם של חלק מהאחים, יעלה חלק מהשבטים ויוריד שבטים אחרים, אך כל האחים יבינו ויקבלו. הם כבר אינם מקנאים זה בזה ויודעים שכל אחד מקבל את מקומו הנכון בבית.

יעקב אבינו מחבר את כל הקצוות לפני מותו. הכול מתחבר, אין קנאה, אין תחרות ואין מריבות. כך משלים יעקב את משפחתו, ומכין אותה לקראת הקומה החדשה שצריכה להיבנות על גבה.

בדרך

וַאֲנִי בְּבֹאִי מִפַּדָּן מֵתָה עָלַי רָחֵל בְּאֶרֶץ כְּנַעַן בַּדֶּרֶךְ בְּעוֹד כִּבְרַת אֶרֶץ לָבֹא אֶפְרָתָה, וָאֶקְבְּרֶהָ שָּׁם בְּדֶרֶךְ אֶפְרָת הִוא בֵּית לָחֶם.[8] באותם רגעים יעקב אבינו, לכאורה בלי קשר לעניין, מזכיר ליוסף איך רחל אימו מתה בדרך. חז"ל[9] דורשים מה הייתה כוונתו של יעקב: הוא ביקש לומר ליוסף שלא יקפיד עליו בעקבות הבקשה להיקבר בארץ ישראל, אחרי שהוא עצמו לא קבר את רחל במערת המכפלה, אלא בדרך. רחל אימנו היא כוח שאינו מגיע למיצוי שלו בעולם הזה. רחל נקברת על "אם הדרך", באמצע האימהות, היא לא הספיקה לממש את האימהות שלה. מיד כשבנימין נולד היא נפטרה מן העולם. רחל נשארת בדרך,

ושם מְבַכָּה עַל בָּנֶיהָ... כִּי אֵינֶנּוּ.[10] רחל לא הגיעה להשלמתה בעולם הזה, אך היא ממשיכה לעמוד במקומה הנצחי וללוות את עם ישראל לאורך כל הדרך במשך הדורות.

יעקב אבינו, בקוברו את רחל בדרך, בונה את הנצח ואת החיים של עם ישראל. הוא מודיע ליוסף ולשני בניו שיש להם אימא שנמצאת בדרך, שניצבת שם ומלווה את כל הכוחות עד שיגיעו ליעדם. מקומה הוא בית לחם, מקום שמתקשר **להלחמת** כל הכוחות ו**לחלום** על מציאות טובה יותר. לעם ישראל צפויה עוד דרך ארוכה, הוא עומד לשהות במשך מאתיים ועשר שנים בכור הברזל במצרים, וגם לכשיצא ממצרים - תהיה זו רק תחילת המסע. הדרך תימשך אלפי שנים, עד שעם ישראל יתקן את העולם. לאורך כל הדרך הזאת, רחל תעמוד מנגד. יעקב לא מת, רחל לא מתה. הם נשארים עִם עַם ישראל בחיי הנצח.

ה' אחד

וַיִּקְרָא יַעֲקֹב אֶל בָּנָיו וַיֹּאמֶר הֵאָסְפוּ וְאַגִּידָה לָכֶם אֵת אֲשֶׁר יִקְרָא אֶתְכֶם בְּאַחֲרִית הַיָּמִים.[11] כל בניו של יעקב, אחרי כל המתחים והמאבקים ביניהם, מתאספים סביב מיטתו של יעקב. חז"ל אומרים שכשהתאספו בניו של יעקב סביבו, הוא שתק והיסס לכמה רגעים. הבנים חשבו שיעקב חושד שמא אחד מהם מערער על מידותיו של הקב"ה, ויש לו טענות כלפי בורא העולם. אמרו לו: "שמע (אבינו) ישראל - ה' אלוהינו ה' אחד; כשם שאין בלבך אלא אחד, כך אין בלבנו אלא אחד". ענה יעקב ואמר: "ברוך שם כבוד מלכותו לעולם ועד".[12]

האחים אומרים ליעקב אביהם: אל תדאג, אומנם היו סכסוכים בינינו ואולי עוד יהיו, אבל הכול מתאחד ומתחבר תחת אלוהים אחד. כל הבנים מתאחדים יחד, כל הכוחות והזרמים מתיישרים לפי הקו של יעקב.

בעקבות מדרש זה, אנו אומרים בקריאת שמע את הפסוק "שמע ישראל" בקול ואחריו "ברוך שם כבוד מלכותו" בלחש.* באמירת "שמע ישראל" נהוג לכסות את העיניים, כי כשאדם מביט בעיניים פקוחות - המבט שלו מתפזר והוא רואה כוחות ומאבקים בין גורמים שונים בעולם. כשמכסים את העיניים -

* אומרים זאת בלחש, כיוון שלגבי מלכות ה' הגדולה שמשתקפת ב"שמע ישראל", "כבוד מלכותו" מבטא רמה פחותה יותר של הכרה באמת הא-להית. יש רגעים קשים שבהם איננו פוגשים את הקב"ה באחדותו המושלמת, אלא ברמה נמוכה יותר. רק ביום הכיפורים אומרים "ברוך שם כבוד מלכותו" בקול רם, כי אז רואים את מלכות ה' בכל מקום.

מתכנסים פנימה, אל המקור האחד, שבו הכול מתחבר. בחוץ יש כישלונות, יש קשיים, יש נפילות, אך כל זה רק מעל פני השטח, ומתחת לפני השטח כולנו אחד.

ברכות השבטים וכוחותיהם השונים

יעקב אבינו יודע שהוא הולך למות, ואינו מפחד מהמוות. בשעה זו הוא מביט אל העתיד הרחוק ומדריך את בניו כיצד להמשיך הלאה.

רְאוּבֵן בְּכֹרִי אַתָּה כֹּחִי וְרֵאשִׁית אוֹנִי יֶתֶר שְׂאֵת וְיֶתֶר עָז. פַּחַז כַּמַּיִם אַל תּוֹתַר כִּי עָלִיתָ מִשְׁכְּבֵי אָבִיךָ אָז חִלַּלְתָּ יְצוּעִי עָלָה.[13] בתור הבכור, ראובן הוא ביטוי לכוח מתפרץ שמצמיח חיים. יש בו גם סכנה, ואכן ראובן נכשל כשבלבל את יצועי אביו. אחרי שיעקב נותן מחמאה לראובן, הוא מטיל עליו ביקורת, וראובן שותק. כאמור, יעקב בונה כאן את החיים של עם ישראל לדורות, ולכן ברור שדבריו אינם נובעים מנגיעות אישיות; גם ראובן יודע זאת, ולכן אינו מתנגד ואינו מגיב כלל לדברי יעקב. ראובן לא שתק כאשר יעקב העביר את בלהה שפחת רחל לאוהלו אחרי מות רחל, אלא תבע את זכות לאה אימו;[14] אבל עכשיו ראובן שומע ושותק, כמו שאר האחים אחריו. הוא מקבל את דברי אביו ויודע את מקומו הנצחי.

שִׁמְעוֹן וְלֵוִי אַחִים כְּלֵי חָמָס מְכֵרֹתֵיהֶם.[15] גם לשמעון ולוי יש כוחות מתפרצים, ואפילו חזקים ואלימים. יעקב מביע כלפיהם ביקורת קשה מאוד, אך שמעון ולוי שותקים ומקבלים גם הם. אף יעקב, מצידו, אינו מוכן לוותר על הכוחות הללו בעם ישראל: אֲחַלְּקֵם בְּיַעֲקֹב וַאֲפִיצֵם בְּיִשְׂרָאֵל.[16] הכוחות של שמעון ולוי מסוכנים ועלולים להביא לאסון, אך מצד שני יש גם בהם צורך. הפתרון הוא להפיץ אותם בישראל. חז"ל[17] אומרים שמשמעון יצאו מלמדי תינוקות, שהיו מסתובבים בין הערים ומלמדים תורה, ומשבט לוי יצאו הכוהנים והלוויים, שעריהם היו מפוזרות בין שבטי ישראל. התוכחה של יעקב אינה מוחקת את הכוחות שיש בבניו, אלא דורשת לתעל אותם לאפיקים הנכונים. לשבט לוי יהיה תפקיד אדיר בעם ישראל, כשהוא ישתמש בכוחו במינון נכון. הלוויים צריכים **להתלוות** אל האחרים; ללוויים רבים יחד יש עוצמה גדולה מדי, ולכן צריך לפזר אותם בעם ישראל. כשהלוויים יהיו מפוזרים בין השבטים, במקום לגור יחד בנחלה אחת, כולם יושפעו מהם לטובה. כִּי שִׂפְתֵי כֹהֵן יִשְׁמְרוּ דַעַת וְתוֹרָה יְבַקְשׁוּ מִפִּיהוּ כִּי מַלְאַךְ ה' צְבָאוֹת הוּא.[18]

יְהוּדָה אַתָּה יוֹדוּךָ אַחֶיךָ יָדְךָ בְּעֹרֶף אֹיְבֶיךָ יִשְׁתַּחֲווּ לְךָ בְּנֵי אָבִיךָ.[19] ראינו בפרשות הקודמות את כוח ההודאה של יהודה. חז"ל אומרים שבזכות ההודאה בטעותו במעשה תמר - הוא זכה שיודו לו אחיו.[20] דווקא מי שיודע להודות בטעותו, ולחזור בתשובה, יכול להיות מלך. זה גם כוחו של דוד המלך שיצא משבט יהודה.

יעקב מציין גם את התנגדותו של יהודה להריגת יוסף, מִטֶּרֶף בְּנִי עָלִיתָ,[21] ועובר לתיאור מלכותו של יהודה: לֹא יָסוּר שֵׁבֶט מִיהוּדָה וּמְחֹקֵק מִבֵּין רַגְלָיו עַד כִּי יָבֹא שִׁילֹה וְלוֹ יִקְּהַת עַמִּים,[22] כלומר בבוא המשיח יתקהלו סביבו כל העמים. ברכת יהודה כוללת ריבוי גפן ויין: אֹסְרִי לַגֶּפֶן עִירֹה וְלַשֹּׂרֵקָה בְּנִי אֲתֹנוֹ.[23] בני יהודה יהיו רגילים לקשור את החמורים שלהם לגפנים שבנחלתם. היין, הנוזל הפנימי שיוצא מהענבים לאחר שמרסקים את המעטפת החיצונית שלהם, מבטא את הוצאת הכוחות הפנימיים מהכוח אל הפועל, "נכנס יין יצא סוד".[24] החמור מבטא את כוחות החומר, וקשירתו לגפן מבטאת את רתימת הכוחות החומריים למגמה הרוחנית העליונה. לכן אומרים חז"ל שהמשיח יבוא רכוב על חמור;[25] משיח בן יוסף יבנה את קומת החומר, ועל גביה יבוא משיח בן דוד, יבנה מכל הכוחות של עם ישראל את הקומה הבאה.

זְבוּלֻן לְחוֹף יַמִּים יִשְׁכֹּן וְהוּא לְחוֹף אֳנִיֹּת וְיַרְכָתוֹ עַל צִידֹן.[26] זבולון גובל בחוף. החוף הוא סוף היבשה המוכרת, והים הוא כבר המרחבים האינסופיים. זבולון הוא הכוח בעם ישראל שממשיך הלאה, ושט למחוזות חדשים. תפקידו של זבולון הוא להיכנס לחיי המסחר והעשייה ולפרנס את תלמידי החכמים של יששכר,[27] אולם מתוך שאר רוח. חז"ל אומרים שבגבולו של זבולון נמצא החילזון, שממנו מפיקים את התכלת לחוטי הציצית.[28] התכלת דומה לים, הים דומה לרקיע והרקיע דומה לכיסא הכבוד;[29] תפקידו של זבולון הוא לשאת עיניים לשמיים, להסתכל על המציאות שתלך ותופיע מעבר למה שנמצא כאן ועכשיו.

יִשָּׂשכָר חֲמֹר גָּרֶם רֹבֵץ בֵּין הַמִּשְׁפְּתָיִם.[30] יששכר הוא כבהמת משא, שמים עליו משא כבד והוא נושא אותו בהתמדה. חז"ל אומרים שלומדי התורה באים משבט יששכר,[31] שנאמר: וּמִבְּנֵי יִשָּׂשכָר יוֹדְעֵי בִינָה לַעִתִּים.[32] ליששכר יש כוח סבל והתמדה שאין לכל אחד; לא כל עם ישראל צריך ללמוד תורה כל היום, אלא אנשים שזה תפקידם. יש שתפקידם להפליג בים, יש שתפקידם להנהיג, יש שתפקידם לעסוק בחינוך ויש שתפקידם ללמוד תורה.

יְהִי דָן נָחָשׁ עֲלֵי דֶרֶךְ שְׁפִיפֹן עֲלֵי אֹרַח הַנֹּשֵׁךְ עִקְּבֵי סוּס וַיִּפֹּל רֹכְבוֹ אָחוֹר.[33] חז"ל אומרים על דן: "אין לך ירוד משבט דן".[34] זהו השבט הפראי ביותר בעם ישראל, וגם לו יש מקום. הפראות של דן תמצא את ביטויה אצל שמשון, בן

שבט דן שיילחם בפלשתים. שיטתו תהיה כמו של נחש הנושך עקבי סוס: סוס הוא ביטוי למציאות חומרית רבת עוצמה, אך הנחש הקטן יכול להכיש אותו מלמטה ולהפיל אותו. דן הוא הכוח בעם ישראל שתפקידו להכיש, לשלוח ארס באויב וכך להמית את כל גופו.

חז"ל מספרים שגם חושים, בנו של דן, התאפיין בתכונה זו. כשבני יעקב התקבצו במערת המכפלה לקבור אותו, הופיע עשו ועצר בעדם בטענה שהמקום האחרון במערת המכפלה שייך לו; בזמן שהאחים התלבטו ביניהם מה לעשות, בא חושים בן דן שהיה כבד שמיעה, ראה את ארונו של יעקב מתבזה, ניגש לעשו ובמכת אלה הרג אותו.[35] גם חושים בן דן הוא ביטוי לכוחות גסים, שמפעילים כוח אינסטינקטיבי חושני בלי הבנה. כוח זה טומן בחובו גם סכנה, ואכן שמשון נפל ביד דלילה והפלשתים. לפי חז"ל, יעקב אבינו ברוח קדשו ראה את שמשון עומד בין שני עמודי התמך של בית דגון אלוהי הפלשתים, ומתפלל לה': זָכְרֵנִי נָא וְחַזְּקֵנִי נָא אַךְ הַפַּעַם הַזֶּה הָאֱלֹהִים וְאִנָּקְמָה נְקַם אַחַת מִשְּׁתֵי עֵינַי מִפְּלִשְׁתִּים.[36] על זאת התפלל יעקב: לִישׁוּעָתְךָ קִוִּיתִי ה'.[37] יעקב ידע שהכוח של דן יופיע במהלך ההיסטוריה והתפלל שהוא יצליח למלא את תפקידו ולא ייפול.

גָּד גְּדוּד יְגוּדֶנּוּ וְהוּא יָגֻד עָקֵב.[38] גד הוא כוח שמתקבץ יחד, לעקוב אחרי האויבים של עם ישראל ולנצחם. אליהו הנביא יצא משבט גד, וגם תפקידו יהיה לקבץ את כולם לגדוד אחד: וְהֵשִׁיב לֵב אָבוֹת עַל בָּנִים וְלֵב בָּנִים עַל אֲבוֹתָם.[39]

מֵאָשֵׁר שְׁמֵנָה לַחְמוֹ וְהוּא יִתֵּן מַעֲדַנֵּי מֶלֶךְ.[40] מקום מושבו של שבט אשר הוא בגליל, אזור מלא תנובה ובפרט שמן זית. מדרשים רבים מתארים שנחלת אשר הייתה העשירה ביותר. אשר הוא כוח הרווחה הכלכלית בעם ישראל, והוא יפרנס את האומה הישראלית. גם הכלכלה היא חלק מהמערך הכולל של האחדות במציאות.

נַפְתָּלִי אַיָּלָה שְׁלֻחָה הַנֹּתֵן אִמְרֵי שָׁפֶר.[41] נפתלי הוא כוח שאין לו משל עצמו כלום; הוא שליח לחבר חיבורים בין השבטים. **נפתלי** מלשון **פתיל**, חבל שיוצר קשרים וחיבורים.

בֵּן פֹּרָת יוֹסֵף בֵּן פֹּרָת עֲלֵי עָיִן.[42] יוסף הוא כוח הפרייה והרבייה. עין הרע אינה שולטת בו, שום דבר אינו יכול לפגוע בו בעולם הזה. וַיְמָרְרֻהוּ וָרֹבּוּ וַיִּשְׂטְמֻהוּ בַּעֲלֵי חִצִּים,[43] אויבים וגורמים רבים ניסו לחסל את יוסף, אבל וַתֵּשֶׁב בְּאֵיתָן קַשְׁתּוֹ וַיָּפֹזּוּ זְרֹעֵי יָדָיו.[44] זרועות ידיו משולות לפז, יש לו ידי זהב, הוא הכוח שמסדר את הדברים. זה יהיה תפקידו של משיח בן יוסף, שיכין את השטח לבוא משיח בן דוד.

מִידֵי אֲבִיר יַעֲקֹב מִשָּׁם רֹעֶה אֶבֶן יִשְׂרָאֵל[45] - חכמים דורשים: **אבן לשון אב ובן.**[46] יוסף ובניו, אפרים ומנשה, בונים יחד את בית ישראל וממשיכים את השרשרת. יהודה הוא המנהיג, אבל כוחו של יוסף יוביל את עם ישראל בגלות. בִּרְכֹת אָבִיךָ גָּבְרוּ עַל בִּרְכֹת הוֹרַי עַד תַּאֲוַת גִּבְעֹת עוֹלָם[47] - הברכות ליוסף שואפות עד הפסגות האינסופיות, אף שכוחו של יוסף הוא בניין ההווה, הוא ישמש כבסיס שעליו יבנה משיח בן דוד את חיי הנצח.

בִּנְיָמִין זְאֵב יִטְרָף בַּבֹּקֶר יֹאכַל עַד וְלָעֶרֶב יְחַלֵּק שָׁלָל.[48] בנימין הוא כוח שנמצא בחוץ, כמו הזאב שחי ביערות, ומגיח למקומות יישוב להשיג את שללו. עד כה, בכל הסיפורים בין יוסף לאחיו, לבנימין לא היה חלק פעיל. גם בהמשך הדורות הוא יבוא מבחוץ לפתור את הבעיות. בנימין הוא מבני רחל, ששייכים להווה, ולכן הפתרון שלו יהיה זמני, עד שיבוא התיקון השלם. למשל: כשלא יהיה מלך בישראל, יבוא שאול משבט בנימין וינהל את העם באופן זמני - עד שיבוא דוד ויקים את המלכות הנצחית. כאשר עם ישראל יימצא במבוכה בימי אחשוורוש, יופיע מרדכי היהודי משבט בנימין לסדר את העניינים בגלות אך עדיין לא להביא גאולה שלמה. לאופן הפעולה של בנימין, שמגיח מבחוץ וטורף, יש גם צד שלילי, עד כדי כך שבסוף ספר שופטים - בסיפור פילגש בגבעה - בנימין כמעט ייכחד. אולם גם הוא חלק מהתמונה השלמה של בית יעקב, שאותה מסדר יעקב אבינו לפני מותו.

יעקב מחבר את הקצוות לפני מותו, כולל מה שקשור למתחים ולמלחמות בעתיד. כך נהגו גדולי ישראל לפני מותם. לדוגמה, בהפטרת ויחי אנו מוצאים את הצוואה של דוד לשלמה בנו,[49] הכוללת את הריגת יואב בן צרויה ושמעי בן גרא. במבט שטחי היה מקום לחשוב שמדובר בחיסול חשבונות אישי; אך דוד המלך יודע אילו כוחות מפריעים לממלכה ועם מי יש למצות את הדין לטובת העם כולו. יעקב אבינו יודע שיהיה צורך להילחם באויבים, להכות בפלשתים ואף לנטרל כוחות בתוך הבית, כגון שמעון ולוי. כך הוא בונה את המערכת השלמה והמאוחדת של עם ישראל.

העולם מתאחד סביב יעקב

בסיום דבריו, יעקב מצווה את בניו לקבור אותו במערת המכפלה. כאן נסגר המעגל.

וַיַּעֲלוּ אִתּוֹ כָּל עַבְדֵי פַרְעֹה זִקְנֵי בֵיתוֹ וְכֹל זִקְנֵי אֶרֶץ מִצְרָיִם... וַיְהִי הַמַּחֲנֶה כָּבֵד מְאֹד.[50] מסע לוויה מכובד יוצא ממצרים למערת המכפלה. ארץ מצרים

כולה מכירה טובה ליעקב אבינו. באבל משתתפים לא רק המצרים, שחייבים טובה ליוסף ואף יראים ממנו, אלא גם הכנענים: וַיַּרְא יוֹשֵׁב הָאָרֶץ הַכְּנַעֲנִי אֶת הָאֵבֶל בְּגֹרֶן הָאָטָד וַיֹּאמְרוּ אֵבֶל כָּבֵד זֶה לְמִצְרָיִם.[51] חז"ל מתארים שכל מלכי מזרח ומערב ניגשו לארונו של יעקב ותלו עליו את כתריהם.[52] זו סגירת המעגל של ספר בראשית. ספר בראשית כולו היה כרוך במלחמות, מאבקים וגם חוסר הכרת הטוב: קין הרג את הבל, דור המבול ודור הפלגה לא הכירו טובה לקב"ה והשחיתו את דרכם, הפלשתים כפרו בטובתו של אברהם אבינו ונאבקו ביצחק וכן הלאה. כאשר יעקב נפטר ומובא לקבורה, כל האנושות מתאחדת, גומלת טובה עם יעקב ומכירה בערך הרוחני שמופיע בעולם.

כפי שהזכרנו לעיל, המדרש מספר שעשו ניסה למנוע את קבורת יעקב במערת המכפלה, וחושים בן דן הרג אותו. לפי תיאור חז"ל, ראשו של עשו התגלגל ונכנס לתוך המערה, כך שגם הוא זכה שחלק ממנו ייקבר במערת המכפלה. זהו עוד מעגל שנסגר: עשו נדחה מבית אברהם, אך מתברר שגם בו יש כוח חיובי, שיתוקן לעתיד לבוא וימצא את מקומו בתמונה השלמה.

לסגירת המעגל הזאת מביא יעקב אחרי פטירתו, כי באמת הוא חי ופועל לנצח. זו הבשורה של פרשת ויחי.

רגע לפני החושך

וַיִּרְאוּ אֲחֵי יוֹסֵף כִּי מֵת אֲבִיהֶם וַיֹּאמְרוּ לוּ יִשְׂטְמֵנוּ יוֹסֵף וְהָשֵׁב יָשִׁיב לָנוּ אֵת כָּל הָרָעָה אֲשֶׁר גָּמַלְנוּ אֹתוֹ.[53] ספר בראשית מסתיים בפחד של האחים. כיוון שיעקב נפטר, יוסף יכול לבוא חשבון עם אחיו. אולם יוסף מרגיע את אחיו, וַיְנַחֵם אוֹתָם וַיְדַבֵּר עַל לִבָּם.[54] הוא מבהיר להם שאין לו שום טינה כלפיהם, ואף מתחייב לכלכל אותם בעתיד. כך נסגר גם המעגל בין יוסף לאחיו, ובא הקץ לכל המריבות ביניהם. בזאת מסתיים ספר בראשית והמסך יורד על העידן הראשון של העולם. בסוף הכול מתחבר. העימותים בין הכוחות בבית יעקב סביב השאלה באיזו דרך לצעוד מובילים לכיוון אחד ברור שבו יצעד העולם לאחרית הימים.

רגע לפני הסיום, יוסף, בתור מי שכרגע מנהיג את הבית, מכין את משפחתו לחושך הגדול שמתקרב. בני ישראל ימשיכו לפרות ולרבות ויזכו בתקופה הקרובה לשגשוג גדול, אך לאחר מכן יקום מלך חדש אשר לא ידע את יוסף. יוסף אוסף את כולם, וכמו אבותיו, גם הוא יודע שהוא הולך למות. וַיֹּאמֶר יוֹסֵף אֶל אֶחָיו אָנֹכִי מֵת, וֵאלהים פָּקֹד יִפְקֹד אֶתְכֶם וְהֶעֱלָה אֶתְכֶם מִן הָאָרֶץ הַזֹּאת אֶל הָאָרֶץ אֲשֶׁר נִשְׁבַּע לְאַבְרָהָם לְיִצְחָק וּלְיַעֲקֹב.[55] רגע לפני שהחושך ירד

על בני ישראל במצרים, לפני השעבוד הפיזי והרוחני, יוסף מדליק את האור בקצה המנהרה. לבסוף ישובו כולם לארץ ישראל ויגשימו את ייעודם.

פרשת ויחי נקראת תמיד בחורף האפל, בימי חודש טבת, תקופה שבה צמים על תחילת המצור סביב ירושלים. ברבות השנים הצטרפו לחשכה זו מאורעות קשים נוספים - ממות עזרא הסופר, דרך תרגום התורה ליוונית שהחדיר תרבויות חיצוניות לעם ישראל, ועד יום הקדיש הכללי לזכר חללי השואה. יש הרבה אפלה בעולם, יש קשיים ומוות, אך פרשת ויחי מלמדת שהחיים ממשיכים לנצח. כל המעקשים יסתדרו, כל כוח ימצא את מקומו, גם אם יעברו מאות ואלפי שנים. מתוך מותו של עזרא הסופר תתפתח התורה שבעל פה, מתוך התרגום ליוונית תופיע התורה בממדים רחבים יותר, מתוך החורבן ייבנה בית המקדש במהרה בימינו.

סיכום

פרשת ויחי סוגרת את כל המעגלים שהיו פתוחים בספר בראשית. האחים מוצאים את מקומם, וכל אחד מקבל את ברכתו בהתאם למקומו ותפקידו. המצרים ומלכי כנען מתאחדים סביב מיטתו, גומלים לו טובה ומכירים בערכו. בית יעקב מסיים את ספר בראשית כשהוא מאוחד ומוכן לשלב הבא - שעבוד, ייסורים ושקיעה במ"ט שערי טומאה, שגם הם יסתיימו בגאולה.

האדם מתקדם בדרכו, עד שבסוף הדרך מגיעים כל מעגלי חייו לשלמותם. לא תמיד האדם זוכה לראות את סוף הדרך עלי אדמות; פעמים שהדרך עוד נמשכת, ואפילו כוללת קשיים נוספים, אך במוקדם או במאוחר היא תגיע לתכליתה השלמה. גם אם עד אז האדם כבר לא יהיה נוכח פיזית בעולם הזה, בעולם הנצח הוא תמיד קיים. מה זרעו בחיים, אף הוא בחיים.

שמות

שמות

מה השם שלך?

בפרשת שמות נפתח עידן חדש. בספר בראשית הניחו האבות את היסודות לבניין האנושות, ובספר שמות יוביל אותה עם ישראל לשלב הבא שלה. אם בספר בראשית הכרנו את "אלוהים", כלומר הפנמנו שיש כיוון שמוביל אותנו אֶל הטוב והמוסר בעולם הזה, בספר שמות אנו מתוודעים לשם המתקדם יותר: "אהי־ה אשר אהי־ה". השאיפה האינסופית למעלה, מעבר להווה.

כדי לקדם את העולם, צריך להשתחרר מהשעבוד למְצרי העולם הזה ולהיפתח לעולם עליון שהוא מעל ההווה וההוויה הגלויים. אדם פרטי, החי חיים מוגבלים, אינו מסוגל לעשות זאת אלא אם יתחבר לאומה, חברת אנשים שחיה לנצח. לצורך כך הוא צריך למשות את עצמו מן המים, מזרימת החיים הטבעית, ולהיות מוכן להצעיד את עצמו ואת עמו לחירות.

הנושאים בפרשה:

שעבוד מצרים • לידת משה • התבגרותו של משה ובריחתו למדין • מעמד הסנה • חזרת משה למצרים • עימות ראשון בין משה לאהרן ובין פרעה

מפרטים לכלל

בספר בראשית נפגשנו עם קומת התשתית של האנושות כולה, וכעת אנו עולים לקומה הבאה, ספר שמות. בספר זה מופיע עם ישראל על במת העולם. אחרי

שאבות האומה בנו את עצמם באופן פרטי, כיחידים ולאחר מכן כמשפחה, כעת משפחת בית יעקב צומחת לאומה. זהו צעד אחד קדימה עבור ישראל עצמם ועבור העולם כולו.

הרמב"ן מכנה את ספר שמות "ספר הגאולה".[1] בספר בראשית לא הייתה גאולה; הוא היה מלא בכישלונות, נפילות, מלחמות, תחרותיות וקנאה. רק בספר שמות, כשעם ישראל מתגלה בעולם, גם הגאולה מתחילה להתגלות. "גאולה" משמעה צמיחת קומה חדשה, עליונה, משוחררת ממסגרות העולם הזה. בהמשך דברינו נברר מהי גאולה זו, ומה הדרך אליה.

כדי להתקדם לגאולה זו, דרושה אומה. האבות, עם כל מעלתם, יכלו להנחיל מוסר לעולם רק במידה מוגבלת, כיוון שאדם פרטי חי על פני האדמה רק זמן מסוים. אומה, לעומת זאת, יכולה לחיות לנצח. לכן כדי שתהיה לעולם שאיפה גבוהה יותר מחיי ההווה, צריך לעבור מיחידים לאומה.

גם במישור האישי, בשלב הראשון האדם בונה את עצמו. הוא מפתח את היסודות הבסיסיים לחייו, בתחום האישי, המשפחתי, החברתי והמקצועי. לאחר מכן מגיע הזמן לצאת מהמעגל הפרטי ולהיות חלק מכלל, מחברה ומלאום שלם. רק בדרך זו יוכל לבנות בחייו קומה רוחנית שתישאר לנצח. זו תהיה הגאולה שלו.

לכל איש יש שם

וְאֵלֶּה שְׁמוֹת בְּנֵי יִשְׂרָאֵל הַבָּאִים מִצְרָיְמָה אֵת יַעֲקֹב אִישׁ וּבֵיתוֹ בָּאוּ.[2] פרשת שמות מקדישה מקום נכבד לשמות. בני ישראל הבאים מצרימה מוצגים קודם כול בשמותיהם; כשמשה ניצל ממוות ביאור, מסופר לנו כיצד הוא קיבל את שמו; במעמד הסנה, משה מוטרד מאוד מהשאלה מה שמו של הקב"ה; בסיום הפרשה ה' מבטיח למשה שפרעה ישלח את בני ישראל מארצו, ובהמשך לאמירה זו, מיד עם תחילת הפרשה הבאה, וארא - ה' מתגלה למשה בשם הוי"ה, שהוא שם חדש שלא נודע עד כה. לא במקרה הפרשה סובבת סביב שמות; המהלך של ספר שמות כולל את היציאה מהשעבוד ואת הגאולה, בניית הקומה החדשה בעולם, ולמהלך זה יש קשר מהותי עם המושג של **שם**.

שם אינו רק כינוי המשמש אמצעי לפנייה אל אדם אחר. שמו של אדם הוא דבר מהותי הרבה יותר: הוא מילת קוד לתפקידו של האדם בעולם, לייעוד הפרטי בתוך הבריאה הכוללת של הקדוש ברוך הוא.

בספר הקבלי ראשית חכמה,[3] שכתב רבי אליהו די־וידאש, מתואר הרגע שבו אדם נפטר מן העולם ומגיע לשמיים. בכניסה לגן עדן מחכה לו מלאך ששמו דומה (על פי הפסוק: "לא המתים יהללו י־ה, ולא כל יורדי דומה"[4]). מלאך זה, שמתואר כמלא עיניים, שואל את הנפטר שאלה אחת - מה שמו. אם האדם יודע מה שמו, המלאך מכניס אותו לגן עדן; אבל אם הוא שוכח את שמו, המלאך מוציא שלשלאות של ברזל, ומכה את האדם עד שייזכר מה שמו. בספר מתואר בפירוט כיצד האדם זועק מכאב ואינו זוכר מה שמו, והמלאך ממשיך להכות אותו עד שייזכר. תהליך זה נקרא בלשון המקובלים: **חיבוט הקבר**, כאילו הקבר (כלומר מצב המוות) חובט באדם שהגיע אליו.

כמובן, לתיאור זה של חיבוט הקבר יש משמעות עמוקה.[5] לכל איש יש שם, לכל אדם יש פסוק בתורה, ועליו לדעת מה מהותו וייעודו בעולם. זהו יסוד מרכזי בחיים, לכל אדם יש תפקיד שאף אחד אחר אינו יכול לבצע. יש זווית של העולם שיכולה להופיע רק דרכו. בתפילת יום כיפור אנו אומרים: "א־להי, עד שלא נוצרתי איני כדאי, ועכשיו שנוצרתי - כאילו לא נוצרתי".[6] לפני שנולדתי לא היה בי צורך, ומרגע שנולדתי - יש תפקיד שרק אני יכול למלא. אם אחטא לתפקידי ולא אמלא אותו, הרי זה כאילו לא נולדתי כלל.[7]

העמידה של האדם מול המלאך מתרחשת לא רק לאחר מותו; כפי שראינו בפרשות קודמות,[8] **מלאך** הוא ביטוי לכוח רוחני, לגילוי של אמת אלוהית. גם גן עדן אינו רק מציאות עתידית, אלא גם מרחב שהאדם יכול להשתייך אליו בכל עת. כל אדם, לאורך חייו, ניצב מול כוח ששואל אותו: מה השם שלך? מה הייעוד שלך בעולם? הכוח הזה מלא עיניים, כלומר מביט באדם מכל הצדדים, עד שאי אפשר לחמוק מהשאלה שלו (כמו בפסוק "עיני ה' המה משוטטים בכל הארץ"[9]). כפי שהקב"ה שאל את האדם הראשון בגן עדן "אייכה",[10] כך יש כוח ששואל את האדם איפה הוא ומי הוא. אם הוא זוכר את שמו - הוא שייך למרחב האלוהי, אך אם ישכח אותו ויבגוד בתפקידו - הוא עלול לאבד את מקומו במרחב של הקדוש ברוך הוא.

כאשר הורים עומדים לקרוא שם לתינוק שנולד להם, עליהם לזכור שהם נותנים ביטוי למהותו של הילד. חכמים אומרים שבקריאת שם לילד יש התנוצצות של רוח הקודש. למעשה הם מתנבאים מה יצא מהילד. המשימה שמוטלת עליהם אינה לחפש שם שנשמע טוב או אופנתי, אלא עליהם לחשוב על התקוות והחלומות, על השאיפות והתפילות שלהם כלפי הילד החדש, ולקפל אותם בשמו.

כמובן, שם אינו גזרת גורל. ילד שקיבל שם שאינו הולם את אישיותו (או שאינו הולם שום אישיות ערכית ומוסרית) אינו אבוד. שם הוא מושג רחב שאפשר לכלול בו משמעויות שונות, וגם במקרים קיצוניים, כמו שם לא ראוי - אפשר לשנות או להחליף את השם. ובכל זאת, שם הוא נקודת פתיחה משמעותית.

כשאדם שוכח את שמו, הוא שוכח את תפקידו, ואז מגיע אותו כוח רוחני של אמת וחובט בו בשוט ברזל. המשמעות היא שהמציאות טופחת לו על הפנים. כאשר אדם אינו מנסה להבין מה תפקידו בעולמו של הקב"ה, ואף מנסה לגנוב שמות של אחרים ולחקות אותם, סופו שייכשל פעם אחר פעם. לא רק אחרי המוות, אלא בכל יום ויום הוא עלול להיפגש בחוסר ההצלחה.

הראשית חכמה ממשיך ושואל: מה יעשה אדם כדי לזכור את שמו ולהיכנס לגן עדן? העצה היא לשנן פסוק שבו רמוז שמו של האדם (השם עצמו, או האות הראשונה והאחרונה שלו) באופן קבוע.[11] מנהג אחר שמזכיר את הרעיון הזה הוא להסתכל בספר התורה בשעה שמגביהים אותו ולחפש האות הפותחת של השם הפרטי (אדם נשוי, כשאשתו אינה בבית הכנסת, יחפש גם את האות הראשונה של שם אשתו). הרעיון של המנהגים הללו הוא לחפש את השם הפרטי בתורה. על ידי התבוננות בתורה, יזהה האדם גם את הייעוד והתפקיד האישי שלו.

עם תחילת תהליך הגאולה, עם ישראל בונה קומה חדשה בעולם, ולכן עליו לברר מה השם שלו. מה התפקיד שאותו הוא הולך לממש. בירור זה נדרש במיוחד לקראת הקשיים הצפויים בתהליך - וְאֵלֶּה שְׁמוֹת בְּנֵי יִשְׂרָאֵל הַבָּאִים **מִצְרָיְמָה**. בני ישראל יורדים לארץ המְצרים שבה יהיו משועבדים במשך תקופה ארוכה וחשוכה. את התקופה הזאת הם יעברו רק אם יזכרו מה שמם. לפי המדרש, אחת מהזכויות שבגללן נגאלו ישראל היא "שלא שינו את שמם".[12] מי שזוכר מי הוא ומה שמו - יכול לשרוד את העינוי והשעבוד ולהגיע לגאולה.

כאמור, גם במישור האישי, לאחר שאדם בנה את הבסיס של חייו, הוא מתקדם לקומה הבאה. לשם כך עליו להבין את תפקידו בעולם. אם ידע מה תפקידו ומה משמעותו, הוא יוכל להתקדם בתהליך שצפוי לו, ולא משנה מה יעבור בדרך - דבר לא ישכיח ממנו מי הוא באמת ומה הייעוד שלו בעולם.

שעבוד מצרים והריגת הזכרים

וּבְנֵי יִשְׂרָאֵל פָּרוּ וַיִּשְׁרְצוּ וַיִּרְבּוּ וַיַּעַצְמוּ בִּמְאֹד מְאֹד וַתִּמָּלֵא הָאָרֶץ אֹתָם.[13] נקודת הפתיחה של שעבוד מצרים היא שיא של פריחה. בני ישראל משגשגים בארץ

גושן, הודות ליוסף, המשנה למלך שמספק להם את כל צורכיהם. בנקודה הזאת, כשנראה שהמצב מצוין ואין לאן להתקדם, מתחיל לפתע תהליך השעבוד. הוא זה שיכריח את ישראל להתקדם לשלב הבא.

וַיָּקָם מֶלֶךְ חָדָשׁ עַל מִצְרָיִם אֲשֶׁר לֹא יָדַע אֶת יוֹסֵף.[14] שעבוד מצרים מתחיל בשכחה. ראינו שהציר המרכזי של הפרשה הוא זכירת השמות, וכעת בא מלך מצרים ושוכח את שמו של יוסף. **שכחה** אותיות **חשכה**. חושך בא לעולם.

השכחה אומנם באה מבחוץ, שהרי מלך מצרים הוא ששכח את יוסף ולא בני ישראל. אך לעיתים השכחה נובעת גם מבפנים; במצבי לחץ, כשהאדם נתון במאמצי הישרדות, הוא עלול לשכוח את משמעותו וייעודו. כל מגמתו היא להחזיק מעמד, וכבר לא מעניין אותו מאין הוא בא ולאן הוא הולך. למציאות הזו ניסו המצרים לגרור את בני ישראל, לְמַעַן עַנֹּתוֹ בְּסִבְלֹתָם.[15]

בהמשך לגזרת העינוי והעבדות, פרעה עושה צעד נוסף כדי להשכיח את שמם של ישראל: אִם בֵּן הוּא וַהֲמִתֶּן אֹתוֹ וְאִם בַּת הִוא וָחָיָה.[16] במבנה המשפחה בעם ישראל, הגבר מגדיר את המעטפת החיצונית של המשפחה, והאישה ממלאת את המשפחה בתוכן. שם המשפחה בא מהגבר, והאם יולדת ומביאה חיים לתוך המשפחה. בלשון המהר"ל, מקומו של הגבר במשפחה נקרא **צורה** - שם הדבר והגדרת מהותו, והאישה היא **החומר** - התוכן הפנימי.

מבין השניים, פרעה מבקש להשאיר את האישה ולמחוק את הגבר. אין לו בעיה שהבנות תחיינה ושיוולדו ילדים, אבל ללא השם "ישראל", בלי הגדרת מהותם של האנשים והמשפחות הללו. דוגמת מחנות ההשמדה של הנאצים ימ"ש, שנתנו לאנשים מספר במקום שמם, כדי למחוק את זהותם. כדי לעקור את השם, את המהות שבני ישראל אמורים לבטא בעולם, פרעה מצווה להרוג את הזכרים. כך יישארו בני ישראל בעולם, אבל לא בתור בני ישראל, אלא בתור אנשים סתמיים ונטולי הגדרה וזהות.

השעבוד קודם לגאולה

בשלב זה, פרעה מצליח במגמה שלו. הצלחתו במחיקת הזהות מתבטאת בעובדה שמכאן ואילך, לאורך הפרשה, לא יופיעו עוד שמות. לפני לידת משה נאמר: וַיֵּלֶךְ אִישׁ מִבֵּית לֵוִי וַיִּקַּח אֶת בַּת לֵוִי.[17] בהמשך, התורה עוד תספר כי הוריו של משה הם עמרם ויוכבד,[18] אך לעת עתה הכתוב מעלים את שמותיהם. תיאור שעבוד מצרים הוא סיפור ללא פרצופים, ללא שמות.

יתרה מזאת, חז"ל מתארים מציאות כואבת שקדמה ללידת משה.[19] בעקבות

גזרת פרעה להרוג את הבנים הזכרים, התגרשו עמרם ויוכבד, ובעקבותיהם גירשו כל הגברים בישראל את נשותיהם. מרים, בתם הגדולה של עמרם ויוכבד, אמרה לו שמעשהו חמור משל פרעה, כי בגללו לא ייוולדו לא זכרים ולא נקבות, ולא יהיה המשך לעם ישראל. עמרם קיבל את הביקורת והחזיר את יוכבד אשתו, ובעקבותיו כל הגברים החזירו את נשותיהם. לפי תיאור זה, עם ישראל היה על סף אבדון, הוא איבד את מהותו ומטרתו, עד שנולד משה. לידתו של משה מסמנת את תחילתה של הגאולה.

תהליך נורא זה מלמד אותנו יסוד חשוב: לפני האור חייב לבוא חושך. "לית נהורא אלא דנפיק מגו חשוכא",[20] כך אומר הזוהר הקדוש, ובעברית: אין אור אלא זה שיוצא מתוך החושך. כדי שקומה חדשה תיבנה בעולם, הקומה הקודמת צריכה להיהרס ולהיעלם. אם לא תיפול הקומה הקודמת, לא יגיע שלב חדש בעולם, אלא רק שינוי מסוים במציאות הקיימת. אם המטרה היא לגאול את העולם ולהביא אותו לרמה חדשה - חובה להתנתק לפני כן מהקומה הקודמת. לכן, לפני הגאולה חייב לבוא שעבוד, ולפני קריאת השם החדש של עם ישראל צריך לשכוח את השמות הקודמים.

כשהקב"ה גואל את עמו, המציאות מקבלת משמעות חדשה והעולם לא יהיה עוד כפי שהיה; לכן צריך כעת להיפרד מההגדרות הישנות, כדי שאפשר יהיה לברוא מציאות חדשה. מחיקת השמות בשעבוד מצרים מכשירה את הקומה הבאה, הופעת שמם החדש של ישראל.

גם ברמה האישית, כשאדם מסיים לבנות את היסודות שלו ומבקש להתקדם לקומה רוחנית, הוא צריך להיות מוכן להתחדשות. לא להסתפק בתוספת על מה שקיים בו, אלא להתחדש ממש. דוגמה בולטת היא גר שמתגייר, שמקבל שם חדש והופך לאדם אחר. אולם גם אדם שנולד בעם ישראל ובונה בעצמו קומה רוחנית יותר, צריך להיות מוכן למהלך שישנה את עולמו. אדם שמתחיל ללמוד תורה, למשל, צריך להיות מסוגל להתנתק מהגדרות קודמות שלו ולהיפתח לעולם רוחני חדש. כך גם מה שנבנה בו עד היום יקבל משמעות עמוקה יותר. אם עד היום הוא היה פעיל מאוד בחברה, לדוגמה, ועכשיו הוא מתחיל ללמוד בבית המדרש, אם לא יהיה מוכן לשינויים - הוא עשוי לתפוס את התורה כעוד כלי לשיפור החברה. רק אם יראה את עצמו כתינוק שנולד, כמי שצולל לתוך עולם חדש לחלוטין, הוא יתייחס גם לעשייה החברתית שלו כמוסר אלוהי, בעל תוקף מחייב ומשמעות עליונה ונצחית. דוגמה אחרת היא חתן שמתחתן, שגם הוא נחשב מבחינה מסוימת כתינוק שנולד. הוא אינו נשאר אותו אדם בתוספת שינוי קל בסטטוס האישי, אלא הופך לאדם אחר לגמרי.

שמו של משה

גם לאורך תיאור לידתו של משה, כל המעורבים בסיפור מופיעים בכינויים בלבד, ללא שמות. וַתַּהַר הָאִשָּׁה וַתֵּלֶד בֵּן... וַתֵּתַצַּב אֲחֹתוֹ מֵרָחֹק לְדֵעָה מַה יֵּעָשֶׂה לוֹ... וַתֵּלֶךְ הָעַלְמָה וַתִּקְרָא אֶת אֵם הַיָּלֶד...[21] סיפור שלם, עם כמה וכמה דמויות, אך ללא שם וזהות.

רק בסופו של סיפור זה, לאחר ש"בת פרעה" לוקחת את "הילד" מידי "האשה", מופיע סוף סוף שם: וַתִּקְרָא שְׁמוֹ מֹשֶׁה וַתֹּאמֶר כִּי מִן הַמַּיִם מְשִׁיתִהוּ.[22] משה הוא היחיד שיש לו זהות, והוא יגאל את בני ישראל מחוסרי הזהות אל מהותם החדשה.

משה נקרא כך על שם הוצאתו מן המים. המים, הגורם המרכזי במציאות הטבעית, מבטאים את העולם הזה. הם זורמים באופן קבוע, על פי סדרם הטבעי, "כל הנחלים הולכים אל הים".[23] משה נמשה מן המים כי הוא שייך למציאות שמעל הטבע, זו שיוצאת מהסדר הרגיל.

בהמשך סיפור יציאת מצרים, משה גרם להפיכת המים לדם ולקריעת ים סוף, וזה בא לבטא שמציאות החיים הטבעית עומדת לעבור שינוי. על ידי משה רבנו משתנה הטבע כולו, ואפילו אור השמש ייעלם במכת חושך. גם יהושע, תלמידו, ישפיע בעתיד על השמש והירח, שֶׁמֶשׁ בְּגִבְעוֹן דּוֹם וְיָרֵחַ בְּעֵמֶק אַיָּלוֹן.[24] לידתו של משה מבשרת כי העולם נכנס לעידן חדש, למהות חדשה ולשם חדש, שימשו אותו מהמים הטבעיים, יחלצו אותו מהמְצרים הגסים של החיים.

משה יוצא אל אחיו

וַיִּגְדַּל מֹשֶׁה וַיֵּצֵא אֶל אֶחָיו וַיַּרְא בְּסִבְלֹתָם וַיַּרְא אִישׁ מִצְרִי מַכֶּה אִישׁ עִבְרִי מֵאֶחָיו.[25] משה אינו שייך לעולם הזה, ולכן גם אינו משועבד עם ישראל. משה הוא נסיך מצרים, יש לו נפש של בן חורין, הוא משוחרר מהשעבוד ומטשטוש הזהות. לכן כשהוא יוצא מהארמון ומבחין באיש מצרי מכה איש עברי מאחיו הוא מתקומם. כולם רואים מעשים כאלה בכל יום, אבל הם אינם עושים דבר נגדם, כי זה נראה להם טבעי. העוול הוא הנורמה השלטת. רק משה אינו משלים עם המצב: וַיִּפֶן כֹּה וָכֹה וַיַּרְא כִּי אֵין אִישׁ וַיַּךְ אֶת הַמִּצְרִי וַיִּטְמְנֵהוּ בַּחוֹל.[26] משה מביט סביבו ומבין שאין חוץ ממנו אף אחד שיעשה את הצעד הזה. כולם מצויים בשעבוד נפשי, גם העברים וגם המצרים, ולכן הוא היחיד שיכול להילחם בעוול ולהכות את המצרי.

משה מתחיל בזה את המהלך של היציאה מהשעבוד, יציאה מהמציאות הרגילה, אבל מהלך כזה אינו יכול להתרחש בבת אחת. וַיֵּצֵא בַּיּוֹם הַשֵּׁנִי וְהִנֵּה שְׁנֵי אֲנָשִׁים עִבְרִים נִצִּים וַיֹּאמֶר לָרָשָׁע לָמָּה תַכֶּה רֵעֶךָ. וַיֹּאמֶר מִי שָׂמְךָ לְאִישׁ שַׂר וְשֹׁפֵט עָלֵינוּ הַלְהָרְגֵנִי אַתָּה אֹמֵר כַּאֲשֶׁר הָרַגְתָּ אֶת הַמִּצְרִי וַיִּירָא מֹשֶׁה וַיֹּאמַר אָכֵן נוֹדַע הַדָּבָר.[27] חז"ל דורשים את דברי משה בתור מסקנה שלו מהמאורע: הוא הבין שעם ישראל עדיין אינו בשל לגאולה. אם איש עברי רוצה להסגיר אותי למצרים, אומר משה, סימן שהמציאות עדיין אינה מתאימה לשלב הבא.

אמרה מפורסמת אומרת שקל יותר להוציא את היהודים מהגלות מאשר להוציא את הגלות מהיהודים. תמיד קשה לעם ישראל לעלות לקומה הבאה, ולכן פעמים רבות יש פער בין העם ובין המושיעים שלו. העם אינו ממהר להוקיר את מי שבא להושיע אותו, ולפעמים אפילו ממרר את חייו, כיוון שהוא עדיין נמצא בקומה הקודמת - והמושיע עומד על סף הקומה הבאה. גם משה רבנו, המשוי מן המים, צריך ללכת נגד הזרם. להכות את המצרי ולהציל את העברי, גם אם העברי עצמו לא יכיר לו טובה על זה.

עם זאת, כל עוד הזרם חזק, ועם ישראל עדיין אינו בנוי לשנות כיוון וללכת אחר המושיע, המושיע צריך להמתין בסבלנות. לכן משה רבנו מתחיל את התהליך, וכשהוא רואה שעוד לא בשלה העת להמשיך אותו, הוא קם ובורח מארץ מצרים. הוא הולך להכין את הגאולה במדין, מחוץ למציאות שבה שרויים בני ישראל, כדי שלאחר מכן הוא יוכל לחזור ולהושיע אותם. גם אז הוא יבוא כאדם מבחוץ, כי כדי ללכת נגד הזרם ולבנות מציאות חדשה, יש צורך במנהיג שמסתכל באופן אחר על המציאות. "אין חבוש מתיר עצמו מבית האסורים".[28]

לא פשוט להיוולד מחדש. לא בונים קומה חדשה ביום אחד, זה נכון אצל ציבור ונכון אצל האדם הפרטי. צריך להיאזר בסבלנות ולתת לתהליך להתרחש. כשיבשילו התנאים, והאדם יהיה מוכן לשינוי בחייו, הוא יוכל לצעוד אל השלב הבא.

הבניין האישי של משה

במשך שנים ארוכות, מצעירותו ועד גיל שמונים, משה בונה במדין את עולמו הרוחני. אומנם בכתוב אין רמז לכך, אבל כדי להגיע לנבואה, צריך לעבור תהליך אישי של בניין רוחני;[29] אם משה הגיע למדרגה שבה הקב"ה מתגלה אליו ישירות, משמע שהוא עבר תהליך הכנה ארוך קודם לכן.

נוסף על זאת, משה עצמו מגדיר את מצבו: וַיִּקְרָא אֶת שְׁמוֹ גֵּרְשֹׁם כִּי

אָמַר גֵּר הָיִיתִי בְּאֶרֶץ נָכְרִיָּה.[30] לאחר שמשה נושא לאישה את ציפורה בת כהן מדין, ונולד לו בנו הבכור, הוא קורא לו **גרשם** מלשון **גירות**. הוא מגדיר את עצמו במפורש בתור גר במקום זר. הוא יודע שמדין אינה מקומו, והוא הגיע אליה כדי לצבור כוחות ולהתעלות בקדושה, כדי לשוב בעתיד לארץ שבה נולד ולמלא את תפקידו.

לפני שאלוהים יתגלה אל משה, התורה מספרת: וַיִּשְׁמַע אֱלֹהִים אֶת נַאֲקָתָם וַיִּזְכֹּר אֱלֹהִים אֶת בְּרִיתוֹ אֶת אַבְרָהָם אֶת יִצְחָק וְאֶת יַעֲקֹב. וַיַּרְא אֱלֹהִים אֶת בְּנֵי יִשְׂרָאֵל וַיֵּדַע אֱלֹהִים.[31] גם בלב העבדות, אלוהים אינו שוכח את בני ישראל המשועבדים במצרים, וכעת יניע את מהלך גאולתם.

גילוי שמו החדש של אלוהים

וּמֹשֶׁה הָיָה רֹעֶה אֶת צֹאן יִתְרוֹ חֹתְנוֹ כֹּהֵן מִדְיָן וַיִּנְהַג אֶת הַצֹּאן אַחַר הַמִּדְבָּר וַיָּבֹא אֶל הַר הָאֱלֹהִים חֹרֵבָה. וַיֵּרָא מַלְאַךְ ה' אֵלָיו בְּלַבַּת אֵשׁ מִתּוֹךְ הַסְּנֶה וַיַּרְא וְהִנֵּה הַסְּנֶה בֹּעֵר בָּאֵשׁ וְהַסְּנֶה אֵינֶנּוּ אֻכָּל.[32] הקב"ה מתגלה אל משה בפעם הראשונה דרך סנה שבוער אך אינו מְאֻכָּל. הסנה מבטא מציאות שעל פי הטבע אמורה להישרף, אבל יש בתוכה יסוד שמחזיק אותה, ששומר עליה באופן על־טבעי כדי שלא תאבד.

שיחה ארוכה מתנהלת בין הקב"ה למשה, במטרה שמשה יקבל את השליחות האלוהית ויוציא את בני ישראל ממצרים. בתוך השיחה הזאת משה שואל: וַיֹּאמֶר מֹשֶׁה אֶל הָאֱלֹהִים הִנֵּה אָנֹכִי בָא אֶל בְּנֵי יִשְׂרָאֵל וְאָמַרְתִּי לָהֶם אֱלֹהֵי אֲבוֹתֵיכֶם שְׁלָחַנִי אֲלֵיכֶם וְאָמְרוּ לִי מַה שְּׁמוֹ מָה אֹמַר אֲלֵהֶם?[33] שאלה זו היא לב הפרשה. בקריאה פשוטה, השאלה של משה מתמיהה: וכי מה שיטריד את בני ישראל הוא השאלה מה שמו של אלוהים? התשובה היא שכן, והסיבה לכך היא מפני ששמו של אלוהים פירושו מה התפקיד של העולם. אם שם משמעו מהות וייעוד, השם של אלוהים מורה על המהות והייעוד של כל העולם כולו. ממנו נגזר מי אנחנו ולשם מה אנו חיים. מסיבה זו אנו נוהגים, על פי ההלכה, להיזהר בשמות ה', לא לכתוב אותם ולא להגות אותם באופן מפורש; כל זאת כדי לא ליצור זילות כלפי התודעה הרוחנית, הידיעה מה משמעות העולם ומטרתו.

וַיֹּאמֶר אֱלֹהִים אֶל מֹשֶׁה אֶהְיֶ־ה אֲשֶׁר אֶהְיֶה וַיֹּאמֶר כֹּה תֹאמַר לִבְנֵי יִשְׂרָאֵל אֶהְיֶה שְׁלָחַנִי אֲלֵיכֶם.[34] הקב"ה חושף כאן למשה את שם הוי"ה. ההוויה היא המציאות, שבהיותה כמות שהיא נקראת **הווה**, ואילו בשם ה' היא נקראת בלשון עתיד - **אהי־ה** או י־הוה. השם "אהי־ה" הוא קריאת כיוון לעתיד, וזה

גם התפקיד שה׳ מועיד לבני ישראל - להיות שייכים אל העתיד והנצח. לכן ה׳ מתגלה אליהם בשם זה דווקא. מכאן ואילך, עד אחרית הימים, תהיה עליהם החובה להתקדם תמיד לעבר העתיד. יציאת מצרים תהיה רק ההתחלה, הכניסה לארץ ישראל תהיה גם היא התחלה של שלב חדש, ואפילו ביאת המשיח תהיה רק נקודת ציון. בכל פעם עם ישראל יידרש לנוע לעבר המדרגה הבאה. זה התפקיד הנגזר מהשם ״אהי־ה אשר אהי־ה״.

זה שמו החדש של ה׳ שמופיע ביציאת מצרים. בספר בראשית, אבות האומה לימדו את האנושות על דבר קיומו של ״אלוהים״; הבנה שהטבע אינו רק אוסף של פרטים מבודדים חסרי קשר, אלא עולם שיש לו כיוון בעל משמעות, יש בו תנועה אל המוסר.[35] אולם לא די בשם אלוהים. ההבנה שיש כיוון לחיי החברה בעולם הנוכחי אינה מספקת. כעת העולם צריך להשתחרר ממצרי הטבע, לא להתקבע בגבול ארצי ולהתקדם לעבר עתיד אינסופי. בהמשך יגיד הקב״ה למשה: וָאֵרָא אֶל אַבְרָהָם אֶל יִצְחָק וְאֶל יַעֲקֹב בְּאֵל שַׁדָּי וּשְׁמִי הוי״ה לֹא נוֹדַעְתִּי לָהֶם.[36] השם א־ל שד־י, לדברי חז״ל, משמעותו שה׳ אמר לעולמו די. זהו גילוי חלקי, שבני אדם יכולים להסתפק בו, ולאבות היה די בגילוי זה. אולם השאיפה היא שהאור האלוהי ימשיך להתגלות ללא גבול, מבלי לצמצם את עצמו למציאות המוגבלת.

לשם כך, החל מיציאת מצרים שתשדד את מערכות הטבע, עם ישראל יוביל את האנושות אל מחוץ לגבולות שהיא מכירה. עמי העולם יילחמו נגד ההתקדמות של עם ישראל, כי האדם מטבעו רוצה להישאר במקום. יהיו מצבים שבהם גם עם ישראל עצמו יתקשה לעמוד בשאיפה לאינסוף, ויעדיף לעשות עגל מסכה, לשקוע בהווה כמו שהוא. אולם התפקיד של ישראל יהיה תמיד לנוע קדימה, וזה הכיוון שה׳ מתווה לו כעת: זֶה שְּׁמִי לְעֹלָם וְזֶה זִכְרִי לְדֹר דֹּר.[37]

האותות

משה חושש שבני ישראל לא יאמינו לו, והקב״ה נותן לו שלושה אותות: מטה שהוא משליך לארץ ונהפך לנחש, יד שמצטרעת כשלג, ובהמשך המטה יהפוך את היאור לדם. אותות אלה מקיפים את כל מדרגות המציאות. אם המטה הדומם לא ישתנה - הוא יהפוך לנחש הממית. מה שאמור להטות את המציאות לכיוון הנכון ילך ויסתבך, יתפתל בניחוש וברוע; אם היד האנושית לא תפעל להתקדמות - תהיה בה צרעת, סימן של מוות. אם המים (כולל החי

והצומח שבתוכם) לא ימלאו את תפקידם בעולם המתחדש - הם ייהפכו לדם, למוות.

השם "אהי־ה אשר אהי־ה" מורה כי לקב"ה אין שם מוגדר, וכי עבודת ה' היא קבלת האינסוף. גם האדם הפרטי, כדי שיוכל להיות עובד ה', ולצאת משעבודו וממצריו, צריך להיפתח ולא להיות כבול לשום דבר. כל אדם כבר פגש את אלוהים, פוגש אותו ויפגוש אותו גם מחר. אלוהים הוא השלמות האינסופית, והאדם אמור להתקדם אליו כל הזמן הלאה. אָשִׁירָה לַה' בְּחַיָּי אֲזַמְּרָה לֵאלֹהַי בְּעוֹדִי.[38] אגלה את ה' בחיי ב"עוד" שלי, עוד ועוד, אגלה עוד כוחות, עוד גאולות. שום שלב בחיי האדם אינו סוף פסוק, תמיד האדם נדרש להמשיך ולהתקדם. החתונה היא שלב נכסף, אבל היא תהיה רק פתיחה לשלבים הבאים; להוליד ילדים, לחתן ילדים, וגם אלו רק שלבים בדרך; אפילו כשיזכה האדם להיות סבא לנכדים, הוא עדיין לא יגיע אל סוף הדרך. צפוי לו עוד המשך בעולם הזה, ואחר כך בעולם הבא. "תלמידי חכמים אין להם מנוחה לא בעולם הזה ולא בעולם הבא, שנאמר: 'ילכו מחיל אל חיל יראה אל אלהים בציון'".[39]

חזרת משה למצרים

משה רבנו חוזר למצרים, אך באופן מפתיע, בדרך מלאך המוות מבקש להרוג אותו. ציפורה אשת משה ממהרת למול את בנם, וכך מתברר מדוע התחייב משה מיתה - מפני שלא מל את בנו. ברית המילה היא העת שבה קוראים שם לילד הנימול. לפני שמשה רבנו יגיע למצרים, גם בנו שלו צריך לעבור שינוי בגופו ולקבל מהות חדשה. בלי נכונות לשינוי, אפילו משפחתו של משה חייבת מיתה. ציפורה מבינה זאת, מלה את הבן, ובזאת מטהרת את גופו ומצילה אותו ואת משה.

בשובו למצרים, משה פוגש את אהרן, ושניהם יחד מבשרים לעם ישראל שה' פקד אותם ועומד להוציאם ממצרים. אולם בשלב ראשון, הפעולות של משה ואהרן אינן נוחלות הצלחה. הם מדברים אל פרעה, אך פרעה רק מגביר את השעבוד והלחץ על בני ישראל וגוזר שמעכשיו הם יצטרכו להכין בעצמם את התבן לבנייה - מבלי לפחות מהמכסה היומית שלהם.

בעקבות ההחרפה בגזרות פרעה, גם בני ישראל מתנגדים למהלך של משה ואהרן, ומאשימים אותם שרק החמירו את המצב. וַיֹּאמְרוּ אֲלֵהֶם יֵרֶא ה' עֲלֵיכֶם וְיִשְׁפֹּט אֲשֶׁר הִבְאַשְׁתֶּם אֶת רֵיחֵנוּ בְּעֵינֵי פַרְעֹה וּבְעֵינֵי עֲבָדָיו לָתֶת חֶרֶב

בְּיָדָם לְהָרְגֵנוּ.[40] בעומק טענתם, בני ישראל מתנגדים לניסיון של משה ואהרן להוביל אותם אל קומה חדשה. עד כה היו להם חיי הווה - אומנם תחת שעבוד, אבל לפחות חיים שאפשר לשרוד בהם. משה ואהרן מבקשים להוביל את בני ישראל לארץ לא נודעת, וזה מסכן את חיי ההווה. ההתנגדות הזאת מביאה את משה לשוב אל ה' ולבקש ממנו מענה, שאותו נראה בפרשה הבאה.

אנשים אינם אוהבים לצאת מהמקום המוכר אל הלא נודע, אפילו אם מבטיחים להם גאולה. "עבדא בהפקירא ניחא ליה",[41] העבד מעדיף להישאר בשעבוד המוכר, כל מצב אחר יהיה נוח לו פחות. בפרט כשמציבים מול האדם שאיפה להתעלות אל מעבר לעולם הזה, הנטייה הטבעית היא להתנגד ולהישאר במקום. גם זה חלק מהקושי שבתהליך הגאולה, שאף פעם אינו מופיע באופן חלק ותמיד רצוף אתגרים וניסיונות, אבל סופה של הגאולה לבוא. גם אם בני ישראל לא ירצו בה, הגאולה אינה נתונה לבחירה. כשם שהקב"ה יכפה על בני ישראל לקבל את התורה, בהמשך ספר שמות, כך גם גאולת מצרים נכפית על ישראל בעל כורחם.

יציאה ממצרי היצר

שעבוד אינו רק למשעבדים פיזיים. התקופה שבה קוראים את פרשות יציאת מצרים נקראת בתורת הסוד **ימי השובבי"ם** – ראשי תיבות של הפרשות **ש**מות, **ו**ארא, **ב**א, **ב**שלח, **י**תרו, **מ**שפטים (בשנה מעוברת התקופה נקראת "שובבי"ם ת"ת", וכלולות בה גם הפרשות **ת**רומה ו**ת**צווה). על פי תורת הסוד, זה זמן מיוחד למלחמה ביצרים, ובמיוחד ביצר המיני, ולהתחזקות בצניעות, בשמירת העיניים ושמירת הברית. המילה **שובב** בלשון המקרא פירושה רשע וחוטא, כמו "שובו בנים שובבים".[42] בתקופה הזו של השנה אין חגים, ולילות החורף ארוכים. בימים הללו אדם יכול לשכוח את זהותו, לשקוע בעצמו ולהתמכר ליצריו. מהפרשות של ספר שמות, שאותן קוראים בתקופה זו בשנה, אפשר ללמוד איך לצאת מהשובבות. איך להשתחרר לא רק מארץ גיאוגרפית ששמה מִצרים, אלא בעיקר מהמְצרים שסובבים את האדם. "בכל דור ודור חייב אדם לראות את עצמו כאילו הוא יצא ממצרים".[43] בכל דור ודור אדם נלחם בשובבות, בחטא, ביצרים ובחולשות, ובכוחו להשתחרר מהם ולצאת לגאולה.

שעבוד יכול להיות גם להרגלים ולדפוסי חיים. אנשים נוטים לחזור על עצמם, להישאר באותו אורח חיים ובאותו מקום. וגם כשהם נעשים הורים לילדים, יש להם נטייה לגדל את ילדיהם באותו אופן שבו הם עצמם גדלו.

הם עשויים לראות בזה "סגירת מעגל", אלא שלעיתים הם בעצמם נשארים סגורים באותו מעגל. ספר שמות קורא לנו למשות את עצמנו מהמים, לצאת מהזרם הקבוע, לדעת שמה שהיה טוב אתמול - לא בהכרח טוב גם להיום ולמחר. על גבי כל הדברים הטובים שגדלנו עליהם צריך להיות מוכנים לבנות קומה חדשה של חיים.

סיכום

פרשת שמות מציבה את התשתית לגאולה, למהלך שיבנה קומה חדשה בחיי עם ישראל. זהו מהלך בעל משמעות נצחית, ולכן לא די באנשים פרטיים כדי לבנות אותו. יש צורך באומה שתשתייך אל הנצח.

המהלך אומנם מתחיל משעבוד, ממחיקת הזהות הקודמת, אך בהמשך כבר מתבררת תכליתו - לגבור על הטבע, להשתחרר ממצרי העולם הזה, ולהיפתח לשמו של אלוהים - אהי־ה אשר אהי־ה, התקדמות מעבר להווה אל האינסוף. בפרשת שמות קיבלנו את קריאת הכיוון כיצד לצאת מהשעבוד, ובפרשות הבאות נראה כיצד עם ישראל אכן יוצא ממצרים, המציאות הטבעית נקרעת לפניו, והוא זוכה לקבל את התורה שמעבר לעולם הזה.

וארא
העולם משתנה

פרשת וארא מראה לנו כיצד יוצאים ממצרי העולם הטבעי. היציאה לחירות מהגבולות החומריים מלווה בקריסת שבע מערכות החיים של ארץ המְצרים והמגבלות. המכות מערערות את יסוד החיים הבסיסי ("דם"), את היכולת לקפוץ ולדלג מעל הפגיעה ביסודות ("צפרדע"), את הקרקע שמתחת לרגלי האדם ("כינים"), את החַיִץ בין המרחב האנושי לבעלי החיים ("ערוב"), את הרכוש ותחושת הבעלות ("דבר") ואפילו את האוויר ("שחין") והשמיים ("ברד"). התמוטטות כל המערכות מבשרת על קריסתו של העולם הישן; עידן אלילי מוגשם שייעלם מן העולם ויפנה מקום לעידן עתידי של חופש ותקווה.

הנושאים בפרשה:

התגלות למשה בשם ה׳ • פירוט ייחוסם של משה ואהרן • הפיכת מטה אהרן לתנין • שבע המכות הראשונות

גילוי שם הוי"ה

בפרשה הקודמת ספר שמות דיבר על הקומה השנייה במציאות - עם ישראל. הקיום הפיזי של העולם נוצר בספר בראשית, ועכשיו באה העת לעבור לייעוד הרוחני שלו. את הייעוד הזה מבטא עם ישראל, שנולד כעת ונועד לתת למציאות את משמעותה. לשם כך צריך לצאת קודם כול מהמסגרת הטבעית המוגבלת, הצרה והסופית. השאלה שחורזת את הפרשות הראשונות של ספר שמות היא:

איך יוצאים ממצרים? איך עם יוצא מהמצרים שמגבילים אותו? איך האנושות תיחלץ ממצריה, איך הטבע ייחלץ מהמצרים שלו, וכיצד כל אדם פרטי יכול להשתחרר מהמצרים שמגבילים אותו?

במרכז פרשת שמות, עם ישראל נפגש לראשונה עם שמו המפורש של הקב"ה, השם שמבטא את הנצחיות שמעבר להווה הצר. בפרשת וארא הקב"ה אינו רק מספר מה שמו, אלא גם מתוודע לישראל: וָאֵרָא אֶל אַבְרָהָם אֶל יִצְחָק וְאֶל יַעֲקֹב בְּאֵל שַׁדָּי וּשְׁמִי ה׳ לֹא נוֹדַעְתִּי לָהֶם.[1] עכשיו, אומר הקב"ה, אני נודע בשמי ה׳, מתגלה בשם שמשקף את המטרה הכללית של העולם. כעת העם לא רק ידע באופן תיאורטי שיש לו ייעוד רחוק אלא גם יתחיל להכיר אותו ולהבין איך לממש את ייעודו.

במהלך ההתגלות הקב"ה מפרט את שלבי הגאולה: "והוצאתי... והצלתי... וגאלתי... ולקחתי..." ושולח את משה לקדם את תהליך יציאת מצרים. מכאן יוצאת לדרך פרשת וארא, שבמרכזה עומדת השאלה: כיצד יוצאים ממצרים?

כאמור בפרשה הקודמת, יציאת מצרים אינה רק שחרור חד פעמי של עם מבית עבדים. יציאת מצרים מלווה אותנו כל חיינו, מצוות רבות שאנו מקיימים מדי יום הן זכר ליציאת מצרים. מצרים אינה רק מקום אלא בעיקר תפיסת עולם, עמדה נפשית רגשית שקיימת באנושות לאורך ההיסטוריה וטוענת שאי אפשר להשתחרר מהעבדות לחומר. חז"ל אומרים כי "מתחילה לא היה עבד יכול לברוח ממצרים, שהייתה סגורת ומסוגרת";[2] מן הסתם במשך כל שנותיה של מצרים העתיקה היה לפחות עבד אחד שהצליח להימלט משם. האמירה של חז"ל היא שגם אם מישהו אכן הצליח לברוח ממצרים, המצריות המשיכה לרדוף אותו. התפיסה הייתה שאי אפשר להיחלץ באמת מגבולות החומר. האליל המצרי הוא הכבש, שאין לו כיוון ומטרה מלבד הליכה עם העדר.[3] זו התפיסה המצרית הכובלת את האדם עד היום.

מהתפיסה הזאת צריך להשתחרר כדי לקדם את העולם, ולהוציא אותו מחיי ההווה הצרים. פרשת וארא תלמד אותנו איך עושים זאת.

שרשרת הדורות

אֵלֶּה רָאשֵׁי בֵית אֲבֹתָם.[4] באופן מפתיע, התורה עוצרת כביכול את סיפור שעבוד מצרים, ומביאה רשימה של משפחות השבטים ראובן, שמעון ולוי, עד למשה ואהרן. דרך רשימה זו אנו יודעים מי היו הוריהם של משה ואהרן, ומה הייחוס שלהם עד לוי בן יעקב. למעשה, כבר בפתיחת הפרשה הופיע הייחוס של עם

ישראל כולו - "וארא אל אברהם אל יצחק ואל יעקב". הגאולה של עם ישראל מתאפשרת רק על ידי החיבור שלהם לאבותיהם.

כדי להיגאל, העם והאדם הפרטי צריכים להכיר את הייחוס שלהם, את מקומם בשרשרת הדורות, ואז הם יכולים לראות את השעבוד שלהם בפרופורציה הנכונה ולצאת ממנו. בימינו יש נטייה לזלזל בייחוס ובשרשרת הדורות: למשל, כשמשדכים בחור לבחורה, בירור של צד אחד מה הייחוס של בן הזוג המיועד, מי ההורים והסבים שלו, נשמע מיושן וגלותי. מה זה חשוב מי הוליד אותי ומאיזה מקום באתי? הרי העיקר הוא מי אני! אמירה כזו נובעת מהתפיסה המערבית, שהיא אינדיווידואליסטית במהותה. ולפיה האדם אינו חלק משום מסגרת כללית אלא עומד לעצמו. יש בזה נקודת אמת, כיוון שאם אדם הוא בעייתי, לא תועיל לו העובדה שאחד מאבותיו היה צדיק גדול. ודאי שהוא אינו אמור להיתלות באבות אבותיו כדי להצדיק את עצמו. עם זאת, אנחנו רואים שבתורה יש ערך חשוב לייחוס. המקום שממנו אדם בא משפיע מאוד על חייו.

אדם אינו חי לבד, לעצמו. חייו אינם מתחילים מרגע לידתו, אלא הוא תוצר של רצף בן אלפי שנים, רצף של מחשבות, רעיונות, תקוות, חלומות, שאבותיו ואבות אבותיו זרעו. הרצף האדיר הזה חזק יותר מהאדם הפרטי ומהבחירה החופשית שלו. זה מתבטא למשל בשושלת המלוכה, שבה המלך אינו האדם המוכשר ביותר במדינה אלא יורש העצר של המלך הקודם, וכן בשושלת הכהונה, שבה בנו של הכוהן הגדול יכהן אחריו.[5]

אמת שבדורנו ההשפעה הסביבתית גבוהה מאוד, עד שגם אם אדם נולד להורים מסוימים וברקע משפחתי מסוים, החברה שסביבו עשויה להשפיע עליו באופן מכריע, עד שהיא תהפוך להיות מרכז האישיות שלו. אך אין זה המצב האידיאלי; המצב התקין הוא שלאדם יש בניין אישי שהוא בונה בבחירה החופשית, ועם זאת הוא אחוז גם בשרשרת הנצח של אבותיו. שרשרת זו היא זו שנותנת לו את הכוחות, אבותיו ואבות אבותיו נמצאים איתו כל הזמן. הזוהר הקדוש אומר שאדם צריך לדעת שכשהוא הולך בעולם, הנשמות של אבותיו ואימהותיו מלוות אותו, וברגעים מסוימים הן מופיעות באופן בולט יותר, למשל במעמד החופה; עדות מסוימות בישראל נוהגות במעמד החופה שההורים של החתן והכלה מחזיקים נרות, זכר ללפידים של מעמד הר סיני, כי לחופה באות כל נשמות הדורות הקודמים של החתן והכלה, כמו שהיה במעמד הר סיני. יש רגעים שבהם הרצף של שרשרת הדורות הנצחית מתנקז אל האדם.

גם כאשר באים לגאול את עם ישראל, חשוב מאוד לברר מהי שרשרת

הדורות שלהם. כל עוד אדם מסתכל רק על עצמו, דרך המבט הצר של ההווה, הוא מרגיש לבדו, והשעבוד שלו נראה אינסופי וחסר תקווה; אך כשאדם רואה את עצמו כחלק מתהליך ארוך ונצחי, הוא מבין שהשעבוד זמני, הוא רק חוליה אחת בתוך שרשרת על־דורית. כך מפרטת התורה את הייחוס של השבטים, מפרטת את משפחות שבט לוי לפי הסדר, עד שמגיעה למשה ואהרן. כשאדם מבין שהוא חלק מרצף, הוא יכול לפעול לגאולתו וישועתו.

עשר המכות

אחרי שהבנו את הייעוד הנצחי של עם ישראל, צריך להתחיל לצאת ממצרים. להתחיל להשתחרר מההרגלים, מההתמכרויות ומהשעבודים. לשם כך צריך לשבור את מחסומי הטבע, לשנות הרגלים, לערער דפוסי חשיבה, לשדד את המערכות.

עשר המכות אינן רק עונשים מגוונים לפרעה. הן אינן דרכים יצירתיות להתעלל במצרים, ובוודאי לא מופע פירוטכני שהקב"ה מפעיל כדי להפתיע כל פעם את המצרים מחדש. יש אנשים שאינם לומדים לעומק את עניין המכות ומציירים אותן בדמיון כמו סצנות מאיימות ומפחידות מאגדת ילדים או סרט מצויר. למעשה איננו יודעים בדיוק כיצד נראו המכות בפועל, וגם איננו אמורים לדעת; העניין העיקרי במכות הוא השינוי המוחלט שהמציאות עוברת. אם בפרשה שעברה ראינו שהשמות נעלמים ועם ישראל עובר מהלך של טשטוש הזהות, כעת השמות חוזרים ומתגלים, העולם הפנימי נחשף והוא מטלטל את מעגלי הטבע החיצוניים.

העולם יכול להשתנות גם על ידי עשרת הדיברות, עשרה רבדים של שינוי באדם, אך לאלו נדרשת בגרות רוחנית שהעולם עדיין אינו מצוי בה. לכן כרגע הדרך לשחרר את העולם היא עשר מכות - מראה שחורה החושפת בפנינו מה קורה אם לא מוכנים להשתנות. מי שמוכן לשינוי - אינו זקוק למכות כדי להשתנות; אולם מי שמקשה את ליבו, מי שמתבצר בעמדתו ובעולמו הקבוע, סופו שעולמו ישתנה עליו בעל כורחו.

זו מטרתן של מכות מצרים. חז"ל אומרים כי "אין לך כל עשב ועשב, שאין לו מזל ברקיע שמכה אותו, ואומר לו גדל";[6] גם אם יש יצור בעולם שרוצה להישאר במקום, יש לו מלאך שלא ידבר אליו רכות וישכנע אותו לזוז, אלא יכה על קודקודו וידחוף אותו להתקדם.

הפיכת המטה לתנין

וַיַּשְׁלֵךְ אַהֲרֹן אֶת מַטֵּהוּ לִפְנֵי פַרְעֹה וְלִפְנֵי עֲבָדָיו וַיְהִי לְתַנִּין. וַיִּקְרָא גַּם פַּרְעֹה לַחֲכָמִים וְלַמְכַשְּׁפִים וַיַּעֲשׂוּ גַם הֵם חַרְטֻמֵּי מִצְרַיִם בְּלַהֲטֵיהֶם כֵּן.[7] הצעד הראשון הוא שינוי קטן יחסית במציאות. משה ואהרן מגיעים אל פרעה, משליכים את המטה שלהם והוא הופך לתנין. זה עדיין שינוי קל, מטה אחד הופך לבעל חיים. שינוי כזה אפשר לתפוס כסוג של קוסמות, ולכן הוא אינו מרשים במיוחד את פרעה. שינויים קטנים כאלה גם חרטומי מצרים יודעים לעשות מבלי לשבור את המסגרת הטבעית הנוקשה. אין בהם כדי לסדוק את מעטפת הביטחון האישי של המצרים.

כל אדם יכול לעשות שינוי קטן בחיים, כל עם יכול לעשות צעד קוסמטי בעולם. דרכו של עם ישראל לא תסתכם בתרומה קטנה למען האנושות; ישראל צריכים לעבור תהליכים עמוקים הרבה יותר, כאלה שיהדהדו לדורות ויכו גלים בכל העמים. לכן התהליך צריך להתעצם, עד שבקריעת ים סוף הוא כבר יכה גלים בכל האנושות, אָז נִבְהֲלוּ אַלּוּפֵי אֱדוֹם, אֵילֵי מוֹאָב יֹאחֲזֵמוֹ רָעַד.[8] העולם כולו הולך להשתנות, והפיכת המטה לתנין היא רק ההתחלה.

כאן יוצאות לדרך עשר המכות, עשרה שלבים שהעולם הולך לעבור כדי להשתנות. יש דעות שונות בחז״ל[9] כמה זמן נמשכה כל מכה. יש דעה שכל מכה נמשכה שבוע (מראש חודש שבט עד י״ד בניסן), ויש דעה שכל מכה נמשכה עשרים וארבעה ימים. בין כה וכה, בכל מכה גורם טבעי אחר מתמוטט, והפסוקים וחז״ל מסבירים לנו מה במציאות עובר מהפכה בכל פעם.

מכת דם

מים הם היסוד הבסיסי ביותר של החיים, כל קיומם של הנבראים בנוי עליהם. לכן משם מתחיל השינוי במציאות. יסוד החיים הופך למוות, כי אם מצרים תישאר כפי שהיא ולא תשתנה - לא יהיו בה חיים, היא תאבד את כל היכולת לתפקד. גם הדברים הפשוטים והאלמנטריים ביותר, כמו המים, יאבדו.

שינוי אמיתי, באדם ובאנושות כולה, צריך להתחיל מלמטה. אדם שמעוניין להשתחרר מהמְצרים המשעבדים אותו חייב להתחיל מהתשתית, בשינוי הקומה הבסיסית ביותר. צעד זה אינו פשוט; כשאדם נמצא במציאות כובלת ללא מוצא, נטייתו הטבעית היא לנסות להסתדר במציאות הקיימת. לא לעקור הכול מהיסוד, אלא לשנות כמה פרטים בשגרת החיים, בתקווה שזה יפתור את הבעיות. אולם כדי לחולל מהפך אמיתי צריך שינוי יסודי. אם אדם

לא יטפל בנקודת השורש, הוא יאבד את קומת הבסיס שלו, וכל מה שעומד עליה יתפרק.

וַיַּחְפְּרוּ כָל מִצְרַיִם סְבִיבֹת הַיְאֹר מַיִם לִשְׁתּוֹת כִּי לֹא יָכְלוּ לִשְׁתֹּת מִמֵּימֵי הַיְאֹר.[10] המצריות העיקשת, ששקועה במסגרות הצרות שלה, עדיין סומכת על המציאות שתסתדר מעצמה. אם אין מים ביאור, יחפשו מים מסביב. היא מקשה את ליבה ועדיין מאמינה שהטבע יימשך כרגיל.

וַיִּמָּלֵא שִׁבְעַת יָמִים אַחֲרֵי הַכּוֹת ה' אֶת הַיְאֹר.[11] חז"ל כאמור אומרים שכל אחת מהמכות ארכה שבעה ימים, בדומה למכת דם שבה זה נאמר במפורש. יש גם אפשרות לחלק את המכות לקבוצות של שבע ושלוש, כפי שהן מחולקות בפרשות השבוע - שבע בפרשה זו ושלוש בפרשת בא. כך מתקבל המספר שבע כמספר מרכזי בתהליך המכות. המספר שבע הוא ביטוי לעולם הטבע בשלמותו, כמו שבעת ימי השבוע. זו המסגרת המעגלית שהמצרים שבויים בה, שבעת ימי השבוע שחוזרים על עצמם, אבל כל שבעת הימים הולכים להתערער. כעת הם הופכים לימים של דם, ובמכות הבאות הם יעברו שינויים אחרים. המציאות תכריח את בני האדם להשתנות.

המצרים אינם מבינים את המסר שבמכת הדם, ולכן יש לעבור לשלב הבא.

מכת צפרדע

צפרדע היא מכה משונה. צפרדעים אומנם יוצרות חוויה בלתי נעימה, אבל אינן משבשות את כל הקיום האנושי כמו הפיכת המים לדם. הן עושות בעיקר רעש. חז"ל[12] אומרים שכשבאים לצור על עיר, בתחילה מקלקלים את מעיינותיה, שזו מכת הדם שפגעה ביסוד החיים הבסיסי ביותר, ואחר כך מרעישים בקולות מאיימים כדי להפחיד את תושבי העיר. זו מכת הצפרדעים, שעיקר השפעתן היא פסיכולוגית, על ידי רעש הקרקורים.

מכת דם השפיעה על הקיום הפיזי, מנעה מהמצרים לשתות מים, ואילו מכת צפרדע גורמת הפרעה נפשית. זו הטרדה עמוקה יותר. מי שחושב שיוכל להתחמק מבעיותיו על ידי טיפול גופני, באמצעים פיזיים בלבד, עליו לדעת שנדרש ממנו שינוי נפשי. חז"ל אומרים שכשחנניה, מישאל ועזריה, בתקופת גלות בבל, קפצו לתוך כבשן האש, המודל שלהם היה הצפרדעים שקפצו לתנורי המצרים. מהן למדו חנניה, מישאל ועזריה למסור את הנפש.[13] הצפרדעים מטרידות את הנפש, מוסרות את הנפש ומלמדות את המצרים ששינוי טכני לא יספיק - כדי לשנות באמת דרושה מסירות נפש.

נוסף על זאת, ייחודן של הצפרדעים הוא יכולתן להתקיים גם במים וגם

ביבשה. בזה הצפרדע מפותחת יותר מבעלי החיים שמסוגלים לחיות במים בלבד. היא מסוגלת להתרומם קצת ולהגיע ליבשה. אחרי שהוכו מקורות המים, באה עליית מדרגה, והפעם גם היבשה היא חלק מהשינוי. העולם משתנה בכל הממדים שלו, וממשיך מהמים - היסוד הבסיסי ביותר - למי שקופץ ומתרומם מעל המים.

לעיתים אדם אינו רוצה לתקן את תשתיות חייו ומבקש להסתפק במאמץ קטן, קפיצה קלה. אם יש לו בעיה ביסוד החיים, הוא יתרומם קצת מעליה ויסתדר. אבל התרוממות קטנה מעל הבעיות לא מספיקה, צריך שינוי יסודי שלהן. כשאומרים "קדושה" נהוג להרים מעט את העקבים שלוש פעמים כשאומרים "קדוש קדוש קדוש". לא די בהתרוממות קטנה אחת, צריך לפחות שלוש, כי המספר שלוש מבטא התרחקות מוחלטת.[14] המצרים אינם מבינים זאת, הם חושבים שבניתור קל יוכלו להשתחרר מהבעיות; באות הצפרדעים ומכות את האפשרות הזאת. כדי לשחרר את המציאות יידרש שינוי מוחלט. חייבים להתרומם גבוה מעל הקרקע, ולהיות מוכנים למסור את הנפש.

מכת כינים

הדם היכה את המים, שהם יסוד החיים הבסיסי ביותר; הצפרדע הייתה מדרגת ביניים, מכה בין הים ליבשה; במכת הכינים הקרקע נשמטת מתחת לרגליים. כָּל עֲפַר הָאָרֶץ הָיָה כִנִּים בְּכָל אֶרֶץ מִצְרָיִם.[15] המדרש אומר שכל האדמה הפכה לכמות אינסופית של כינים, ואפילו קירות הבתים. הרעיון שמאחורי המדרש הוא שהמציאות כולה התפרקה. אדם שמתעקש להישאר במְצרים, ואינו נותן לגאולה לצמוח, העולם שלו מאבד יציבות. הכול זז, רוחש, מתנועע.

בשלב הזה החרטומים אינם יכולים להתמודד עם המכות. את המכות הקודמות הם הצליחו לחקות, האדם יודע לתת פתרונות נקודתיים לבעיות, אבל כאן המכה כבר חודרת לכל פינה. היא אינה משאירה לאדם מרחב אישי, אין לו היכן להניח את כף רגלו. כך מי שאינו מוכן לשנות את עולמו מוצא את עצמו בלי מקום, בלי מרחב, בלי קיום.

מכת ערוב

הִנְנִי מַשְׁלִיחַ בְּךָ וּבַעֲבָדֶיךָ וּבְעַמְּךָ וּבְבָתֶּיךָ אֶת הֶעָרֹב וּמָלְאוּ בָּתֵּי מִצְרַיִם אֶת הֶעָרֹב וְגַם הָאֲדָמָה אֲשֶׁר הֵם עָלֶיהָ.[16] במכת הערוב לא היה שינוי בבעלי החיים עצמם, הם לא התרבו והתפשטו באופן על טבעי, אלא התאספו במקום מגורי המצרים והתערבו בבתיהם. גם בעלי החיים הרגילים שקיימים במציאות מתנהלים בצורה

לא נורמלית, הם מגיעים לבתי המצרים ונכנסים לתוכם. במכה זו מיטשטש הגבול בין מרחב המחיה של בני האדם, ובין מרחב המחיה של בעלי החיים. למצרים היה נדמה שאומנם הם חוטאים ומשעבדים, אבל עדיין יש להם ציוויליזציה אנושית משלהם, יש להם גבול מוסרי בסיסי שמבדיל אותם מבעלי החיים. אולם באמת, בני אדם שאינם מוכנים להתעלות מעל האנושיות המצומצמת שלהם, ומדמים שיוכלו להסתפק בחברתיות אנושית מינימלית - הגבול בינם ובין בעלי החיים מתחיל להיטשטש. עולם החי מתערב בטריטוריה שלהם.

וְהִפְלֵיתִי בַיּוֹם הַהוּא אֶת אֶרֶץ גֹּשֶׁן אֲשֶׁר עַמִּי עֹמֵד עָלֶיהָ לְבִלְתִּי הֱיוֹת שָׁם עָרֹב.[17] זו המכה הראשונה שבה מוזכרת הפרדה בין המצרים ובין בני ישראל. בשטח המצרי יש ערבוביה בין האדם ובעלי החיים, ובארץ גושן סדר העולם נשמר. עירוב מול הבדלה. במצרים המדרגות מתערבבות, ובישראל יש גבולות - ברור היכן היצרים החייתיים הפראיים נמצאים, והיכן הצדדים האנושיים, המוסריים והאלוהיים והמוסריים. בעולם החושך הדברים מתערבבים, ובעולם המואר הגבולות נשמרים.

מכת דבר

הִנֵּה יַד ה׳ הוֹיָה בְּמִקְנְךָ אֲשֶׁר בַּשָּׂדֶה בַּסּוּסִים בַּחֲמֹרִים בַּגְּמַלִּים בַּבָּקָר וּבַצֹּאן דֶּבֶר כָּבֵד מְאֹד.[18] עד כה, הנפגעים מהמכות היו בני האדם. לא היה להם מה לשתות, הם הופרעו נפשית מקרקור הצפרדעים, הקרקע נשמטה מתחת לרגליהם ובעלי החיים התערבו בחייהם. כעת באה מכת הדבר ופוגעת לא רק בבני האדם המצרים אלא גם ברכוש שלהם. קניינו של האדם הוא מרחב משמעותי מאוד בחייו.

הרצון לקנות הוא רצון חזק מאוד במין האנושי.[19] הילד הראשון בעולם נקרא קין, קָנִיתִי אִישׁ אֶת ה׳.[20] אנשים אוהבים לקנות. הקניין אינו משנה את הרכוש עצמו, החפצים הנקנים נשארים כמות שהם ורק הבעלות שמשתנה - ודרכה הבעלים מרחיב את האחיזה שלו בעולם. ההתרחבות הזאת היא מושג רוחני שיש לו משמעות רבה עבור האדם. הוא הופך להיות רחב יותר במהותו, לא אדם יחיד לעצמו אלא מנהל מערכות, ששייך למרחב חיים גדול. ממילא יש לו גם יותר כוח ושליטה. הבעלות היא דבר מופשט, אדם יכול להיות בעלים של שטחי נדל״ן שאותם הוא לא ראה מעולם. לא האדמות הממשיות מעניינות אותו, אלא הידיעה שהוא בעלים של הנכסים הללו נותנת לו את תחושת השליטה.

מכת דבר מפרקת את השליטה הזאת ומכה ברכוש. במידה מסוימת,

המכה לרכוש אנושה יותר מהמכה הפיזית והנפשית. "בכל לבבך ובכל נפשך ובכל מאודך (=ממונך, לפי חז"ל)"[21] - "יש לך אדם שממונו חביב עליו מגופו, לכן נאמר בכל מאודך".[22] אפשר היה לחשוב שהפגיעה בממון אינה משנה הרבה. העיקר שהאדם חי. אך זו הסתכלות שטחית מאוד. עובדה היא שבמהלך ההיסטוריה אנשים רבים מתו כדי לשמור על רכושם. אנשים אינם מתים למען הרכוש עצמו, אלא למען תחושת השליטה.

כשנלקח מאדם רכושו החשוב לו - הוא מרגיש שאין לו חיים, כי נפשו תלויה ביכולת השליטה שלו. לכן במצרים, כשנדמה לאדם שהוא יכול לשמור על מעגלי החיים שלו יציבים, שהוא יספוג את המכה בגופו ובנפשו אבל האחיזה שלו ברכוש תישאר - מתברר שגם את האחיזה הוא מאבד. מעגלי הרכוש, מעגלי השליטה, הסוסים, החמורים וכל מה שנמצא בשדה, הכול פגיע. דבר לא יישאר במקומו.

בעם ישראל מרחב השליטה נשאר כמו שהוא. המדרש[23] אומר שאם בעל חיים היה בבעלות משותפת של ישראלי ומצרי, הוא לא מת בדבר, כי בעלותם של ישראל לא נפגעה כלל.

מכת שחין

עד עתה המכות היו בארץ ובבעלי החיים שעל הארץ, וכעת השחין מגיע לאוויר, לשמיים. גם יסוד האוויר, שהוא עליון יותר מהמים והאדמה, הולך ומשתנה.

ההפעלה של מכת שחין שונה משל שאר המכות. המכות הקודמות התחילו על ידי הכאה באמצעות המטה, שהיא פעולה סמלית, וחלקן אפילו בלעדיה. השחין, לעומת זאת, מתחיל על ידי זריקת פיח שנאסף בידי משה ואהרן. זו פעולה ישירה על התחום המוכה: הפיח נזרק ישירות לשמיים ומתפשט על כל ארץ מצרים. כשמגיעים לרמות הגבוהות יותר של המציאות, לאוויר ולאטמוספירה, פועלים כמו בתפילה, שהאדם יורה כלפי מעלה וכך משפיע על המציאות. גם אופן פעולה זה משקף את האופי הרוחני של מכת שחין.

גם העולם הרוחני משתנה ביציאת מצרים. אדם יכול להשלות את עצמו שאחרי שכל מערכות חייו נהרסו, הוא יכול לברוח אל עולם המחשבות המופשטות, אל הפילוסופיה והאינטלקט, תוך אדישות כלפי החיים עצמם. הוא יכול לפתח תרבות של תיאטרון וסרטים וליצור עולם רוח אנושי שישמש תחליף לכמיהה לאלוהים. כעת מתברר שגם הרוח פגיעה. האוויר מתמלא שחין, וגם אפשרות המפלט הזאת אינה נשארת.

מכת ברד

עוֹדְךָ מִסְתּוֹלֵל בְּעַמִּי לְבִלְתִּי שַׁלְּחָם. הִנְנִי מַמְטִיר כָּעֵת מָחָר בָּרָד כָּבֵד מְאֹד אֲשֶׁר לֹא הָיָה כָמֹהוּ בְּמִצְרַיִם לְמִן הַיּוֹם הִוָּסְדָה וְעַד עָתָּה.[24] במובנים מסוימים זו המכה הקשה ביותר, מלבד מכת בכורות שהכתה באדם עצמו. חז״ל אומרים שבמכת הברד היו הניסים הרבים ביותר. כל מכה היא על־טבעית, אבל במכת ברד חוסר הטבעיות הגיע לקצה. אֲשֶׁר לֹא הָיָה כָמֹהוּ בְּכָל אֶרֶץ מִצְרַיִם מֵאָז הָיְתָה לְגוֹי,[25] מכת ברד היא מאורע שלא היה כמוהו בהיסטוריה. המדרש אומר שהניסים במכת ברד היו מעין מעמד הר סיני. השיא שלהם הוא וְאֵשׁ מִתְלַקַּחַת בְּתוֹךְ הַבָּרָד[26] - האש והמים, הניגודים החריפים ביותר במציאות, מתחברים יחד במכת הברד.

וַיִּשְׁלַח פַּרְעֹה וַיִּקְרָא לְמֹשֶׁה וּלְאַהֲרֹן וַיֹּאמֶר אֲלֵהֶם חָטָאתִי הַפָּעַם ה׳ הַצַּדִּיק וַאֲנִי וְעַמִּי הָרְשָׁעִים.[27] את המשפט הזה אומר פרעה אחרי מכת הברד, ומוסיף, הַעְתִּירוּ אֶל ה׳ וְרַב מִהְיֹת קֹלֹת אֱלֹהִים וּבָרָד וַאֲשַׁלְּחָה אֶתְכֶם וְלֹא תֹסִפוּן לַעֲמֹד.[28] הקולות הם אלה שמפריעים לפרעה. ישנו קול שמתחיל להישמע אצל פרעה, ומייצג את נקודת השבירה שלו. פרעה כבר מודה שהוא ועמו הם הרשעים. ברד הוא יסוד עליון מהשחין, כי השחין נוצר על ידי פיח מלמטה למעלה, ואילו הברד יורד מלמעלה, הוא שייך לעולם האלוהי. המרחב השמיימי משתנה, מציאות ניסית מופיעה, קול אלוהים מתחיל להישמע. זהו הקול שנשמע דרך השינוי החודר את המציאות. ״קול ה׳ בכח... קול ה׳ שובר ארזים״.[29]

זו נקודת הסיום של פרשת וארא. קול אלוהים מתחיל להישמע, כמו הדוד הדופק על פתח רעייתו בשיר השירים, קוֹל דּוֹדִי דוֹפֵק פִּתְחִי לִי אֲחֹתִי רַעְיָתִי יוֹנָתִי תַמָּתִי.[30] אלוהים דובר אל האדם: אתה תצא ממצרים, אתה תצא מכל מה שכובל אותך, ואם בשביל זה יהיה צריך לשנות את העולם - העולם ישתנה. העולם לובש ופושט צורה כדי להתאים את עצמו למגמה האלוהית שלשמה הוא נברא.

מי שיודע לצאת ממצרים בכל דור ודור - רואה כל הזמן את המציאות משתנה. הוא שומע את זה בבעלי החיים, באדמה, באוויר. מי שמטה אוזן שומע את קול אלוהים דובר אליו, דוחף אותו ואת המציאות כולה לצאת מן המצר.

כאמור בפרשת שמות, השבועות שבהם קוראים בתורה את פרשות יציאת מצרים נקראים ״ימי השובבי״ם״, על שם פרשות שמות, וארא, בא, בשלח, יתרו, משפטים. אלו ימים מיוחדים להתגברות על יצרים, בעיקר בנושא הצניעות. היו מגדולי ישראל שהתענו בשבועות האלה בימי שני וחמישי. עם הזמן היו שהמירו את התעניות הללו בתעניות דיבור. בימינו יש מי שמתנתקים מהאינטרנט במשך יומיים בשבוע. המשותף למנהגים אלו הוא היכולת להשתחרר משעבודים

והתמכרויות בחיים. כדי להשתחרר מהשעבודים, צריך ללמוד את עשר המכות, ולהבין שבלי שינוי מהותי של כל יסודות החיים, בלי הקשבה לקול ה', לא יוכל להתרחש שחרור אמיתי. אבל בסוף כולם יצאו ממצרים, כולם ישתחררו, ואם יהיה צורך - המלאך יכה על קודקודם עד שיצאו.

סיכום

בפרשת וארא מתגלה ה' בשמו הנצחי, שמעבר לגבולות העולם הזה, ומעתה שם זה מתחיל להופיע. המציאות הולכת להשתחרר ממצרי החומר. המצרים מנסים להיאחז במציאות הסגורה והמקובעת, אך כל המערכות במציאות קורסות בזו אחר זו. יסודות החיים, הקרקע, הציוויליזציה האנושית, הרכוש, חיי הרוח, כל מה שאפשר לנסות להיאחז בו כדי לא להשתנות - נופל ומתמוטט.

גם האדם מנסה לפעמים לשמור על גבולותיו, להיאחז בעולם הצר והמוכר, עד ששינויים וטלטלות פוקדים אותו ומטלטלים את עולמו. אין לו מנוס כי אם להשתנות, להשתחרר, להרחיב את המבט, להיפתח אל קול ה'.

בא

הזמן החדש

בפרשת בא מתחיל תהליך הגאולה. מכת ארבה וחושך מלמדות שתם זמנם של הפירוד והבדידות, והגיע זמן האחדות והחירות. כדי שכל אדם בכל דור ודור יצא מהשעבוד למצרי העולם הזה - צריך "להכות את הבכורות"; להפנים שהקסם הראשוני של עולם החומר אמור להתבטל, לשחוט את ה"כבשיות" שהולכת עם העדר בלי מגמה, ולצאת בחיפזון, פעילים ומכווני מטרה.

בפרשת בא אנו מבינים שיש לנו יכולת לנצח את הזמן ואת העולם הזה. להשתחרר מהחומרנות, מהקטנות ומהחולשות. את הרעיונות הללו נציין מדי פסח, ונניח על זרוענו וראשנו במצוות התפילין לנצח נצחים.

הנושאים בפרשה:

מכת ארבה וחושך • מצוות קידוש החודש וקורבן הפסח • ההכנות לקראת יציאת מצרים • מכת בכורות ויציאת מצרים • מצוות פטר רחם ותפילין

פרשת בא היא מהחשובות בתורה, מכיוון שבה מגיעה יציאת מצרים לשיאה. רוב הפסוקים שמובאים בהגדה של פסח, המתארים את יציאת מצרים, לקוחים מהפרשה שלנו. גם כשהמהר"ל מפראג עוסק בספרו גבורות ה' ביציאת מצרים, הוא מסביר את המשמעות הרוחנית של כל פסוק בפרשה. כל פסוק בפרשה זו טומן בחובו משמעות עצומה לדורות. על פי רש"י הראשון בתורה[1] זו הייתה אמורה להיות הפרשה הראשונה של התורה.

כפי שכבר למדנו בשתי הפרשות הקודמות, יציאת מצרים אינה סיפור היסטורי בלבד, אלא אירוע שמתרחש כל הזמן. בכל דור ודור אנו יוצאים ממצרים, ממצרי החומר, מהמקום שמבטא את שיא הגסות והתאוות. בכל דור ודור אנו יוצאים מהכישלונות, מהגורמים שמשעבדים אותנו ומושכים אותנו למטה, מעבודת החומר והלבנים היומיומית שמשכיחה מאיתנו את המהות שלנו ואת תפקידנו בעולם. זו יציאת מצרים התמידית.

המכות האחרונות

בפרשה הקודמת ראינו את הדרך לצאת ממצרים - עשר המכות. אין אלו עשר דרכים יצירתיות שבהן הקב"ה החליט להכות את המצרים, אלא ביטוי לעשרה שינויים בכל ממדי הטבע, מלמטה ועד למעלה. כדי לצאת ממצרים, העולם צריך להשתנות, עליו לעלות משם "אלוהים" לשם הוי"ה, מתפיסה שכוללת את העולם הזה בלבד לתפיסת העולם הבא. לכן המכות הורסות בשיטתיות את כל תשתית החיים של המצרים, ומראות כי מי שאינו נותן לעם ישראל לצאת, מי שאינו נותן לעולם הרוחני הפנימי לפרוץ החוצה - ייאלץ לראות את כל יסודות חייו, היציבים לכאורה, קורסים ומתמוטטים לנגד עיניו. כדי להשתחרר מכבלי החומר, העולם והאדם אינם יכולים להישאר כפי שהיו, דרושה מוכנות לשינוי שיטלטל את כל מערכות החיים. אם השינוי לא ייעשה מתוך בחירה, הוא יגיע בכוח, במכה.

שבע מכות היו בפרשת וארא, ובפרשת בא באות שלוש מכות נוספות, ויחד משלימות את סך המכות לעשר. לאחר מכן בני ישראל יוצאים ממצרים. המילה "בֹּא" מסמלת את הכניסה פנימה; עד כה המכות יהיו במעגל החיצוני, ועכשיו המכות עומדות לפגוע במעגל הפנימי יותר. אם אמרנו שהמספר שבע מבטא את מסגרות הטבע, המספרים שמונה, תשע ועשר הם מעל הטבע.

במכות האלה, שאחרי המכה השביעית, העולם משתנה לא רק בממד הפיזיקלי, הנפשי והאנושי, אלא גם ברמת הקוסמוס כולו. המספר שמונה מייצג את מה שמעל הטבע, ולכן ברית מילה נעשית ביום השמיני, כי השינוי שמוטבע בבשרו של התינוק מבטא את היכולת שלו, בהמשך חייו, להתגבר על היצרים האנושיים הטבעיים. לא במקרה מוזכרת ברית המילה בפרשתנו, כָּל עָרֵל לֹא יֹאכַל בּוֹ.[2] בני ישראל נימולו לפני שיצאו ממצרים, כשם שיהושע בן נון ימול את הערלים לפני הכניסה לארץ, ודם הפסח ודם המילה התערבבו זה בזה.[3] המספר תשע מתקשר לתשעת ירחי לידה, התהליך שמתרחש כשנוצרים חיים

חדשים, וגם כאשר בני ישראל יוצאים ממצרים נולדת אומה חדשה. המספר עשר הוא כבר יחידה שלמה, ומייצג את השלמות ואת העולם הבא, שלפי חז״ל נברא באות י׳.[4] האות י׳ (שמקבילה למספר עשר בגימטרייה) היא אות קטנה בכמות, אך המספר שהיא מייצגת גדול באיכות, ולכן היא מבטאת עולם רוחני עצום ומרוכז. זו המציאות הרוחנית החדשה שתתגלה במכת בכורות.

האדם שרוצה להשתחרר, לצאת מהכבלים, לקבל את התורה - חייב לשנות את כל עולמו, את כל האישיות שלו, וכמו להיוולד מחדש כאדם אחר.

מכת ארבה

וַיֹּאמֶר ה׳ אֶל מֹשֶׁה בֹּא אֶל פַּרְעֹה כִּי אֲנִי הִכְבַּדְתִּי אֶת לִבּוֹ וְאֶת לֵב עֲבָדָיו.[5] בתחילת הפרשה, ה׳ פונה אל משה: בא אל פרעה, לתוך ההתפרעות המצרית, הגישה האנושית שמקשה את ליבה ומסרבת להשתנות, גם כשכל העולם מסביב מתמוטט. היכנס פנימה ועמוד מולה, גע בלב של הדברים.

הִנְנִי מֵבִיא מָחָר אַרְבֶּה בִּגְבֻלֶךָ. וְכִסָּה אֶת עֵין הָאָרֶץ וְלֹא יוּכַל לִרְאֹת אֶת הָאָרֶץ וְאָכַל אֶת יֶתֶר הַפְּלֵטָה הַנִּשְׁאֶרֶת לָכֶם מִן הַבָּרָד וְאָכַל אֶת כָּל הָעֵץ הַצֹּמֵחַ לָכֶם מִן הַשָּׂדֶה.[6] ארבה הוא בעל חיים קטן, שבפני עצמו אינו מביא נזק, ויכול לאכול עלה אחד. אולם כשמגיעה להקת ארבה, כמות גדולה של יצורים קטנים, הם מכסים את עין הארץ ומכלים את כל הצומח.

שלמה המלך אומר: מֶלֶךְ אֵין לָאַרְבֶּה.[7] מלך הוא ביטוי לכוח שמקבץ פרטים, נותן לכל אחד תפקיד ורותם את כולם לעבודה משותפת. המלך יכול לפעול על פי שכל ולנהל את המערכת הכללית על פי סדרי עדיפויות. אולם לארבה אין מלך. זהו בעל חיים שחי בקבוצות גדולות אבל בהפקרות מוחלטת. זהו הארבה, כמות ענק של יצורים מזיקים, חסרי שליטה וחסרי מעצורים. לארבה בעברית אין מילת ריבוי, הוא עובד לבד. בארמית קוראים לארבה ״קמצא״, קומץ, משהו קטן שמרוכז בתוך עצמו ודואג רק לעצמו, דוגמת הלשון שחז״ל משתמשים בה בסיפור שמתאר את חורבן הבית: ״על קמצא ובר קמצא חרבה ירושלים״.[8] הארבה מגיע למצרים בגל גדול, הרבה פרטים קטנים המחסלים את אפשרות החיים.

הארבה מעמיד מראה מול מצרים. התפיסה המצרית, שהיא ביטוי לצדדים הנמוכים שבנפש האדם, אינה מבינה מהו כלל ומהי עבודה משותפת. בתפיסה שבה העולם מכוון בידי אלוהים, לכל דבר בעולם יש תפקיד משלו, ולכן כל אחד צריך להתחשב באחר, כי כולם עובדים יחד לצורך קיום העולם. לעומת זאת, בתפיסה המצרית אין אלוהים אחד שמוביל את העולם לכיוון מסוים,

ולכן הם אינם מבינים מה זה כלל, ומהי עבודה משותפת. זו התפיסה הקמצנית, הפרטנית, האגואיסטית. יש מלך במצרים, אבל במובן מסוים הפרטים מתנהלים כאילו אין להם מלך, כי אין ביניהם הרמוניה. כך מתואר בספר שופטים מצב שאין בו מלך: בַּיָּמִים הָהֵם אֵין מֶלֶךְ בְּיִשְׂרָאֵל, אִישׁ הַיָּשָׁר בְּעֵינָיו יַעֲשֶׂה.[9] הארבה מכסה את כל ארץ מצרים, וכל אחד מהם אוכל כל מה שנקרה בדרכו. מעבר לנזק, שלא נותר שום ירק ופרי למאכל, מכה זו מבטאת את ההשלכות הקשות של התפיסה המצרית: כשאנשים אינם יוצאים מתוך עצמם, ואינם משתחררים מהיצרים ושולטים על עצמם, התוצאה היא הרס עצמי שמכלה את הכול.

וַיֹּאמְרוּ עַבְדֵי פַרְעֹה אֵלָיו: עַד מָתַי יִהְיֶה זֶה לָנוּ לְמוֹקֵשׁ, שַׁלַּח אֶת הָאֲנָשִׁים וְיַעַבְדוּ אֶת ה׳ אֱלֹהֵיהֶם, הֲטֶרֶם תֵּדַע כִּי אָבְדָה מִצְרָיִם?[10] כבר בשלב ההתרעה על מכת ארבה, עבדיו של פרעה דוחקים בו להחזיר את משה אליו ולשחרר את בני ישראל. פרעה קורא למשה ואהרן חזרה ומברר מה דרישותיהם: וַיֹּאמֶר אֲלֵהֶם לְכוּ עִבְדוּ אֶת ה׳ אֱלֹהֵיכֶם, מִי וָמִי הַהֹלְכִים? וַיֹּאמֶר מֹשֶׁה בִּנְעָרֵינוּ וּבִזְקֵנֵינוּ נֵלֵךְ בְּבָנֵינוּ וּבִבְנוֹתֵנוּ בְּצֹאנֵנוּ וּבִבְקָרֵנוּ נֵלֵךְ כִּי חַג ה׳ לָנוּ.[11] בהמשך למסר של מכת ארבה, משה מבהיר לפרעה שאצל עם ישראל אף אחד אינו חי לעצמו. כולם יחד הולכים לעבוד את ה׳, ולכל אחד יש מקום בעבודה זו.

התפיסה הזו זרה לפרעה, ולכן הוא עונה למשה: לֹא כֵן לְכוּ נָא הַגְּבָרִים וְעִבְדוּ אֶת ה׳ כִּי אֹתָהּ אַתֶּם מְבַקְשִׁים וַיְגָרֶשׁ אֹתָם מֵאֵת פְּנֵי פַרְעֹה.[12] פרעה מבין שהגברים שייכים לעבודת הא־ל, אבל אינו מבין כיצד קשורים אליה הנשים והילדים. בתפיסה המצרית, רק הגברים עובדים את הא־ל, רק כוחות מסוימים מובילים את העולם, ולכן אפשר לרמוס את אלה שנחשבים תרבותית לחלשים יותר. הרעיון שכולם עובדים יחד ומשתפים פעולה הוא הפך התפיסה המצרית. מכת הארבה באה ללמד שהעולם צריך סדר והרמוניה. החירות, שאליה יתוודע העולם ביציאת מצרים, היא מצב שבו כל אחד מכיר את מקומו בתוך המכלול, וכולם בונים יצירה הרמונית אחת.

מכת חושך

וַיֹּאמֶר ה׳ אֶל מֹשֶׁה נְטֵה יָדְךָ עַל הַשָּׁמַיִם וִיהִי חֹשֶׁךְ עַל אֶרֶץ מִצְרָיִם וְיָמֵשׁ חֹשֶׁךְ.[13] את המילים ״וימש חשך״ מסבירים חז״ל כחושך ממשי. המכה כללה לא רק העדר אור במצרים, אלא גם גורם מוחשי באוויר שהקפיא את המצרים במקומם. התוצאה הייתה אובדן חופש הפעולה של המצרים: וַיְהִי חֹשֶׁךְ אֲפֵלָה בְּכָל אֶרֶץ

מִצְרָיִם שְׁלֹשֶׁת יָמִים. לֹא רָאוּ אִישׁ אֶת אָחִיו וְלֹא קָמוּ אִישׁ מִתַּחְתָּיו שְׁלֹשֶׁת יָמִים וּלְכָל בְּנֵי יִשְׂרָאֵל הָיָה אוֹר בְּמוֹשְׁבֹתָם.[14] המכה גרמה לכל אחד מהמצרים להיות לבדו בחושך.

חושך נחשב תמיד למצב שלילי, שמוביל גם לפחד ואימה. במצב של אור אפשר לחבר בין דברים, וכך העולם מתאחד; במצב של חושך אי אפשר לחבר כלום, וגם אף אחד אינו יכול לראות את חברו ולהתקרב אליו. כל אחד ממומש רק בתוך עצמו ואינו יכול להתחבר עם אחרים. זה מצב של פירוד. מלבד הבדידות והניתוק, במצב של פירוד אין קשר בין דברים, הכול נעשה הפקר.

הגמרא אומרת: "אין אדם עובר עבירה אלא אם כן נכנס בו רוח שטות".[15] כוונתם היא שמי שעובר עברה יודע שהמעשה אינו טוב, ושיהיה לו מחיר, אבל הוא במצב של נתק נפשי מכל מה שקשור לרגע הנתון בהווה. מה שהוא עושה כאן ועכשיו אינו מתחבר אצלו, תודעתית, להשלכות העתידיות והרחבות יותר. ההנחיה של חז"ל כדי להימנע מעברות היא: "הוי מחשב הפסד מצוה כנגד שכרה, ושכר עברה כנגד הפסדה".[16] צריך להפעיל את השכל, ולחשוב קצת מעבר לרגע הנוכחי. לכן השכל והחכמה מזוהים עם האור, חָכְמַת אָדָם תָּאִיר פָּנָיו.[17] אור הוא היכולת לקשר ולחבר, ובכלל זה לקשור את המעשים בהווה להשלכות שלהם בעתיד. לילה הוא זמן של רוח שטות, חיים כאילו אין מחר, כמו בתפיסה המצרית.

חז"ל אומרים שלילה הוא זמן סכנה,[18] שבו השדים והרוחות מתגברים. כאשר אדם נמצא בחושך הוא מתמלא בפחדים, כל מיני צדדים אפלים גואים בו, כי הוא לבד. כאשר יש אור, והאדם מתחבר אל הגורמים במציאות שסביבו, אין ממה לפחד. כדי ללדת ילד צריך בני זוג, שבשיתוף יוצרים הירָיון ותשעת ירחי לידה. זו תמונת הראי ההפוכה של המכה התשיעית - מי שיש אור במושבותיו מגיע לשיתוף וליצירת חיים. אי אפשר ליצור חיים חדשים במצב שכל אחד עומד בפני עצמו, אלא רק כאשר מתחברים יחד. כאשר הגבר והאישה מתחברים, המשפחה מתחברת, העם מתחבר.

חז"ל מספרים כי במשך שלושת ימי מכת חושך מתו גם חלק מבני ישראל, הרשעים מביניהם שלא רצו לצאת ממצרים. ארבע חמישיות מתוך עם ישראל, כפי שרמוז בתחילת הפרשה הבאה: **וַחֲמֻשִׁים** עָלוּ בְנֵי יִשְׂרָאֵל מֵאֶרֶץ מִצְרָיִם.[19] כלומר, לפי המדרש, רק חמישית מבני ישראל יצאו ממצרים. גם בעם ישראל יש חלקים שנותרים לבד ואינם מתחברים לשרשרת הנצח. החמישית הנותרת

מזכירה את מושג **החומש** בדיני צדקה - זה הסכום המרבי שהתירו חכמים לתת לצדקה, "המבזבז אל יבזבז יותר מחומש",[20] כדי שהאדם לא יבוא לידי עניות ויפיל את עצמו על הציבור. החומש הוא ביטוי לצד האיכותי שבממון, המבדיל בין העשיר לעני. במקרה שלנו, החומש הוא הצד האיכותי הרוחני של עם ישראל - הוא זה שמצליח לצאת מהשעבוד, ואילו הצד הכמותי והחומרי הולך לאיבוד במצרים.

מדרגה אחר מדרגה, מכות מצרים משנות את העולם. המכות הראשונות השפיעו על המים, היבשה והאדם, ובמכת הארבה באה עליית מדרגה - בעלי חיים באו מהאוויר, כיסו את השמיים ושינו את כל המערך האקולוגי במצרים. עכשיו במכת החושך מתחולל כבר שינוי קוסמולוגי, שבו אור השמש כבה ומפת הכוכבים משתנה. העולם כולו זועק שהתפיסה המצרית אינה יכולה עוד לשלוט בו. העולם האלילי היצרי הגס, שמשאיר כל אחד בפינה שלו ואינו רואה את האור והתפיסה הכוללת, ילך וייעלם מן העולם. אם הוא לא ישתנה מעצמו, הקוסמוס כולו יתבע את השינוי וידרוש את היציאה לחירות.

חידוש הלוח העברי

לפני המכה האחרונה, שבעקבותיה יצאו ישראל ממצרים, נדרש תהליך של הכנה. תחילה בא ציווי על בני ישראל לשאול כלי כסף וכלי זהב ממצרים, כלומר למצות את נקודות הטוב מתוך ארץ המְצרים. לאחר מכן באה המצווה הראשונה שהצטוו עם ישראל.

וַיֹּאמֶר ה' אֶל מֹשֶׁה וְאֶל אַהֲרֹן בְּאֶרֶץ מִצְרַיִם לֵאמֹר: הַחֹדֶשׁ הַזֶּה לָכֶם רֹאשׁ חֳדָשִׁים רִאשׁוֹן הוּא לָכֶם לְחָדְשֵׁי הַשָּׁנָה.[21] המצווה הראשונה שניתנת לכל עם ישראל היא רגע משמעותי, עד כדי כך שלפי רש"י, בפתיחת פירושו לתורה,[22] היה ראוי להתחיל את התורה בפסוק זה. במובן מסוים זו תחילתה של התורה, שאמורה להורות לעם ישראל מה לעשות. היו בספר בראשית מצוות שניתנו לאבות, אבל המטרה היא שהתורה תינתן לעם ישראל כולו, ועתה הגיע הרגע הזה.

המצווה הראשונה היא על קידוש החודש - קביעת לוח השנה העברי על פי הירח. עם ישראל מקבל כאן את מושג הזמן. בעבר, לפני שנוצרו השעונים, מושגי הזמן לא היו מדויקים. כשאנשים בעולם העתיק רצו לציין משך זמן שעבר, הם השתמשו במשפטים כמו "הדוב תקף את השבט לפני ארבע עונות

גשם". אנשים גם לא ידעו בני כמה הם בדיוק. כאשר אדם חי בלי מושגי זמן, הוא חווה לא רק קושי טכני לקבוע פגישות, אלא גם חיסרון מהותי. הוא חי במעגל שאין לו יציאה. הוא לא יודע מה קרה מתי ומה יקרה כעבור זמן מה. הדברים מתערבבים במחשבתו. הזמן מאפשר לבדוק תהליכים: לפני כך וכך שנים היינו בנקודה אחת, וכעבור זמן מסוים הגענו לנקודה הבאה. בתודעה כזאת החיים אינם מעגל אינסופי אלא קו של התקדמות.

בתקופה האלילית התודעה הייתה מעגלית ומחזורית, ולכן הכול התקדם באיטיות, כי המצב הנפשי היה סטטי, מה שהשתקף בחוסר טכנולוגיה וקצב חיים מנוון. אנשים נולדו, גדלו, חיו ומתו באותו כפר. הימים היו דומים מאוד זה לזה: קמים, אוכלים, זורעים, קוצרים, הולכים לישון, נולדים, חיים ומתים. ביציאת מצרים נולד מושג חדש בעולם: הזמן. הַחֹדֶשׁ הַזֶּה לָכֶם רֹאשׁ חֳדָשִׁים. **חודש** מלשון **התחדשות**. העולם הזה אינו תנועה מעגלית סתמית שחוזרת על עצמה. יש התחדשות, ויש אפשרות לפרוץ את המעגליות.

הציווי על קרבן פסח

דַּבְּרוּ אֶל כָּל עֲדַת יִשְׂרָאֵל לֵאמֹר בֶּעָשֹׂר לַחֹדֶשׁ הַזֶּה וְיִקְחוּ לָהֶם אִישׁ שֶׂה לְבֵית אָבֹת שֶׂה לַבָּיִת.[23] קרבן הפסח הוא הדרך לשבור את המעגל. האלוהים של המצרים היה שה, טלה, כבש. כבש הוא בעל חיים שמשוטט ללא מטרה, הוא הולך עם העדר לכל מקום שאליו ילך. אם רק יאבד את העדר, הוא ימצא את עצמו תועה, אבוד וללא שום כיוון. תָּעִיתִי כְּשֶׂה אֹבֵד בַּקֵּשׁ עַבְדֶּךָ.[24] גם האדם המצרי מסתובב בעולם ללא כיוון ומטרה, אין לו אלוהים, וממילא אין לו יכולת להתחדש ולהתגבר. זהו העולם המצרי, ששקוע בגסות, בתאוות ובמצרים.

השה הוא האל של המצרים, הם מעריצים אותו וכמותו זורמים עם הטבע. החיים שלהם ממשיכים כל הזמן כמו שהם. אין להם לשם מה לקום בבוקר. יש להם יצרים שגורמים להם להמשיך לעמוד על הרגליים, אבל חוץ מזה אין להם סיבה לחיות. הסמל הגרפי של התרבות המצרית, ועוד תרבויות אליליות, הוא עיגול. עיגול הוא צורה גרפית סגורה, שלא זזים ממנה לשום מקום. ביציאת מצרים נולד בעולם עידן חדש, העולם מתחיל להבין שהוא מתקדם לכיוון מסוים.

וְשָׁחֲטוּ אֹתוֹ כֹּל קְהַל עֲדַת יִשְׂרָאֵל.[25] כדי לצאת ממצרים, בני ישראל

מצווים לשחוט את אלוהי המצרים. לשחוט את הטבעיות הגסה, את העמדה הנפשית שמתלהבת מהעולם הזה ונעה במעגלים סביב עצמה, ולנוע קדימה. כאן מתחילה התנועה של עם ישראל, יש להם זמן, מטרה וכיוון.

וַאֲכַלְתֶּם אֹתוֹ בְּחִפָּזוֹן.[26] כיוון שיש לישראל מטרה, הם יוצאים בחיפזון, לעומת הזרימה הטבעית האיטית של המצרים. למצרים אין טעם למהר, כי מבחינתם אין הבדל אמיתי בין היום למחר, הכול זהה. אנשים בעלי התנהלות כזאת נוטים **להחמיץ** את החיים שלהם. הלחם יכול מבחינתם לתפוח לאט לאט, עד שיתנפח ויהיו בו מותרות. אין להם מטרות בחיים, וגם אם יש כאלה - הם מחמיצים אותן. בני ישראל, מתוך תפיסה של חיפזון, אוכלים מצה שהיא לחם דק, מדויק ופונקציונלי, לא לחם חמץ ותפוח שמלא במרכיבים שאינם קשורים למטרתו.

גם לחם וגם מצה מורכבים מקמח ומים; מי שרוצה רק את המינרלים שהאדם צריך - יכול לאכול מצה, לחם **ממוצה** ומדויק, ומי שבוחר בלחם החמץ - מחמיץ את המטרה האמיתית של האוכל. חז"ל מכנים את יצר הרע "שאור שבעיסה",[27] כי הוא גורם לאדם להשקיע אנרגיות במקומות הלא נכונים, להחמיץ את עצמו וליפול. ביציאת מצרים, עם ישראל אינו מחמיץ את היעד אלא נע אליו באופן מדויק ותכליתי, בחיפזון. החיפזון אינו מבטא לחץ וחרדה, אלא חירות; בן חורין הוא אדם אקטיבי, שמח, אופטימי ונמרץ, שהולך בחיפזון כדי להספיק את מה שצריך לעשות.

אכילת הפסח והמצות מיועדת להסתיים עד חצות הלילה, ואז תתחיל מכת בכורות. בני ישראל יהיו מוכנים ליציאת מצרים באמצע הלילה, בשעה לא נוחה ולא נינוחה. בזמן שהמצרים יהיו אפופי עייפות; בזמן שכוחות החומרנות הולכים ושוקעים; עם ישראל יתחיל את המסע שלו למדבר.

זו העמדה הרוחנית שמתגלה מאז יציאת מצרים, ובאופן זה יתנהל גם ליל הסדר לדורות. עוברים מפעולה לפעולה, מתנהלים במגבלות של זמן, צריך לסיים עד חצות הלילה. המעשים מדויקים, מוגדרים ומסודרים בלוח זמנים, כי יש להם מטרה שאליה הם מכוונים. לא במקרה עם ישראל קיבל על עצמו לאורך הדורות להיכנס לחג הפסח מתוך ניקיון וסדר. ההכנות האינטנסיביות נעות למטרה אחת, לקראת ליל היציאה לחירות. כך צריך להתנהל אדם שרוצה לצאת ממצרים, להיות פעלתן ולהתקדם. לא להיות עצל כמו כבש שמסתובב סביב עצמו. "יתגבר כארי לעמוד בבוקר לעבודת בוראו",[28] זו ההלכה הראשונה בשולחן ערוך. כאשר אדם קם בבוקר, הוא צריך קודם כול לצאת מהמְצרים, להשתחרר מהשינה ולהתחיל להתקדם.

ביציאת מצרים נולד עולם חדש. ספר בראשית היה בגדר "דרך ארץ" שקדמה לתורה,[29] וכעת מתחילה התורה עצמה. עם ישראל מתחיל את תנועתו, ועימו העולם כולו מתחיל להבין שיש לו כיוון להתקדם אליו.

וְאִם יִמְעַט הַבַּיִת מִהְיוֹת מִשֶּׂה וְלָקַח הוּא וּשְׁכֵנוֹ הַקָּרֹב אֶל בֵּיתוֹ.[30] היציאה מהמעגליות הכבשית נעשית יחד. בשונה מהתפיסה החומרית של הארבה והחושך, שבה כל אחד חי לבד ואוכל לבד, את קרבן הפסח אוכלים בחבורות ולא בנפרד. כל המשפחה אוכלת יחד, ואם השה גדול - כמה משפחות מתחברות לחבורה אחת. גם שאר ההלכות של קרבן הפסח קשורות לאחדות: אַל תֹּאכְלוּ מִמֶּנּוּ נָא וּבָשֵׁל מְבֻשָּׁל בַּמָּיִם כִּי אִם צְלִי אֵשׁ רֹאשׁוֹ עַל כְּרָעָיו וְעַל קִרְבּוֹ.[31] הבשר צריך להיות צלוי ולא מבושל, כי הבישול מרכך את הבשר ומפזר אותו, והצלייה מייבשת את הבשר ומגבשת אותו. אסור לשבור עצם מתוך הבשר, כי הוא צריך להיות שלם. וְלֹא תוֹתִירוּ מִמֶּנּוּ עַד בֹּקֶר וְהַנֹּתָר מִמֶּנּוּ עַד בֹּקֶר בָּאֵשׁ תִּשְׂרֹפוּ.[32] שום פרט אינו נותר בצד. הכול שלם, מגובש, אחד.

וְלָקְחוּ מִן הַדָּם וְנָתְנוּ עַל שְׁתֵּי הַמְּזוּזֹת וְעַל הַמַּשְׁקוֹף עַל הַבָּתִּים אֲשֶׁר יֹאכְלוּ אֹתוֹ בָּהֶם.[33] את הדם, שהוא תמצית החיים של השה, מורחים בכניסה אל הבית, במקום שבו הבית מתחיל. בזאת יסמנו בני ישראל שהם אינם שייכים אל המצרים אלא הם עם עצמאי היוצא ממצריו.

וְעָבַרְתִּי בְאֶרֶץ מִצְרַיִם בַּלַּיְלָה הַזֶּה וְהִכֵּיתִי כָל בְּכוֹר בְּאֶרֶץ מִצְרַיִם.[34] בהגדה של פסח מדגישים: "אני ולא מלאך, אני ולא שרף".[35] לא שליחים של הקב"ה עושים זאת, אלא הוא בעצמו מחולל את יציאת מצרים. כפי שראינו בפרשות הקודמות, בספר שמות אנו מתוודעים לשם העצמי יותר של אלוהים - שם הוי"ה. ביציאת מצרים העולם נפתח לא לכוחות מוסריים אנושיים, וגם לא לכוחות רוחניים מוגבלים כמו מלאכים ושרפים, אלא לתוכן הנצחי שמעל ההווה וההוויה.

וְהָיָה הַיּוֹם הַזֶּה לָכֶם לְזִכָּרוֹן וְחַגֹּתֶם אֹתוֹ חַג לַה' לְדֹרֹתֵיכֶם חֻקַּת עוֹלָם תְּחָגֻּהוּ. שִׁבְעַת יָמִים מַצּוֹת תֹּאכֵלוּ אַךְ בַּיּוֹם הָרִאשׁוֹן תַּשְׁבִּיתוּ שְּׂאֹר מִבָּתֵּיכֶם כִּי כָּל אֹכֵל חָמֵץ וְנִכְרְתָה הַנֶּפֶשׁ הַהִוא מִיִּשְׂרָאֵל.[36] בסוף הציווי על קרבן הפסח, עם ישראל מצטווה לשמור על הימים האלה לדורות. בכל דור ודור יהיה אדם חייב לראות את עצמו כאילו הוא יצא ממצרים, בכל פעם מחדש הוא יצא מכבלי החומר לחירות. במשך השנה אולי נלך אחרי החמץ, שמבטא את היצר הטבעי והחומרי, אבל שבעה ימים בשנה נשתחרר מההחמצות שלנו וניזכר בחירות שלנו.

מכת בכורות

אנו מגיעים סוף סוף ליציאת מצרים עצמה, שבאה עם מכת בכורות, בחצות הלילה, במעבר בין הגלות לגאולה. מכה זו תביא ליציאה השלמה והמוחלטת, כְּשַׁלְּחוֹ כָּלָה גָּרֵשׁ יְגָרֵשׁ אֶתְכֶם מִזֶּה.[37] מכת בכורות היא השיא של המכות, ולכן חג ה"פסח" קיבל את שמו ממכה זו, שבה פסח ה' על בתי ישראל. עם זאת, לא ברור מדוע תגובת המצרים למכה הייתה קשה כל כך. הבכורות היו מיעוט מכלל המצרים. הקב"ה לא הרג את כל המצרים אלא רק את בכוריהם, ובכל זאת נראה שהמצרים נשברו לגמרי.

המדרשים מתארים שהבכורה הייתה מרכזית מאוד אצל המצרים. על הפסוק כִּי אֵין בַּיִת אֲשֶׁר אֵין שָׁם מֵת,[38] שואלים חז"ל[39]: האם לא היו משפחות במצרים שלא היה בהן בכור, כי הוא כבר מת בעבר? עונים חז"ל שגם אם לא היה בכור בבית, הגדול שבבית מת. מלבד זאת, במשפחה שמת בה הבכור בעבר, המצרים היו מעמידים פסל של הבכור שמת ומשתחווים לו. בתרבות המצרית נהגה סגידה לבכורים. עוד מספרים חז"ל שהיו בתים במצרים שבהם מת יותר מבכור אחד, כי המצריות היו מזנות תחת בעליהן, כדי ללדת בכורים גם מגברים אחרים. לפי המדרש הייתה במצרים אובססיה לבכורות, ולכן הכאת הבכורות מוטטה את עולמם.

מושג הבכורה אינו משמעותי כל כך בימינו, כי אין לבכור תפקיד בולט יותר משל שאר אחיו, מעבר לדוגמה האישית שמצופה ממנו לתת לאחיו הקטנים. אולם בעבר היה לבכור מעמד מיוחד, שהתבטא למשל בירושה, שבה הבכור קיבל פי שניים מכל אח אחר. בחלק מהתרבויות, הנחלה של ההורים עברה אל הבכור דווקא. מושג הבכורה עצמו אינו פסול; לאורך ספר בראשית נפגשנו בתכונה רבה סביב הבכורה - בעיקר בהתמודדות בין יעקב לעשו על הבכורה, וגם בין בני יעקב (בין ראובן, יהודה ויוסף) ובין אפרים למנשה בעת שיעקב בירך אותם. מכאן שלמושג הבכורה יש מקום מרכזי גם בעם ישראל.

חלק מהמצוות שניתנו זכר ליציאת מצרים מיוחדות לבכור: יש לפדות את הבן הבכור, ואת בכור הבהמה הטהורה צריך להקדיש או לפדות. שתיים מבין ארבע הפרשיות שבתפילין לקוחות מפרשתנו, ושתיהן עוסקות בנושא הבכורות: קַדֶּשׁ לִי כָל בְּכוֹר פֶּטֶר כָּל רֶחֶם בִּבְנֵי יִשְׂרָאֵל... וְהָיָה כִּי יְבִאֲךָ ה' אֶל אֶרֶץ הַכְּנַעֲנִי כַּאֲשֶׁר נִשְׁבַּע לְךָ וְלַאֲבֹתֶיךָ וּנְתָנָהּ לָךְ, וְהַעֲבַרְתָּ כָל פֶּטֶר רֶחֶם לַה'...[40] אם כן, יש קשר מהותי בין עניין הבכורה ובין יציאת מצרים.

בכור הוא הילד הראשון שנולד להוריו; עד שנולד, האיש והאישה היו זוג, והילד הראשון משנה את מעמדם לאבא ואימא. הבכור למעשה מגדיר את

המשפחה ואת ההמשכיות של החיים. ברגע שנולד הבן, הוריו הופכים להיות חלק מהרצף האלוהי וחלק מהנצח. הולדת הבכור נותנת תחושה להוריו שהם מתחילים חיים חדשים, הם הופכים מבודדים למי ששייכים לשרשרת הדורות של עם ישראל. לכן בעם ישראל הבכורה מתקשרת אל הקדושה, עד כדי כך שעבודת הקודש הייתה אמורה להיעשות על ידי הבכורים, ורק בעקבות חטא העגל היא עברה לאחריות הכוהנים.

את יסוד הבכורה הפכו המצרים למושא לסגידה. הסגידה לבכורים באה מתוך התחושה האינסטינקטיבית שהבכור שנולד הוא היצירה של העולם הזה. יצירת החיים של הבכור נתנה להוריו תחושת שליטה בעולם. החוויה הראשונית של עוצמת החיים הוסטה בידי המצרים לצד החומרני שבה והם זיהו בה את הקסם של העולם הזה. הבכורה אמורה לשרת את הקודש, אבל המצרים סגדו לבכורים כמייצגי הכוח של העולם החומרי.

לתופעה זו קורא המהר"ל "החומר קודם לצורה".[41] החומר הוא הגשמיות של החפץ, והצורה היא משמעותו של החפץ ותפקידו. בהתפתחות של האדם בעולם הזה, הוא נפגש תחילה עם החומר. ככל שאדם גס יותר, הוא מתעניין יותר בחומר ובמגע שלו. למשל, ילד קטן שרואה שולחן יתעניין בצבע ובמבנה הגשמי שלו, אבל אדם בוגר ורציני יתעניין ממה השולחן עשוי, האם החומר שלו איכותי. אדם בוגר עוד יותר ישאל לאיזה צורך השולחן נועד. כך בנוי העולם, קודם מופיע המבנה החומרי ורק אחר כך הקומה הרוחנית.

היחס אל שני הרבדים תלוי באדם: ככל שאדם גס וחושני יותר, "מצרי" יותר, הוא מתמכר לחוויה הראשונית. הוא מתלהב מהחומר, מהצבעים ומהתמונות. בשלב הבא אדם כבר מפעיל את השכל, ומתחיל להבין מה הייעוד שאליו מכוונים הנתונים הפיזיים. הרובד החומרי הוא הראשון תמיד, ולכן הוא קוסם יותר, מפתה יותר, יש בו עוצמה פראית וחוסר גבולות ומחשבה. כיוון שאין לו עדיין ייעוד, פעמים רבות הוא נשאר בתחום הפרטי והאגואיסטי, ורק המבט הבוגר רואה את הכלל והמרחב. גם הדריכה במקום, או הגעגוע לימי הילדות, נובעים לפעמים מסגידה לבכורה; האדם מתרפק על החוויה הראשונית, על אורח החיים שאליו התרגל, ואינו מוכן להשתחרר ולהתקדם הלאה. במכת בכורות העולם כולו לומד לנצח נצחים לא להתרשם מהבכורה, לא להיות מוקסם מהעוצמה הראשונית. המכה ממוטטת את מוסד הבכורות, שלא ימשיך לשלוט בעולם.

גם המצרים וגם ישראל מעניקים משמעות לבכורות, השאלה היא אם

הבכורה היא המרכז או רק ההתחלה. האם הבכורות הם האליל עצמו או רק המשרתים לעבודת הקודש. עם ישראל מאמין שלעוצמת החיים יש המשך, ייעוד ומטרה. יתרה מזאת, הייעוד הרוחני - הוא הוא ההתחלה האמיתית שקדמה לכול. חז"ל אומרים שהקב"ה היה "מביט בתורה ובורא את העולם",[42] כלומר התורה, הקומה הרוחנית, לא באה כתוספת על גבי העולם, אלא הייתה ביסוד העולם. הרוח היא ההתחלה האמיתית, ולא עוצמת החיים הפיזית. מתוך הראייה הרוחנית מעצבים את עולם החומר, ולא להפך. בדרך כלל אנשים מכירים את העולם הפיזי, ודרך המשלתו לעולם הרוחני, מבינים גם את המושגים הרוחניים. אולם האמת אינה כך, אלא העולם הרוחני הוא היסוד, ולפיו צריך להבין את העולם הפיזי ומשמעותו.

המבט של אנשים רוחניים מציב תחילה את היסודות המהותיים, ומתוכם מעצב את הגישה לחומר. מסופר על הרב צבי יהודה קוק, שכשהיה ילד קטן, המלמד שלו לימד אותו את הפסוק בספר איכה: כִּי גָדוֹל כַּיָּם שִׁבְרֵךְ מִי יִרְפָּא לָךְ.[43] אמר לו הילד צבי: אם הים גדול כמו השבר של עם ישראל, כנראה הים גדול מאוד. כלומר, הוא ידע על השבר של עם ישראל, אבל לא הכיר את הים. מהעולם הרוחני שלו הוא בנה את המושגים הפיזיים. מתוך גישה זו עם ישראל האמין בגאולה לאורך כל הדורות, גם במצבים שבהם כמעט לא היה לו קיום. הוא לא בחן את המציאות במבט עיתונאי שטחי, אלא במבט רוחני מהותי, ולכן ידע שביום מן הימים הוא יקום לתחייה.

יציאת מצרים מלמדת אותנו שגם אם יש בכורים בעלי עוצמה שמשפיעים על העולם, לבסוף הם יאבדו את מעמדם. הברק הראשוני ייעלם ויפנה את מקומו למדרגה בוגרת ורוחנית.

מצוות פדיון בכורות ותפילין

וַיְדַבֵּר ה' אֶל מֹשֶׁה לֵּאמֹר: קַדֶּשׁ לִי כָל בְּכוֹר פֶּטֶר כָּל רֶחֶם בִּבְנֵי יִשְׂרָאֵל בָּאָדָם וּבַבְּהֵמָה לִי הוּא.[44] בסוף הפרשה, אנו מצווים על פדיון בכורות בני האדם ובעלי חיים. אנו מפקיעים את הקדושה מהבכור ונותנים את תמורתו (או אותו עצמו, במקרה של הבהמה) לכוהן. הפדיון מבטא שהקדושה נמצאת לא בחומר אלא ברוח. מהיום והלאה עד סוף כל הדורות, בני ישראל יקדישו את הבכורות לה'. הם יפנימו שהעיקר אינו הבכור עצמו אלא הייעוד הרוחני.

את הפרשיות הללו, העוסקות בקדושת הבכורות, אנו מכניסים לתוך התפילין: וְהָיָה לְךָ לְאוֹת עַל יָדְךָ וּלְזִכָּרוֹן בֵּין עֵינֶיךָ לְמַעַן תִּהְיֶה תּוֹרַת ה'

בְּפִיךָ כִּי בְּיָד חֲזָקָה הוֹצִאֲךָ ה' מִמִּצְרָיִם.[45] במצוות התפילין אנו קושרים את הפרשיות הללו (ושתי פרשיות נוספות - "שמע ישראל" ו"והיה אם שמוע") לזרוע, המבטאת את כוחות המעשה, ולראש, המבטא את כוחות המחשבה. את התפילין שעל הזרוע אנו מניחים נגד הלב, לבטא שיציאת מצרים תהיה מוטבעת בלבבות שלנו לדורות. הקשר שנוצר על ידי התפילין הוא מעל השכל והמילים; גם נער בן מצווה, שעדיין אינו מבין מהן תפילין, יודע שהוא קושר את דבר ה' לחיים שלו. כך אנחנו מזכירים לעצמנו כל יום שאנחנו בני חורין, שאנחנו יוצאים ממצרים. חז"ל דורשים מהפסוק וְהָיָה לְאוֹת עַל **יָדְכָה**[46] שאת התפילין מניחים על היד **הכהה**, החלשה. כאשר אתה נעשה חלש ועייף, קשור את התפילין וחבר את עצמך לנקודת יציאת מצרים.

הַיּוֹם אַתֶּם יֹצְאִים בְּחֹדֶשׁ הָאָבִיב.[47] אומר הרב קוק: "יציאת מצרים תישאר לעד האביב של העולם כולו".[48] באמצעות עיבור השנה, חג הפסח יצא תמיד באביב, כי יציאת מצרים מתרחשת כאשר הטבע פורח. בחורף הטבע רדום, שרוי במצריו, הכול קפוא ועומד במקום, ואילו באביב העולם מתעורר ופורח. זה הזמן שבו גם אנו יוצאים מקיבעון לפריחה, ממעגליות לתנועה, מתרדמה לחיים.

סיכום

בשלוש המכות האחרונות, העולם כולו עובר טלטלה, ותובע את השינוי המיוחל - יציאת עם ישראל משעבוד חומרי לחירות רוחנית. עם ישראל מקבל זמן, כיוון ומטרה, ומתחיל לנוע בחיפזון ובשמחה לעבר מטרתו.

יציאת מצרים סובבת סביב הבכורות. מכת בכורות מלמדת כל אדם לנצח את הקיבעון לבכורה, להשתחרר מהעולם החומרי עם כל הקסם והברק הראשוני שלו, ולהיפתח אל הייעוד הרוחני. דרך חג הפסח, ומצוות פדיון הבכורות והתפילין, העיקרון של יציאת מצרים ממשיך ללוות אותנו תמיד: מכאן ועד סוף כל הדורות, כל אחד מישראל יזכור שאפשר לנצח את המצריות, את הסגידה לבכורה ואת המעגליות המחזורית, ולצאת לחירות.

בשלח

לקרוע את הים

בפרשת בשלח אנו לומדים כיצד "לשלח" את עצמנו לחלוטין ממצרים, כיצד להתנער באופן מוחלט מהחומריות ומהגסות. אדם היוצא ממצרי חייו צריך לדעת שביכולתו לא רק לנצח את האתגרים הטבעיים, אלא אף לצאת לחלוטין ממגבלות העולם הזה. במסירות נפש ואמונה הוא יוכל לחולל שינוי אמיתי בחייו ולשורר שירה, שהיא מעבר לשכל ולמילים. אדם שמאמין בשינוי מהותי בחייו – יכול לפגוש את הטבע לא רק בצידו הנמוך אלא גם בצידו הגבוה, ולהתנהל בעולם של אכילה, שתייה ופרנסה באופן רוחני ואצילי.

יהיו כוחות עמלקיים שינסו לצנן את התלהבותו ולהנמיך את שאיפותיו, אך ביכולתו לגבור עליהם בידי אמונה.

הנושאים בפרשה:

קריעת ים סוף • שירת הים • מרה, המן ומי מריבה • מלחמת עמלק

פרשת בשלח משלחת אותנו לחלוטין ממצרים ומוציאה אותנו לחירות גמורה. וּבְנֵי יִשְׂרָאֵל יֹצְאִים בְּיָד רָמָה.[1] פסוק זה, המתאר את יציאתם הסופית של בני ישראל ממצרים, אינו כתוב בלשון עבר אלא בלשון הווה. כך הוא ממשיך את העיקרון שעליו דובר בפרשות הקודמות: יציאת מצרים לא הייתה אירוע היסטורי חד פעמי, אלא תהליך שנמשך לאורך כל הדורות. מאז ועד היום, שוב ושוב אנו יוצאים מכל המְצרים.

האירוע המרכזי של הפרשה הוא נס קריעת ים סוף. לכאורה כבר עברנו את עשר המכות ויצאנו ממצרים, והעולם המצרי כבר התנפץ לרסיסים. ובכל זאת, מתברר שנדרש עוד שלב. קריעת ים סוף אינה מתוארת כמכה נוספת על מצרים, אלא בתור נס נפרד ושונה. היא מוזכרת תמיד מחוץ לרשימת עשר המכות ואף מופיעה בפרשה אחרת. קריעת ים סוף תופסת גם מקום רחב בתנ"ך ובחז"ל, יותר ממכות מצרים ואפילו יותר מעשרת הדיברות. בהגדה של פסח אנו מזכירים את הוויכוח בין התנאים, כמה מכות נכללו בעשר מכות מצרים וכמה נכללו בקריעת ים סוף;[2] למרות המחלוקת, לכל הדעות היה פער גדול בין מכות מצרים לקריעת ים סוף, פי חמישה, כמו הפער בין אצבע ליד (על מכות מצרים נאמר "אצבע א־להים היא",[3] ובקריעת ים סוף נאמר "היד הגדולה"[4]). כלומר, קריעת ים סוף כוללת את כל מה שהיה במכות מצרים - ועוד יותר מזה.

ייחודה של קריעת ים סוף ניכר בתוצאות שלה. היא גורמת לאמונה גדולה: וַיַּאֲמִינוּ בַּה' וּבְמֹשֶׁה עַבְדּוֹ.[5] היא גם מכה גלים בכל העמים האחרים, ומפילה עליהם תדהמה: אָז נִבְהֲלוּ אַלּוּפֵי אֱדוֹם, אֵילֵי מוֹאָב יֹאחֲזֵמוֹ רָעַד...[6] בהמשך התנ"ך, כשרחב תספר על הפחד של הכנענים מפני בני ישראל לקראת הכניסה לארץ, היא לא תזכיר את עשר המכות אלא את קריעת ים סוף: כִּי שָׁמַעְנוּ אֵת אֲשֶׁר הוֹבִישׁ ה' אֶת מֵי יַם סוּף מִפְּנֵיכֶם בְּצֵאתְכֶם מִמִּצְרָיִם.[7] מיד אחריה פורצת שירת הים, שאותה אומרים בכל יום בתפילת שחרית בסוף פסוקי דזמרה. עם ישראל התלהב כל כך מקריעת ים סוף ויצא מגדרו לשבח את ה'. היו בתנ"ך ניסים נוספים של שינוי סדרי הטבע, כמו עצירת השמש והירח בימי יהושע - שֶׁמֶשׁ בְּגִבְעוֹן דּוֹם וְיָרֵחַ בְּעֵמֶק אַיָּלוֹן.[8] אבל לא ראינו שם את עם ישראל יוצא בתופים ובמחולות. רק פעם אחת בתקופת השופטים אנו רואים תגובה כזאת, של שירה בעקבות הצלחה, וזה בשירת דבורה[9] שאותה קוראים בהפטרת בשלח.

שיר הוא מעבר למילים; סיפורי התורה מביעים תוכן עיוני, ולעומתם השירה מדברת אל הנשמה. יש בשירה (בכתיבה עצמה, בלי קשר לצד המוזיקלי שלה) גם תוכן, אך במקצב ובמליצה יש משהו מיוחד שמושך בעיקר את הלב. השיר אינו פועל על ציר השכל אלא פונה אל הרגש, ואל עומק החיים של האדם.

נצטרך להבין מה יש בקריעת ים סוף שדווקא היא, אחרי כל המכות, מביאה ליציאתם הסופית והגמורה של בני ישראל ממצרי החומר, ומקדמת אותם לקראת מתן תורה.

דרך ארץ פלשתים

וַיְהִי בְּשַׁלַּח פַּרְעֹה אֶת הָעָם וְלֹא נָחָם אֱלֹהִים דֶּרֶךְ אֶרֶץ פְּלִשְׁתִּים כִּי קָרוֹב הוּא, כִּי אָמַר אֱלֹהִים פֶּן יִנָּחֵם הָעָם בִּרְאֹתָם מִלְחָמָה וְשָׁבוּ מִצְרָיְמָה.[10] מתוארת כאן התוכנית האלוהית להעביר את בני ישראל לא ישירות לארץ ישראל אלא בדרך ארוכה יותר. מבחינה גיאוגרפית, עם ישראל היה יכול להגיע לארץ ישראל בדרך קצרה ומהירה, אלא שיש תהליכים שעם ישראל עדיין צריך לעבור. מעומק העבדות של מצרים הוא כבר יצא, אבל יש לו עוד מקומות ומצבים שעליו להשתחרר מתוכם, "להשתלח" מהם. לכן מתחילה כעת דרך עקיפה, שתחילתה פרשת בשלח, כעין מדרגת ביניים בין יציאת מצרים למתן תורה.

לפני קריעת ים סוף, התורה מספרת: וַיִּקַּח מֹשֶׁה אֶת עַצְמוֹת יוֹסֵף עִמּוֹ, כִּי הַשְׁבֵּעַ הִשְׁבִּיעַ אֶת בְּנֵי יִשְׂרָאֵל לֵאמֹר, פָּקֹד יִפְקֹד אֱלֹהִים אֶתְכֶם וְהַעֲלִיתֶם אֶת עַצְמֹתַי מִזֶּה אִתְּכֶם.[11] יוסף הצדיק נחנט והושם בארון במצרים, אך לפני כן השביע את בני ישראל שיעלו את עצמותיו ארצה. ועל פי המדרש,[12] החרטומים הסתירו את הארון ביאור, ומשה היה צריך לאתר אותו כדי לקחתו לארץ ישראל. הוא השתמש בשם המפורש כדי להוציא אותו מהיאור. אזכורו של יוסף בנקודה זו מלמד על קשר מהותי בינו ובין קריעת ים סוף. קשר כזה מופיע גם במדרש על הפסוק "הים ראה וינוס הירדן יסוב לאחור":[13] חז"ל אומרים[14] כי בזכות מנוסתו של יוסף מאשת פוטיפר, שאחזה בו כדי לחטוא עמו (כפי שנאמר: וַיָּנָס וַיֵּצֵא הַחוּצָה[15]), נס הים מפני בני ישראל. מסירות הנפש חורזת את פרשתנו.

לפי חז"ל[16] הים נקרע רק כשנחשון בן עמינדב, נשיא שבט יהודה, נכנס למים עד חוטמו - ואז הם נבקעו. גם יוסף, "צדיק יסוד עולם", הבונה את היסודות של המציאות, עמד מול הפיתוי הגדול ביותר. הוא היה שרוי בתוך מציאות בלתי אפשרית של עבד תחת כוחות זרים, ובכל זאת לא נכנע ומסר את נפשו כדי לא לחטוא. במדרש אחר,[17] מקשרים חז"ל בין בקיעת ים סוף ובין בקיעת העצים לעקדת יצחק, וַיְבַקַּע עֲצֵי עֹלָה.[18] עקדת בן בידי אביו היא מסירות נפש שאין כדוגמתה; בני אדם יכולים להתגבר על רעב, צמא וקשיים אחרים, אבל מוכנות להקריב את הבן שייכת לעולם שמעבר לנו. היכולת לעמוד מול האתגר, עם כוחות נפש שלא מן העולם הזה, היא המאפשרת את קריעת ים סוף.

שני גורמים נוספים שמוזכרים לפני קריעת ים סוף הם עמוד האש ועמוד הענן. וַה' הֹלֵךְ לִפְנֵיהֶם יוֹמָם בְּעַמּוּד עָנָן לַנְחֹתָם הַדֶּרֶךְ וְלַיְלָה בְּעַמּוּד אֵשׁ לְהָאִיר

לָהֶם לָלֶכֶת יוֹמָם וָלָיְלָה.[19] עמודים של אש וענן שייכים גם הם למציאות שמעבר לעולם הזה, מציאות על־טבעית. הם מוליכים את עם ישראל לקראת ים סוף ומובילים אותם למדרגה חדשה שטרם התגלתה אפילו בעשר המכות.

קריעת ים סוף

דַּבֵּר אֶל בְּנֵי יִשְׂרָאֵל וְיָשֻׁבוּ וְיַחֲנוּ לִפְנֵי פִּי הַחִירֹת בֵּין מִגְדֹּל וּבֵין הַיָּם, לִפְנֵי בַּעַל צְפֹן נִכְחוֹ תַחֲנוּ עַל הַיָּם. וְאָמַר פַּרְעֹה לִבְנֵי יִשְׂרָאֵל נְבֻכִים הֵם בָּאָרֶץ סָגַר עֲלֵיהֶם הַמִּדְבָּר.[20] עם ישראל הולך לקראת מבוי סתום, מחסום בלתי עביר. כשהוא מגיע למחסום הזה, הוא מסתובב אחורנית ורואה את המצרים רודפים אחריו: וְהִנֵּה מִצְרַיִם נֹסֵעַ אַחֲרֵיהֶם.[21] חז"ל אומרים שהמילה "נוסע" נאמרה בלשון יחיד כדי לרמז על השר של מצרים, כלומר המלאך של האומה המצרית.[22] הכוח הרוחני שמאחורי מצרים עומד להתנגש בישראל. זו מלחמה חזיתית בין שני כוחות רוחניים.

המצב נראה בלתי אפשרי לפתרון. המדרש אומר שכאשר הקב"ה ציווה את משה לנטות את ידו על הים, משה טען שאינו יכול. גְּבוּל שַׂמְתָּ בַּל יַעֲבֹרוּן.[23] המדרש שם בפיו של משה אמירה שהקב"ה שם גבול לים, ולכן בלתי אפשרי לבקוע אותו; לכאורה נדמה לאדם שלא ניתן לנצח את הכוח המצרי שנושף בעורפו ואת החומריות שמולו. מה יש בקריעת ים סוף, בשונה מכל המכות, שמשה רבנו סבור שאין בכוחו לבצע? מדוע הפעם המשימה בלתי אפשרית? מה נשתנה נס זה מכל שאר הניסים?

המהר"ל מפראג[24] מסביר שקריעת ים סוף היא נס שמעבר לעולם הטבע. מכות מצרים, וניסים אחרים שמופיעים בתנ"ך, הם ניסים בתוך מעגל הטבע, המשנים את מצבי הצבירה של הטבע. למשל, מים התחלפו בדם, כינים באו בכמות גדולה מאוד, במכת הערוב בעלי החיים שינו את מקום הימצאם, הברד איחד את המים והאש שבדרך כלל מתקיימים בנפרד, חושך שמצוי בדרך כלל בלילה נמשך כמה ימים, וכן על זו הדרך. ניסים כאלה מותחים את גבולות הטבע. גם בשיא של עשר המכות, כשכל הבכורות מתו ברגע אחד - היה זה נגד כל חוק הסתברות, אך עדיין במסגרת עולם הטבע.

בקריעת ים סוף היה שינוי איכותי בטבע של המים. לכל אובייקט בטבע יש חומר שממנו הוא עשוי, וצורה שקובעת את מהותו ותפקידו. אולם למים, בהיותם נוזלים, אין צורה אלא רק חומר. אין להם מעטפת שמגדירה אותם, הם מקבלים את צורת הכלי שבו הם נמצאים. לכן המים הם החומריות במהות

העמוקה ביותר. שלא כמו הדברים המוצקים, שיש להם כוחות שמעמידים אותם בלי שיתפזרו, המים מתפזרים בטבעיות ונענים לצורה שסביבם. אין להם גבולות ברורים בעולם הזה, הם מתפשטים ללא גבול, ואם לא שמים להם גבול הם יכולים להציף הכול. הים נקרא "מים שאין להם סוף";[25] המים הם ביטוי לחומר המוחלט וחסר הגבולות, לשיא הטבעיות, לאינרציה של החיים. לכאורה דבר אינו יכול לעצור את גלי הים ואת הנהר השוצף. את המים אי אפשר לבלום באמצעות "אצבע א־להים", כפי שנאמר במכות מצרים, אלא באמצעות יד ה'. הפעם לא יתרחש שינוי נקודתי מסוים, הדומה לאצבע אחת מתוך יד, אלא מהפכה כוללת ומהותית שמקיפה את כל המציאות, כמו יד שלמה.

בקריעת ים סוף המים משנים את **מהותם** מים ליבשה, מנוזל למוצק. הזרימה הבלתי פוסקת, שנדמה כי אי אפשר לעצור אותה, משנה את מהותה ונעצרת. המים לא השתנו לדם, או השתלבו עם האש, כפי שהיה במכות מצרים, אלא פסקו לגמרי מלהיות מים. קריעת ים סוף שמה "סוף" למים והופכת אותם ליסוד אחר. הפעם המציאות הטבעית משתנה לא בכמותה אלא באיכותה ובמהותה. מהפסוק הַיָּם רָאָה וַיָּנֹס הַיַּרְדֵּן יִסֹּב לְאָחוֹר חז"ל דורשים[26] שלא רק ים סוף נחצה, אלא כל הימים והנהרות, כל יסוד המים בעולם השתנה. כלומר, קריעת ים סוף היא ביטוי לשינוי מהותי של עולם החומר כולו.

אחרי יציאת מצרים, ולפני שמקבלים את התורה, העולם צריך להפנים שדבר ה' אינו רק שינוי של מצבי הצבירה בתוך עולם הטבע. המכה שמסיימת את יציאת מצרים מנפצת את כל מסגרות הטבע באופן מוחלט ומבהירה שיש מציאות אחרת שאינה טבע. כל עוד הניסים מתרחשים בתוך המסגרת הטבעית, האדם יכול להתיימר להבין את המציאות בכלים שלו. המדע האנושי אינו נרתע מתופעות טבע שאינן מוכרות לו, כי הוא מניח שאם רק יאסוף עוד נתונים, הוא יבין את התופעה ויוכל לתת לה הסבר. קריעת ים סוף משנה את כללי המשחק: התוכן האלוהי אינו עוד אחד מכוחות המציאות, אלא הוא גבוה ומרומם מכל מה שאנו מכירים, לא רק בממד הכמותי אלא גם בזה האיכותי. כעת מתחיל העולם להיפתח לשמו החדש של הקב"ה וליעד החדש שהוא הציב בתחילת ספר שמות: "אהי־ה אשר אהי־ה, ויאמר כה תאמר לבני ישראל: אהי־ה שלחני אליכם".[27]

יש אנשים שמבחינת העמדה האמונית שלהם הם עברו את עשר המכות אבל לא את קריעת ים סוף. הם עדיין מכירים בעולם הזה בלבד. זה מה שעומד בבסיס התפיסה החילונית: היו בעבר עבודות אלילים שבהן אנשים התמכרו לכוחות

טבע חלקיים, כמו השמש או הגשם, אבל האנושות התבגרה מאז. היום היא יודעת שלא כל דבר בטבע מובן לה, אבל היא מתיימרת לחשוב שאת הטבע בכללו היא תופסת. לכן מבחינה נפשית, איננו עומדים מופתעים מול שום תופעה, וכל דבר בעולם הזה אנו יכולים להכניס לתבניות, לסדר בטבלאות ולנתח בגיליונות סטטיסטיים. אנחנו יכולים לדעת הכול על העולם, כי הוא ברור מבחינה כמותית, וכל שחסר לנו הוא להשיג את כל הנתונים העובדתיים עליו. לתפיסה זו, גם העולם הרוחני האלוהי הוא חלק ממכלול הצרכים האנושיים; ׳צורכי דת׳ שההבדל בינם לבין שאר הצרכים הוא כמותי; אבל אין דבר שפורץ באמת את העולם הזה. קריעת ים סוף מלמדת יסוד אחר: היא אינה מלמדת שיש טבע ובתוכו ממד רוחני דתי, אלא שהעולם הזה אפסי מול הגודל האלוהי.

קומה אמונית חדשה נבנית בנו בקריעת ים סוף. מתברר כי מטרתנו בחיים אינה רק להיות בני אדם טובים ואנושיים יותר. המצוות שלנו אינן רק מעשים מוסריים, ותפילה אינה אימון כדי להיות שמח וממוקד יותר. אם בזה מתמצה אמונתו של אדם, הוא עשוי למשל להגיע לסוף פרשת בשלח, לקרוא את הציווי על מחיית עמלק ולהגיד שאינו יאה בעיניו. הוא מוכן לקבל יהדות שמסתדרת עם התפיסה הליברלית האנושית, אולם לא עם משהו שאינו מוצא חן בעיניו. זו עמדתו של מי שיצא ממצרים וכבר אינו משועבד לחומר ולתאוות, אך עדיין תחת שלטון העולם הזה. אנשים שלא עברו את קריעת ים סוף ולא הפנימו את משמעותה הרוחנית, האמונה נעצרת אצלם בשלב כלשהו, במשבר אישי או לאומי קיצוני.

המטרה של עם ישראל, כפי שמופיע בסוף ספר מסילת ישרים, בשער הקדושה, היא להעלות את מידותיהם למדרגה אחרת, מרוממת, על־טבעית. למשהו אחר ומרומם. משה רבנו הגיע למדרגה שבה ארבעים יום הוא לא אכל ולא שתה. חוקי הטבע לא חלו עליו. בימינו אין מי שיכול להגיע לזה, אבל זו השאיפה, זה העולם שעליו אנחנו חולמים. לכן זה הרגע שבו כל העמים מתמלאים פחד. המכות השפיעו רק על המצרים, אבל בקריעת ים סוף העולם כולו משתתק ורועד, כי הוא מבין שיש למציאות חוקים חדשים. הסיפור אינו עם אחד שיצא מארץ אחת לאחר שניהל מאבק לאומי, אלא עולם שלם שמשנה את פניו.

יש החושבים שמנסים לדמיין כיצד יהיו ימות המשיח, וכיצד ייראה בית המקדש השלישי והשכלולים המודרניים שיהיו בו. מחשבה כזאת בסך הכול מכניסה את הקודש לתבניות המוכרות לנו. הרמב״ם אומר על ימות המשיח ש״לא ידע אדם איך יהיו עד שיהיו״,[28] ועל העולם הבא אמר רבי יוחנן

בתלמוד: "עין לא ראתה אלוהים זולתך".[29] אדם צריך לפתח בנפשו את השריר של הפתיחות המוחלטת למדרגה שאפשר להגיע אליה כשעובדים את אלוהים. הוא צריך אומנם לנסות להבין מה אלוהים רוצה ממנו במצב הנתון, על ידי התורה שלפניו ובמציאות הקיימת, אבל לחיות כל הזמן בהבנה שיש משהו גדול ממנו, לא כמותית אלא מהותית. יש אלוהות אינסופית, בכל המובנים, והיא היעד שאליו האדם שואף.

חז"ל אומרים: "ראתה שפחה על הים מה שלא ראה יחזקאל בן בוזי".[30] כל אחד חווה את קריעת ים סוף באופן אחר. לפי המדרש, עם ישראל חצה את הים בשנים עשר שבילים, כנגד שנים עשר השבטים. יש אינסוף גוונים בים סוף, ולכל אחד מישראל יש אפשרות לקרוע את המימיות שמולה הוא עומד. הגאון מווילנה[31] מדייק שמצד אחד כתוב "ויבואו בני ישראל בתוך הים ביבשה", ומצד שני "ובני ישראל הלכו ביבשה בתוך הים", ומסביר שבני ישראל הלכו בטור; כשראש הטור נכנס לים - החלק האחורי של הטור היה עדיין ביבשה, וכאשר ראש הטור כבר יצא ליבשה - סוף הטור עדיין היה בים. ביציאת מצרים התקבצו כל הדורות כולם בטור נשמתי אחד היוצא ממצרים, אך לא כולם יוצאים יחד ולא כולם קורעים את ים סוף. יש אנשים שנראה כי הם איתנו יחד, אך בנשמתם פנימה הם כבר נטועים רחוק ועמוק בימות המשיח. מנגד, יש איתנו אנשים שמבחינה פנימית הם עדיין חיים במצרים. הם נראים אנשים רגילים, מתקדמים ומשתמשים בכל אמצעי הטכנולוגיה, אבל מבחינה נפשית, מבחינת תפיסת העולם והיכולת הרוחנית שלהם, הם חיים בעבר. קריעת ים סוף התגלתה באופן מרוכז ברגע אחד, אבל מאז כולם יוצאים ממצרים בטור אחד גדול, שקורע את ים סוף לאורך הדורות.

לא תמיד אדם רואה איך הוא קורע את הים ומנצח את כל המגבלות, אבל בחשבון הנצחי הכול יכול להיות. לפעמים אדם גובר על המגבלות רק בדמיונות שלו; הדמיון נובע מהנשמה האלוהית, השייכת לעולם הנצח, ושם הכול אפשרי.[32] צריך כמובן להיזהר לא לנסות לנהל עם הדמיונות האלה את העולם הזה בפועל, ולא לחיות בפנטזיה, אבל קריעת ים סוף מבטאת שבעולם הפנימי, הנשמתי, הישראלי - הכול אפשרי. מה שאינו בא לידי ביטוי בפועל עכשיו, בימי חיינו, יופיע בחשבון הנצח. אנחנו מסוגלים לקרוע את ים סוף בדמיון שלנו באינסוף מקומות. מבחינה מעשית אין לדפוק את הראש בקיר ולצפות שהוא ייבקע, כי כנראה הוא לא ייבקע; אבל מבחינה נפשית, אדם צריך להיות מוכן לדפוק את הראש בקיר. בעולם הפנימי, הנשמתי, הישראלי, הכול אפשרי, ומה שלא מופיע

עכשיו יופיע בעולם הנצח. התהליך יימשך אולי אלפי שנים, אבל בסוף הרוחניות תנצח, ים סוף ייקרע, העל־טבעי יהפוך לטבעי, והבלתי אפשרי יהפוך לאפשרי.

לכל אדם יש רגעים בחיים שבהם הוא מרגיש שאי אפשר יותר. למשל בהתמודדות מול יצרים מסוימים שנראים בלתי ניתנים לשליטה, או מול מצב ציבורי סבוך, שבו האפשרות שהדברים יסתדרו נראית חסרת סיכוי. היכולת של האדם להאמין שהכול יכול להשתנות נלמדת מקריעת ים סוף. אמונה זו נותנת לו את הכוח להחזיק מעמד מול הקשיים הגדולים ביותר, גם אלו שכרגע אין לו פתרון בשבילם. השלווה הנפשית שהאמונה הזו נותנת לאדם מאפשרת לו לפעול במציאות הראלית. על ידי התקווה שיהיה טוב יותר בעתיד, הוא יכול לשקול נכון את השיקולים של העולם הזה. מהאמונה הזאת שאבו יהודים את כוחם בכל מצב בלתי פתיר. אנשים שהובלו ברכבות משא להשמדה באושוויץ, ושרו בדרך "אני מאמין", שאבו את האמונה שלהם מקריעת ים סוף. הם ידעו שהחיים בעולם הזה חסומים כרגע, אבל בעולם הנצח יש פתרון.

שירת הים

אחרי שעם ישראל קורע את המציאות החומרית ומשנה את מהות המציאות בקריעת ים סוף, פורצת השירה: אָז יָשִׁיר מֹשֶׁה וּבְנֵי יִשְׂרָאֵל אֶת הַשִּׁירָה הַזֹּאת לַה׳ וַיֹּאמְרוּ לֵאמֹר, אָשִׁירָה לַה׳ כִּי גָאֹה גָּאָה סוּס וְרֹכְבוֹ רָמָה בַיָּם.[33] שירה היא ביטוי למה שמעבר למילים. כשאדם מצוי בהתרוממות רוח, הוא אינו מדבר אלא שר. כשאומרים מילים מפעילים את השכל ואת כוחות הצמצום, המגבילים את המחשבה ומצמצמים אותה למילים מדודות. המחשבה עוזרת לסדר את הדברים, והדיבור מאפשר להעביר אותם, אך הם אינם מביעים את החופש. השירה מרימה את האדם מעבר לגבולות הצרים, בפרט אם המילים מושרות במנגינה, כי המוזיקה מביאה איתה משהו מעבר לעולם הזה. האדם שומע הדים מתוך העולם הרגשי העליון, ומגיע למקומות שמעבר למקצב החיים הרגיל של העולם. לכן ליל הסדר, שבו יוצאים ממצרים, אינו מסתיים בדברי תורה אלא בשירת ההלל.

תוכן השירה מוביל להמלכת ה׳. כך מתואר מעמד השירה בנוסח תפילת שחרית: "שירה חדשה שיבחו גאולים לשמך הגדול על שפת הים, יחד כולם הודו והמליכו ואמרו: ה׳ ימלוך לעולם ועד". גם כשקוראים את שירת הים עצמה בתפילת שחרית, מצמידים לשירת הים פסוקים המבטאים את מלכות ה׳, "כי לה׳ המלוכה ומושל בגויים".[34] המלוכה האלוהית מופיעה בקריעת ים סוף. מלוכה אינה השגת שלטון על אזור מסוים, אלא שליטה המתפרסת על

ממלכה שלמה. בעקבות קריעת ים סוף, מתגלה מלכות ה' במציאות כולה. בעולם שה' מולך בו יכולה להופיע גם הקדושה, ולכן בשירת הים מופיע בית המקדש: מִקְּדָשׁ אֲדֹנָי כּוֹנְנוּ יָדֶיךָ.[35] הקדושה מתכוננת ומתבססת בעולם מתוך קריעת ים סוף.

את שירת הים אומרים כל יום בתפילה. ביומיום אנו אמורים להתנהל בעולם הזה, עם כל גבולותיו; אבל לפני שניתקל בקשיים ובמכשולים של היום, ולפני שנעמוד בפני קירות שאי אפשר לעבור אותם, אנו נזכרים בקריעת ים סוף ואומרים: "אז ישיר משה ובני ישראל". אם לא עכשיו, בעתיד.

מי מרה והמן

אחרי שעם ישראל עובר את קריעת ים סוף, הוא מתחיל להתמודד עם עולם החומר, בהתאם למצבו החדש. חמישה מפגשים עם חומר מתרחשים בפרשת בשלח: בני ישראל מגיעים למרה, שם המים מרים, וה' ממתיק אותם בדרך נס; באילים הם זוכים לתמרים ומים; אחר כך הם רעבים ומקבלים בשר ומן מהשמיים; לאחר מכן הם מגיעים לרפידים וצמאים למים, וה' מוציא להם מים מהסלע. את המצרכים הללו - מים, פירות, בשר, לחם ושוב מים - מקבל עם ישראל לאחר שהוא מתלונן, פעם אחר פעם.

לנוכח קריעת ים סוף, היה מצופה שעם ישראל לא יתלונן על צרכים חומריים, השייכים למציאות הטבעית הנמוכה. אולם לפעמים, דווקא כאשר האדם מתוודע למציאות שמעל ומעבר לחוקים ולגבולות של העולם הזה, נוצרת אצלו ריאקציה לכיוון השני. העם רוצה פתאום לשוב למצרים, כי השינויים המהותיים שחלים בעולמו מרתיעים אותו. הוא רואה את גבולות החיים הבסיסיים ביותר מתמוססים מול עיניו, ובעקבות זאת מתעורר בו רצון גדול לחומריות, לגעת בכל זאת בדברים השייכים לעולם הזה. בלחם, במים, בבשר, באבות המזון. הוא מפחד להתנתק מהם ולאבד את החיבור לתאוות העולם הזה. בני ישראל חשים שהקב"ה עומד להפוך אותם למלאכים, אבל הם בני אדם שרוצים לאכול ולשתות, ולכן מופיע בתוכם דחף לחזור למצרים ולאכול לחם ובשר.

תלונות אלו מובילות אותנו לפרשת המן, שהיא פרשה מרכזית בתורה, ויש האומרים אותה בכל יום כסגולה לפרנסה. היא מלמדת אותנו כיצד לגשת לעולם החומר במציאות שאחרי קריעת ים סוף. קודם קריעת ים סוף, האכילה החומרית הייתה בזויה, שכן היא עלולה לדרדר את האדם; אולם אחרי קריעת

ים סוף, אנחנו לומדים שגם את האכילה והשתייה אפשר לקרוע. אפשר להתגבר על ממד התאווה שבאכילה ולכלול בה את הממד הפנימי.

אכילה ושתייה הן סוגים של תאווה. התאווה הראשונה שמוזכרת בתורה היא בהקשר לאוכל, כפי שנאמר בפרי עץ הדעת טוב ורע: כִּי תַאֲוָה הוּא לָעֵינַיִם.[36] גם בני ישראל מתאווים, מִי יִתֵּן מוּתֵנוּ בְיַד ה' בְּאֶרֶץ מִצְרַיִם בְּשִׁבְתֵּנוּ עַל סִיר הַבָּשָׂר...[37] תאווה מופיעה סביב אכילה ושתייה, ולא סביב צורך קיומי אחר של האדם. היא צורך נפשי של האדם. כשאדם צריך לנסוע למקום כלשהו, הוא אינו "מתאווה" לנסיעה, וכן אדם שזקוק לטיפול רפואי אינו "מתאווה" לו. מושג התאווה מתאר צרכים שיש בהם גם ממד נפשי. למשל, התאווה ליצר המין נובעת מיכולת יצירת החיים שטמונה בו, היא נותנת לאדם תחושת עונג ושלמות. כיוצא בזה, גם לאכילה ולשתייה מתלווה סיפוק נפשי גדול. לכן בעם ישראל, דברים שבקדושה נעשים בצירוף אוכל ושתייה. בחתונה עורכים סעודת מצווה, וכן בבר מצווה ובברית מילה. ביום השבת ובמועדים יש מצווה לאכול, ואפילו ביום כיפור יש מצווה לאכול לפניו, בערב יום הכיפורים. האוכל והבשר הם ביטוי לחיבור הנפשי שיש לאדם עם העולם הזה. אדם אינו אוכל רק בשביל הקיום הגופני שלו, אלא גם בשביל נפשו. לכן לא די לו באינפוזיה, אלא חשוב לו שהאוכל יהיה טעים ואסתטי. זה ביטוי לממד הנפשי שמספקת האכילה, קבלת חיים מהעולם הזה.

גם בני ישראל מרגישים צורך נפשי. הקשר שלהם לעולם החומר מתעורר. הקב"ה מלמד אותם מה הם באמת צריכים - מן. החומר אינו נעלם מן העולם, אלא נעשה רוחני יותר ומאפשר לגשת אל האוכל בלי הצדדים הגסים של החומר. מן הוא לחם שמימי, בסיס למציאות החומרית הנצרכת, אלא שבמקום לבוא מלמטה הוא בא מלמעלה, מהממד האיכותי שהתגלה בעולם אחרי קריעת ים סוף. חז"ל[38] מציינים את ההבדל בין תינוק שיונק ובין בעל חיים שיונק: איברי היניקה אצל בעלי החיים הם בצד התחתון של המניקה, ואילו אצל בני האדם התינוק יונק פנים אל פנים ונמצא מול הלב של אימו. היחס למזון תלוי במקום שממנו אדם מקבל אותו - אפשר לקבל את המזון מלמטה, מתוך משיכה לכוחות הנמוכים, ואפשר לקבל אותו מלמעלה. לכן במקום לשוב למצרים, בני ישראל קיבלו לחם מהשמיים, לחם מסוג אחר. חז"ל אומרים שאחרי אכילת המן, בני ישראל לא נזקקו לעשיית צרכים, כי הוא היה נספג כולו בגוף.[39] כלומר, המן היה חומר רוחני מזוכך שאין בו פסולת.

עוד אומרים חז"ל שאפשר היה לטעום במן כל טעם שרוצים,[40] וגם זה

ביטוי למדרגה רוחנית. המן מזמן גם את המפגש הראשון של בני ישראל עם השבת, שבה לא ירד מן. בתוך המציאות של ימי השבוע מתגלה יום בעל ממד רוחני יותר. מתוך קריעת ים סוף, יכולה השבתיות להופיע בעולם ולעצור את העשייה, ההרגלים והמרוץ של העולם הזה. אִם תָּשִׁיב מִשַּׁבָּת רַגְלֶךָ, עֲשׂוֹת חֲפָצֶיךָ בְּיוֹם קָדְשִׁי, וְקָרָאתָ לַשַּׁבָּת עֹנֶג לִקְדוֹשׁ ה׳ מְכֻבָּד.[41] עם ישראל נשאר בעולם החומר, אלא שהחומר עלה בדרגתו בהשפעת קריעת ים סוף.

חז״ל[42] אומרים כי כאשר בני ישראל קיבלו את המן, משה רבנו תיקן להם את ברכת ״הזן את הכל״, שהיא הברכה הראשונה שבברכת המזון: ״הזן את העולם כולו בטובו, בחן בחסד וברחמים״. הקב״ה זן ומפרנס לכול. גם צורכי החיים הבסיסיים ניתנים מאת ה׳. כאשר אדם אוכל ומברך ברכת המזון, הוא זוכר שמזונו מגיע מהשמיים. על ידי ברכתו הוא מבריך (לשון הברכה, חיבור) את עצמו אל המקור העליון של המזון. בהמשך הדורות, לדברי חז״ל שם, נוספו שאר הברכות של ברכת המזון: יהושע בן נון תיקן את ברכת הארץ בכניסה לארץ ישראל, דוד ושלמה תיקנו את ברכת בניין ירושלים, חכמי ישראל תיקנו את ברכת הטוב והמיטיב כאשר הרוגי ביתר הובאו לקבורה. היה זה במרד בר כוכבא, והעובדה שהגופות לא הסריחו עד שנקברו נחשבה בעיני חכמים לנס. הם ראו בזה ביטוי לטוב האלוקי הנצחי, ״הוא היטיב הוא מיטיב הוא ייטיב לנו״ - גם כאשר עם ישראל מנוצח, וגוויותיו שוכבות שדודות, אנו יודעים שהקב״ה היטיב לנו בעבר, מיטיב לנו בהווה וגם ייטיב לנו בעתיד, כש״יזכנו לימות המשיח ולחיי העולם הבא״. כאשר יהודי אוכל סעודה, הוא נזכר במן, בכיבוש ארץ ישראל, בבית המקדש שבירושלים, בהשגחה של הקב״ה גם בזמן הגלות ובמשיח. האכילה שלו אינה פעולה אישית אגוצנטרית, אלא חלק מהתהליך ההיסטורי הגדול, חוליה בשרשרת האינסופית שהחלה ביציאת מצרים.

לא במקרה קוראים את פרשת בשלח בחודש שבט, שלפי המקובלים מזוהה עם התמודדות מול תאוות האכילה (זה מתבטא בט״ו בשבט, ראש השנה לאילנות, כיוון שלפני המצאת הממתיקים המלאכותיים, הפירות המתוקים היו שיא החוויה הגסטרונומית). דרך פרשת בשלח יכול האדם ללמוד כיצד להתמודד עם האכילה, השתייה ושאר התאוות. פרשת המן מלמדת את עם ישראל, ואת העולם כולו, שמשמעות יציאת מצרים אינה ויתור על צורכי החיים הבסיסיים; כל אלה יכולים להישאר, ובלבד שישתחררו מהחומרנות הגסה שעוטפת אותם ויביטו במבט רוחני. הכוח האלוהי האינסופי שקרע את ים סוף הוא המאפשר לנו לגלות את הרוח שבמזון הבסיסי שלנו, או

בלשון המקובלים "להעלות ניצוצות". בשהייתו במדבר, עם ישראל לומד כיצד בונים עולם רוחני בתוך עולם החומר. בהמשך התורה נראה עוד קשיים ואתגרים סביב החומריות שעם ישראל יתמודד איתם ויבנה מתוכם את עולמו הרוחני.

מלחמת עמלק

ישנן תרבויות שהמדרגה החדשה אחרי קריעת ים סוף אינה מוצאת חן בעיניהם. כאמור, המדרגה שאליה הגיע עם ישראל בקריעת ים סוף משפיעה על כל העולם. יש עמים שחשים מאוימים משבירת המסגרת של עולם הטבע ומהפיכת עולם החומר לרוחני יותר. עשר המכות לא הטרידו אותם, כי מבחינתם זה בסדר שיש עם שמסוגל לנצל את כוחות הטבע באופן טוב יותר, אבל קריעת ים סוף היא כבר יציאה אל מחוץ לטבע. בפרשה הבאה נראה שיתרו הצטרף לעם ישראל דווקא בעקבות הבשורה הגדולה הזאת, "מה שמועה שמע ובא? קריעת ים סוף ומלחמת עמלק".[43] אולם יש שאינם מרוצים מהמצב, ובראשם עמלק.

בלעם קורא לעמלק: רֵאשִׁית גּוֹיִם עֲמָלֵק.[44] עמלק הוא התמצית של הגויים בעולם. זהו שבט שמרכז בתוכו את הרוע וההתנגדות לעם ישראל. עמלק הוא הביטוי באומות לחיישן רגיש שקולט את העם שיש לו כללים חדשים למציאות. הוא מבין שהעם הזה ישנה את התבניות המוכרות של העולם.

לפי המדרש, אומות העולם הזדהו עם עמלק אך חששו לפעול בעצמם נגד ישראל וחיכו לראות מה הוא יעשה. הם מדמים את המצב לאמבטיה רותחת,[45] שאיש אינו מעז להיכנס לתוכה, עד שאדם אחד קופץ פנימה. אומנם אותו אמיץ נכווה, אבל מכאן ואילך האמבטיה קרה יותר, וממילא השאר יכולים להיכנס. עמלק יוצא למלחמת התאבדות, מתוך ידיעה שיפסיד, כדי להראות לעולם שאפשר להילחם בישראל. הוא מבקש להוכיח שעם ישראל הוא עם רגיל ושאי אפשר באמת לנצח את הטבע ולשנות את המסגרות, כי האנושות שבויה במסגרת הטבע של העולם הזה. האידיאולוגיה של עמלק היא שכל האנושות מצויה בתוך המציאות היחסית, המעורערת, הנתונה לעליות, ירידות וייאוש. עמלק בגימטרייה "ספק", הוא מנסה להשליט את הספק בעולם. להעמיד את הבשורה של שבירת גבולות הטבע בסימן שאלה.

וַיָּבֹא עֲמָלֵק וַיִּלָּחֶם עִם יִשְׂרָאֵל בִּרְפִידִם.[46] חז"ל דורשים שהשם "רפידים" רומז ששם רפו ידי ישראל מן התורה.[47] עם ישראל נמצא במצב של חולשה,

וזה מה שעמלק מחפש. גם בתוך עם ישראל הוא מחפש את החלשים, וַיְזַנֵּב בְּךָ כָּל הַנֶּחֱשָׁלִים אַחֲרֶיךָ.[48] לפי חז"ל, הכוונה לאנשים שנפלטו מענני הכבוד.[49] עמלק בא להראות שגם עם ישראל נחלש, וזו ראיה שגם הוא נתון להשפעת מסגרות הטבע. לא תצליחו להכניס רוחניות לעולם הזה, אומר עמלק לישראל, העולם הזה יביא אתכם לשחיקה והחיים ינצחו את כולנו.

נגד הייאוש והשחיקה של עמלק, עם ישראל יוצא למערכה כפולה: במישור הארצי, יהושע בן נון בוחר לוחמים ויוצא להילחם בעמלק, ובמקביל מתנהלת מערכה שמימית בידי משה רבנו. משה יושב על ראש הגבעה, וכשהוא נושא את ידיו כלפי מעלה, ישראל גוברים על עמלק. המלחמה הארצית היא שיקוף של המאבק הרוחני. לפי חז"ל, הגבעה שעליה ישב משה רומזת לאבות ולאימהות שנמשלו להרים וגבעות.[50] בתמיכת אהרן וחור משני הצדדים, ידיו של משה נשארות פרוסות בחוזק וביטחון, וַיְהִי יָדָיו אֱמוּנָה עַד בֹּא הַשָּׁמֶשׁ.[51] כך מנצחים ישראל את עמלק.

למרות הניצחון, התורה מבהירה כי מדובר במלחמה שלא תיגמר לעולם, כִּי יָד עַל כֵּס יָהּ מִלְחָמָה לַה' בַּעֲמָלֵק מִדֹּר דֹּר.[52] חז"ל דורשים את הפסוק: אין כיסאו של ה' שלם עד שיימחה זכרו של עמלק.[53] עמלק הוא הנקודה שלאורך ההיסטוריה מתנגדת לעם ישראל. היא רוצה עולם של טבע, מציאות מוכרת שאפשר לנהל, ויוצאת נגד המציאות העליונה שעם ישראל מבקש לשאת אליה את העולם. השאיפה של עם ישראל היא, מבחינת עמלק, מלחמה לחיים ולמוות.

בתוך נפשו של כל אחד יש עמלק. כוח שמצנן את ההתלהבות מכל אירוע משמעותי שמתרחש. אם אדם חש חוויה של התעלות בתפילה, למשל, עמלק הוא מי שמחזיק מעצמו מנוסה וניגש אליו להסביר לו שזו רק התרגשות זמנית; עוד מעט הוא יירגע ורגש ההתעלות יעבור לו. ההתעלות והרצון לקדושה, כמו כל האידיאלים, אינם מחזיקים מעמד זמן רב, ובאמת הכסף והחומריות מכתיבים את סדר היום. עמלק הוא הכוח שלוחש לנו שיש רק טבע, לא מעבר לזה. את הכוח הזה אפשר לנצח על ידי פריסת הידיים כלפי מעלה, כלומר מתוך אחיזה בטוחה במציאות שמעבר לטבע. "וכי ידיו של משה עושות מלחמה או שוברות מלחמה? אלא לומר לך: כל זמן שהיו ישראל מסתכלים כלפי מעלה, ומשעבדין את לבם לאביהם שבשמים - היו מתגברים, ואם לאו - היו נופלין".[54] עם ישראל ינצח את העמלקיות, לא רק באמצעי הטבע, אלא גם בעיקר בכוח האמונה במה שלמעלה מאיתנו. מעל למסגרות החשיבה, לתבניות הרגש ולכל מה שאי פעם נדמיין.

סיכום

בקריעת ים סוף נמשך המהלך של יציאת מצרים, והיא מובילה אותו למדרגת השיא - יציאה ממצרי העולם הזה באופן מוחלט, עד כדי שינוי מהותי של כל מסגרות הטבע.

בקריעת ים סוף החומר משתנה, ומתוך כך גם הצרכים היומיומיים הקיומיים מקבלים את ערכם האלוהי. עדיין יש אכילה ושתייה בעולם, כי אלו צרכים גופניים ואף נפשיים של בני האדם, אבל עתה עם ישראל אינו אוכל כמו שאכל קודם קריעת ים סוף. העולם החומרי משתנה, יש בו לחם שמימי שמקורו אלוהי, בתוך שטף החיים החומריים יש שבת. האלוהות קורעת את כל הימים שבעולם, משחררת אותנו מהצדדים הגסים של ממדי החומר ומאפשרת לנו לגעת בצד האיכותי שבהם.

עמלק מנסה לקרר את הרוח של ישראל ולשכנע אותם ואת העולם כולו שלמרות קריעת ים סוף, אין באמת כוח מעל העולם הזה שיכול לשנות אותו. מול עמלק צפויה מלחמה לדורות, מלחמה נגד החולשות שמנסות להפיל את האדם, ונגד כל מי שמנסה להשכיח את קריעת ים סוף ואת השאיפה למציאות העליונה. משה רבנו מלמד שאפשר לנצח במלחמה הזאת מתוך אמונה, על ידי ידיים שנשואות למעלה בחוזק וביטחון.

לאחר שאדם יכיר במה שמעבר לכל ענייני העולם הזה, מעבר לכל המשברים והמצוקות, הוא יוכל להתקדם לפרשה הבאה ולקבל את התורה.

יתרו

לתור אחרי אלוהים

פרשת יתרו מביאה את האדם, לאחר שיצא ממצרי החומר וקרע את ים הכבלים והגבולות, אל המפגש הישיר עם הקדוש ברוך הוא. האנושות מחפשת ו'תרה' אחרי אביה שבשמיים, והמפגש עם ה' הוא נחלת העולם כולו, על כל מעגלי המציאות.

האדם מכין את עצמו שלב אחר שלב לקבלת התורה, ואז שומע את עשרת הדיברות, המלמדים כיצד בכל מצב בחיים ימצא את "אנכי ה' אלוהיך". בכל רגע נתון עליו למצוא את המשמעות והשלמות, כאן ועכשיו.

הנושאים בפרשה:

ביאת יתרו ועצתו למשה • הכנות למעמד הר סיני • עשרת הדיברות • דיני הקמת מזבח

גם על פרשת יתרו, כמו על פרשת בשלח, אפשר לומר שהיא מהפרשות החשובות בתורה. אחרי קריעת ים סוף, עם ישראל מגיע למעמד הר סיני ופוגש באופן ישיר את אלוהים. מפתיע שפרשה כה חשובה, הכוללת בתוכה את עשרת הדיברות, נקראת על שם גוי - יתרו.

פרשת יתרו פותחת בביאת יתרו אל בני ישראל במדבר. הוא מייעץ למשה כיצד לנהל את מערכת המשפט. לאחר מכן עם ישראל מתכונן לקראת מתן תורה ועובר תהליכים במשך כמה ימים, עד שהוא מגיע למעמד הר סיני.

בהר סיני שומע עם ישראל את עשרת הדיברות, ובסוף הפרשה נאמרים דינים בנוגע לבניית מזבח.

יתרו

הפרשה נקראת על שם יתרו חותן משה, שעל פי חז"ל משמש ביטוי לתמצית של אומות העולם.[1] לדבריהם, יתרו היה עובד עבודה זרה, ולא היה סוג של עבודה זרה בעולם שהוא פסח עליו. הוא הכיר וידע את כל הצדדים האפלים של העולם הזה, ועם זאת הוא נקרא חותן משה. כמעט בכל פעם שמוזכר שמו של יתרו, מצוין גם הקשר שלו למשה.[2] כאשר הוא שומע על מה שעשה ה' לישראל ביציאת מצרים, אומר יתרו ביטוי מעניין, שלא הכרנו עד כה: "ברוך ה'".[3] יתרו מלמד אותנו לומר ברוך ה'. הוא אינו אומר "ברוך אלוהים", אלא משתמש בשם הוי"ה. השם הוי"ה, כזכור מהפרשות הקודמות, מבטא את התוכן העתידי, אהי־ה אשר אהי־ה. ראינו ששם זה קשור לייעוד נצחי, שהוא לכאורה נחלתם של עם ישראל בלבד. אולם בפרשתנו מתברר כי ייתכן מצב אידיאלי שבו גם עובדי עבודה זרה מתעלים למדרגה זו.

פרשת יתרו, עם מעמד הר סיני שבה, מלמדת אותנו את האידיאל של עם ישראל. במצב האידיאלי עם ישראל אינו מנותק מהעולם. יש אנשים שמבינים בטעות את עם ישראל כעם היחיד בעולם, וששאר הגויים רק גורמים המתלווים אליו במקרה הטוב, או גורמים מפריעים במקרה הפחות טוב. הם גם טוענים שבעלי החיים, הצומח והדומם, חסרי חשיבות. התורה ניתנה לעם ישראל, וכל היתר שוליים וצדדיים.

פרשת יתרו מלמדת אותנו כי המציאות העליונה, שמבוטאת בעשרת הדיברות, מתגלה דווקא על ידי המפגש עם יתרו. המבט האנושי ה"מיותר" לכאורה - הוא זה שפוגש את הקב"ה, והעולם מתחיל להכיר את אלוהים ואת שם הוי"ה. התורה אינה רק מסר רוחני שתפקידו של עם ישראל לספר אותו, תוך שהוא מסתובב ברחבי העולם, ולהפיץ את הבשורה לכל בני האדם; מטרת התורה היא גם לתת יכולת להבחין איך הקב"ה מתגלה בעולם הזה, על כל הממדים שלו. הממדים אינם מסתכמים בעם ישראל וגם לא במין האנושי בלבד. עם ישראל הוא הלב, אבל המציאות כולה היא האיברים שמקבלים את חייהם מתוך הלב ומזרימים לו חיים בחזרה. זו מערכת אורגנית אחת, שהתמצית שלה התנוצצה במעמד הר סיני.

חז"ל אומרים שהר סיני פרח במתן תורה (ומכאן המנהג לקשט את הבית

ובית הכנסת בענפים ובצמחים בחג השבועות, חג מתן תורה[4]), והמשמעות היא חיבור של כל הצומח והדומם למעמד הר סיני. עוד מספרים חז"ל שלאורך כל המעמד, עוף לא צייץ, אף בעל חיים לא השמיע קול, כולם היו שותפים למעמד. גם מי שעדיין לא נולד אז, "מזלו" היה שם.[5] זו הסיבה שאפשר לקבל גרים לתוך עם ישראל, כי לפי חז"ל גר הוא בעל נשמה יהודית שהתגלגלה אל בין הגויים, ונשמתו עמדה במעמד הר סיני. במעמד הר סיני התחברו כל הניצוצות של הטוב והחיוב בעולם בבני האדם ובאנושות, בבעלי החיים, בצמחים ובדומם, הכול התחבר במעמד הזה. הנציג של כל התופעה הזאת הוא יתרו חותן משה. החיבור שלו לעם ישראל דרך משה הוא שמביא את העולם כולו אל מעמד הר סיני. יתרו הוא התשקיף של מה שיקרה באחרית הימים: וְהָיָה בְּאַחֲרִית הַיָּמִים נָכוֹן יִהְיֶה הַר בֵּית ה' בְּרֹאשׁ הֶהָרִים וְנִשָּׂא מִגְּבָעוֹת, וְנָהֲרוּ אֵלָיו כָּל הַגּוֹיִם.[6]

עניין זה בא לידי ביטוי מעשי, כשיתרו מלמד את משה כיצד לנהל את סדרי המשפט והחברה בישראל. הוא רואה את עם ישראל עומד על משה מבוקר ועד ערב, ואומר למשה שאם הוא ימשיך כך, הוא ינבול עם כל העם יחד. במקום זאת, הוא מראה למשה כיצד להקים מערכת משפטית היררכית. האם משה רבנו לא היה יכול לחשוב על זה בעצמו? התשובה היא שזה לא התפקיד של משה. תפקידו של עם ישראל הוא לתת את האידיאל העליון. המבט של הגויים, באמצעותו של יתרו שמצטרף באותה עת לעם ישראל, מספק לעם ישראל את המעטפת המעשית. לתווך בין משה - איש האלוהים העל-טבעי, המוביל את הגילוי האלוהי הנצחי של אהי־ה אשר אהי־ה - ובין המציאות של העולם הזה, על ידי סדר חברתי של משפט.

אומנם יש צד של ניגוד בין אומות העולם ובין ישראל והתורה, ואכן חז"ל דורשים את השם "סיני" - "שמשם ירדה שנאה לאומות העולם".[7] התורה מנוגדת לאומות העולם מבחינה מסוימת, ולכן היא ניתנה במדבר, כי כדי לקבל את התורה צריך לצאת קצת מהעולם הזה. עם ישראל צריך להיות בניגוד מסוים כלפי אומות העולם המייצגות את החיים, והן צריכות להיות קצת בניגוד כלפי עם ישראל, כפי שנאמר: הֶן עָם לְבָדָד יִשְׁכֹּן וּבַגּוֹיִם לֹא יִתְחַשָּׁב.[8] אולם ברמה העקרונית, פרשת יתרו מלמדת אותנו שאומות העולם שותפות במגמה של עם ישראל, ויש להן גם חלק בבנייתו, כפי שיתרו תרם לעם ישראל את העצה שיש לקיים מבנה משפטי היררכי של שרי אלפים ושרי מאות. "חכמה בגויים תאמין, תורה בגויים אל תאמין". לגויים יש יכולת לתרגם את הנקודות הפנימיות לעולם הזה, להפוך אותן לחלק מן החיים.

זהו התהליך ההיסטורי שהאנושות והקוסמוס כולו שותפים בו. מעמד הר סיני הוא מעמד אוניברסלי שבו כל המציאות עומדת במקומה בזמן שעם ישראל מקבל את התורה. כל מי שיתרו מייצג בעולם מתחבר אל מעמד הר סיני. זה האידיאל שאליו מוביל מעמד הר סיני, כפי שיבוא לידי ביטוי בעשרת הדיברות.

שלבי ההכנה למתן תורה

עם ישראל מתקדם להר סיני ושם מתכונן לקבלת התורה בארבעה שלבים.

בַּחֹדֶשׁ הַשְּׁלִישִׁי לְצֵאת בְּנֵי יִשְׂרָאֵל מֵאֶרֶץ מִצְרָיִם בַּיּוֹם הַזֶּה בָּאוּ מִדְבַּר סִינָי.[9] חז"ל[10] אומרים שעם ישראל הגיע למדבר סיני בתחילת החודש השלישי, הוא חודש סיוון, והיו לו שישה ימים להתכונן למעמד הר סיני, בו' בסיוון. ביום הראשון לחודש סיוון, שבו עם ישראל הגיע למדבר סיני, הקב"ה לא אמר לו דבר, משום "חולשת הדרך". חז"ל מסבירים שכדי לתת את התורה לאדם, ולכל האנושות והקוסמוס, צריך שהמקבל לא יהיה חלוש ועייף. יש החושבים בטעות שהתורה באה להרוס את העולם, כי היא מתנגדת למציאות האנושית, הטבעית והארצית.

אכן התורה היא מעל לעולם הזה, אך היא אינה מנותקת ממנו, ולכן השלב הראשון לקראת קבלת התורה הוא לא להיות חלשים מהדרך. "דרך ארץ קדמה לתורה";[11] כדי שאדם יוכל למצוא את אלוהים ולקבל את התורה, הוא צריך קודם כול להיות בריא בכל המובנים, בגופו ובנפשו. חז"ל אומרים שאין הנבואה שורה אלא על אדם שהוא חכם, גיבור ועשיר,[12] כי לפני ההתעלות האדם זקוק לבסיס איתן. חז"ל דורשים בעניין זה שגם משה היה עשיר, כי את הלוחות השניים הוא לקח מתוך מחצב של סנפירין,[13] מעין יהלומים, והפסולת שנשארה מהחציבה ניתנה לו במתנה. המשמעות היא שמשה, מי שמוביל את העולם הזה אל העולמות העליונים, קיבל את עושרו, בריאותו ועוצמת חייו מהנספחים של העיסוק בקודש. כאשר אדם רוצה להתקדם ולקבל תורה, תחילה עליו לבנות את העולם הזה שלו. אין התורה ניתנת לאנשים ששונאים את החיים, לא לעייפים ולא לעצלנים, וגם לא לאנשים שמלאים פחדים ומרירות כלפי העולם. התורה ניתנת לאנשים בריאים, אופטימיים ושמחים, מלאי עוצמה ואיזון.

אחרי שבני ישראל נחו מעמל הדרך ביום הראשון, ובנו את התשתיות האנושיות הבריאות, אומר להם הקב"ה: וְאַתֶּם תִּהְיוּ לִי מַמְלֶכֶת כֹּהֲנִים וְגוֹי קָדוֹשׁ.[14] זהו השלב השני, שבו הקב"ה מציב לעם ישראל את השאיפה. אחרי שהאדם התמלא

בעוצמה ובבריאות והוא מוכן לשלב הבא, הוא צריך להבין מהו הכיוון, לאיזו מטרה הוא צריך להגיע. יתרו הכין את עם ישראל, דרך עצתו למשה על המבנה ההירכי של מערכת המשפט לפני מתן תורה, להבנה שהמטרה היא להגיע למצב שהעולם כולו קדוש. עם ישראל יהיה הלב בתהליך הזה - מַמְלֶכֶת כֹּהֲנִים וְגוֹי קָדוֹשׁ. כאשר השאיפה עומדת מול עינו, האדם יכול להתקדם.

בשלב השלישי אמר הקב"ה: וְהִגְבַּלְתָּ אֶת הָעָם סָבִיב.[15] זה כבר קרה ביום השלישי, לדברי חז"ל. צריך לדאוג שבני ישראל לא יעלו אל הר סיני, אלא יעמדו בתחתית ההר. אחרי שהאדם התחזק ונעשה בריא, שמח, אופטימי ויציב, ואחרי שהתבררה לו המטרה, בשלב השלישי הוא צריך להיזהר לא "להרוס אל הקודש", כלומר לא לקפוץ כמה מדרגות בבת אחת. צריך להתקדם לאט לאט, ולכן משה נדרש להגביל את העם ולקדש אותו בהדרגה, פֶּן יֶהֶרְסוּ אֶל ה' לִרְאוֹת.[16] עלייה מהירה מדי מביאה להרס.

הבעיות הקשות ביותר בעולם נוצרות כאשר אנשים מנסים לדלג על מדרגות ולקפוץ שלבים. אדם הרואה את המטרה מול העיניים שלו, מרגיש בריא וכשיר וקופץ ישירות אל המטרה - צריך לומר לו להתקדם קמעא קמעא. האדם צריך שתהיה לו מודעות עצמית כדי שיבין את מקומו, והוא יוכל להתקדם אל המטרה בקצב הנכון עבורו. לפעמים כאשר לא מעמיקים בתורה, נראה לאנשים שהתורה בולמת וחוסמת אותם נפשית, מונעת מהם את הבריאות והנורמליות ומטילה עליהם שאיפות גבוהות מדי. על כן צריך להבין לאן תורת ישראל מכוונת: אם אתה רוצה לעלות להר סיני, קודם כול עמוד בתחתית ההר. בנה את כוחותיך, דאג להיות מאוזן, הבן היכן אתה נמצא עכשיו ולאן אתה צריך להגיע. כך תוכל להתקדם אל המטרה באופן הבריא והמתאים ליכולותיך.

לבסוף, ביום הרביעי אומר הקב"ה לישראל: הֱיוּ נְכֹנִים לִשְׁלֹשֶׁת יָמִים אַל תִּגְּשׁוּ אֶל אִשָּׁה.[17] בשלב הרביעי מתחילים שלושת ימי ההגבלה, שהם שבירה של שגרת החיים. כדי לקבל את התורה, צריך באופן זמני לפרוש מהחיים הזוגיים, ובמשמעות הרחבה יותר - להתנתק לזמן מה מהממדים החומריים של העולם. על האדם להיות מוכן "להמית את עצמו באוהלה של תורה".[18]

זהו תהליך מובנה שעם ישראל והעולם כולו עוברים במעמד הר סיני, וכל אדם צריך לעבור אותו. אפשר להקביל את ארבעת השלבים הללו לארבעת חומשי תורה: ספר בראשית הוא בניית קומת הבסיס הבריאה; ספר שמות הוא הצבת המטרה; ספר ויקרא מציב את ההדרגתיות על ידי מצוות הטומאה והטהרה שמכשירות את האדם אט אט אל הקודש; ספר במדבר עוסק בנפילות שמאלצות פרישות מסוימת מן העולם הזה (וספר דברים כבר מבשר על הכניסה לארץ).

התהליכים הללו אינם חד ממדיים, וגם אינם בנויים תמיד בציר כרונולוגי זה אחר זה; האדם לא בהכרח עובר אותם לפי הסדר, אלא נמצא כל הזמן במערכת יחסים איתם. הוא בונה את הבריאות הנפשית והגופנית שלו, מבין את השאיפה, מבין מהם הכוחות שיש לו, מתגבר על עצמו ודוחה סיפוקים. זהו המסלול לקבלת התורה, שמוביל לעשרת הדיברות ולמפגש עם אלוהים.

עשרת הדיברות

כאשר עוברים על עשרת הדיברות, לא כל כך ברור מדוע נבחרו להינתן במעמד הגדול של הר סיני דווקא אלו. אפשר לחשוב שחלק מהמצוות בעשרת הדיברות נבחרו באופן שרירותי, ובאותה מידה אפשר היה לבחור מצוות אחרות. שני הדיברות הראשונים, "אנכי ה' א־להיך" ו"לא יהיה לך אלהים אחרים על פני", נראים יסודיים וחשובים; אבל האיסור "לא תשא את שם ה' א־להיך לשוא" אינו נראה כאחד מהיסודות של היהדות. האם עדות שקר היא מהאיסורים החמורים ביותר? האם האיסור לחמוד את רכוש האחר הוא יסודי?

זו התחושה שיכולה לעלות אם תופסים את עשרת הדיברות כציוויים טכניים. אולם אם באים מתוך גישה שהתורה אינה ספר היסטוריה, וגם אינה קודקס משפטי שמטרתו לדאוג לחיים טובים ומסודרים יותר, אלא היא מכוונת אותנו דרך כל פסוק וכל פרשה אל השלמות האינסופית - מבינים שעשרת הדיברות הם עשר הנקודות הנוגעות לאדם בצדדים הקיומיים ביותר של חייו.

אנכי

אָנֹכִי ה' אֱלֹהֶיךָ[19] - לפי הפשט, הכוונה שעל האדם לדעת שיש אלוהים. אולם המקובלים דורשים: "אנכי - ה' א־להיך". אם אתה רוצה לחפש את אלוהים, תמצא אותו בתוכך, ב"אני" שלך. אלוהים נמצא פה, ואל תחפש אותו במקום אחר. הבסיס לדעת אלוהים הוא ההבנה שבמקום שבו אדם נמצא בחייו - שם נמצא גם הקב"ה. המילה "אנכי" מזכירה לנו את המושג "אנוכיות", שמתפרש כאגואיסטי ושלילי, אך המקובלים מסבירים שהנטייה שלנו להיות אגואיסטים נובעת מתוך האנוכיות העליונה. יש אנוכיות תחתונה, כאשר אדם דואג לעצמו ולא אכפת לו מאחרים, ויש אנוכיות עליונה, שמקורה ב"ה' א־להיך".[20] ככל שאדם לומד יותר, מתפלל יותר ועובד לתקן את האישיות שלו יותר, הוא חש שהמציאות כולה מחוברת. הקב"ה מופיע בכל המציאות, וכל חלקי המציאות פועלים כמו איברים בגוף, שאם אחד מהם כואב - כל הגוף חש כאב. כך

מרגיש גם האדם הפרטי את החיבור שלו למציאות, כאשר כואב לו - לעולם כולו כואב, וכאשר טוב לו - לעולם כולו טוב. לכן, בגלל החיבור שלו לכל המציאות, חשוב לו מאוד שהאנוכיות שלו תופיע בעולם. האצבע חייבת למלא את תפקידה כאצבע, כדי שהנשמה תופיע בכל הגוף.

כל פרט במציאות, כל אדם יהודי ולא יהודי, כל בעל חיים, כל צומח וכל דומם, שאיפת האנוכיות נטועה בו, והיא היא השאיפה לחיות, לשרוד ולהתקיים. שאיפה זו בא לידי ביטוי בנטייה הטבעית שלנו לשמור על עצמנו; למשל, אם זורקים עלינו אבן, אנו ממהרים אינסטינקטיבית להגן על הפנים. האינסטינקט הזה נעשה בלי חשיבה, כי אילו היינו מחשבים באופן מודע את כיוון הזריקה ואת המהירות שלה, ומעריכים איזה איבר בגוף עלול להיפגע וזקוק ליד שתשמור עליו, האבן הייתה מפצחת את ראשנו. מוטבע בכולנו אינסטינקט לשמור על הפנים ולעצום את העיניים. גם לבעלי חיים יש מנגנון של תגובה אוטומטית העוזר להם לשרוד, וגם לדומם. כשמטיחים אבן על הארץ, היא אינה רוצה להתנפץ, לכן כל עוד לא מופעלים עליה לחצים היא נשארת גבישית, ורק כשמפעילים עליה לחץ חזק דיו היא מתפרקת, בניגוד לטבעה. אפילו בקרב העמים, כל עם רוצה לשרוד, כל תרבות נלחמת בשיניים על הקיום שלה. המציאות כולה רוצה להתקיים, כי אלוהים מופיע בתוכה. מתוך השלמות והאינסופיות, נובעת תחושת התקווה של כל יצור לשרוד ולהתקיים.

זו הסיבה שבני אדם אינם מתייאשים, וזו גם הסיבה שאף פעם לא יהיה סוף העולם. ייתכנו שינויי צורה והחלפות צורה, יש כל הזמן תהליכים אבולוציוניים בעולם, העולם שונה מזה שלפני 20 מיליון שנה, וגם בעוד 50 מיליארד שנה הקיום האלוהי במציאות יופיע באופן אחר. גם האדם הפרטי משתנה - הגוף מת, והקיום האינסופי של האדם ממשיך בעולם הבא, בחשבון הנצח האלוהי. אך האנוכיות קיימת תמיד, אלוהים נוכח בעולם ונותן לו את קיומו האינסופי. זו משמעותו של הדיבר הראשון.

לא יהיה

לֹא יִהְיֶה לְךָ אֱלֹהִים אֲחֵרִים עַל פָּנָי[21] - אנשים שמבינים את הדיבר הראשון, שאלוהים נמצא ב"אני" שלהם כאן ועכשיו, אינם מחפשים חיים אחרים. הם תמיד מרוצים מהמקום שלהם בעולמו של אלוהים, ולכן אף פעם אינם בורחים אל אלוהים אחרים. חיפוש אלוהים אחרים פירושו חיפוש חיים שונים משלנו. אנשים שמאמינים באלוהים אינם מדמיינים אף פעם שהם נמצאים במקום אחר, במשפחה אחרת, בתקופה אחרת או בעלי כישורים אחרים. הם גם אף פעם אינם

מדמיינים שהם מישהו אחר. אלוהים מופיע בהם כאן, במקום שהם נמצאים בו, שִׁוִּיתִי ה׳ לְנֶגְדִּי תָמִיד.[22] רבנו בחיי, בספרו חובת הלבבות, בשער הביטחון, כותב כי האדם המאמין לעולם אינו רוצה להיות במקום שונה מהמקום שבו הוא נמצא עכשיו. המקום שבו הוא עכשיו, עם הכישרונות שלו, עם מסלול החיים שלו, עם ההורים שאליהם נולד, עם הפרצוף שלו ועם הכישלונות שלו, זהו בדיוק המקום שבו אלוהים פוגש אותו. אדם מאמין מרגיש זאת בכל רגע, ממשש זאת בכל מה שהוא נוגע בו, מרגיש בכל נשימה את הנשמה.

כשרבי שניאור זלמן מלאדי שכב על ערש דווי, ונכדו עמד לידו, הוא הצביע למעלה ושאל את נכדו מה הוא רואה. הנכד ענה לו שהוא רואה את התקרה. אמר לו סבו: אני רואה את הכוח האלוהי שמחזיק את התקרה, ובמילים הללו הוא נפטר.[23] זו המשמעות של ראיית אלוהים בכל מקום.

לא תשא

אחרי שני הדיברות הראשונים בא הדיבר השלישי: לֹא תִשָּׂא אֶת שֵׁם ה׳ אֱלֹהֶיךָ לַשָּׁוְא כִּי לֹא יְנַקֶּה ה׳ אֵת אֲשֶׁר יִשָּׂא אֶת שְׁמוֹ לַשָּׁוְא.[24] אדם שמאמין באלוהים במשמעות הזו, שמזהה כיצד בכל שנייה אלוהים מתגלה בחייו, וכולו מלא קיומיות ושלמות מוחלטת עם המצב שלו ואינו שקוע בדמיונות, הוא גם אדם שאינו נושא את שם ה׳ לשווא. הוא משתמש בכל דבר בעולם הזה בצורה מדויקת ומדודה. נשיאת שם ה׳ לשווא היא ייחוס חשיבות יתר לדבר מה, מעבר לחשיבות המגיעה לו. דרמטיזציה קיצונית, כביכול כמו צעקת ׳אלוהים אדירים׳ על כל שטות. שם ה׳ מופיע בכל דבר באופן מסוים על ידי השימוש המדויק בו.

לדוגמה, אדם אוחז כוס מים בידו; יש לו כלי שנוצר מזכוכית בחכמה אנושית, על ידי חול סודה וסיד, ובני האדם גילו על ידי ניסוי וטעייה שהוא יכול להחזיק בתוכו מים. האדם אוחז בכוס הזו, אומר: ״ברוך אתה ה׳ אלוקינו מלך העולם שהכול נהיה בדברו״, ושותה. כך שמו של אלוהים מתגלה במים ובכוס בדיוק בצורה שצריכה להיות. מי שנושא שם שמיים לשווא עשוי לנפח את המפגש של הכוס הזאת, ולהפוך את חוויית שתיית המים ל״דבר המדהים ביותר שפגשתי בחיי״. אנשים מעין אלו עשויים גם להתרגש בעוצמת יתר מהימצאות בקרבת ידוענים או אפילו בצילום עוגת יום הולדת ושליחת התמונה לעשרות נמענים בוואטסאפ, תוך ציון שהיא ״מדהימה״. התרבות של היום קיצונית מאוד, ולכן אנשים נוטים להיות רגשיים מדי, להתמלא בדמיונות ופחדים מכל התרחשות ולהגיב באופן לא מאוזן; לכנות פקקים בכביש בשם ״שואה״ וכן על זה הדרך. אדם שרוצה להימנע מדפוס התנהגות כזה צריך

להיות איש אמונה. העולם האמוני שאנו לומדים עליו בעשרת הדיברות הוא עולם של איזון ודיוק אישיותי.

זכור את יום השבת

לאחר מכן בא הדיבר הרביעי: זָכוֹר אֶת יוֹם הַשַּׁבָּת לְקַדְּשׁוֹ.[25] בתוך ממד הזמן יש רגע שבו אנחנו נוגעים בשלמות, מעין עולם הבא. אלוהים מתגלה בחיים שלנו. הוא אומנם מופיע בכל רגע, אבל יש רגעים מסוימים שבהם אנו מרגישים את הנוכחות שלו, עד כדי תחושה שכל מלאכתנו עשויה. שטף החיים יכול להביא את האדם למצב של מרדף תמידי אחרי אלוהים, מתוך הרגשה שאינו מוצא אותו, כי הוא טרם הגיע לשלמות ועדיין אינו טוב מספיק. זו תחושה טובה, שצריך להרגיש אותה בכל ימות השבוע, אבל יש זמן שבו נוגעים בעולם כפי שהוא אמור להיות, ולא כפי שהוא עכשיו. עולם שבו הכול **שבת**, הכול **שב** אל הנקודה שעומדת ביסוד הכול. שבת היא "מעין עולם הבא", נגיעה במשב של שלמות שמביאה את ההשבתה - לא במשמעות של פסיביות וחוסר פעילות, אלא במשמעות שאין צורך לעשות ולשנות, כיוון שהכול נמצא בדיוק היכן שהוא צריך להיות. לכן שבת היא יום מנוחה ושמחה, שבו אין דאגות.

כבד את אביך ואת אמך

עתה מגיע הדיבר החמישי: כַּבֵּד אֶת אָבִיךָ וְאֶת אִמֶּךָ לְמַעַן יַאֲרִכוּן יָמֶיךָ.[26] יש החושבים שהסיבה לכיבוד ההורים היא הכרת הטוב: כיוון שההורים גידלו את ילדיהם, עליהם להחזיר טובה ולכבד אותם. אבל אין זו הסיבה היחידה לכיבוד ההורים; גם אדם שהוריו לא היטיבו עימו, או שלא הכיר כלל את ההורים שלו בילדותו, מצווה לכבד אותם - כי הם הצינורות שדרכם נשמתו הגיעה לעולם. ההורים הם השורש והמקור שמשם הוא בא. מי שאינו מכבד את הוריו, אפילו אם הם מתנהגים באופן איום ונורא, כורת את הגזע שממנו בא, וכך מנתק את עצמו מאלוהים. ההורים הם חוליית החיבור בין האדם לקב"ה.

לכן גם כיבוד ההורים הוא חלק מעשרת הדיברות, שעניינם לגעת בנקודות שבהן האדם פוגש את אלוהים בחייו. הוא פוגש אותו בכל רגע ובכל זמן, דרך שרשרת החיים שממנה צמח. לכן גם היחס שלו כלפי כל המציאות קשור ליחסו כלפי הוריו. הרמב"ן מסביר שילד המתכחש להוריו עובר על הדיבר לֹא יִהְיֶה לְךָ אֱלֹהִים אֲחֵרִים עַל פָּנָי, כי כפי שהסברנו, אלוהים אחרים פירושם רצון לברוח מהמקום שהאדם נמצא בו, כולל מהמשפחה שהאדם חלק ממנה.

האדם אינו יכול לברוח מהוריו, אלא חייב להבין שלא במקרה הוא נולד דווקא לאלה. החיים האלוהיים מופיעים בו דווקא דרך ההורים הללו. "שלשה שותפין הן באדם - הקדוש ברוך הוא ואביו ואמו".[27]

הדיבר החמישי משמש חוליית מעבר בעשרת הדיברות, בתווך בין הדיברות עד כה שעסקו ביחס לאלוהים, ובין חמשת הדיברות שיעסקו ביחסים בין אדם לחברו. כיבוד ההורים מחבר בין שתי מערכות היחסים. אדם שמנתק את עצמו מהוריו - מנתק את עצמו גם מהחברה. הוא יתקשה אחר כך לבנות מערכת חיים זוגית ומערכת חיים חברתית. כיבוד ההורים אינו חייב להתבטא בהתנהגות המעשית; קורה שמחמת ההתנהגות של ההורים, אדם צריך לעזוב את הבית ולבנות את מסלול חייו בעצמו. אולם הוריו הם עדיין הקשר שלו אל החיים, וכך הוא צריך לראות את הקשר הזה. לא להתבייש בהם, לא לשקוע במחשבות כגון "הלוואי שהם לא היו". אפילו אם אחד ההורים יושב בבית הכלא, אין זה משנה - אבא זה אבא, אימא זו אימא. אם נולדנו להורים מסוימים, גדלנו במקום מסוים ויש לנו מסלול חיים מסוים, זו הדרך שבה הקב"ה מצמיח אותנו, ועכשיו אנו ממשיכים במסלול שבו אנו מבינים שצריך ללכת. אלוהים אוחז בידינו תמיד ומוביל אותנו לאן שעלינו להגיע. לכן אדם צריך לכבד תמיד את המקום שממנו בא, גם אם שינה את דרכו ואופן התנהגותו לחלוטין. זה חלק חשוב מהבריאות הנפשית והרוחנית, מהיחסים החברתיים ומהמפגש עם אלוהים.

לא תרצח

מי שאינו מקיים את האמור עד כה, מגיע אל לֹא תִּרְצָח.[28] באופן מופשט, מי שהורס את הפוטנציאל שטמון בו עצמו משול לרוצח. כך אומרים המקובלים על דיבר זה - אל תרצח את חייך, אל תפגע בחלומות שלך, בכיוונים שלך ובכל מה שנטוע בך, לפי המקום שבו הקב"ה שם אותך בעולם. תן לקב"ה ולעולם להתגלות בך. כמובן גם פגיעה באישיותו של האחר כמוה כרציחה שלו, ולכן חז"ל ממשילים הלבנת פנים לרצח, "כל המלבין פני חברו ברבים כאילו שופך דמים".[29] הם ממחישים זאת על ידי מראה פניו של האדם שפגעו בו, הדם שלו אוזל מהפנים והוא מחוויר, מפני שנלקח ממנו מקומו בעולם. רצח הוא ביטול מקומו של האדם בעולם הזה, פיזית או נפשית. יש עוד סוגים של רציחה, כמו הוצאת זרע לבטלה, שזה ביטול של פוטנציאל חיים שהיה יכול לבוא לעולם. גם השחתה של רכוש או צמחייה היא חוסר מימוש של נקודות אלוהיות, שיכלו לבוא לעולם אך "נרצחו" בידי האדם.

לא תנאף

הדיבר הבא הוא לֹא תִּנְאָף.[30] חז"ל משתמשים במושג "ניאוף" בתחום מפתיע: "'ונואף אשה חסר לב'[31] - אמר ריש לקיש: זה הלומד תורה לפרקים".[32] לימוד תורה לפרקים הוא ביטוי למה שקרוי בימינו חוסר ריכוז. אדם לומד באופן מפורק, הוא קורא כמה שורות ומחשבותיו מתפזרות. התופעה יכולה להתרחש גם בתחומים אחרים, כגון מי שנותנים לו להבריג בורג בקיר, ואחרי שני סיבובי הברגה הוא מפסיק ואומר שאין לו כוח. ניאוף, ברמה העמוקה, אינו רק בגידה בתחום הזוגי, אלא כל חוסר יכולת של האדם לשמוח במה שיש לו. לאדם יש אשליה שאם הוא יבגוד במסגרת שלו, ויפזול למסגרת אחרת, הוא ימצא שם את האושר. אך באמת זה לא יקרה, כי אלוהים נמצא כאן, והאושר של אדם נמצא במקום שהאדם עצמו נמצא. יש סוגים שונים של ניאוף: על דרך המליצה, אַיפון מורכב מאותיות ניאוף. הבעיה במכשיר הזה עמוקה יותר מהתכנים השליליים שאליהם אפשר להיחשף באמצעותו; המכשיר הזה מביא את האדם לעמדה נפשית שמתעניינת כל הזמן במה שמחוץ לו, במקום לפתח אצלו את העמדה הנפשית המרוכזת במקום שלו. תרבות נואפת היא תרבות שאינה מוצאת את אלוהים, ולכן היא תמיד ממורמרת, מתוסכלת ונמצאת בתחרות ובקנאה, במחשבות ודמיונות, במקום למצוא את ה' אלוהינו במעמד הר סיני.

לא תגנוב

מי שאינו שומר על אישיותו ואינו מרוכז בחייו שלו, מסוגל גם לגנוב מאחרים, וזהו הדיבר הבא: לֹא תִּגְנֹב. אדם שאינו מוצא את אלוהים בחייו הוא אדם השוואתי ותחרותי מאוד. הוא כל הזמן מחפש אלוהים אצל אחרים ורוצה לגנוב חיים שאינם שלו. הוא מסתכל על הזולת, שואל את עצמו מדוע הוא אינו כזה, וזה מתסכל אותו. אדם צריך לחנך את עצמו לא לקחת מה שאינו שייך לו, כי המקום שבו הוא נמצא - הוא המקום שהוא צריך להיות בו. כאשר אדם גוזל, הוא מזיק לא רק לנגזל אלא גם לעצמו, כי הוא מכניס ניצוצות זרים למארג הנשמתי שלו. הוא מביא לרשותו מרכיב שאינו שייך לחייו, ולכן בדרך כלל המעשה הזה אינו מצליח לטווח הארוך. אם ה' הוא אלוהיך, אם ה"אנכי" מופיע אצלך, אל לך לגנוב מהאחר.

לא תענה ברעך עד שקר

הדיבר הבא הוא לֹא תַעֲנֶה בְרֵעֲךָ עֵד שָׁקֶר.[33] עד כה דובר על בריחה לחיים של אחרים, אך יש גם מי שבורח לעולם השקר. שקר הוא ההימלטות מהמציאות כפי

שהיא. לשקר אין רגליים, והוא אינו מחזיק מעמד, לכן השקרן צריך לתחזק את השקר, עד כדי עדות שקר במשפט נגד אחרים. עד השקר מציג תמונת עולם לא מדויקת. הוא מנפח ומעוות את המציאות, ויוצר עולמות וירטואליים ובדיוניים. האיסור הוא "לא תענה ברעך עד שקר" - אל תשקר, אלא היה אמיתי ומדויק. השקר "מענה" את החבר שלך, יוצר **עינוי**, כלומר גורם תחושת סבל לך ולכל החברה, על ידי תמונת העולם השקרית שהוא מציג לפניה.

לא תחמוד

הדיבר העשירי הוא לֹא תַחְמֹד בֵּית רֵעֶךָ... וְכֹל אֲשֶׁר לְרֵעֶךָ.[34] החמדן רוצה שדברים של אחרים יהיו שלו. בדומה לגנב, גם הוא אינו מוצא את הקב"ה בעולם שלו ופונה לעולמות שמחוץ לו. ההבדל הוא שפעולת הגנבה מעבירה את הדברים מהאחר לרשות האדם בפועל, ואילו החמדה היא עדינה יותר, ונשארת בתחום הרצון. בשונה מהדיברות הקודמות, "לא תחמוד" הוא ציווי שאין בו פעולה ממשית, והוא בניין האב של הכול. כיצד תיישם את "אנכי ה' א-להיך"? את "לא יהיה לך אלהים אחרים על פני"? את "לא תגנוב"? על ידי שלא תחמוד דבר ותשמח שמחה מוחלטת בחלקך.

כך התורה, דרך כלל עשרת הדיברות, מלמדת את האנושות היכן מוצאים את אלוהים: מוצאים אותו ב"אנוכי".

כיצד לבנות מזבח

כאשר רוצים למצוא את אלוהים, בונים לפניו מזבח. לכן לאחר מעמד הר סיני, התורה מצווה את דיני המזבח: נאסר להניף עליו גרזן ולפסוע עליו פסיעה גסה, אֲשֶׁר לֹא תִגָּלֶה עֶרְוָתְךָ עָלָיו.[35] אל תחשוב שכדי להגיע ליעדך מותר לך לגלות את ערוותך, כי המטרה אינה מקדשת את האמצעים. השאיפה לעבוד את עבודת הקודש, ולמצוא את אלוהים, אינה מאפשרת לעשות זאת בכל דרך ובכל צורה, כי העיקר בחיים אינו התוצאה אלא הדרך. הדרך למצוא את אלוהים בחיים היא איטית, צריך ללכת ולצמוח בה. כמו שיתרו לימד את משה להאציל את הסמכות השיפוטית לשרי אלפים, ושרי מאות, במערכת מובנית, כך האדם והעולם כולו הולכים וצומחים במערכת מסודרת, בתהליכים ארוכים.

אלה העקרונות שלומד העולם במעמד הר סיני, והיישום שלהם יגיע בפרשת משפטים. שם יוסבר כיצד מיישמים את העקרונות ביחסים בין בני האדם ובעולם הקניינים, בפירוט אינסופי שהוא כל התורה כולה. כרגע, במעמד הר

סיני, מתגלה התורה כולה על רגל אחת: אלוהים נמצא כאן. כשאתה רואה את אלוהים כאן, אין לך מה לחשוש. הקב"ה איתך, והכול יובל לאן שצריך, ללא פחדים וללא דמיונות, בלי תסכולים ואכזבות וגם בלי כישלונות; אם הגעת למקום שלא תכננת, אין זה כישלון, אלא זו הדרך שבה אלוהים רצה להצמיח אותך. ועליך להמשיך מאותו מקום, כאשר אלוהים אוחז בידך, ומעלה אותך אט אט להר סיני.

סיכום

בפרשת יתרו, אחרי יציאת מצרים, אנו מגיעים לשלב המפגש עם אלוהים. כולם שותפים למפגש הזה; עם ישראל נוכח במעמד, אך גם הגויים שותפים בו באמצעות יתרו נציגם. אחרי תהליך של התחזקות פיזית ונפשית, הצבת שאיפה, איזון ומוכנות לדחות סיפוקים, כולם עומדים מוכנים לקבל את התורה. כל הסדרים החברתיים, כל שרי האלפים, שרי המאות ושרי העשרות, כולם עומדים למרגלות הר סיני ומבינים כיצד החיים כולם מקבלים את חיותם מהקב"ה. כיצד כל אדם, לאחר הכנה מתאימה ומתונה, יכול לחיות לעומק את חייו, מבלי להסיט את מבטו מהמקום שבו הוא נמצא, ושם לפגוש באמת את אלוהים.

משפטים

אלוהים נמצא בפרטים הקטנים

לאחר שאדם תר והתרומם לפגוש את הבורא במעמד הר סיני וביקש למצוא אותו בכל רגע נתון בחייו – הוא צריך לקבל אחריות על מעשיו. ישנם מצבים שונים ומשונים בחיים, ולכל אחד מהם יש 'משפט' – דרך שהיא הנכונה והישרה לעשותה.

כדי להיפתח לשמו של הבורא 'אהי־ה אשר אהי־ה', לחיים שהם גבוהים מהחיים הפשוטים בעולם הזה, יש לפתח את היכולת לרדת לפרטים; לפתח רגישות נגד עוולות חברתיות; לקבל אחריות על הנזקים שגרמנו; לנהל מערכת יחסים נכונה עם בעלי החיים; ולעצב מעגלי זמן שבהם אנו מתוועדים ונפגשים עם הבורא.

הנושאים בפרשה:

דיני עבד עברי • נזקי גוף ורכוש • גנבה וגזלה • דיני שומרים • דין מפתה • איסור לצער אלמנה, יתום וגר • דיני הלוואה, הטיית משפט והשבת אבדה • בכור בהמה, טרפה, בשר וחלב • שבת, שמיטה ושלוש רגלים • איסור עבודה זרה בארץ ישראל • הקמת מזבח ועליית משה להר סיני

מעבר חד מפריד בין פרשת יתרו, העוסקת במעמד הר סיני ובעקרונות מרכזיים וכלליים, ובין פרשת משפטים, שבה מתפרטים הפרטים הקטנים ביותר - לדיני נזיקין, לתשלומים על גזל ועוד ועוד. המעבר הזה הכרחי, כיוון שבפרשת משפטים אנו מגיעים לסוף השרשרת של היציאה מהמְצרים. כשאדם יוצא מהשעבודים

והקשיים בחייו, אחרי שהוא פוגש את האור הגדול שבחירות ובקבלת הייעוד הרוחני, הוא חייב לחזור אל החיים הממשיים כדי לנהל את חייו באופן מדוד וישר. אי אפשר לחיות ברמה המופשטת של העקרונות הגדולים. רוב עיסוקו של האדם הוא בחיי המעשה מלאי הפרטים. לכן פרשת משפטים היא האחרונה שבסדרת פרשות שובבי"ם ואחד מתחומי הלימוד המרכזיים בעם ישראל, מזה אלפי שנים, הוא הדינים המשפטיים המפורטים במשנה ובגמרא (בסדר נזיקין).

המושג שחורז את כל ענייני פרשת משפטים הוא האחריות. אחרי האור הגדול של מעמד הר סיני, אדם צריך לדעת לקבל אחריות על חייו ולנהל אותם מתוך משפט, יושר וקדושה. אחריות היא מילת המפתח בשלב יישום העקרונות בעולם הזה. אנשים רבים שנמצאים במצב זה, כלומר בנקודת שיא נפשית ורוחנית, נוטים שלא לקבל אחריות. הם מעדיפים להישאר בעולם הפנימי הרוחני שלהם מבלי לחבר אליו אחרים. יש באדם נטייה להישאר בפינתו הקטנה, לעשות את החובה המוטלת עליו ברמה האישית, בלי לראות את האחר ולהיות אחראי עליו. זו עמדה שמעניקה אשליית מנוחה ופוטרת את האדם מלעסוק במה שמעבר לקיום הבסיסי שלו. הוא מחפש אנשים אחרים שינהלו את כל ענייניהם של האחרים וגם את ענייניו שלו. אולם פרשת משפטים, פסוק אחר פסוק, אומרת לאדם: אתה בעצמך חייב לנהל את חייך מתוך משפט ואחריות. וְאֵלֶּה הַמִּשְׁפָּטִים אֲשֶׁר תָּשִׂים **לִפְנֵיהֶם**.[1]

המשפט משמעו יושר, אחריות, הכרעה

הסמיכות של יתרו ומשפטים מלמדת על חלק מהותי בתפקידה של התורה. פרשת מעמד הר סיני מוקפת במשפטים משני צדדיה - אחריה באה פרשת משפטים, ולפניה מובאת עצת יתרו על מינוי השופטים ובניית מערכת המשפט. הגמרא מאפיינת את התורה כך: "בריך רחמנא דיהב אוריאן תליתאי לעם תליתאי על ידי תליתאי ביום תליתאי בירחא תליתאי",[2] ובתרגום לעברית: ברוך הקב"ה שנתן תורה משולשת (תורה, נביאים וכתובים) לעם משולש (שיש בו כוהנים, לוויים וישראלים), על ידי שלישי (משה, בנם השלישי של עמרם ויוכבד), ביום השלישי (של שלושת ימי ההגבלה) בחודש השלישי (סיוון). כלומר, חז"ל רואים במספר שלוש ביטוי למהותה של התורה.

על פי תורת הסוד, שלוש הוא מספר המבטא חיבור בין קצוות שונים. אחד מציין את הראשית של הכול; שניים יוצר פירוד ופיצול; והמספר שלוש

מחבר בין הקצוות. וְהַחוּט הַמְשֻׁלָּשׁ לֹא בִמְהֵרָה יִנָּתֵק.[3] לכן פעמים רבות אנו נוטים לחלק דברים לשלושה חלקים, כי שלוש הוא מספר מסכם וכולל. האמצע שבין שני הקצוות מבחינה גאומטרית ומתמטית. המאזן בין הצדדים. גם אצל חכמי ישראל האמצע הוא מאזן, אבל לא במובן של פשרה, כמו נקודה שנמצאת במרכז הציר ואינה שייכת לא לכאן ולא לכאן, כי אם במובן הכולל את הכול. מי שנמצא בין שני הצדדים, ואינו נוטה לשום קיצוניות, נותן מקום לכל הצדדים. הנקודה המקיפה את הכול גם יוצרת קביעות במציאות, ולכן פעולה שחוזרת על עצמה שלוש פעמים ברצף מייצרת 'חזקה' לפי ההלכה. מה שנשען על קצה כזה או אחר הוא חסר בסיס ועלול להתערער, אך מה שמקיף וכולל את כל הצדדים יכול להיות יציב ואיתן.

התורה כוללת את הכול. פרשת משפטים באה לחבר את העוצמה האינסופית של התורה לכל המציאות כולה. שלא יישאר שום צד במציאות שאינו מחובר לעקרונות היסוד. המשפט במהותו עומד בין שני צדדים ומכריע ביניהם, לא על ידי פשרה טכנית בדרך האמצע, אלא על ידי ראייה כוללת של הסכסוך. אומנם במקרים מסוימים שאין יכולת להכריע מטילים פשרה, אך פתרון זה אינו האמת והיושר, אלא רק דרך מעשית ליישב בין הצדדים. המשפט הוא הכרעה עמוקה יותר, שמביאה בחשבון את כל חלקי הסכסוך, וקובעת מהו המבט הכללי הנכון על המצב. למשל, אם יש לשני אנשים סכסוך על בעלות בשטח מסוים, ואחד מהם מביא שטר ועדים שהשטח שלו ולשני אין עדים וראיות, הכרעת המשפט תהיה שהשטח של הצד הראשון. הצד השני בוודאי ירגיש חוסר סיפוק ואפילו תסכול מפסק הדין, אבל המשפט כלל את כל הנתונים והראיות והביא להכרעה המדויקת והכוללת בסכסוך זה. זו נקודת האמת בוויכוח בין השניים. לכן המשפט נקרא **יושר**. זהו הקו הישר שאינו פונה לימין או לשמאל, לצד כזה או אחר, אלא מגיע להכרעה מתוך שקלול כל הצדדים.

המשפטים מאפשרים את קבלת האחריות בכל מעגלי החיים, כיוון שאחריות דורשת הכרעה. כדי לנהל את החיים המעשיים צריך לקבל החלטות ברורות, בלי להשאיר פרטים תלויים באוויר. אנשים רבים מעדיפים להימנע מהכרעות, לתת לאנשים אחרים להכריע, או לחלופין להשאיר את המצב פתוח. ההכרעה קשה להם, בייחוד מפני שהיא צפויה לפגוע באחד מהצדדים. בתרבות הפוסט־מודרנית אנשים אוהבים להישאר בספק, ואפילו מעניקים למצב תדמית של בגרות. "כשהיינו ילדים חשבנו שיש תשובות מוחלטות", הם יגידו, "אבל

כשבגרנו נוכחנו לדעת שאי אפשר לדעת שום דבר". יש גרעין של אמת במשפט הזה, ויש גם מקום לפתוח החלטות לדיון מחדש. ייתכן שהכרענו באופן מסוים אתמול, ומחר יתגלו נתונים חדשים שיצריכו מאיתנו דיון נוסף. אולם לעת עתה, לאחר שהבאנו בחשבון את הנתונים הקיימים בהווה, אין להישאר בספק. ההחלטה שקיבלנו היא הנכונה.

חז"ל מנסחים זאת בתור עיקרון: "אין לדיין אלא מה שעיניו רואות".[4] צריך לקבל הכרעה ברגע נתון על פי מה שידוע לנו באותו רגע, אחרת מרוב ספקות לעולם לא נוכל להחליט על דבר. לדוגמה: אדם עומד בתחנת אוטובוס ומתלבט אם לנסוע בקו 6 או בקו 28. הוא חושב על כל מה שעליו לעשות באותו בוקר, בוחן את לוח הזמנים והמשימות שלו, ומגיע למסקנה שנסיעה בקו 6 תקדם אותו יותר להשגת יעדיו. זו ההחלטה הנכונה, זה מה שהקב"ה רוצה ממנו, על פי הבנתו. זהו המשפט, שכן אין לדיין אלא מה שעיניו רואות. גם אם לאחר מעשה התברר שהייתה תקלה בקו 6, והוא התעכב, ובגלל זה לא הצליח למלא את יעדיו כמתוכנן, בכל זאת ההחלטה הייתה נכונה כשהיא התקבלה. יש שנכנסים במצבים כאלה לדיוני ה"אילו": אילו הייתי יודע שתהיה תקלה, הייתי עושה כך וכך. משפטים אלה אינם מתאימים להתנהגות של אמונה, הם פרי הדמיון של היצר הרע. אדם מאמין צריך לקבל אחריות על ההחלטות שלו, ואם ההחלטה הנכונה הייתה לנסוע בקו 6 - זה היה רצון הקב"ה ממנו. אם בסופו של דבר ההחלטה הזאת הובילה אותו למקום אחר משחשב, משמע שהקב"ה רוצה להצמיח את הכוחות שלו בדרך המפותלת הזאת ובה הוא מוביל אותו. במסגרת האחריות שמוטלת על האדם, הוא יצטרך לשאת באחריות ולתקן את מה שקרה בעקבות החלטתו; אך אין זה אומר שההחלטה הייתה טעות או שכל קבלת החלטה היא טעות מיסודה. חז"ל אומרים: "כל דיין שדן דין אמת לאמיתו, מעלה עליו הכתוב כאילו נעשה שותף להקדוש ברוך הוא במעשה בראשית".[5] ההכרעה מוטלת על האדם, וגם אם בהתחלה הכרעתו תביא לתקלה כלשהי, היא חלק מהיצירה האלוהית בעולם.

פחד מקבלת אחריות הוא עמדה נפשית לא תורנית. אדם תורני צריך להיות החלטי ולהיות שלם עם החלטותיו. זו העמדה הנפשית שנבנית בפרשת משפטים. מעמד הר סיני היה מלווה בענני ערפל, וּמֹשֶׁה נִגַּשׁ אֶל הָעֲרָפֶל אֲשֶׁר שָׁם הָאֱלֹהִים,[6] אך התורה אינה משאירה אותנו לנצח בתחושה מעורפלת. היא מורה לנו את דרך האמת והמשפט, ובנתיב הזה עלינו ללכת. על ידי המשפטים אנו צריכים למצוא את השביל שבו הקב"ה מוביל אותנו בעולם.

עבדות

כִּי תִקְנֶה עֶבֶד עִבְרִי שֵׁשׁ שָׁנִים יַעֲבֹד וּבַשְּׁבִעִת יֵצֵא לַחָפְשִׁי חִנָּם.[7] הנושא הראשון בתחום האחריות הוא העבדות. התורה אינה אוהבת עבדות. עבדות היא מציאות חיים רגילה בעולם העתיק. כשהמערכת הכלכלית טרם התפתחה, ולא היו עדיין מכשירים טכנולוגיים, כוח העבודה התבסס בעיקר על עבדים. התורה מודעת למציאות זו ומאפשרת לאדם למכור את עצמו לעבד, אך לתקופה מוגבלת. בסיום התקופה מצופה ממנו לצאת לחופשי ולהיות אחראי על עצמו. זה קורה אחרי שש שנות עבודה שמקבילות לששת צדדיו החיצוניים של כל אובייקט חומרי. בתחילת השנה השביעית, שמקבילה לצד הפנימי של המציאות,[8] העבד יוצא לחירות.

וְאִם אָמֹר יֹאמַר הָעֶבֶד אָהַבְתִּי אֶת אֲדֹנִי אֶת אִשְׁתִּי וְאֶת בָּנָי לֹא אֵצֵא חָפְשִׁי. וְהִגִּישׁוֹ אֲדֹנָיו אֶל הָאֱלֹהִים וְהִגִּישׁוֹ אֶל הַדֶּלֶת אוֹ אֶל הַמְּזוּזָה וְרָצַע אֲדֹנָיו אֶת אָזְנוֹ בַּמַּרְצֵעַ וַעֲבָדוֹ לְעֹלָם.[9] התורה מתמודדת עם מצב שבו העבד מעדיף לא לצאת לחופשי, אלא להישאר מנוהל בידי אחרים. יש לרצוע את אוזנו במרצע, והמדרש מסביר זאת כך: "אוזן ששמעה קולי על הר סיני בשעה שאמרתי: 'כי לי בני ישראל עבדים'[10] ולא עבדים לעבדים, והלך זה וקנה אדון לעצמו, ירצע".[11] הרצון להיות תחת אדון אחר אינו עמדה יהודית. אדם אמור להיות חופשי ולקבל אחריות על חייו. אם בכל זאת הוא מעדיף להיות עבד, הסיבה היא מפני שהאוזן שלו לא שמעה מספיק את הדברים בהר סיני. הוא אומנם רשאי להישאר עבד, אך רק עד שנת היובל. בעם ישראל אין מציאות של עבד שנשאר בעבדותו כל החיים. יש היוצאים בשנה השביעית, ויש היוצאים אחרי חמישים שנה, אבל אדם לא יוכל להתחמק לעד מלקבל אחריות על חייו.

חז"ל מסבירים את העמדה הנפשית של העבד. לדבריהם, עבדים רוצים להיות עבדים, "עבדא בהפקירא ניחא ליה"[12] - נוח לעבד להיות מופקר, חסר אחריות, 'ראש קטן'. יש אנשים שמאמצים עמדה נפשית כזאת. אומנם יש מצבים זמניים שבהם אדם צריך להיות עבד, אך אין זו דרך חיים קבועה. הרב קוק כתב כמה מכתבים חשובים בנושא זה,[13] שבהם הוא מדבר על העבדות בתור מעין משפחת אומנה או מסלול לשיקום עבריינים. עבד הוא אדם שכשל בחיים, יש לו חובות שהוא אינו יכול להחזיר, והדרך היחידה שלו להחזיר את חובותיו היא להשכיר את עצמו להיות כוח עבודה של האדון. תקופת עבדותו נועדה לשקם אותו, כך שיעמוד על רגליו. לכן יש גם מערך דינים שלם, שנלמד מפרשת משפטים, ולפיו האדון צריך לדאוג לרווחתו של העבד. למשל, אם יש

לאדון רק כרית אחת, עליו לתת אותה לעבד, ולאחר מכן לדאוג לעצמו. "מכאן אמרו כל הקונה עבד עברי כקונה אדון לעצמו".[14] זהו פתרון לאנשים נחשלים שזקוקים לשיקום האישיות, וגם הם אינם אמורים להישאר אצל אדוניהם לצמיתות, אלא המטרה היא שיוכלו לנהל חיים עצמאיים.

תוך כדי נושא העבדות, התורה מדברת גם על אחריות בתחום המשפחה. תחילה היא אומרת על העבד עצמו: אִם בְּגַפּוֹ יָבֹא בְּגַפּוֹ יֵצֵא אִם בַּעַל אִשָּׁה הוּא וְיָצְאָה אִשְׁתּוֹ עִמּוֹ.[15] גם העבד אינו יכול להתחמק מהאחריות למשפחה; אם הוא נשוי ואב לילדים, משפחתו יוצאת עימו מהעבדות, והוא נשאר אחראי לה. בהמשך, במסגרת דיני האמה העברייה, נאמר: אִם אַחֶרֶת יִקַּח לוֹ שְׁאֵרָהּ כְּסוּתָהּ וְעֹנָתָהּ לֹא יִגְרָע.[16] מפסוק זה נלמדים חובות הבעל לאשתו. כאשר אדם מתחתן, הוא חותם בכתובה על אחריותו כלפי הכלה בשלושה תחומים: שאר - אלו צורכי המחיה הבסיסיים; כסות - זה תחום הביגוד והאסתטיקה; עונה - הזיווג והקשר הגופני. בדורנו יש שפוחדים להתחתן בגלל האחריות שכלולה בחיי הנישואין. הם טוענים שטוב להם ברווקותם, ומציגים את הרווק כמאושר, ואת מי שמתחתן כשבוי בנישואין. גם על הולדת ילדים הם מוותרים, כדי להימנע מהאחריות הכרוכה בגידול ילדים, ומעדיפים להיות לבדם. התורה מורה לאדם לא להישאר בבדידותו, אלא להקים משפחה, לגדל ילדים ולשאת באחריות כלפיהם.

נזקי גוף ורכוש

בשלב הבא אנו מקבלים אחריות על נזקי גוף ורכוש שקרו באחריותנו. מַכֵּה אִישׁ וָמֵת מוֹת יוּמָת. וַאֲשֶׁר לֹא צָדָה וְהָאֱלֹהִים אִנָּה לְיָדוֹ וְשַׂמְתִּי לְךָ מָקוֹם אֲשֶׁר יָנוּס שָׁמָּה.[17] יש לאדם אחריות על מעשיו, ועליו לשאת בתוצאות ולשלם את המחיר. יש מחיר על הריגה בכוונה - והוא גזר דין מוות, ויש מחיר על הריגה בשגגה - יציאה לגלות. מאחורי הדינים הללו עומדת תפיסה, שהיא אבן היסוד של כל העבודה האישיותית והרוחנית של האדם: בכל רגע נתון, ואפילו במקומות האפלים והמורכבים ביותר, תמיד יש דין ומשפט. אין תחום שהוא הפקר, אין מקרים שהמשפט אינו כולל אותם. גם הרוצח, ואפילו מי שמידרדר עד כדי וּמַכֵּה אָבִיו וְאִמּוֹ מוֹת יוּמָת,[18] כלולים במשפט. כשם שאדם צריך להיות בן חורין חופשי ואחראי, כך גם הזולת זכאי לחירות ואחריות, ומי שפוגע בחיי חברו או בחירותו יצטרך לשלם על הפגיעה לפי חומרת הפגיעה.

משפט הצדק נעשה הן עם הנפגע, שצריך לקבל פיצוי, והן עם הפוגע,

שעליו לשלם את המחיר על מעשיו. חכמי הסוד אומרים שאילו הפושע היה מבין את התיקון שנדרש ממנו בעולם הזה, הוא היה הולך בעצמו לבית הדין ודורש שישפטו ויהרגו אותו. אנשים שחיים בתפיסת עולם שאין בה עולם הבא ואין אלוהים, אלא רק העולם הזה, מנסים להתחמק מעונש על מעשיהם הרעים, כדי להימנע מסבל. בעיניהם, חייהם היחידים הם בעולם הזה, והם יעשו הכול כדי לא לאבד אותו. אולם אדם שעמד על הר סיני ושמע את התורה, אם הוא עשה מעשה רע - הוא יודע שהחשבון עליו אינו מסתיים בעולם הזה. הוא נושא באחריות, ואפילו אם המחיר יהיה "מות יומת" בעולם הזה - הוא יודע שיתכפר לו בעולם הבא.

בזמן שבית המקדש היה קיים, האחריות הייתה בולטת וממשית עוד יותר, כי במקרים רבים יש חובה להביא קורבן חטאת על חטאים בשגגה. מי שהיה מחלל שבת בטעות, למשל, היה צריך לעלות לבית המקדש ולהוציא ממון על הקורבן כדי שיכופר לו. גם אם הוא בסך הכול כיבה נר בטעות, עליו לשאת באחריות על מעשיו. לכן בזמן המקדש אנשים חיו בדריכות גבוהה, ובתשומת לב לכל פעולה, שלא לעשות תנועות לא נכונות. גם אם היום הדריכות הזאת אינה נוכחת בעולמנו, אי אפשר לעשות מעשים שליליים ולא לשאת באחריות עליהם. זה דמיון. גם אם אדם חושב שאיש לא ראה אותו, הרי הקב"ה רואה את כולם. מצד האמת הוא חטא ועליו לשלם, ולכן עדיף שיספוג את המחיר בעולם הזה, ולא יצטרך לגרור את התשלום לעולם הנצח.

עין תחת עין

וְאִם אָסוֹן יִהְיֶה וְנָתַתָּה נֶפֶשׁ תַּחַת נָפֶשׁ. עַיִן תַּחַת עַיִן שֵׁן תַּחַת שֵׁן יָד תַּחַת יָד רֶגֶל תַּחַת רָגֶל.[19] לכאורה, לפי פשט הפסוקים, מי שפגע בעין חברו ושלל ממנו את ראייתו - דינו שהוא יאבד את עינו שלו. אולם התורה שבעל פה אומרת שבפועל לא מוציאים לפוגע את עינו אלא מחייבים אותו לפצות את הנפגע בממון בשווי העין שאיבד. כך מתפרשים גם הדינים "שן תחת שן", "יד תחת יד" וכן הלאה. עם זאת, התורה כותבת "עין תחת עין" דווקא, ולא מציעה תשלום כספי, כדי להביע עיקרון: ראוי היה שמי שמוציא עין יאבד את עינו. המזיק צריך לדעת שזהו המחיר על מעשהו מצד האמת ולהבין את חומרת הנזק שלו. רק משום שאין תועלת אמיתית לניזק בעקירת עינו של המזיק, התורה שבעל פה ממירה את עונשו בפיצוי כספי לניזק. הפיצוי הכספי עוזר לניזק בשיקומו, אך גם יוצר הרתעה כלפי החברה ומבהיר לכל אחד שיש מחיר לנזקים שהוא גורם.

מעבר לזה, בעונש יש פיצוי כלפי העולם, שנגרם בו חוסר שצריך להתמלא. הצד המוסרי בעולם נפגע כאשר אדם פוגע באחר, והתורה באה לתקן גם את הפגם הרוחני המוסרי הזה.

דין זה מלמד אותנו כי התורה לא באה רק לטפל בצד המעשי ולהסדיר את היחסים בין המזיק לניזק. אומנם גם הפתרון המעשי חשוב, כדי לקיים את חיי העולם הזה, אבל התורה מכוונת ליותר מזה - לבטא את האמת והצדק בעולם. במהלך החיים אנו עוסקים בפשרה ובהסדרה של החברה מבחינה מעשית, אך מדי פעם אנו קוראים את פרשת משפטים ונזכרים מהי האמת האלוהית שצריכה להתגלות בעולם. בחשבון הנצח, אמת זו תופיע במלואה.

הפרשה מפרטת את כל דיני הפגיעה בגוף, והמכנה המשותף להם הוא קבלת אחריות על הפגיעה, בממון או במיתה, לפי מידת הנזק. מלבד הפגיעה החד־צדדית, שיכולה להגיע עד כדי הריגה, יש גם מריבות הדדיות. וְכִי יְרִיבֻן אֲנָשִׁים.[20] זו מציאות מורכבת יותר, שבה שני אנשים רבים ביניהם. תוך כדי ריב יכולה להיווצר פגיעה חמורה מהצפוי: וְהִכָּה אִישׁ אֶת רֵעֵהוּ בְּאֶבֶן אוֹ בְאֶגְרֹף וְלֹא יָמוּת וְנָפַל לְמִשְׁכָּב.[21] גם במקרה כזה, אף שרמת הפגיעה לא הייתה צפויה, המזיק צריך לשלם. כך גם במקרה של נזק לאישה הרה, וְכִי יִנָּצוּ אֲנָשִׁים וְנָגְפוּ אִשָּׁה הָרָה וְיָצְאוּ יְלָדֶיהָ[22] - האנשים הניצים הכו את האישה ההרה בטעות וגרמו באופן עקיף להפלה, אך בכל זאת הם אחראים למעשיהם. "אדם מועד לעולם",[23] זה המסר הגדול של פרשת משפטים.

אבות נזיקין

לאחר קבלת האחריות על הפגיעות הגופניות, באים שאר דיני הנזיקין. הם מחולקים לארבעה סוגי נזק מרכזיים, ונקראים בלשון חז"ל "ארבעה אבות נזיקין":[24]

שור - נגיחה של האחר בידי שורו של האדם, ובכלל זה כל נזק ישיר שנגרם לזולת בידי בהמתו של האדם, ועל האדם לשלם פיצוי לניזק.

בור - נפילה של בהמת האחר לתוך הבור שכרה האדם ברשות הרבים, ובכלל זה נזקים עקיפים אחרים. בעל הבור צריך לקבל אחריות על המכשול שהניח ברשות הרבים.

שן - אכילה של בהמה שגורמת נזק לגידולים של האחר. זהו נזק שהבהמה גורמת באופן טבעי, שכן דרכה לאכול (בניגוד לנגיחה, שהיא פעולה לא נורמלית של הבהמה), ואף על פי כן בעל הבהמה צריך לשאת באחריות.

אש - הבערת אש בשטחו של אדם, שמתפשטת ושורפת את רכוש הזולת, ובכלל זה כל נזק שהולך ומתפשט מעצמו. המבעיר צריך לקבל אחריות גם על נזקי האש שהרוח הסיעה למרחקים. מצופה ממנו להיזהר ולשער מה עלול להיגרם מהאש שהוא הדליק.

הדינים של נזקים אלו שונים אלו מאלו, לפי רמת האחריות הנדרשת מהאדם על רכושו. האדם עצמו, לעומת זאת, מועד לעולם,[25] גם כשהוא ישן. אדם שנכנס למיטה לישון, ותוך כדי שינה התגלגל על כלים שהיו מונחים לידו והם נשברו, אחראי על הנזק שלהם וחייב לפצות את בעל הכלים; אומנם הוא הזיק בלי כוונה וידיעה, אך היה עליו לבדוק מה מונח במיטה שהוא ישן בה. מי שנוסע בכביש עירוני במהירות מופרזת, ופתאום מגיח ילד מהמדרכה והוא אינו מספיק לבלום ודורס אותו חלילה - אף שבעת התאונה הוא באמת לא יכול היה לעצור, האחריות מוטלת עליו כי היה עליו לנסוע לאט יותר. יש לאדם מעגלי אחריות, והמשפט קובע את מידת אחריותו. הכלל הוא שהאדם הינו בן חורין, ועליו לקבל אחריות ולא להטיל אותה על אחרים. הוא עבד רק לקב"ה, ואף אחד אינו אדונו, ולכן האחריות מוטלת עליו בתור אדם חופשי. הוא אינו יכול להאשים את מזלו הרע, או להתחמק מאחריות בתירוצים אחרים. אם כשל, יקבל אחריות ויעשה תשובה.

הבא במחתרת ודיני שומרים

אִם בַּמַּחְתֶּרֶת יִמָּצֵא הַגַּנָּב וְהֻכָּה וָמֵת אֵין לוֹ דָּמִים.[26] יש לאדם אחריות כלפי חייו שלו. אם אדם זר בא בסתר לביתו, ויש סכנה שהוא יהרוג אותו, חובה עליו להגן על עצמו מפניו. כיוון שהוא בא בסתר, וכוונתו אינו ידועה, אפשר להרוג אותו כהגנה עצמית. יש לו אחריות כלפי עצמו וחיי משפחתו.

ספר החינוך[27] משליך את העיקרון הזה גם על פגיעה בכבודו של אדם, ואומר כי מותר לו להתגונן מפני פגיעה צפויה. למשל, אדם שנכנס לחנות ואינו מקבל שירות ראוי או סופג עלבונות, לא מצופה ממנו להשפיל מבט ולקבל בהכנעה את היחס הבלתי ראוי. עליו לבקש יחס מתאים, ואם לא יקבל - יפנה לאחראי. כך צריך לנהוג מי שחשוב לו המשפט. גם זו אחריות שמוטלת על האדם, לדאוג שהיחס כלפיו יהיה הוגן מבחינה נפשית, ומי שנמנע מזה בורח מהאחריות.

כִּי יִתֵּן אִישׁ אֶל רֵעֵהוּ כֶּסֶף אוֹ כֵלִים לִשְׁמֹר.[28] כאן מוזכרים דיני שומרים. אם אדם קיבל על עצמו לשמור על חפצים של זולתו, ואירע להם נזק או שהם

אבדו, הוא יכול לטעון שהם אינם שלו ולכן אין לו אחריות כלפיהם. אולם המשפט קובע שיש לשומר אחריות, ודינו תלוי ברמת השמירה שקיבל על עצמו - בתור שומר חינם (שאחריותו בסיסית), בתור שומר שכר (שאחריותו גבוהה יותר, שהרי משלמים לו על השמירה) או בתור שואל (שמקבל רשות להשתמש בחפץ בחינם, ולכן אחריותו היא הגבוהה ביותר).

וְכִי יְפַתֶּה אִישׁ בְּתוּלָה אֲשֶׁר לֹא אֹרָשָׂה וְשָׁכַב עִמָּהּ מָהֹר יִמְהָרֶנָּה לּוֹ לְאִשָּׁה.[29] גם בתחום הזוגי אדם צריך להיות אחראי למעשיו, ואם הוא פגע עליו לתקן. אי אפשר שלא להתפעם מדברי התורה בנושאים הללו. לפני אלפי שנים, כשפגיעות מיניות היו דבר שבשגרה ואפילו לא נתפסו כדבר בעייתי, יש בתורת ישראל עקרונות שדורשים מהאדם לקבל אחריות על מעשיו גם בתחום זה.

מכשפה לא תחיה

מְכַשֵּׁפָה לֹא תְחַיֶּה.[30] מכשפה, וכן בעלי אוב וידעוני, הם אנשים שמסירים את האחריות מבני האדם. במקום שהאדם יתאמץ ויקבל אחריות על עצמו, הם עושים בשבילו כישוף. הם מפעילים כוחות רוחניים כדי לספק לאנשים אשליה של פתרונות קסם, ללא עמל ומאמץ. **ידעוני** הוא זה שטוען כי הוא **יודע** מה יהיה בעתיד. הוא אומר לאנשים מה לעשות ומה לא לעשות, לפי ידיעתו מה יהיה בעתיד בכל מצב. מטרתו היא לאפשר לאנשים להסיר אחריות ולא להחליט בכוחות עצמם על עתידם. החובה להרוג את המכשפות מיועדת לבער את רעיון הכישוף; התורה מורה לנו לא ליפול בפח של מכשפים למיניהם, מפני שאין להם יכולת לומר לבני אדם מה יקרה בעתידם, מעבר למה שהם מסוגלים להעריך בעצמם. מותר לקבל הדרכה וייעוץ, כל עוד האחריות נשארת על האדם עצמו, והוא המקבל את ההחלטות על חייו. אולם אנשים שמסירים כל אחריות ומחפשים דרכים עוקפות עבודה ועמל, עליהם נאמר "מכשפה לא תחיה". אין להם באמת חיים.

היחס לגרים ולנזקקים

וְגֵר לֹא תוֹנֶה וְלֹא תִלְחָצֶנּוּ כִּי גֵרִים הֱיִיתֶם בְּאֶרֶץ מִצְרָיִם. כָּל אַלְמָנָה וְיָתוֹם לֹא תְעַנּוּן.[31] אדם אחראי לא רק על עצמו, אלא גם על החלשים שסביבו, אלה שיש להם פחות כוח. מעבר לאחריות שיש לאדם על חייו, רכושו ומשפחתו, יש לו גם אחריות חברתית. בעולם העתיק, הגרים, האלמנות והיתומים היו החוליות

החלשות של החברה. גם אם הפרטים השתנו במשך הדורות, ובחברה של היום יש חלשים אחרים, העיקרון נשאר - אדם הוא חלק מחברה וציבור, ואינו יכול להשתמט מהאחריות כלפי החלשים בחברה. האחריות היא חובתו, ואינה נתונה לבחירתו.

אִם כֶּסֶף תַּלְוֶה אֶת עַמִּי אֶת הֶעָנִי עִמָּךְ לֹא תִהְיֶה לוֹ כְּנֹשֶׁה לֹא תְשִׂימוּן עָלָיו נֶשֶׁךְ. אִם חָבֹל תַּחְבֹּל שַׂלְמַת רֵעֶךָ עַד בֹּא הַשֶּׁמֶשׁ תְּשִׁיבֶנּוּ לוֹ.[32] התורה מרחיבה את האחריות כלפי העניים וקובעת כי גם במקרה שאדם צריך לגבות כסף שמגיע לו, אין לו רשות לעשות זאת בכל דרך שיבחר. כיוון שיש לו אחריות כלפי החלש, גם אם הוא חייב לו כסף, עליו לגבות את חובו בצורה אמונית ומוסרית, ולא בצורה דורסנית ואלימה. הגבייה צריכה להתחשב במצבו של החייב, ולא כל פעולה מותרת. כל ישראל ערבים זה לזה, וגם המלווה אחראי למצבו של הלווה.

אֱלֹהִים לֹא תְקַלֵּל וְנָשִׂיא בְעַמְּךָ לֹא תָאֹר.[33] האחריות הציבורית כוללת גם את היחס למנהיג ואוסרת לקלל אותו. יש נטייה לזלזל במנהיגים, או כפי שהם נקראים בימינו - פוליטיקאים. אצל המזלזל מקננת תחושה שהאחריות מוטלת על המנהיג, ולא עליו, ולכן הוא מרשה לעצמו להשתלח בו ולקלל אותו, כאילו הוא אינו ממלא את תפקידו כראוי. כאשר אדם זוכר שגם לו עצמו יש אחריות, הוא כבר אינו ממהר להשתלח באחרים.

לֹא תִהְיֶה אַחֲרֵי רַבִּים לְרָעֹת.[34] כשאדם רואה אנשים רבים עושים מעשה רע, יש חשש שהוא ילך אחריהם וישתתף איתם. גם זו הסרת אחריות של האדם מעצמו, שכן הוא תולה את עצמו באחרים. גם מול רבים, אדם צריך להיות אחראי על עצמו.

עם כל האחריות כלפי החלשים בחברה, צריך לדעת מה האחריות מחייבת, ולא לנטות אוטומטית לצידו של החלש. וְדָל לֹא תֶהְדַּר בְּרִיבוֹ.[35] יש חשש שאדם ירחם על העני ויפסוק לטובתו בדין, אבל במקרה הזה המשפט קובע שהאחריות צריכה להיות בכיוון אחר. אין להעדיף במשפט את העני רק מפני שהוא עני; המשפט צריך להתנהל בצדק וביושר, ללא הטיה וללא "פוליטיקלי קורקט".

כִּי תִרְאֶה חֲמוֹר שֹׂנַאֲךָ רֹבֵץ תַּחַת מַשָּׂאוֹ וְחָדַלְתָּ מֵעֲזֹב לוֹ עָזֹב תַּעֲזֹב עִמּוֹ.[36] במצבים מסוימים, האחריות של האדם חלה אפילו על שונאו שפגע בו. את החשבון שיש ביניהם הוא יצטרך לסגור אחר כך, בדרכים הנכונות, אבל עכשיו - כשהשונא מצוי במצוקה שאינה קשורה לסכסוך ביניהם - מוטלת על האדם אחריות לעזור לו.

מִדְּבַר שֶׁקֶר תִּרְחָק.[37] שקר הוא ההפך ממשפט ומקבלת אחריות. במשפט

צריך להגיע לאמת ולקבל אחריות על המעשים שלנו, והשקר מרחיק אותה. המשקר אינו רוצה להעמיק בפרטים אלא בורח לדמיונות ולמקרים שלא התרחשו, וזה בדיוק מה שצריך לעשות במשפט.

בתווך בין הדינים הללו מופיעות גם חובות של קודש כלפי הקב"ה. מְלֵאָתְךָ וְדִמְעֲךָ לֹא תְאַחֵר בְּכוֹר בָּנֶיךָ תִּתֶּן לִי.[38] אלו מצוות המעשרות ופדיון הבכורות. יש גם חובה להתנהג באופן מוסרי ולא בהמי: וְאַנְשֵׁי קֹדֶשׁ תִּהְיוּן לִי וּבָשָׂר בַּשָּׂדֶה טְרֵפָה לֹא תֹאכֵלוּ לַכֶּלֶב תַּשְׁלִכוּן אֹתוֹ.[39] לאדם יש אחריות כלפי הקדושה, המוסריות והרוחניות בעולם.

שמיטה, שבת, שלושה רגלים

וְשֵׁשׁ שָׁנִים תִּזְרַע אֶת אַרְצֶךָ וְאָסַפְתָּ אֶת תְּבוּאָתָהּ. וְהַשְּׁבִיעִת תִּשְׁמְטֶנָּה וּנְטַשְׁתָּהּ...[40] בשנת השמיטה מתבטאת האחריות של האדם על האדמה. האדמה צריכה לנוח, והאדם צריך לאפשר זאת. אחרי שמעגלי האחריות הורחבו מהפרט אל הכלל, כעת הם מורחבים גם כלפי הטבע כולו. כאן האחריות חורגת מגבולות ההווה, וחלה כלפי העתיד והנצח: כאשר אדם עובד את האדמה, הוא צריך לדאוג שהיא תיתן את פירותיה גם עוד שנים רבות. כדי שמערכות החיים הטבעיות של הצומח והחי תוכלנה להמשיך באיזון אקולוגי, ולהתמיד בתפקודן בעתיד, צריך פעם בשבע שנים לשבות ממלאכת השדה.

השמיטה נוגעת גם לאחריות כלפי האדם, האישית והציבורית. מי שאינו שייך לחברה החקלאית אינו נחשף לכך, אבל עבור החקלאי - השמיטה עוצרת את מעגל החיים. במשך שנה שלמה עוצרים את הפעילות, מתכנסים מבחינה רוחנית ובונים חברה שתוכל להחזיק מעמד לאורך זמן. פעם בשבע שנים צריך להשהות את כל הכוחות ולמלא את המציאות הטבעית, האנושית, החברתית והקניינית בתוכן רוחני.

חז"ל אומרים שבעוון ביטול שמיטות גלות באה לעולם;[41] אם עם ישראל מבטל את השמיטה, הסיאוב הולך ומתפתח ללא מעצורים, וכדור השלג הבעייתי רק הולך וגדל. החיים החברתיים, הארציים והטבעיים פועלים בלי להתמלא בכוח חדש, עד שהחברה מגיעה לרמת הסתאבות כזו שבה אין ברירה כי אם לפרק הכול ולצאת לגלות. בזמן גלות עם ישראל מתנתק לגמרי מעבודת האדמה ומהחיים הטבעיים שלו, כדי שיוכל לשקם את עצמו. כמובן, אין זה המצב השלם. לכתחילה יש לדאוג שלא תהיה גלות, ולשם כך צריך לגלות אחריות ולשמור על העולם הרוחני של עם ישראל כאומה.

שֵׁשֶׁת יָמִים תַּעֲשֶׂה מַעֲשֶׂיךָ וּבַיּוֹם הַשְּׁבִיעִי תִּשְׁבֹּת... שָׁלֹשׁ רְגָלִים תָּחֹג לִי בַּשָּׁנָה...[42] לאורך מחזור הזמן יש נקודות של איפוס רוחני. אחת לשבוע, וכן שלוש פעמים בשנה, האדם צריך לשוב לנקודת המוצא הפנימית שלו. גם השמיטה היא נקודה כזאת, אחת לשבע שנים. האחריות של האדם על חייו כוללת את הדאגה לעולמו הרוחני, ומכוחה הוא צריך להתמלא בכל שבת ובכל חג מקדושת היום. השבת עוזרת לאדם לשמור על רמתו הרוחנית במהלך השבוע, והשמיטה מאפשרת לאומה לשמור על רמתה הרוחנית לאורך זמן, מבלי להידרדר באין מעצור לחומרנות יתר ולהתפרקות החברה.

לֹא תְבַשֵּׁל גְּדִי בַּחֲלֵב אִמּוֹ.[43] ציווי זה מבטא את האחריות שיש לאדם על הקוסמוס. אדם צריך לנהוג במוסריות גם כלפי דברים שעוד לא הגיעו לרמה המוסרית העתידית שלהם. גם אם לבעלי החיים אין עדיין רגישות כלפי הצער של צאצאיהם, האדם צריך לחוש בצערם. טעמו של איסור עירוב בשר וחלב הוא לפתח בנו את המוסר (אם כבר בחולשתנו אנו נאלצים ליטול את חייהם של בעלי החיים, לפחות אין לנו לאכול את הבשר שלהם בעת ועונה אחת בד בבד עם החלב שהוא גזל רכושם).

הִנֵּה אָנֹכִי שֹׁלֵחַ מַלְאָךְ לְפָנֶיךָ לִשְׁמָרְךָ בַּדָּרֶךְ וְלַהֲבִיאֲךָ אֶל הַמָּקוֹם אֲשֶׁר הֲכִנֹתִי... כִּי אֶתֵּן בְּיֶדְכֶם אֵת יֹשְׁבֵי הָאָרֶץ וְגֵרַשְׁתָּמוֹ מִפָּנֶיךָ... לֹא יֵשְׁבוּ בְּאַרְצְךָ פֶּן יַחֲטִיאוּ אֹתְךָ לִי.[44] מעגל האחריות האחרון בפרשה כולל את כיבוש ארץ ישראל. בני ישראל צריכים לקבל אחריות ולכבוש את הארץ, עם כל הקשיים הכרוכים בהתמודדות עם העמים היושבים בה, כדי להקים בה את החברה המופלאה והמתוקנת הזו.

עליית משה להר סיני

אחרי העיסוק בפרשת משפטים באחריות שיש לאדם על העולם הזה, כולל כל פרט אפשרי בו, חוזרת הפרשה להר סיני. הקטע הזה נראה בפשטות כנטע זר בפרשת משפטים, ונדמה שחוזרים לפרשת יתרו, לתיאור למעמד הר סיני. תחילה מתרחש מאורע של כריתת ברית: משה בונה מזבח, בני ישראל מקריבים עליו קורבנות, משה משמיע להם את התורה והעם מקבל אותה. אחר כך עולה משה להר עם אהרן, נדב ואביהוא ושבעים מזקני ישראל. מתואר שם חזון נבואי מרומם שכולו רוחני: *וַיִּרְאוּ אֵת אֱלֹהֵי יִשְׂרָאֵל וְתַחַת רַגְלָיו כְּמַעֲשֵׂה לִבְנַת הַסַּפִּיר וּכְעֶצֶם הַשָּׁמַיִם לָטֹהַר.*[45] החזון הגדול הזה מופיע תוך כדי אכילה ושתייה, *וְאֶל אֲצִילֵי בְּנֵי יִשְׂרָאֵל לֹא שָׁלַח יָדוֹ וַיֶּחֱזוּ אֶת הָאֱלֹהִים וַיֹּאכְלוּ וַיִּשְׁתּוּ.*[46] החיזיון הרוחני

והאכילה הגשמית מתחברים יחד. לאחר מכן משה עולה להר סיני לארבעים יום וארבעים לילה, שבהם יקבל מאת ה׳ את לוחות הברית ואת כל התורה והמצוות.

זהו מעמד הסיום של רצף פרשות השובבי״ם, מפרשת שמות עד משפטים. אחרי שאדם עבר את כל התהליך, גילה את שמו, השתחרר מכבלי הטבע, פרץ את גבולות החומר, קיבל את ייעודו הרוחני ויישם אותו בכל פרטי חייו - כעת הוא עולה אל הר האלוהים.

השילוב בין פרשות יתרו ומשפטים מבטא דרישה ייחודית של התורה, שאין לה אח ורע בעולם. האדם נדרש לעבודה משמעותית על אישיותו, כדי להטמיע את העקרונות של מעמד הר סיני בכל פרטי חייו. חז״ל אומרים: ״הרוצה שיחכים - יעסוק בדיני ממונות״.[47] מי שרוצה להבין כיצד הקב״ה מנהל את עולמו, עליו להתבונן במערך החיים המורכב של דיני הממונות, שהוא עיקר התורה שבעל פה. הרב קוק כותב באורות התשובה שהדרך להגיע לתשובה היא ״השינון בחלק דיני ממונות וכל המשפטים שבין אדם לחברו״.[48] מצופה היה אולי שהרב קוק ימליץ על שמיעת שיחות מוסר, אבל הוא מנחה לעסוק בדיני ממונות דווקא, הן כדי לדעת כיצד לתקן נזקים ברמה המעשית והן כדי להעמיק ביסודות הרוחניים של האחריות. יש מצבים שבהם אי אפשר באמת לתקן את הנזק, אך בכל זאת חשוב שאדם ידון בפרטים וילמד את הדינים, כדי שיבנה בנפשו את עמדת האחריות. גם על נזקים שאי אפשר לתקן במציאות אדם נדרש להכות על חטא ביום כיפור ולעשות תשובה שלמה.

אדם מישראל נדרש להיות שרוי כל הזמן בעולמות עליונים, של ניסי יציאת מצרים ומתן תורה, ומשם לעבור ולהתעסק בכל מעגלי החיים הפרטיים והמסובכים. לבנות מערכת של אחריות כלפי עצמו, כלפי סביבתו וכלפי החברה כולה. מערכת זו היא המקיימת את העולם - ״על שלושה דברים העולם קיים, על הדין ועל האמת ועל השלום״.[49]

סיכום

אחרי מעמד הר סיני, אנו עוברים לפרשת משפטים, הקוראת לנו לקבל אחריות על כל פרט ופרט בחיינו. לאחוז במשפט, לאחוז באמת ולשאת באחריות על מעשינו. לעיתים צריך להתפשר, ולא תמיד אפשר בפועל לשלם את מלוא מחירה של האחריות; אך אין לפתח עמדה נפשית שמדחיקה את הנזקים או שמחפשת

אנשים אחרים שינהלו את החיים ויישאו בתוצאות. האחריות היא של כולנו, ועל ידה אנו בונים את המציאות. אחרי תהליך של יציאה לחירות וקבלת תורה, התורה קוראת לנו לממש את חירותנו ועצמאותנו, על ידי אחריות אישית כלפי חיינו וכלפי הכלל. מי שעומד בתהליך זה כבר אינו עבד, אלא בן חורין, "שאין לך בן חורין אלא מי שעוסק בתלמוד תורה".[50]

תרומה

בלבבי משכן אבנה

פרשת תרומה היא תחילת החלק השני של ספר שמות: לאחר שהכרנו את שמו של הבורא, יצאנו מהמְצרים, פגשנו את ה' בהר סיני וירדנו לפרטים – אנו "מתרוממים" למדרגה גבוהה יותר ובונים בית שבו תשכון הקדושה.

בניית משכן היא היכולת לתרגם את האינסוף האלוהי למציאות מוחשית המכילה את כל מרכיבי הקוסמוס – דומם, צומח וחי – במערכת אורגנית בדמות מרחב ביתי, יציב ותוסס.

הנושאים בפרשה:

הציווי על איסוף תרומות לבניין המשכן וכליו • ארון הברית, הכפורת והכרובים • שולחן לחם הפנים • המנורה • מרכיבים נוספים של המשכן

פרשת תרומה מדברת על המקום שבו שוכן הקב"ה בעולם הזה. אחרי שהשאיפות האינסופיות הוצגו בפרשות הקודמות, צריך למצוא להן מקום מסודר בעולמנו.

לא פשוט ללמוד את פרשת תרומה, ואת יתר פרשות המשכן שאחריה. אלו פרשות שרבים מתקשים להתחבר אליהן, כיוון שבניגוד לסיפורים הדרמטיים מתחילת התורה עד כה, פרשות אלו נראות כרשימות של הוראות טכניות. מסיבה זו, פשוט יותר להבין כיצד הפרשות הקודמות מדברות על הנפש ועל התהליכים שאדם עובר בחייו, וכן אפשר לעמוד על ההשלכות

ההלכתיות הנוגעות לחיים של פרשות אלו. אך פרשות המשכן עוסקות באדריכלות ובעיצוב, ולרוב האנשים קשה להתעניין בזה ולהרגיש שייכות. לכן נצטרך להעמיק ולברר מה עניינן של פרשות אלו ומהם העומקים שטמונים בהן.

אכן, יש מגדולי ישראל שהעמיקו בפרשות אלו והסבירו כיצד כל כלי במשכן, ואפילו מידת אורך או רוחב של אחד הכלים, מבטאים רעיונות עליונים וגדולים. את הרעיונות הללו שהתממשו במשכן, ולאחר מכן בבית המקדש, נקרא כל אדם לממש בנפשו שלו, כפי שכתב הרב יצחק הוטנר זצ"ל בשירו "בלבבי משכן אבנה להדר כבודו".

נדבת הלב

וַיְדַבֵּר ה' אֶל מֹשֶׁה לֵּאמֹר. דַּבֵּר אֶל בְּנֵי יִשְׂרָאֵל וְיִקְחוּ לִי תְּרוּמָה מֵאֵת כָּל אִישׁ אֲשֶׁר יִדְּבֶנּוּ לִבּוֹ תִּקְחוּ אֶת תְּרוּמָתִי.[1] הבסיס להשכנת השלמות האלוהית בעולם הוא התרומה, מלשון התרוממות. אי אפשר לתת מקום לשלמות האינסופית תוך היצמדות לחיים המוכרים ולהרגלים הקבועים. כדי לבנות משכן צריך להתרומם ולעלות מעבר למציאות הרגילה.

ההתרוממות באה לידי ביטוי בנדבה. הנדבה אינה עניין כמותי אלא איכותי. אין היא נמדדת בסכום הנתינה, אלא בכוונת הלב שמניעה ומלווה אותה, כפי שמבהירים חכמים: "אחד המרבה ואחד הממעיט ובלבד שיכוין לבו לשמים".[2] השאלה אינה כמה נותנים, אלא כיצד נותנים. שלמה המלך אומר: "תוכו רצוף אהבה מבנות ירושלים"[3] - רצפת בית המקדש מלאה באהבה של התורמים, בתחושה שהם בונים בליבם.

הבנייה החיצונית של המשכן אינה חזות הכול. הבניין העיקרי מתרחש בתוך הלב, שם נבנה המשכן האמיתי. המשכן שנבנה בתוך הלב מנדבת הלב. על פי המדרש, כאשר נחרב בית המקדש הראשון, יצאה בת קול ואמרה לנבוזראדן הבבלי, מי ששרף בפועל את בית המקדש: "היכל שרוף שרפת, קמח טחון טחנת".[4] בית המקדש לפני החורבן כבר היה טחון ושרוף בליבותיהם של ישראל, ונשארו רק הקירות הפיזיים. האויב נתן רק את המכה הסופית שמוטטה את המעטפת החיצונית. אם כך בנוגע לחורבן המקדש, הדברים נכונים גם בבניינו: הכתלים החיצוניים הם רק קצה התהליך, והעיקר הוא עבודת הלב.

פירוט החומרים

וְזֹאת הַתְּרוּמָה אֲשֶׁר תִּקְחוּ מֵאִתָּם זָהָב וָכֶסֶף וּנְחֹשֶׁת...[5] כאן התורה מפרטת את החומרים הדרושים לבניית המשכן. מנקודה זו ואילך, בולט הפירוט הרב בתיאור מלאכת המשכן. פרשת תרומה תפרט את כל ההנחיות למבנה המשכן וכליו, בפרשת תצווה ייכתב כיצד להכין את בגדי הכהונה ובפרשות ויקהל-פקודי יתואר בהרחבה הביצוע של כל המלאכה. לשם מה מקדישה התורה פרשות שלמות לעניין זה? נושאים הלכתיים שלמים מובאים בתורה רק בקצרה וברמז, וכל הדינים שלהם מפורטים בתורה שבעל פה, אם כן, האם במשכן אי אפשר היה למסור בעל פה את כל ההוראות ולרשום בתורה רק את התמצית?

אריכות הדברים מעידה על ייחודו של המשכן. לא מדובר בעוד בית שמתפללים בו. חכמים מוצאים הקבלות וקשרים רבים בין הפרשות שלנו ובין תיאור בריאת העולם בפרשת בראשית: בסוף מלאכת המשכן כתוב "ויכל משה את המלאכה",[6] ואף ששת ימי בראשית מסתיימים בביטוי "וַיְכֻלּוּ השמים והארץ".[7] במלאכת המשכן מופיע השורש עש"ה כמאתיים פעם, וגם במעשה בראשית מופיעה עשייה פעמים רבות. משמעות ההקבלות היא שבמידה מסוימת, בניית המשכן היא בריאת העולם מחדש. בפרשת בראשית למדנו ממה העולם מורכב - מבעלי חיים ובני אדם, ממאורות וכוכבים, מדוממים וצמחים - ואילו בפרשות המשכן אנו למדים מה עומד מאחורי כל הדברים האלה.

לכן התורה פותחת בפירוט סוגי החומרים שמהם יורכב המשכן. יש זהב, כסף ונחושת בעולם, אבל במשכן תתברר המשמעות האמיתית שלהם, המטרה שלשמה הם נועדו. התכלת, הארגמן ושאר הבדים משמשים ליצירה אנושית, ולעת עתה עניינם פרקטי ופונקציונלי בלבד, אבל כאשר השלמות האלוהית מופיעה - מתברר לשם מה נועדו כל אלו באמת. גמר המלאכה של העולם, "ויכלו השמים והארץ", מושלם רק ברגע סיום מלאכת המשכן, "ויכל משה את המלאכה".

בפרשות העוסקות במשכן, העיקר אינו הצדדים החזותיים שלו, אלא הביטוי לכל הכוחות הקיימים וריכוזם במקום אחד. כל המתכות, כל סוגי הבדים, כל מיני בעלי החיים והצמחים, כולם מתנקזים למקום אחד ושם מתקרבים לאלוהים. למשל, כאשר בעל חיים עולה על המזבח, ונאכל על ידי הכוהנים והבעלים, הוא מתאחד עם האדם האוכל אותו, ובזאת עולה ממדרגת חי למדרגת מדבר. האר"י קורא לתהליך זה "עליית העולמות".[8] כל חלקי הבריאה צריכים לעבור תהליך של התעלות. המשכן מתפקד כמו הלב הפועם

של העולם, המלמד אותנו לשם מה נוצר כל דבר בעולם. כל נברא במציאות מוצא שם את ייעודו הרוחני.

גם את התהליך הזה עובר כל אדם בחייו. עליו לברר עם עצמו לשם מה הוא משתמש בכל הכוחות העומדים לרשותו. לכל אחד משאבים שמשמשים אותו - אבל למה הם משמשים? מובן שכל אחד מהם ממלא פונקציה מעשית כלשהי, אבל מה הייעוד הרוחני של כל מרכיב בעולמנו? לאן אנו אמורים להעלות ולרומם אותו?

המשכן כבית

המשכן אמור להיות בית, וכך גם בית המקדש שייבנה בעקבותיו בארץ ישראל. בית הוא מקום שבו אדם יכול להיות מי שהוא. כאשר אדם נמצא בסביבה החיצונית שמחוץ לביתו, הוא שומר על חזות מסוימת כלפי חוץ, שלא תמיד תואמת את המתחולל בליבו. בית, לעומת זאת, הוא מקום אינטימי, שבו אדם מרגיש בנוח. לא רק התנאים הפיזיים נוחים לו, אלא בעיקר האווירה והחירות. אין לו צורך להיאבק, אין לו סיבה להיות במתח, הוא יכול להיות רגוע. מצב שבו הבית אינו כזה - הוא מצב לא פשוט ומועד לבעיות וצריך להשקיע בו ולתקנו, עד שבני הבית יוכלו להרגיש בו חופשיים להיות הם עצמם. גם השכינה בעולם זקוקה לבית, מקום שבו הקדושה תופיע בצורה מלאה, כמו שהיא באמת.

הבית אינו מושג ערטילאי, אלא מציאות מוחשית וממשית. הדרישה למשכן ממשי עשויה לעורר את תימהוננו, שכן לכאורה אין זה משנה לנו כיצד יהיה בנוי המשכן מבחינה פיזית. כשאדם מחפש בית כנסת להתפלל בו, בדרך כלל לא מעניין אותו מה המידות של החלונות, והפאר הגשמי כלל לא אמור לתפוס מקום מרכזי. עבודת התפילה היא מופשטת ברובה, ולכאורה יכולה להתקיים בכל מקום, בלי קשר לתנאים הפיזיים שסביבה. אולם תפיסה זו נובעת מהעידן שבו אנו חיים, עידן וירטואלי וטכנולוגי, שבו המגע עם החיים הממשיים הולך ומצטמצם מרגע לרגע. אחוזים מעטים מבינינו חורשים את האדמה, ואפילו חוויית ההשכמה עם קרני השמש, או ריח האדמה והצמחים, זרה לרוב האוכלוסייה המודרנית. אנשים רבים חיים בקופסאות בתוך נוף אורבני, חיים בעולם טכני קר, ורק לעיתים רחוקות פוגשים מעט את העולם הממשי והטבעי. למציאות זו יש השלכות, לא רק טכניות אלא גם נפשיות. האדם העירוני המודרני אינו חי את מלוא עוצמות החיים. אומנם יש בזה יתרונות גדולים, שכן האדם משתחרר מהצדדים הגסים שבטבע ויכול לנהל את

החיים באופן רוחני יותר, ובמובן זה הטכנולוגיה והאורבניות הן חלק מתהליך הגאולה; אבל יש מדרש שלעתיד לבוא "עתידים כל בעלי אומניות שיעמדו על הקרקע".[9] המשמעות היא שבסופו של דבר, באחרית המהלך האלוהי, כל המקצועות ירדו אל העולם הזה וישתלבו עם כל כוחות החיים הבריאים, הרעננים והשמחים. המצב השלם בימות המשיח הוא איחוד בין העולם המפותח, הטכנולוגי והמופשט ובין העולם הממשי הפיזי וכוחות החיים הטבעיים. איחוד זה בא לידי ביטוי במשכן.

החוויה במשכן ובבית המקדש שונה מחוויית התפילה המוכרת לנו היום. בהעדר מקדש, התפילה היא בעיקר קריאת טקסטים, שבמקרה הטוב אנו מצליחים לכוון בחלקם, ובמקרה הפחות טוב אנו עושים ריטואל של מלמול. גם כשאנו מצליחים לכוון במילים, החוויה שלנו נשארת בעולם האוורירי, ואינה נוגעת בשורשי החיים שלנו. כאשר התפילה מסתיימת, אנחנו יוצאים מבית הכנסת וחוזרים למקום שלנו. אולם בזמן המשכן והמקדש, היה חיבור חזק הרבה יותר לאלוהים; האדם היה יוצא מהיומיום האפרורי שלו ומגיע לדבקות בקב"ה. הכניסה למשכן, גם בלי התפילות, הייתה מפגישה את האדם עם חוויה אדירה המקיפה את כל החושים. האדם היה עומד במשכן מול כל המרכיבים החושניים של העולם הזה - המתכות, הצמחים, בעלי החיים ועוד. כבר בעומדו בשערי המשכן או המקדש, הוא היה מוצף בבת אחת בשטף של תחושות, מראות, קולות ואפילו ריחות. החוויה הזאת הייתה גורמת לו להיכנס לעולם אחר. גם הצדדים התוססים הסוערים ביותר בנפשו היו מוצאים את מקומם, על ידי דם הקורבנות.[10] הרב קוק אומר שעבודת המשכן נתנה מענה לנפש הילדותית, במשמעות החיובית, כלומר היה בה מענה לילד שקיים בכל אדם, לצדדים הטבעיים והאינסטינקטיביים. בית המקדש הוא מקום שבו אדם מרגיש בבית במלוא מובן המילה, הוא מתחבר לשיא טבעיות החיים שלו.

החוויה העוצמתית של המשכן ובית המקדש שימשה גם נקודת תורפה. בגלל הגבהים האדירים שאפשר היה להגיע אליהם בבית המקדש, נוצר פער בין התחושה שאדם חש שם ובין המציאות מחוץ למקדש. אדם היה מגיע לשיא בבית המקדש, ובהמשך חוזר לחיים, מבלי שהקודש נטמע בתוכו ועבר עיבוד לכלי ההכרה שלו. היה גם חשש של אי־הבחנה בין עבודת המקדש לעבודה זרה (שגם היא חושנית) כיוון שהתורה השכלית עדיין לא הייתה מפותחת אז כהיום (התורה שבעל פה התפתחה בעיקר לאחר חורבן בית שני, מתקופת המשנה ואילך), והצדדים הרגשיים תפסו את המקום המרכזי על

חשבון ההכרה וההבחנה. התוצאה, בסופו של דבר, הייתה חורבנם של שני בתי המקדש. התהליך שאנו עוברים היום בא לתקן את המצב, על ידי עבודה איטית ויומיומית מלמטה, כולל פיתוח השכל וההכרה, כדי שהחיים יוכלו להתאחד עם מדרגת בית המקדש. בבית המקדש השלישי יהיה שילוב של הכול יחד, החוויה הרגשית עם הבקרה של השכל. האדם יחווה תחושות אדירות, אך גם יבין ויפנים באופן הכרתי מה כל דבר בא לבטא.[11]

הדוגמה הקרובה ביותר לאיחוד הזה, בין החוויה החושנית הרגשית ובין הרוממות הרוחנית, היא הנישואין. ביום החופה החתן והכלה עתידים לגעת בצדדים החושניים והגופניים ביותר הקיימים באדם, ועם כל זה מדובר בשיא הקדושה. "יום **הקמת המשכן** היו ישראל ככלה הנכנסת לחופה".[12] כשאדם מגיע לנישואיו בצורה הנכונה, הוא מבין שבחיבור עצמו הוא נוגע בשלמות האלוהית ויוצר חיים. העוצמות של הרגע הזה, פי כמה וכמה, היו העוצמות בעת המפגש עם בית המקדש. אדם היה נוגע בצדדים הרגישים ביותר שיש בעולם הזה, וזה היה מרומם אותו. ביום הכיפורים אנשים היו רואים את הכוהן הגדול לבוש בבגדי הלבן, מזה מדם השעיר, וזה יצר אצלם תחושות אדירות, שגם החיים של כל אחד מאיתנו, עם הגוף והדם, הכול יכול להתרומם ולהתחבר אל הקודש.

פרשת תרומה נקראת בחודש אדר,[13] שהוא חודש של עוצמה וכוחות. בנס פורים ניצל הגוף הישראלי מהשמדה, ולכן בחודש אדר אנחנו מעצימים את הגוף. בפורים אנחנו אוכלים ושותים, בסעודה ובמשתה. הרעיון הוא התמסרות לחיים של אלוהות לא רק בבית המדרש ובתפילות, אלא גם בפעולות היומיום, באכילה ובשתייה, כעין האכילה המקודשת במשכן ובמקדש.

איברי המשכן

המשכן הוא מיקרוקוסמוס של כל החוויות והיצירות האנושיות. כל אחד מכלי המשכן מייצג תחום אנושי אחר, מתוך קדושה ומעומק הלב. המלבי"ם, בפירושו רמזי המשכן, מדמה את המשכן לגוף חי שמורכב מאיברים: הארון - כנגד הלב, השולחן - כנגד איברי העיכול (ובכלל זה תחום הפרנסה), המנורה - כנגד השכל והחכמה, הקרשים - השלד, היריעות - העור, המיתרים - הגידים. כך כל החיים כלולים בגוף האחד של המשכן.

המשכן הוא המקום שבו הכול אמור להתחבר. המלאכות השונות מתחברות ליופי, לאסתטיקה ולחושים. במצב האידיאלי, בזמן מלכות שלמה, כל מלכי

מזרח ומערב היו מגיעים מכל העולם להקריב קורבנות בבית המקדש, ששימש נקודה שהמציאות כולה נמצאת סביבה. זה הבית של אלוהים, שבו האלוהות האינסופית מופיעה בכל גווניה. שכל ורגש, חוויה ורוחניות, עולם הזה ועולם הבא מתרכזים ומתאחדים במקום אחד.

כלי המשכן

ארון הברית

וְעָשׂוּ אֲרוֹן עֲצֵי שִׁטִּים.[14] הכלי הראשון המוזכר בפרשה הוא הארון. בלב המשכן עומד קודש הקודשים, ובתוך קודש הקודשים ניצב הארון ובו לוחות הברית. על גבי ארון הברית מונחת הכפורת, שמשמשת מכסה לארון הברית, ועל הכפורת עומדים שני הכרובים. חז"ל אומרים שפני הכרובים היו כפני תינוקות. בלב כל העשייה והיצירה עומדת הילדות, במשמעות החיובית - התום והרצון הטבעי. מסגרות העולם הזה, עם כל המאבקים והמתחים, אינן מספיקות כדי לבנות משכן. כדי לחבר הכול אל הקודש צריך נקודת תום, כמו של תינוק. התינוק בהגדרתו יונק מאחרים, כך שהוא נמצא תמיד בעמדת קבלה ממקור עליון יותר. הוא מבין שהעולם אינו מסתכם במה שקיים כאן ועכשיו, אלא תלוי במקורות מעבר לו.

גם בעולם המתקדם של המאה ה־21, אי אפשר לבנות משכן ללא תום. אדם ציני ומריר או ריאלי ברמה מופרזת עד כדי אי־הכרה במה שמעבר לממשות לא יצליח להתחבר אל הקודש. בתרבות המערבית יש תעשייה שלמה שזה עניינה, לשקע את האדם כל הזמן באינסוף פרטים טכניים וקטנוניים, כדי שלא יחזור ולו לשנייה אחת לתום של הילדות. אולם מי שקשוב לנקודה התמימה הזאת, שיש בה משהו ששום דבר אינו יכול לקלקל, לא משנה עד כמה החברה מסביב תשדר שהעיקר הוא הקריירה והמעמד, הוא ירגיש שיש מציאות מעבר לכל זה, מעבר לכסף ולמאבקי הכוח. תהיה לו תחושה שהעולם הזה הוא טוב. הוא אולי לא ידע כיצד להסביר זאת רציונלית, במיוחד בפני אנשים מתוחכמים שמשדרים לו שהעולם כולו רע, אבל הוא יודע שיש אלוהים. פני הכרובים־התינוקות, שהם ביטוי גם למלאכים (שנקראים בין השאר "כרובים"), הם הנקודה הפנימית והטהורה בתוך משכן ליבו של האדם.

וְצִפִּיתָ אֹתוֹ זָהָב טָהוֹר מִבַּיִת וּמִחוּץ תְּצַפֶּנּוּ וְעָשִׂיתָ עָלָיו זֵר זָהָב סָבִיב.[15] ארון הברית היה בנוי מארון זהב, בתוכו ארון עץ ובתוכו עוד ארון זהב, כך שהעץ מצופה זהב מבפנים ומבחוץ. הזהב הוא המתכת שנחשבת לפסגת חומרי העולם

הזה. הוא חומר מבוקש שאנשים רוצים לקבל, **זה־הב**. ואכן, בכל התרבויות הזהב הוא המתכת המבוקשת ביותר, גם בשל היותו נדיר, אך גם בגלל איכותו שמתבטאת במראהו הנוצץ. השילוב הזה יצר בכל התקופות את התשוקה לזהב, וגם במידה מסוימת למתכת **הכסף**, מלשון **כיסופים**. הזהב מקיף את הארון מבפנים ומבחוץ, אך הארון עצמו עשוי עץ. הוא מבטא את ההגבלה של העולם הזה מכל צדדיו בחומר הנוצץ והחושני, בעוד בפנים נמצא מנוע של צמיחה. העץ הוא סמל הצמיחה וההתקדמות, וְהָיָה כְּעֵץ שָׁתוּל עַל פַּלְגֵי מָיִם, אֲשֶׁר פִּרְיוֹ יִתֵּן בְּעִתּוֹ, וְעָלֵהוּ לֹא יִבּוֹל, וְכֹל אֲשֶׁר יַעֲשֶׂה יַצְלִיחַ.[16] המשכן משלב בין הנוצץ לצומח, בין החומר הדומם לדינמיות. במלאכת המשכן הולך ומתגלה כיצד כל העולם הזה צומח, כל המלאכות, האסתטיקה והיופי, כל הגוונים.

וְיָצַקְתָּ לּוֹ אַרְבַּע טַבְּעֹת זָהָב וְנָתַתָּה עַל אַרְבַּע פַּעֲמֹתָיו... וְעָשִׂיתָ בַדֵּי עֲצֵי שִׁטִּים וְצִפִּיתָ אֹתָם זָהָב. וְהֵבֵאתָ אֶת הַבַּדִּים בַּטַּבָּעֹת עַל צַלְעֹת הָאָרֹן לָשֵׂאת אֶת הָאָרֹן בָּהֶם.[17] את הארון, וכן את שאר כלי המשכן, נושאים ממקום למקום באמצעות מוטות, הנקראים בדים. חז״ל אומרים שהלוויים היו אוחזים במוטות הארון לשאת אותו, אך למעשה הארון היה נושא אותם, והם היו כמרחפים באוויר. לא ברור לנו כיצד זה התרחש בפועל, אבל זהו ביטוי של חכמים, שהארון שהוא לב המשכן מרומם את הכול. כיוצא בזה, חז״ל מחשבים ומגיעים למסקנה כי המידות של קודש הקודשים, מבחינה פיזית, אינן מכילות את הארון עם הכרובים, והוא עמד שם בנס.[18] המשמעות היא שקודש הקודשים נמצא מעל הטבע. זה מתבטא גם בניסים נוספים שאירעו דרך קבע במשכן, ובמקדש בירושלים. המשנה מונה עשרה ניסים כאלה:[19] בשר הקורבנות לא הסריח (אף על פי שהייתה במקדש תפוקה של בית מטבחיים תעשייתי), בעזרת המקדש היו האנשים עומדים צפופים ומשתחווים רווחים, ועוד. זו הייתה מציאות של נס, שמרימה את האדם אל מעל המציאות הרגילה.

שולחן לחם הפנים

וְעָשִׂיתָ שֻׁלְחָן עֲצֵי שִׁטִּים.[20] השולחן היה מונח בצד הצפוני של המשכן. הצפון מבטא את העושר, ״הרוצה שיעשיר יצפין״,[21] כיוון שמרוח זו באים העננים המורידים את שפע הגשם לתבואה ולצמחים. השולחן הוא ביטוי לכלכלה האנושית, שמתנהלת מתוך המשכן. יש בשולחן שנים עשר לחמים, שמייצגים את הכלכלה והתזונה של שנים עשר חודשי השנה. הרי שלא רק הלב מצוי במשכן, אלא גם הפרנסה נובעת ממנו.

המנורה

וְעָשִׂיתָ מְנֹרַת זָהָב טָהוֹר מִקְשָׁה תֵּעָשֶׂה הַמְּנוֹרָה יְרֵכָהּ וְקָנָהּ גְּבִיעֶיהָ כַּפְתֹּרֶיהָ וּפְרָחֶיהָ מִמֶּנָּה יִהְיוּ.[22] המנורה הייתה מונחת בדרומו של המשכן, והיא מייצגת את אור החכמה, "הרוצה שיחכים ידרים".[23] בארון הברית נמצאת התורה האלוהית, אך העולם זקוק גם לחכמה אנושית, כדי לנהל באמצעותה את המציאות. למנורה שבעה קנים, אור מרכזי שמסתעף ופונה לכאן ולכאן. מבנה המנורה מייצג את אור החכמה שבוקע ממקום אחד, מתפשט לכל הצדדים ומאיר את הכול. על אף ההסתעפות, המנורה עשויה מקשה אחת ולא על ידי חיבור של כמה חלקים. בא מבטאת המנורה אל רעיון האחדות, תפיסת עולם שנעה מהכלל אל הפרט. החכמה מאחדת את הכול, וממנה מתפרטים הדברים לכיוונים השונים.

המנורה מצד אחד, השולחן מצד שני, הארון בקודש הקודשים ושאר כלי המשכן, יוצרים כולם תמונה הרמונית, עם התאמה מלאה בין כל הפרטים. ההרמוניה יוצרת את היופי במשכן, וגם מכניסה לתוכו את הקדושה ומשרה עליו שכינה. שם מופיע אלוהים. זֹאת מְנוּחָתִי עֲדֵי עַד, פֹּה אֵשֵׁב כִּי אִוִּתִיהָ.[24]

יש עוד פרטים רבים בפרשה המחברים עוד ועוד צדדים במציאות אל המרכז האחד שבמשכן. למשל, אחד החומרים המוזכרים בפרשה הוא עורות של תחשים. חז"ל אומרים שהתחשים היו בעלי חיים שהתקיימו בתקופת המשכן ונוצרו במיוחד לטובת בניית המשכן. עורם ופרוותם של התחשים הללו היו מרובי גוונים. במשכן כל הגוונים מתכללים יחד, והוא המקום שבו כל העולמות מתחברים.

ההפטרה של פרשת תרומה עוסקת במלאכת בית המקדש הראשון. המקדש הראשון נבנה בהקבלה למלאכת המשכן, אך בתקופה מאוחרת יותר, ובאופן שלם יותר. ה' נתן חכמה לשלמה, ששמו מבטא שלמות, ובימיו הופיעה המציאות השלמה של עם ישראל. שלמה שיתף בבניית המקדש את חירם, מלך צור שבלבנון, מה שמעיד כי גם הגויים הם חלק מבניין המקדש. בבית המקדש השלישי שייבנה בעתיד ייכללו כל הכוחות שהתחדשו במהלך אלפי השנים, וגם הם יתקרבו ויתחברו יחד.

סיכום

אחרי הפרשות הגדולות שעסקו ביציאת מצרים, קריעת ים סוף ומתן תורה, מתגלה מדרגה חדשה בעולם. כל הקדושה העליונה, שהופיעה בניסי מצרים

והר סיני בעם ישראל לעיני כל העולם, מושרית בתוך בית. בית שירכז בתוכו את כל הכוחות והגוונים, עם כל העוצמות המוחשיות והממשיות, במקום אחד שבו תשרה השכינה. מקום שבו אנחנו יכולים סוף סוף להרגיש בבית; להתארח בביתו של הקדוש ברוך הוא.

תצווה

אופנה של קודש

הקדושה מתגלה בעולם בעצמים מוחשיים. בפרשת תרומה עסקנו במשכן, בית המרכז בתוכו את כל מרכיבי הקוסמוס, ובפרשת תצווה אנו מצווים על בגדי הכהונה העוטפים את האדם.

לבושי הכוהנים, אנשי הקודש של עם ישראל, מכילים מרכיבים שאותם הם נושאים על גופם מדי יום ביומו, ה"מצוותים" את חייהם לבורא, ומאפשרים להם לבטא את החיבור אל העולם הערכי בכל רגע נתון.

הנושאים בפרשה:

ציווי להביא שמן למנורה • בגדי כוהן גדול • בגדי כוהן הדיוט • קורבן מילואים, תמיד, ומזבח הזהב

אחרי שאדם עבר את יציאת מצרים, קריעת ים סוף, קיבל את התורה ומשפטיה, וכבר החל לבנות בית שבו יאירו כל האורות הגדולים שקיבל, עליו להתחיל להכשיר את עצמו להיות ראוי אל הקודש.

החלק השני של פרשות המשכן עוסק בכוהנים ובבגדי הכהונה. גם בו אין אירועים דרמטיים, ולכאורה הפרשה מתאימה רק למי שעוסק באופנה ובעשיית תכשיטים. אולם בגדי הכוהנים, כמו כלי המשכן, מתקשרים באופן ישיר לחיים שלנו, ומאחורי כל פרט בהם עומד רעיון רוחני עמוק. בגדי הכוהנים הם הלבוש

שלנו, כל בגד בונה צד באישיות שלנו, ומְצַוֶּות אותו (מלשון **צוות וצוותא**, שזו גם לשון **מצווה ותצווה**) לקדוש ברוך הוא.

השמן למנורה

וְאַתָּה תְּצַוֶּה אֶת בְּנֵי יִשְׂרָאֵל וְיִקְחוּ אֵלֶיךָ שֶׁמֶן זַיִת זָךְ כָּתִית לַמָּאוֹר לְהַעֲלֹת נֵר תָּמִיד. בְּאֹהֶל מוֹעֵד מִחוּץ לַפָּרֹכֶת אֲשֶׁר עַל הָעֵדֻת יַעֲרֹךְ אֹתוֹ אַהֲרֹן וּבָנָיו מֵעֶרֶב עַד בֹּקֶר לִפְנֵי ה' חֻקַּת עוֹלָם לְדֹרֹתָם מֵאֵת בְּנֵי יִשְׂרָאֵל.[1] אלה שני הפסוקים הפותחים את הפרשה. פסוקים אלה העסיקו רבים מן המפרשים, מפני שהם לכאורה לא קשורים לנושא הפרשה. הפרשה מדברת על הכוהנים וחניכתם, ואילו שני הפסוקים הללו עוסקים בהדלקת המנורה של המשכן, שהציווי עליה היה בפרשת תרומה, ועניין הדלקתה יופיע בפרשת בהעלותך. מדוע הם שייכים לפרשת תצווה?

המפרשים מסבירים ששני הפסוקים הללו משמשים פתיחה לפרשה. מטרת בגדי הכוהנים היא לעטוף אותם בקדושה, אבל כיצד משרים קדושה במשכן? כיצד אדם משרה קדושה בחייו? באמצעות "שמן זית זך". שמן הזית משמש להדלקת האור, המייצג את החכמה, וכן משתמשים בו למשיחת הכוהנים והמלכים עם כניסתם לתפקיד, ובמובן זה הוא מבטא שפע אלוהי שנספג בגוף האדם ומרומם אותו למעלתו. האור הוא נקודת חיבור בין הגשמי לרוחני; מצד אחד הוא קשור לעולם הפיזי, שהרי אפשר לראות אותו בחוש, אך מצד שני הוא מופשט, אי אפשר לגעת בו ולמשש אותו. לכן האור הוא הדבר הרוחני ביותר שאפשר לתפוס בממד החושי.

כדי להפיק את המציאות הייחודית הזאת, את נקודת המפגש בין החומר לרוח, יש צורך בשמן כתית, כלומר יש לכתוש את הזית. צריך להפעיל לחץ אדיר, בעמל רב, כדי להוציא מתוך הזית את תוכו הפנימי. העמל נדרש מפני שטעמו הטבעי של הזית הוא מר, וכדי להכשירו לאכילה הוא זקוק לתהליך עיבוד מתמשך. נוסף על זאת, רוב שמן הזית אגור בגלעינו הקשה, ולכן בשונה מיין ודבש תמרים, שזבים מהפירות בסחיטה קלה, כדי להפיק שמן מהזית דרושה סחיטה בקורה כבדה (הנקראת קורת בית הבד). עמל זה מייצג את התהליך הנדרש כדי להדליק את האור הרוחני.

אדם עלול להשלות את עצמו שהוא יכול להיכנס אל הקודש וללבוש את בגדי הכהונה בלי הרבה מאמץ. הפסוקים הללו מלמדים אותנו, לפני כניסתנו לפרשת תצווה, שזה בלתי אפשרי. כדי לגעת באור ולעבוד את עבודת הקודש, האישיות

שלנו חייבת לעבור תהליך. תהליך של עבודה, של כתישה, של שינוי רבדים רבים באישיות, לפעמים תוך הפעלת לחץ פנימי אדיר. חז״ל דורשים על הפסוק אָדָם כִּי יָמוּת בְּאֹהֶל.[2] שאין התורה נקנית אלא במי ״שממית עצמו עליה״.[3] אין הכוונה רק למיתה במשמעות הפיזית, אלא בעיקר לעמדה נפשית. עמדה שמוכנה לקיים את דברי חז״ל: ״כך היא דרכה של תורה, פת במלח תאכל ומים במשורה תשתה, ועל הארץ תישן וחיי צער תחיה, ובתורה אתה עמל״.[4] אדם חייב לאמץ נכונות לעמל ולכתיתה. כך גם בנוגע לפסוק **הַסְכֵּת** וּשְׁמַע יִשְׂרָאֵל.[5] חז״ל דורשים: ״**הס** ואחר כך **כתת**״.[6] קודם להשתתק ולהיכנס לעמדה של קבלה, ואחר כך להתחכך, להתעמת ולהביע את הדעה האישית. תאמר את דעתך ותתחכך עם האמת שלך. זה תהליך לא קל, כי אדם רוצה מיד להשמיע את מה שיש לו לומר. יש דין בהלכות בשר בחלב שאם סיר רותח שבו תבשיל בשרי נמצא על האש, ונופל לתוכו משהו חלבי בכמות של יותר מאחד חלקי שישים, הסיר נטרף. אבל אם הסיר בתהליך הרתיחה ועדיין לא רתח הוא לא נטרף, וכלל הוא ״איידי דמיטרד למיפלט, לא בלעי״.[7] דפנות הסיר טרודות לפלוט את חום האש אל התבשיל, ובאותו הזמן הן לא בולעות מהמאכל החלבי שנפל אל הסיר. בעלי המוסר דרשו על זה, שכאשר אדם נמצא בעמדה של פליטה, כשהוא רוצה לומר כל הזמן את דבריו, הוא לא פנוי לספוג את דברי התורה שנלמדים, ולא יוכל לקנות תורה.

גם לימוד התורה דורש מאמץ גדול. כאשר אדם אחרי מותו מגיע לשמיים, שואלים אותו כמה שאלות: ״נשאת ונתת באמונה, קבעת עתים לתורה, עסקת בפריה ורביה, צפית לישועה, פלפלת בחכמה, הבנת דבר מתוך דבר?״[8] שתי השאלות האחרונות דורשות עמל והשקעה. לא להסתפק בשטחיות, אלא להתייגע, לברר ולהבין. אם אדם מקבל על עצמו את הנכונות למאמץ, הוא זוכה להשיג את האור.

הבגדים

וְעָשִׂיתָ בִגְדֵי קֹדֶשׁ לְאַהֲרֹן אָחִיךָ[9] אחרי שמן הזית, אנו עוסקים בבגדי הכוהן הגדול. בגדים עשויים להיראות במבט ראשון כאביזר טכני, המשמש להגנה מול מזג אוויר קר או שמש וכדומה. אולם לא זו הסיבה האמיתית לצורך בבגדים, שהרי אנו לובשים בגדים גם כשחם, וגם כשקר איננו בוחרים בפיסת בד אקראית להתכסות בה, אלא חשוב לנו כיצד הבגדים ייראו.

הבגדים מספקים לא רק מענה על צורך פיזי, אלא גם על צורך נפשי. כאשר אנחנו לובשים בגד, אנחנו מכבדים את עצמנו. בעלי חיים אינם לבושים

בגדים, ואלה מהם שזקוקים להגנה מפני קור - מכוסים בפרווה טבעית. **לבוש מלשון בושה.** בושה נובעת מהפער שנחשף בין התדמית המושלמת שאנו מציגים כלפי חוץ, לבין מה שמתחולל בנפש פנימה. זוהי תחושה קשה שאנו מעדיפים להדחיק. ולעיתים, הפוך על הפוך, אנו מקצינים התנהגות ולבוש חסרי בושה כדי להשתיק לחלוטין את ייסורי המצפון. בזמנו עשיתי ניסוי וחיפשתי בגוגל את הפועל "להתבייש". רוב התוצאות שקיבלתי היו: "בלי בושה", "אין לי במה להתבייש" ו"להפסיק להתבייש". אנו חיים בחברה שהבושה אבדה בה מזמן; נוכלים הם גיבורי תרבות, וחשיפה - גופנית ונפשית - נחשבת אות כבוד.

חז"ל מכנים את הבגדים "מכבדות".[10] הבגדים מכבדים את האדם. הכרה בכך שגופנו החשוף (שמבטא את מצבנו הנוכחי) רחוק משלמות. קיים פער שיש לגשר עליו באמצעות "מעיל תכלת" של הכוהן הגדול; בגד שעוטף את הגוף במטרה תכליתית. אנו מתביישים בטבעיות הגסה שלנו ומנסים לתקן אותה. "כל העושה דבר עבירה ומתבייש בה מוחלים לו על כל עוונתיו".[11] בושה עצמית מול ריבונו של עולם היא הפתח לתיקון.

הבגדים הם צורך אנושי משחר ההיסטוריה. בימי גן עדן, שבהם לא היה פער בין העולם הפנימי לחיצוני, נאמר: וַיִּהְיוּ שְׁנֵיהֶם עֲרוּמִּים הָאָדָם וְאִשְׁתּוֹ וְלֹא יִתְבֹּשָׁשׁוּ.[12] אולם מאז שגורשנו מגן עדן אנו זקוקים לְכָתְנוֹת עוֹר.[13] יש שבטים רחוקים שאנשיהם מסתובבים עירומים וחשופים, אבל בני תרבות חשים צורך לכסות את גופם. אכן, התרבות הולכת ומפתחת יותר ויותר את שוק הבגדים; ביגוד ואופנה מעסיקים רבות את האנושות.

הבגד מבטא שהאדם אינו רק גוף חומרי, ולכן עליו לכסות את צדדיו הגופניים במעטה רוחני. על ידי מעטה זה, האדם יכול לתת ביטוי גם לממד האצילי והרוחני שבחייו. עיצוב הבגד, צבעו וסגנונו, מעניקים לו תחושה טובה. אם הוא מעוצב על פי אופנה כלשהי, הוא גם משקף תרבות מסוימת. כל אופנה משתנה בהתאם למקום ולזמן. הבגד מייצג גם מעמד ותפקיד, לאנשים בתפקידים מסוימים יש מדים המתאימים לתפקידם. אנשים שאינם מקפידים על לבושם ולובשים בגדים "זרוקים", הם בדרך כלל צעירים שאינם מייחסים חשיבות רבה לדברים; אבל אפילו הם, בדרך כלל, רוצים לבטא על ידי עצם לבישת בגדים זרוקים את אישיותם. מכל מקום, מי שחשוב לו להביע את מקומו, את דרגתו, את התרבות שאליה הוא משתייך וכדומה, השאלה איזה בגד ילבש משמעותית עבורו מאוד. הבגדים הם דרך להגדרה עצמית, והם משקפים את מה שהאדם רוצה לשדר כלפי חוץ.

גם המשמעות הרוחנית צריכה להתבטא דרך בגדים. כדי להתחבר אל הקודש, צריך ללבוש בגדי קודש. כאשר האדם לבוש בבגד המשקף עולם רוחני, הוא מגדיר את עצמו בכל רגע כשייך לעולם הזה. בְּכָל עֵת יִהְיוּ בְגָדֶיךָ לְבָנִים וְשֶׁמֶן עַל רֹאשְׁךָ אַל יֶחְסָר.[14] הכוהנים הולכים בבגדי הקודש, וכך הקדושה מלווה אותם בכל עת. כעין זה, גם כל אדם מישראל לובש ציצית, כדי שהקדושה תעטוף אותו תמיד ותבטא את שייכותו לעולם עליון. "כל שיש לו תפילין בראשו ותפילין בזרועו וציצית בבגדו ומזוזה בפתחו, הכל בחיזוק שלא יחטא".[15]

לְכָבוֹד וּלְתִפְאָרֶת.[16] הבגדים צריכים להיעשות כך שיהיו לתפארת בעיני בני אדם. אדם צריך שמעשיו יהיו לכבוד ולתפארת, ובכלל זה שבגדיו יתאימו לסביבתו. מסכת דרך ארץ, מהמסכתות הקטנות שלא נכללו במשנה, עוסקת בצורת ההתנהגות של אדם בסביבה שבה הוא נמצא. בין השאר, חז"ל אומרים שם שאדם צריך להיות יושב בין היושבים ועומד בין העומדים.[17] אדם צריך להתאים את עצמו להתנהלות של סביבתו. מובן שאם כולם עושים דבר רע אין לנהוג כמותם, ולא נכון להתחשב בסביבה שלילית וללכת עם העדר, אבל במקרה של התנהלות רגילה - יש להתנהג בכבוד מינימלי לסביבה, ובמסגרת זו יש להתלבש בהתאם למציאות הקיימת ולא בלבוש פרובוקטיבי. בלבוש צריך לנהוג לפי החברה שאנו חיים בתוכה ובהתאם לכללי ההלכה. מי שיבחר ללכת היום בגלביה ברחוב ייחשב לחריג, אף שהרמב"ם הלך כך בזמנו. ביגוד קיצוני ביחס למקובל למקום ולזמן נראה כהתרסה וראוי שלא להתלבש כך.

שמונת בגדי הכהונה

וְאַתָּה תְּדַבֵּר אֶל כָּל חַכְמֵי לֵב אֲשֶׁר מִלֵּאתִיו רוּחַ חָכְמָה וְעָשׂוּ אֶת בִּגְדֵי אַהֲרֹן לְקַדְּשׁוֹ לְכַהֲנוֹ לִי.[18] כדי ליצור את בגדי הכהונה צריך חכמי לב. כיוון שבגד הכהונה אינו רק דבר טכני, אלא בעיקר ביטוי של קדושה, יש צורך בחכמה מיוחדת כדי להכין אותו. התורה מפרטת את הַבְּגָדִים אֲשֶׁר יַעֲשׂוּ: חֹשֶׁן וְאֵפוֹד וּמְעִיל וּכְתֹנֶת תַּשְׁבֵּץ מִצְנֶפֶת וְאַבְנֵט.[19] אלו שישה בגדים, ובהמשך מצטרפים המגבעת, מכנסי הבד והציץ. לכוהן הדיוט יש ארבעה בגדים (כתונת, אבנט, מגבעת ומכנסיים), כנגד ארבע רוחות השמיים, ולכוהן הגדול יש שמונה בגדים (כתונת, אבנט, מכנסיים, חושן, אפוד, מעיל, ציץ, מצנפת). המספר שמונה, כפי שהזכרנו בפרשות קודמות, מייצג את הממד שמעל הטבע. גם שמן הזית, שפתח את הפרשה, מתקשר למספר שמונה בחג החנוכה. הוא מביא את העולם הזה אל

האור שמעל הטבע. כל אחד מהבגדים מבטא מידה נפשית מסוימת שאותה הוא מתקן. על ידי שמונת הבגדים יחד, הכוהן הגדול ואיתו כל עם ישראל עוברים תהליכים שמעלים אותם אל העולם שמעבר לטבע.

האפוד והחושן

וְעָשׂוּ אֶת הָאֵפֹד זָהָב תְּכֵלֶת וְאַרְגָּמָן תּוֹלַעַת שָׁנִי וְשֵׁשׁ מָשְׁזָר מַעֲשֵׂה חֹשֵׁב.[20] **האפוד** היה סוג של סינר קדמי שעליו היה מונח החושן. חשב האפוד היה עשוי מרצועות שהיו מחוברות לקצוות האפוד, ובאמצעותן הוא היה נקשר מאחור. **החשב** קשור למילה מחשבה, שמשמעותה לחבר דברים שנמצאים בכיוונים שונים. חז״ל אומרים שהאפוד הוא כנגד מידת האהבה ויש בו תיקון לעבודה זרה. שני תפקידים אלה של האפוד קשורים למיקומו, על הלב של הכוהן הגדול. האפוד מבטא את עולם הרגש. עבודה זרה בעיקרה אינה עניין שכלי, אלא חוויה רגשית הסוערת של הלב. לכן התורה מזהירה: וְלֹא תָתֻרוּ אַחֲרֵי לְבַבְכֶם וְאַחֲרֵי עֵינֵיכֶם אֲשֶׁר אַתֶּם זֹנִים אַחֲרֵיהֶם.[21] האזהרה אינה לא לתור אחרי המחשבות, אלא לא לתור אחרי העיניים והלב. האפוד נלחם בחוויה הרגשית השלילית, ובמקומו מכניס אל הלב את הקדושה.

החושן, שנמצא על גבי האפוד, הוא משטח על חזהו של הכוהן הגדול שמשובצות בו שתים עשרה אבנים טובות, ועליהן רשומים שמותיהם של שנים עשר שבטי ישראל. חז״ל אומרים שהחושן מכפר על הדינים שבמשפט. כאשר בית המקדש היה קיים, והיו בעיות שאי אפשר היה לפתור אותן בבית דין, היו ניגשים אל החושן. האבנים היו מאירות רצף מסוים של אותיות, ולפי המילה המתקבלת ידעו מה הדין והמשפט. המשפט, שהוא היכולת להכריע דין ולהביא את האמת האלוהית למציאות, נמצא על האפוד, על ליבו של הכוהן הגדול. על גבי האהבה נתון הדין.[22] דווקא אהרן הכהן, שהוא אוהב שלום ורודף שלום, מי שליבו הוא מעל מידת הדין ולפנים משורת הדין, מסוגל לשאת את חושן המשפט. הוא תוחם את המציאות בגבולות, ואף מסוגל לגעת בנקודות הכואבות. החושן היה תפוס באמצעות שרשרות זהב אל כתפות האפוד, שמבטאות את האחריות שמוטלת על כתפיו של הכוהן הגדול. וְנָתַתָּ אֶל חֹשֶׁן הַמִּשְׁפָּט אֶת הָאוּרִים וְאֶת הַתֻּמִּים וְהָיוּ עַל לֵב אַהֲרֹן בְּבֹאוֹ לִפְנֵי ה׳ וְנָשָׂא אַהֲרֹן אֶת מִשְׁפַּט בְּנֵי יִשְׂרָאֵל עַל לִבּוֹ לִפְנֵי ה׳ תָּמִיד.[23] אהרן הכוהן נושא על ליבו את המשפט של בני ישראל, את המלחמה נגד הנטייה האנושית לעוות משפט, ולנהל את החיים לא על פי היושר.

זה הצעד הראשון בכניסתו של האדם אל הקודש: שליבו יהיה נקי ומלא

אהבה, ומתוך כך הוא יוכל גם לדאוג שהדין ייעשה והמשפט לא יעוות. מאחורי האהבה והמשפט נמצא הלב, עם הרצון הפשוט והטוב, שמנצח את העבודה הזרה ואת עיוות המשפט, ומאפשר להתחבר אל הקודש.

המעיל

וְעָשִׂיתָ אֶת מְעִיל הָאֵפוֹד כְּלִיל תְּכֵלֶת.[24] הבגד המרכזי של הכוהן הגדול הוא המעיל. המעיל הוא בגד שעוטף את כל הגוף. כששמואל הנביא היה ילד קטן, חנה אימו הביאה אותו אל המשכן בשילה וציידה אותו במעיל: וּמְעִיל קָטֹן תַּעֲשֶׂה לּוֹ אִמּוֹ.[25] גם אחרי ששמואל נפטר ושאול מבקש להעלות אותו אצל בעלת האוב, היא מתארת אותו באוזני שאול: אִישׁ זָקֵן עֹלֶה וְהוּא עֹטֶה מְעִיל.[26] המעיל היה סימן ההיכר של שמואל הנביא, והוא בגד של נביאים באופן כללי. היום אנו קוראים לבגד זה **גלימה**, בגד שעוטף את כל הגוף מלמעלה עד למטה. על **הגלימה** אומרים חז"ל שהיא מלשון **גולם**;[27] גולם עוטף את הפרפר כולו, וכך גם הגלימה עוטפת את כל האיברים בגוף ליחידה אחת. בכל התרבויות, המלכים היו הולכים בגלימות, מפני שהן מבטאות הוד מלכות. בספרות הקומיקס ובקולנוע התקבל שגם לגיבורי־העל יש גלימה. הגלימה העוטפת את הכול משדרת עוצמה כי היא כוללת את כל איברי הגוף; היא 'מולכת' על הרבה פרטים. בדומה לזה, גם הטלית היא בגד שעוטף את כל הגוף. יש קהילות שבהן נוהגים שבחופה, בני הזוג מתעטפים בטלית, וזה מבטא כי השכינה מכסה ועוטפת את כל המשפחה, "הכניסיני תחת כנפך".

המעיל עשוי כולו תכלת, "כליל תכלת". צבע התכלת הוא שמימי, "התכלת דומה לים, וים דומה לרקיע, ורקיע דומה לכסא הכבוד".[28] הוא מבטא את הממד שמעבר לעולם הזה. אדם יכול להתנהל בעולם הזה, כשגופו עטוף בשמימיות. **תכלת** היא גם לשון **תכלית**. המעיל העוטף את הכוהן הגדול מקדם אותו אל המטרה של עם ישראל. הוא כולל את כל האישיות ומכוון אותה לתכליתה. כל תנועה שעושה הכוהן הגדול שייכת אל התכלית.

פעם אחת בשנה, פושט הכוהן הגדול את בגד התכלת עם שאר הבגדים ולובש בגד לבן, ביום הכיפורים, ביום הקדוש ביותר בשנה, כשהאיש הקדוש ביותר נכנס למקום הקדוש ביותר, קודש הקודשים. מחוץ לקודש הקודשים הוא לובש תכלת, ואילו בפנים הוא לובש לבן בלבד. הצבע הלבן מכיל את כל הספקטרום של צבעי הקשת, ובזה הוא דומה בתכונתו לתכלת, הצבע המייצג את המכלול. לא סתם מדינת ישראל בחרה לדגלה את צבעי התכלת והלבן; הייתה זו הצעתו של דוד וולפסון, ששאבה את השראתה מפסי הטלית. פסי הטלית

במקורם היו תכלת עם לבן, צבעים שמבטאים עולמות עליונים וכוללים. לכן רוב הדגלים בעולם צבועים בצבעים עזים, ואילו דגל ישראל בצבעים עדינים. תכלת ולבן זה שילוב שמבטא חיבור בין שמיים לארץ, ובין ים ליבשה. שילוב שמכיל את כל העולמות.

וְהָיָה פִי רֹאשׁוֹ בְּתוֹכוֹ שָׂפָה יִהְיֶה לְפִיו סָבִיב מַעֲשֵׂה אֹרֵג כְּפִי תַחְרָא יִהְיֶה לּוֹ לֹא יִקָּרֵעַ.[29] אחד התנאים במעיל הוא שהשפה שלו לא תהיה קרועה, גם בפתח הצוואר וגם בשוליים שלמטה. הפתח שבבגד, פי הבגד, צריך להיות שלם. כשהאישיות המושלמת של הכוהן הגדול, שכולה תכלית המכוונת למטרה, צריכה לפתוח את הפה ולפעול בעולם הזה - הפה צריך להיות שלם. התקשורת שלו עם העולם שבחוץ דורשת דיבור מדוד ומדויק. חז"ל אומרים שהמעיל בא לכפר על לשון הרע, על דיבורים שלא במקום. גם דיבורים שאינם לשון הרע דורשים הגבלה, כדברי הרמב"ם: "לעולם ירבה אדם בשתיקה... ואף בדברי תורה ובדברי חכמה יהיו דברי האדם מעטים, ועניניהם מרובים". הדיבור הנכון הוא תכליתי, לא כמותי אלא איכותי. לדיבור יש משמעות רבה בעולמו של האדם; למעשה הוא מחשבות מופשטות שבאות לידי ביטוי על ידי מיתרי הקול. כך הדיבור מוציא את העולם המחשבתי־רוחני מהכוח אל הפועל בעולם הגשמי. את הפסוק על בריאת האדם, "ויהי אדם לנפש חיה",[30] מתרגם אונקלוס: "רוח ממללא". הדיבור הוא נפש האדם. כאשר הדיבור אינו קרוע, כאשר הקישור של הקודש עם העולם הזה מדויק ונכון, המעיל שלם בכל קצותיו ואינו נפרם.

וְעָשִׂיתָ עַל שׁוּלָיו רִמֹּנֵי תְּכֵלֶת וְאַרְגָּמָן וְתוֹלַעַת שָׁנִי עַל שׁוּלָיו סָבִיב וּפַעֲמֹנֵי זָהָב בְּתוֹכָם סָבִיב.[31] על השוליים התחתונים של המעיל היו פעמוני זהב ורימונים, לסירוגין. בפעמון היה ענבל מתכת שנוקש במעטפת שלו, והרימון היה מתנגש גם הוא בפעמון שלידו, וכך היה נשמע קולו של הכוהן הגדול - וְנִשְׁמַע קוֹלוֹ בְּבֹאוֹ אֶל הַקֹּדֶשׁ לִפְנֵי ה׳ וּבְצֵאתוֹ וְלֹא יָמוּת.[32] הכוהן הגדול היה הולך בבית המקדש, והליכתו הייתה משמיעה צלילים ענוגים סביב. כאשר הבגד הוא כליל תכלת, ושפתו שלמה, נשמעים קולות נעימים ומתוקים של קדושה.

הדיבור האלוהי היה יוצא, בצורה מדויקת ועדינה, מתוך שולי הבגד דווקא. השוליים הם החלק בבגד שבדרך כלל מזלזלים בו. בגלימות של פעם, שהיו ארוכות, השוליים היו נשרכים על הארץ ומתמלאים באבק. אולם אצל הכוהן הגדול שולי המעיל היו מורמים מעט מהארץ, כך שהפעמונים והרימונים יצלצלו על ידי התנועה שלהם באוויר. כך היה הקול נשמע דווקא מתוך הקצוות. חלק מעבודת הכוהן הגדול הוא לגעת בקצוות, להגיע אל השוליים.

ההפך בדיוק מהאויב הגדול של עם ישראל, עמלק, שעליו קוראים בשבת זכור (השבת הסמוכה לפורים), שחלה בשנים רבות בפרשת תצווה או סמוך לה. זָכוֹר אֵת אֲשֶׁר עָשָׂה לְךָ עֲמָלֵק בַּדֶּרֶךְ בְּצֵאתְכֶם מִמִּצְרָיִם. אֲשֶׁר קָרְךָ בַּדֶּרֶךְ וַיְזַנֵּב בְּךָ כָּל הַנֶּחֱשָׁלִים אַחֲרֶיךָ.[33] עמלק תקף את הקצוות, את הנחשלים, את אלה שלפי המדרש ענני הכבוד פלטו החוצה.[34] אלו האנשים הבעייתיים מבחינה גופנית ומבחינה נפשית, שהלכו בסוף המחנה. האנשים האלה, שנראים כלא חשובים, הם אלה שנתפסו בידי עמלק. המעיל, לעומת זאת, אינו משאיר שום פרט בשוליים, ושומר גם על הנקודות הרחוקות ביותר.

האדם הממוצע אינו מזלזל בפרטים חשובים בכוונה תחילה, אבל בפועל, קשה לדאוג שהמעיל יהיה כליל תכלת כל הזמן. חז״ל אומרים שתלמיד חכם שיש רבב על בגדו חייב מיתה;[35] אין הכוונה לחרוץ את דינו למוות מבחינה הלכתית, אלא להביע אמירה עקרונית - אדם צריך לשמור על בגדו נקי לחלוטין. ה״כתם״ יכול להיות גם חוסר דיוק בזמנים, רשלנות בביצוע משימות ועוד. יש אנשים שמתחייבים לעשות עבודה מסוימת, אבל מתרשלים, לא מייחסים חשיבות לעמידה בזמנים, ובאופן כללי הם עייפים ונחשלים. עם הזמן הם גם מפתחים אידיאולוגיה סביב הרשלנות, ואומרים שאי אפשר לדעת מה האמת המדויקת, לכן אין טעם להקפיד על הפרטים. אולם אצל הכוהן הגדול יש שלמות גם בשוליים. כך הוא נכנס אל הקודש: בהתנהגות שלמה, מקיפה ומדויקת, תוך פתיחת פה כשצריך לדבר וסגירת הפה במקומות הנכונים, ואפילו שולי חייו מפיקים קול עדין. כל אלו מכוונים ומובילים לתכלית אחת.

הציץ והמצנפת

על גבי המצנפת - על מצחו של הכוהן הגדול - מונח הציץ, תכשיט מזהב בצורת טס מלבני, שעליו חקוקות המילים ״קודש לה׳״. המצח הוא חלק מהראש, ואף משקף דרך הקמטים את מחשבותיו של האדם. נוסף על זאת, המצח מבטא את הנחישות של האדם, וּמִצְחֲךָ נְחוּשָׁה.[36] יש עזות שהיא חיובית, נחישות של אדם שעומד על דעתו, אבל עזות פנים היא שלילית. ״עז פנים לגיהנום״.[37] הציץ פועל נגד עזות הפנים, בין כשהוא על מצחו של הכוהן הגדול, ובין כשהוא אינו מעוטר בו. יש בקרה תמידית על עם ישראל, שישמור על דיבוריו ומעשיו שלא יגלשו לחוצפה.

המצנפת קשורה גם לעולם המחשבתי של הכוהן הגדול; אפילו במחשבתו של הכוהן הגדול עליו להיות תכליתי, ולא לתת להרהוריו להתפזר. כאשר הכוהן הגדול היה צריך להקריב קורבן, הוא היה צריך להקפיד בעת ההקרבה

שלא תהיינה לו מחשבות שגויות שעלולות לפסול את הקורבן. המצנפת והציץ באים להזכיר לאדם שעולם המחשבות שלו גלוי בפני בורא העולם, והמצח שלו אינו מוסתר. הקב"ה יודע את כל מה שבראשו, ולכן עליו לשמור על מחשבותיו טהורות. כדי שהאפוד והחושן יפעלו את פעולתם בלב, והמעיל יאחד את כל כוחות האדם, יש לשמור על עולם מחשבתי מזוכך.

כתונת, אבנט ומכנסיים

וְשִׁבַּצְתָּ הַכְּתֹנֶת שֵׁשׁ וְעָשִׂיתָ מִצְנֶפֶת שֵׁשׁ וְאַבְנֵט תַּעֲשֶׂה מַעֲשֵׂה רֹקֵם. וְלִבְנֵי אַהֲרֹן תַּעֲשֶׂה כֻתֳּנֹת וְעָשִׂיתָ לָהֶם אַבְנֵטִים וּמִגְבָּעוֹת תַּעֲשֶׂה לָהֶם לְכָבוֹד וּלְתִפְאָרֶת.[38] בפסוקים אלה כלולים כמה בגדי כהונה. **הכתונת** ו**האבנט** שייכים גם לכוהן הגדול וגם לשאר הכוהנים. לשאר הכוהנים יש מגבעת במקום המצנפת של הכוהן הגדול. כתונת היא בגד שצמוד לגוף, ומחובר לתחושות האינסטינקטיביות של האדם. הכתונת מכפרת על שפיכות דמים וכעס. הכתונת אומרת לאדם שגם הדברים הצמודים אליו צריכים להיות בקדושה. אבנט הוא חגורה, והוא מבטא על פי חז"ל את מידת הגבורה. הכוח מצוי במותניים, כפי שנאמר על אליהו "וישנס מותניו".[39] מקומה של החגורה הוא על המותניים, במרכז הגוף, שם כוחו של האדם מרוכז. ברכת "אוזר ישראל בגבורה", שאומרים בברכות השחר, במקור הייתה נאמרת בזמן שחוגרים את החגורה.[40] אחרי שבמהלך הלילה כוחותיו של האדם היו מפוזרים, בבוקר הוא מתגבר ומכנס את כוחותיו.

הבגד האחרון של הכוהן הגדול הוא **המכנסיים**, והוא בגד בחצי הגוף התחתון. גם הצד הזה, שנמצא בתחתית האישיות, שייך אל הקדושה ו**מוכנס** אליה.

הקדשת הכוהנים

הציווי על הליך הכניסה לשירות בקודש ניתן בחלק האחרון של הפרשה. וְזֶה הַדָּבָר אֲשֶׁר תַּעֲשֶׂה לָהֶם לְקַדֵּשׁ אֹתָם לְכַהֵן לִי לְקַח פַּר אֶחָד בֶּן בָּקָר וְאֵילִם שְׁנַיִם תְּמִימִם.[41] כדי לקדש את הכוהנים דרושים פר ואילים. פר מבטא עוצמה וכוח, רָב תְּבוּאוֹת בְּכֹחַ שׁוֹר.[42] הפר מפרה את הקרקע כשהוא חורש אותה בכוחו. האיל מבטא מהירות, זריזות, דּוֹמֶה דוֹדִי לִצְבִי אוֹ לְעֹפֶר הָאַיָּלִים.[43] לאיל יש זריזות אצילית, הוא אינו רץ באין הבחנה אלא מקפץ על ההרים ומדלג על הגבעות, מתקדם מבלי להיות אחוז מדי בקרקע. כשמקריבים את הפר והאיל, לוקחים מדם

כוחות החיים שלהם, האמיצים, הזריזים והאציליים, ומכפרים בהם על הקודש. מחברים את נקודות החיים הרגישות יותר אל הקדושה.

וְזֶה אֲשֶׁר תַּעֲשֶׂה עַל הַמִּזְבֵּחַ כְּבָשִׂים בְּנֵי שָׁנָה שְׁנַיִם לַיּוֹם תָּמִיד: אֶת הַכֶּבֶשׂ הָאֶחָד תַּעֲשֶׂה בַבֹּקֶר וְאֵת הַכֶּבֶשׂ הַשֵּׁנִי תַּעֲשֶׂה בֵּין הָעַרְבָּיִם.[44] קורבן התמיד כולל שני כבשים. כבש, בניגוד לפר ולאיל, מבטא תמימות חיים פשוטה וגולמית. עדר של כבשים הולך ללא מטרה וללא כיוון מוגדר. לאדם יש נטייה כל יום להיכנס למצב של הכבש, לאינרציה ושגרת חיים. לתת לחייו להתגלגל ללא מטרה ותכלית, יום אחרי יום. תפקיד הכוהנים בכל יום בבוקר ובין הערביים, כלומר בתחילת היום ובסופו, הוא לשחוט את הכבשים ואת העדריות העיוורת. כך מלמדים את האדם, את עם ישראל ואת העולם כולו, שכל עיסוק שהוא צריך להיות מכוון אל התכלית.

סיכום

שמונת בגדי הכוהן הגדול, שמקושרים למספר שמונה שמעל הטבע ולשמן יוצרים את מכלול הקדושה שמופיעה בעולם הרחב, וגם בעולמו הפנימי של האדם.

כל בגדי הכוהן הגדול, עניינם לעטוף יחד את מרכיבי החיים שלנו - הלב, המחשבות, המותניים, הזריזות, התכליתיות. בכל יום הכוהן הגדול היה בא למשכן, לובש את הכתונת - ומשתלט על הצדדים האינסטינקטיביים של חייו, אחרי כן לובש את מעיל התכלת - ועוטף את כולו בתכלית האחת של עבודתו, חוגר את האבנט - ומרכז את כוחותיו לעבודה, שם את האפוד והחושן - ומכוון את ליבו לאביו שבשמיים, חובש את המצנפת ואת הציץ - ומטהר את מחשבותיו. עם כל זה הוא היה הולך לשרת בקודש.

כי תשא

ממשבר לרחמים

בתוך של הפרשות העוסקות במשכן, אנו נפגשים עם חטא העגל. כאשר מתנשאים ומתרוממים אל הקדושה, ומנסים ליישם אותה באורח חיים מוחשי של בתים ובגדים – אורבת סכנה של גאווה ותחושת שליטה מדומה לפתחו של האדם.

המגע עם הממד המוחשי ממכר את האדם לעגל זהב – מציאות מעגלית נוצצת שמשאירה את הנפש שקועה בעולם הזה ללא יכולת לפרוץ אותה. לאחר הבירור הזה, שאין להתמכר לשום מציאות חלקית, ניתן לקבל לוחות שניים, שמותאמים יותר למצבנו הנוכחי. מתוך כך מתגלים הרחמים, הכפרה והיכולת להמשיך להתקדם בעולם הזה.

הנושאים בפרשה:

מחצית השקל • הכיור והקטורת • מינוי בצלאל ואהליאב • שמירת שבת • חטא העגל ושבירת הלוחות הראשונים • שלוש עשרה מידות הרחמים • קבלת הלוחות השניים

פרשת כי תשא נמצאת באמצע פרשות המשכן, אחרי תרומה ותצווה ולפני ויקהל ופקודי. הפרשה משלבת כמה נושאים, שחלקם קשורים ישירות לעשיית המשכן וחלקם נראים בלתי קשורים, בעיקר חטא העגל שבמוקד הפרשה. אולם בהמשך נראה שנושאים אלו שייכים מאוד, ודווקא העיסוק במשכן המוחשי והממשי יכול להביא לתקלות המתוארות בפרשה.

אחרי יציאת מצרים וקבלת התורה, אנחנו מצויים בשלב עשיית המשכן,

יצירת מציאות ביתית בתוך הנדודים של עם ישראל במדבר. הבית השלם יהיה בארץ ישראל, שם יגיעו בני ישראל אל המנוחה ואל הנחלה, אבל גם בתוך המדבר נוצר מקום יציב וביתי. בניית בית ממשי ונוצץ יכולה ליצור תחושה של ודאות ושליטה. מתוך תחושה כזאת אפשר לבנות גם עגלי זהב, מציאות מעגלית ולכאורה מושלמת, ולנסות לחיות בלי לעלות אל הר סיני ולהעפיל לעולמות עליונים. ספר שמות, שכל עניינו ללמד אותנו את שמו של הבורא "אהי־ה אשר אהי־ה", לפתוח אותנו לעולם שמעבר להווה, מביא אותנו לאמונה גם במצבים של משבר וחוסר שליטה. הוא אף מלמד אותנו שדווקא מתוך משברים, יכולה לצמוח אמונה גבוהה יותר לטווח הארוך.

מחצית השקל

כִּי תִשָּׂא אֶת רֹאשׁ בְּנֵי יִשְׂרָאֵל לִפְקֻדֵיהֶם וְנָתְנוּ אִישׁ כֹּפֶר נַפְשׁוֹ לַה׳ בִּפְקֹד אֹתָם וְלֹא יִהְיֶה בָהֶם נֶגֶף בִּפְקֹד אֹתָם.[1] המפקד, שחוזר כמה פעמים בתורה, הוא פעולה מורכבת מבחינה רוחנית. מצד אחד יש צורך מעשי למנות את עם ישראל, אך מצד שני אסור למנות אותם באופן ישיר. הפתרון שנותנת התורה הוא שכל אחד מישראל יביא חצי שקל לתרומה, ועל פי מניין חצאי השקלים ידעו את מניין בני ישראל: זֶה יִתְּנוּ כָּל הָעֹבֵר עַל הַפְּקֻדִים מַחֲצִית הַשֶּׁקֶל בְּשֶׁקֶל הַקֹּדֶשׁ עֶשְׂרִים גֵּרָה הַשֶּׁקֶל מַחֲצִית הַשֶּׁקֶל תְּרוּמָה לַה׳.[2] חצאי השקל ניתנים למשכן, ובזה מתקשרת פרשת מחצית השקל לפרשות המשכן שבהן אנו נמצאים. מהכסף שהצטבר ממחציות השקל בנו את אדני הכסף, שהם הבסיס לקרשי המשכן, ולאחר מכן לקחו את שאר השקלים לקניית הקורבנות של המשכן.

מדוע יש בעיה למנות את ישראל? כאשר אנחנו סופרים פריטים כלשהם, למעשה אנו מנסים לתת להם הגדרה, מתוך ניסיון רחב ליצור אחיזה במציאות. דברים שאינם ספורים ומדודים גורמים למציאות להיות מעורפלת, לא ברורה, ולכן יש בנו רצון למספר אותם ולהכניס אותם תחת מסגרת של סדר ושליטה. זה חלק מהדחף האדיר של האדם שחייו יהיו מסודרים ונשלטים. זהו רצון טוב בעיקרו, ולכן מונים את העם. יש מצבים שבהם צריך למנות את עם ישראל, אבל צריך לדעת איך לעשות זאת. כאשר סופרים את עם ישראל לא על ידי מחצית השקל, אלא ישירות, תחושת השליטה מתעצמת יתר על המידה ומתחזקת התודעה של "כוחי ועוצם ידי", התחושה שאנחנו שולטים בכל המתרחש. במניין טמון גם רצון לפרטיות, כיוון שאנו סופרים כל פרט בפני עצמו, בנפרד

מהכלל האינסופי. כתוצאה מזה מתעוררת סכנה של נגף. מגפה היא מצב של אי־ודאות, תחושה שהמציאות הולכת ומתפוררת בין הידיים.

כדי למנוע זאת, מונים את עם ישראל באמצעות מחצית השקל, מתוך הבנה שיש לכל אחד מקום בעולם הזה, אבל הוא רק חצי ולא ישות שלמה. הידיעה שכל אחד אינו שלם מחלישה גם את תחושת ההיבריס (גאווה מוגזמת וגבהות לב, הגוררת בעקבותיה עונש ותבוסה), ומבהירה שאיננו אוחזים באופן מוחלט בכל דבר. לכן כולם מביאים סכום זהה, הֶעָשִׁיר לֹא יַרְבֶּה וְהַדַּל לֹא יַמְעִיט.[3] בתרומה זו למשכן אין הבדלי מעמדות, ואין גאווה, אלא חיבור של פרטים רבים לדבר אחד. כל אחד, באופן שווה, מוצא את המקום שלו בעולמו של הקב"ה. כאשר **הספירה** מתנהלת בצורה זו, היא הופכת **לסיפור**. מתוך המניין הכללי, אדם יכול לברר את הסיפור האישי שלו.

הכיור

וְעָשִׂיתָ כִּיּוֹר נְחֹשֶׁת וְכַנּוֹ נְחֹשֶׁת לְרָחְצָה וְנָתַתָּ אֹתוֹ בֵּין אֹהֶל מוֹעֵד וּבֵין הַמִּזְבֵּחַ וְנָתַתָּ שָׁמָּה מָיִם. וְרָחֲצוּ אַהֲרֹן וּבָנָיו מִמֶּנּוּ אֶת יְדֵיהֶם וְאֶת רַגְלֵיהֶם.[4] הכיור מיועד לרחצת הידיים והרגליים. פרשת הכיור מלמדת את האדם שכאשר באים אל המקדש, וניגשים אל הקודש, יש צורך בהכנה. ההכנה היא אותה עמדה נפשית שדובר בה קודם, של מחצית השקל. אל הקודש ניגשים בלי תחושת שלמות ובלי היומרה להבדיל את עצמנו מאחרים כי השליטה היא בידינו. הגישה הנכונה היא להבין שלא הכול בשליטתנו, ולכן עלינו להתנהל בפתיחות ובענווה, ובכלל זה להיות מוכנים לבנות קומה עמוקה יותר בנפש. כשאדם מטהר את ידיו ואת רגליו, שהם כלי העשייה וכלי ההליכה שלו, הוא יכול להיכנס אל הקודש בצורה נכונה יותר. דווקא מתוך ההכרה בגבולות ובחסרונות שלו, שדורשים ממנו להיטהר, הוא יוכל להיפתח לעולם אחר. עולם שאינו תלוי בהצלחותיו ובהישגיו האישיים בעולם הזה, כי הוא שייך לרובד גדול יותר, גבוה ואינסופי, לריבונו של עולם.

הקטורת

וַיֹּאמֶר ה׳ אֶל מֹשֶׁה קַח לְךָ סַמִּים נָטָף וּשְׁחֵלֶת וְחֶלְבְּנָה סַמִּים וּלְבֹנָה זַכָּה בַּד בְּבַד יִהְיֶה. וְעָשִׂיתָ אֹתָהּ קְטֹרֶת רֹקַח מַעֲשֵׂה רוֹקֵחַ מְמֻלָּח טָהוֹר קֹדֶשׁ.[5] הקטורת הייתה מורכבת מאבקות וסממנים שונים, שהיו אוספים אותם יחד ומחממים.

על ידי החימום הם היו מתאדים ומפיצים ריח טוב בכל המשכן. אחד עשר סממנים היו בקטורת; המספר עשר מבטא יחידה אחת שלמה, והמספר אחת עשרה כולל את הפגמים שבמציאות. למשל, בפרשת כי תבוא נפגוש רשימה של אחד עשר "ארורים". הקטורת נותנת את היכולת **להקטיר**, מילה שבארמית פירושה **לקשר**. לחבר יחד את כל הכוחות שקיימים במציאות, גם את אלה שלא תמיד נמצאים בתוך העשירייה השלמה והברורה. התוצאה הייתה אדירה; חז"ל אומרים שריח הקטורת היה נודף מבית המקדש למרחוק, עד שעיזים ביריחו היו מתעטשות ממנו.[6] יריחו נמצאת סמוך לגבולה של ארץ ישראל, והעז היא בעל חיים עַז ותוסס; אך גם אלו שנמצאים על הגבול, וגם התכונות שרחוקות לכאורה מהקודש, צריכים למצוא את מקומם בקשר הכללי. לשם כך נדרשה עבודת הקטורת, שנעשתה בעמל ובדיוק מרבי. הקשר בין כל המרכיבים אינו נוצר מתוך זחיחות וניגוחות, אלא מתוך עמל והתקדמות. עבודת הקטורת כללה כתישה של הסממנים דק דק, וְשָׁחַקְתָּ מִמֶּנָּה הָדֵק.[7] גם הכתישה מבטאת את הענווה וחוסר השליטה. זיכוך הכוחות, מינון נכון בין חלקי האישיות וענווה גדולה - זו העבודה שמחברת בין הכוחות השונים בתוך האדם ובכלל המציאות. מתוך ההבנה של מרכיב כי הוא אינו עומד בפני עצמו, והיכולת שלו להיפתח ולהתחבר בענווה למרכיבים אחרים, נוצרת הקטורת, ועולה ריח ניחוח לפני ה'. זו הסיבה שעל פי תורת הסוד אמירת "פיטום הקטרת" היא סגולה נגד מגפות;[8] אדם מתקשר מחדש אל החיים והכלל ומתרחק מן המוות והפרטיות.

מינוי האחראים על המשכן ומצוות השבת

הקב"ה מודיע למשה כי בצלאל ואהליאב יופקדו על מלאכת המשכן, ואליהם יצטרפו אומנים מעם ישראל. עניינם של בצלאל ואהליאב יתבאר בהרחבה בפרשה הבאה, אך כבר עכשיו אפשר לראות כי עם ישראל כולו שותף בעשיית המשכן. המשכן אינו נחלתו של אדם אחד או של שבט אחד. בצלאל בא משבט יהודה, השבט המוביל את המחנה, ואהליאב בא משבט דן, המאסף לכל המחנות. בתווך נמצאים כל ישראל. כדי לבנות את המשכן דרוש שיתוף פעולה בין כל הכוחות שבשבטי ישראל.

בהמשך מוזכרת מצוות השבת, שגם בה נעסוק בהרחבה בפרשה הבאה. גם השבת מתמודדת מול תחושת השליטה וההישגיות של האדם. אחרי השטף של ימי השבוע, עם הכוח והמרדף אחר הישגים, באה **השבת** **ומשיבה** אותנו לנקודה

המקורית. היא מזכירה לנו את בריאת העולם בידי הקב"ה, בֵּינִי וּבֵין בְּנֵי יִשְׂרָאֵל אוֹת הִוא לְעֹלָם כִּי שֵׁשֶׁת יָמִים עָשָׂה ה' אֶת הַשָּׁמַיִם וְאֶת הָאָרֶץ וּבַיּוֹם הַשְּׁבִיעִי שָׁבַת וַיִּנָּפַשׁ.[9] העולם הזה אינו רק עשייה אנושית, אלא יש בו גם מציאות עמוקה ועליונה יותר, שממנה יונקים כל ימי המעשה. הקב"ה הגדיר לעולם מטרה וייעוד, ולפחות אחת לשבוע אנו צריכים להיפתח אליהם. צריכים שתתנוצץ בנו נקודת השבת, הנקודה שמזכירה מאין הכול התחיל, ולאן הכול הולך.

חטא העגל

בנקודה זו מתרחש חטא העגל, ירידה תלולה מהמעמד הגדול של מתן תורה. חז"ל מדמים זאת לכלה המזנה תחת חופתה.[10] זו מציאות בלתי נתפסת, של עשיית אלוהים אחרים זמן קצר לאחר שמיעת עשרת הדיברות. אכן, חטא העגל נחשב לאחד החטאים החמורים של עם ישראל בהיסטוריה, ואולי החמור שבהם. "אין לך כל פורענות ופורענות שבאה לעולם, שאין בה אחד מעשרים וארבעה בהכרע ליטרא של עגל הראשון, שנאמר: 'וביום פקדי ופקדתי עליהם חטאתם'".[11] אולם אין להסתכל על החטא באופן פשטני, כקבוצת אנשים שיצרו להם פסל בצורת עגל והשתחוו לו. יש להבין את עומק התופעה שמבטא חטא העגל.

עגל הזהב הוא ביטוי לשאיפה הנפשית שעליה דובר כאן. העגל הוא בעל חיים שנחשב בתורה לשיא התמימות. הוא בנה של הפרה, בעל חיים עוצמתי מאוד, עם רצון חיים שוטף. **עגל** גם לשון **מעגל**, צורה גרפית שמבטאת הישארות במקום, של רצון לאחוז בדברים כמו שהם.

במשך ארבעים יום וארבעים לילה שהה משה בהר סיני. המספר ארבעים הוא מכפלה של המספר ארבע, המבטא את המרחב של כל רוחות השמיים, והמספר עשר שהוא יחידה שלמה. זהו מספר שמבטא עולם שלם. משה רבנו רוצה להביא עולם חדש, כפי שקרה אחרי גשמי המבול שירדו במשך ארבעים יום. אולם עם ישראל מרגיש שהעולם החדש הזה גדול ממנו. בני ישראל, מתוך חרדה ואי־ודאות, פונים אל אהרן. אהרן נבחר להיות המתווך בין בני ישראל ובין משה רבנו, כיוון שמשה כבד פה וכבד לשון ולא לגמרי שייך לעולם הזה. בני ישראל אומרים לאהרן: כִּי זֶה מֹשֶׁה הָאִישׁ אֲשֶׁר הֶעֱלָנוּ מֵאֶרֶץ מִצְרַיִם לֹא יָדַעְנוּ מֶה הָיָה לוֹ.[12] השאיפות שלו גבוהות מהכוחות שלנו. אנו זקוקים למשהו שאפשר לאחוז בו. אהרן מנסה להיענות לצורך של בני ישראל, שיש בו צדק במידה מסוימת, אך בני ישראל גוררים אותו לכיוון לא רצוי. הם ממהרים ופורקים מנשותיהם את נזמי הזהב. זהב לשון **זה־הב**, את זה תיתן, זהו רכוש

שאפשר לנכס ולהרגיש באמצעותו שלמות ושליטה. כך יוצא עגל הזהב. בני ישראל נשארים עם ההווה המוחשי, רוקדים סביבו ומגדירים אותו כחזות הכול - אֵלֶּה אֱלֹהֶיךָ יִשְׂרָאֵל.[13]

משה רבנו יורד מן ההר ומבין מה קורה. הוא מזהה את העמדה הנפשית המעגלית, את הזחיחות האנושית שאינה מסוגלת להיפתח למה שמעבר לה, את תרבות הקיבעון למוחשי ולעכשווי. ברגע הזה משה רבנו שובר את הלוחות. קשה לתפוס איך בן אנוש מסוגל לעשות דבר כזה, לשבור לוחות שהם מכתב אלוהים. יש להבין כי הלוחות הראשונים הם ביטוי לאותה מדרגה עליונה מופשטת ואינסופית שאליה האדם צריך להיפתח. את אותה התחושה ביקשו בני ישראל להחליף במציאות מוחשית יותר, מתוך תחושה שהיא גדולה וגבוהה מדי בשבילם. לכן שבירת הלוחות הייתה בלתי נמנעת. התברר שעם ישראל אינו יכול לקבל את הלוחות הללו, והוא זקוק ללוחות שניים. עם זאת, חז"ל מלמדים ששברי הלוחות הונחו בהמשך בארון העדות, לצד הלוחות השניים, כי בכל זאת יש להם מקום בחייו של עם ישראל. "לוחות ושברי לוחות מונחים בארון".[14]

חטא העגל גובה מחירים גבוהים. במסגרת תהליך הכפרה הכואב, בני לוי עוברים בישראל והורגים את מי שלא פרש מחטא העגל. אולם בסופו של דבר, נוצרת העמדה שיכולה לתווך בין העם ובין מדרגת משה רבנו ושאיפותיו הגבוהות. את העמדה הזאת מבטאים הלוחות השניים, שכתובים בכתב אלוהים אך נלקחים מהארץ, והמתח הרוחני סביבם נמוך קצת יותר. הם מאפשרים להתקדם בלי לוותר על העלייה להר סיני, אך מעמדה של ענווה והליכה איטית, תוך מציאת הפתרון לבעיות של עם ישראל כאן ועכשיו.

שלוש עשרה מידות הרחמים

בשלב התיקון של חטא העגל, נאמרות מידות הרחמים של הקב"ה. וַיַּעֲבֹר ה' עַל פָּנָיו וַיִּקְרָא: ה' ה' אֵל רַחוּם וְחַנּוּן אֶרֶךְ אַפַּיִם וְרַב חֶסֶד וֶאֱמֶת. נֹצֵר חֶסֶד לָאֲלָפִים נֹשֵׂא עָוֺן וָפֶשַׁע וְחַטָּאָה וְנַקֵּה לֹא יְנַקֶּה פֹּקֵד עֲוֺן אָבוֹת עַל בָּנִים וְעַל בְּנֵי בָנִים עַל שִׁלֵּשִׁים וְעַל רִבֵּעִים.[15] לפני אמירת מידות הרחמים, הקב"ה מנחה את משה לקראת המפגש ביניהם: וַיֹּאמֶר ה' הִנֵּה מָקוֹם אִתִּי וְנִצַּבְתָּ עַל הַצּוּר. וְהָיָה בַּעֲבֹר כְּבֹדִי וְשַׂמְתִּיךָ בְּנִקְרַת הַצּוּר וְשַׂכֹּתִי כַפִּי עָלֶיךָ עַד עָבְרִי. וַהֲסִרֹתִי אֶת כַּפִּי וְרָאִיתָ אֶת אֲחֹרָי וּפָנַי לֹא יֵרָאוּ.[16] משה רבינו יכול לראות כביכול את אחוריו של הקב"ה אבל לא את פניו. מדרגת הלוחות השניים דומה לצד האחורי ולא לצד

הפנים. הפנים הם המציאות העליונה והמופשטת, שאיש לא ייחשף אליה אי פעם. אי אפשר להבין את פשר המציאות ומה שקורה בה. אולם מתוך המפגש עם "אחוריו" של הקב"ה אפשר לבקש רחמים.

רחמים, בשונה ממידת הדין המוחלטת והחותכת, עניינם צמיחה איטית. כמו **הרחם**, האיבר בגוף האישה שמצמיח את הוולד לאט לאט. התהליך האיטי אינו מופיע תוך דור אחד, אלא לפעמים נמשך עד לשילשים ולריבעים, הנכדים והנינים בדורות הבאים. יש תהליך איטי וארוך של נצח, שמקדם את העולם בהדרגה, ודרכו יכולה להגיע גם הכפרה.

קבלת הלוחות השניים והירידה מההר

וַיְהִי בְּרֶדֶת מֹשֶׁה מֵהַר סִינַי וּשְׁנֵי לֻחֹת הָעֵדֻת בְּיַד מֹשֶׁה בְּרִדְתּוֹ מִן הָהָר וּמֹשֶׁה לֹא יָדַע כִּי קָרַן עוֹר פָּנָיו בְּדַבְּרוֹ אִתּוֹ.[17] אחרי שמשה רבנו קיבל את הלוחות השניים, בתום תקופה נוספת של ארבעים יום וארבעים לילה הוא יורד מהר סיני. אחרי התהליך שמשה רבנו העביר את בני ישראל עד לכפרה על חטא העגל, ואחרי קבלת הלוחות קורן עור פניו. הפנים הן ביטוי לשליטה ולמודעות. דווקא כאשר משה רבנו מבין שלא יוכל לראות את פני ה', אלא רק את אחוריו, קורן עור פניו. כל ההתנהלות שלו בעולם הזה מקבלת את התוקף הנכון. ההבנה שאי אפשר להבין את הנהגת ה', אלא לכל היותר לראות את אחוריו, היא המאפשרת לאדם לפעול נכון ובאופן משמעותי יותר במציאות.

למדרגה זו מגיע משה רבנו, בחיר האנושות, אך עם ישראל עדיין אינו במדרגה זו. לכן משה עוטה על פניו מסווה מול עם ישראל וחושף את פניו רק במפגש עם ה' וכשמעביר את דבר ה' אל העם. וּבְבֹא מֹשֶׁה לִפְנֵי ה' לְדַבֵּר אִתּוֹ יָסִיר אֶת הַמַּסְוֶה עַד צֵאתוֹ וְיָצָא וְדִבֶּר אֶל בְּנֵי יִשְׂרָאֵל אֵת אֲשֶׁר יְצֻוֶּה. וְרָאוּ בְנֵי יִשְׂרָאֵל אֶת פְּנֵי מֹשֶׁה כִּי קָרַן עוֹר פְּנֵי מֹשֶׁה וְהֵשִׁיב מֹשֶׁה אֶת הַמַּסְוֶה עַל פָּנָיו עַד בֹּאוֹ לְדַבֵּר אִתּוֹ.[18] מול בני ישראל משה זקוק למסווה, אבל מול הקב"ה קורן עור פניו. כך, כשהוא מוטען בשאיפות גבוהות תוך הכרה במגבלות האנושיות, נוצרת עמדה של עבודה שמחה ובטוחה בתוך העולם הזה, שהולכת ומרפאת את הנגע של חטא העגל.

על פי הכלל "אין מוקדם ומאוחר בתורה", חז"ל מקשרים את תחילת הפרשה לסופה. לדבריהם, הציווי "כי תשא את ראש בני ישראל" נאמר לאחר חטא העגל. בעקבות החטא, אמר הקב"ה למשה: שא את ראש בני ישראל, זקוף את קומתם. אחרי חטא העגל, בני ישראל נשארו עם התחושה שהם אינם

מצליחים לתפוס את האלוהות, והכול מתפרק. לכן משה צריך לשאת את ראשם, למנות אותם ולהדגיש את החשיבות של כל אחד מהם. לעודד אותם לעלות להר סיני, לעסוק בעבודת המשכן, לטהר את עצמם בכיור, להיפתח אל הקטורת, להתרומם באמצעות העשייה. יחד עם פניו הקורנות של משה, הכול הולך ומתקדם, בענווה מלאת אמונה, לכיוון התהליך האלוהי שהולך ומופיע בעולם.

סיכום

בשיא הציווי על מלאכת המשכן, בעת שמשה עוסק בשאיפות העליונות של התורה, בני ישראל מתקשים להעפיל למדרגה גבוהה. הם מבקשים ליצור לעצמם עגל זהב, המייצג עולם מוחשי, ממשי, שנוכח בהווה ואפשר לאחוז בו. מחצית השקל, הכיור והקטורת מתמודדים עם הרצון הזה, לאחוז במציאות ולשלוט בה, על ידי בניית ענווה ופתיחות. לאחר חטא העגל מתחיל תהליך ארוך והדרגתי, שבו עם ישראל לומד להכיר בגבולותיו ובאי־יכולתו לתפוס את כל המציאות, עד שלבסוף הוא זוכה לקבל מחדש את הלוחות, ולהמשיך לצעוד לעבר הייעוד האלוהי.

מתוך הכרה בחסרונותיו ובגבולות השליטה שלו, יוכל האדם להתגבר על המשברים ועל חוסר הוודאות, לקבל את הלוחות השניים ולחיות חיים מוארים בעולם הזה.

ויקהל
המשכן לאומנות

לאחר האזהרה על נפילה העלולה להגיע מהמחשת יתר, כפי שראינו בפרשת כי תשא, אנו שבים "להתקהל" סביב המשכן וכליו. אם בפרשות תרומה-תצווה עסקנו בתיאור המשכן, בפרשת ויקהל עוברים לביצוע, והפעם מפרטים בהרחבה את צדדי האסתטיקה והפאר שמצויים בו. מעבר לקיום הבסיסי, יש עניין שהחיים יופיעו גם בממד החן והיופי. הפן האסתטי מבטא כיצד ניתן לגעת ברובד המוחשי - מתוך אצילות ורוחניות.

הנושאים בפרשה:

ציווי לשמירת שבת • מינוי בצלאל ואהליאב • תיאור עשייתם של כלי המשכן

שביתה ממלאכה בשבת

וַיַּקְהֵל מֹשֶׁה אֶת כָּל עֲדַת בְּנֵי יִשְׂרָאֵל וַיֹּאמֶר אֲלֵהֶם אֵלֶּה הַדְּבָרִים אֲשֶׁר צִוָּה ה' לַעֲשֹׂת אֹתָם. שֵׁשֶׁת יָמִים תֵּעָשֶׂה מְלָאכָה וּבַיּוֹם הַשְּׁבִיעִי יִהְיֶה לָכֶם קֹדֶשׁ שַׁבַּת שַׁבָּתוֹן לַה' כָּל הָעֹשֶׂה בוֹ מְלָאכָה יוּמָת.[1] הפרשה של ביצוע מלאכת המשכן פותחת בציווי על השבת, ומכאן למדו חכמים שכל המלאכות שנעשו במשכן אסורות בשבת. שלושים ותשע מלאכות נעשו במשכן, והן כוללות את כל סוגי היצירות. כבר ראינו כי במשכן העולם כולו מתחבר. כל סוגי המתכות והבדים, הצמחים ובעלי החיים, כולם מתרכזים במשכן. כיוצא בזה, מלאכת

המשכן כללה את כל סוגי העבודות והיצירות שיכולים בני אדם לעשות. כל אלו פוסקים בשבת.

חלק מהמלאכות האסורות בשבת הן עבודות פיזיות קשות, כגון חרישה וקצירה, אך יש בהן גם פעולות פשוטות שאין בהן כמעט שינוי בעולם או יצירה, כמו הוצאה מרשות לרשות, שבה פותחת מסכת שבת במשנה. הוצאה מרשות לרשות יכולה להיות יציאה לרחוב כשחפץ ביד, ואף על פי כן היא נחשבת למלאכה. מכאן שהגדרת המלאכה אינה קשורה למאמץ הפיזי המושקע בה, אלא למידת היצירה שבה. כשזורעים זרע באדמה, ההתלכדות של הזרע והאדמה יחד יוצרת צמח. יש יצירה גם בהעברת חפץ מרשות אחת לאחרת, מפני שבזה משתנה מצב החפץ מבחינת הבעלות עליו. נשיאת משא כבד, לעומת זאת, אינה מלאכת יצירה. למרות המאמץ הגופני הכרוך בה, אין בה יצירת דבר חדש. מלאכה יוצרת חידוש בעולם, ובשבת איננו מחדשים, כיוון שהשבת היא מציאות של שלמות.

בשבת, כפי שמתבטאים חז"ל, אדם צריך להרגיש שכל העשייה שלו הושלמה כבר. "שבות כאילו כל מלאכתך עשויה".[2] בששת ימי השבוע אנו יוצרים דברים בעולם. כדי שהקדושה תוכל להופיע בחיים, צריך עמל רב במשך שישה ימים, שבכוחו להביא את העולם לשלמותו ולחשוף את הנקודה הפנימית שבו. אולם יש יום אחד בשבוע שבו העולם במצב של שלמות, התנוצצות של עולם הבא. בשבת מופיע ניצוץ מהמדרגה העתידית של העולם המתקדם ובא, שלא צריך ליצור בה שום דבר, כי הכול כבר מוכן. כל דבר נמצא במקומו. במשך השבוע אנו עמלים כדי להביא את הדברים למקומם ולמצבם הנכון, אבל בשבת מתגלה כיצד כל הדברים מסתדרים, ומופיעה הרמוניה.

השבת היא מעין מדרגת העולם הבא. חז"ל אומרים שהעולם הזה נברא באות ה', והעולם הבא בי'. האות י', בגימטרייה עשר, מבטאת יחידה אחת מרוכזת ושלמה. כך גם צורת האות י' היא נקודה אחת, תמציתית ושלמה. לעומת זאת, האות ה' היא חצי מתוך עשר, והיא משקפת חיסרון. גם בצורתה האות ה' מחולקת לשניים ופתוחה לשני כיוונים. היא בנויה משני קווים שאינם מתחברים, ואחד מהם שבור בזווית של תשעים מעלות. הקב"ה כולל את שני העולמות, אצלו מתאחדות האותיות ה' וי', בשם י־ה. "כי בי־ה ה' צור עולמים".[3] בששת ימי המעשה קשה לראות את החיבור בין העולמות, אך בשבת אפשר לראות את העולם הבא מופיע בתוך העולם הזה, את השלם מופיע בחסר.

מכאן שהמנוחה בשבת, אין עניינה פסיביות והתפרקות חומרית, אלא נגיעה בשלמות. אנו שובתים ממלאכה לא מפני שאנו עייפים או מתעצלים מלעשות אותה, אלא מפני שביום זה אין בה צורך, שהרי הכול מסודר ושלם. לכן אופייה של השבת צריך להיות בעיקר רוחני. אומנם יש עניין להוסיף באכילה ובשינה, כיוון שהאור המופיע באותו יום גדול יותר, והוא דורש כלים רחבים יותר; אבל עיקר עניינה של המנוחה הוא היכולת של הנשמה לגעת בשלמות. שבת היא זמן ללמוד תורה, לקרוא בפרשת השבוע, לעסוק בצדדים הפנימיים והרוחניים שבתורה. שבת, יותר מימי החול, היא זמן מתאים ללימוד תורת הסוד. זהו הרגע בשבוע שבו האדם יכול להיפגש עם הרוח.

לֹא תְבַעֲרוּ אֵשׁ בְּכֹל מֹשְׁבֹתֵיכֶם בְּיוֹם הַשַּׁבָּת.[4] בפסוק זה מופיעה מלאכה אחת בלבד, אך הוא מייצג את כל העשייה האסורה בשבת. מכל היצירות האנושיות, נבחרה הבערת האש לייצג את כלל המלאכות. האש היא היצירה הרוחנית ביותר שיכול האדם ליצור. היצירה נעשית על ידי חיכוך בין שני חומרים עד שמתפרצת אנרגיה. מהות הפעולה היא שימוש במרכיבים של העולם הזה, כדי להפיק מהם מציאות חיים משוכללת יותר, ואפילו כזו שעומדת בין התחום החומרי לרוחני. לפי המדרש, הבערת האש היא גם המלאכה הראשונה שעשה אדם הראשון לאחר שבעת ימי הבריאה, במוצאי שבת. מסיבה זו מברכים בהבדלה שבמוצאי שבת על האש.[5] האש מבשרת על תחילת שבוע חדש של עשייה ותיקון, כפי שהיה במשכן.

כל אדם צריך בחיים שלו רגעים כאלה. בראש ובראשונה הוא צריך שהשבת שלו תהיה כזאת, אך יש צורך גם ברגעים נוספים של נגיעה בשלמות. כשאדם מתחתן, למשל, החתונה היא מעין רגע של שבת, רגע של אושר. אחר כך מתחילה דרך ארוכה, לפעמים גם רצופת קשיים, אבל ברגע הראשון מופיעה שלמות. אחרי שהאדם חווה את ההרמוניה, הסדר והחיבור אל הרוח, ולו לרגעים ספורים, הוא יכול לשוב לעבודה ולמלאכה. בנקודה זו, אחרי הציווי על השבת, מתחילה גם פרשת ויקהל את בניית המשכן.

האסתטיקה וההרמוניה במשכן

לאחר איסוף התרומות למשכן, התורה מתארת את בנייתו. לכאורה אין כאן אלא חזרה מפורטת על הציוויים שכבר נאמרו בפרשת תרומה. אפשר היה להסתפק במשפט יחיד שיאמר: "ויעשו בני ישראל ככל אשר ציווה ה' את משה".

המפרשים עסקו בהבדלים הדקים שבין הציווי לביצוע, אך ההבדל העקרוני הוא שפרשת תרומה עסקה בציווי הבסיסי על המשכן וכליו, ואילו פרשת ויקהל מפרטת את הצד האסתטי שלהם. אנו לומדים מכאן עיקרון חשוב: יש חשיבות גדולה שהמשכן וכליו, וכן בגדי הכהונה שבפרשה הבאה, יהיו יפים ואסתטיים. פסוקים רבים מתארים בדיוק איך צריך להיראות כל פרט, כדי שתיווצר התמונה היפה והשלמה.

האם היופי חשוב כל כך? הרי לכאורה אין להסתכל בקנקן "אלא במה שיש בו"?[6] "שקר החן והבל היופי, אשה יראת ה' היא תתהלל"?[7] אם התורה משקיעה כל כך בתיאור פרטי המשכן, מסתבר שיש חשיבות בדבר. אם ננסה להגדיר מהו יופי, מה נחשב בעינינו למראה יפה או ליצירת אומנות, נזהה שהמרכיב המרכזי ביצירת היופי הוא **ההרמוניה**. הקשר העולה מחיבור בין פרטים שונים המשתלבים יחד. למשל, כשאנו רואים תמונת נוף של מפל מים טובל בירק, על רקע הרים מושלגים, זה נראה בעינינו יפה. גם נוף מדברי יכול להיות יפה, וגם המראה של כוכבי השמיים בלילה. לעומת זאת, מספר קווים משורבטים ללא קשר נראים בעינינו כקשקוש. מראה המורכב מפרטים רבים, המכונסים במעטפת שניתנת להשגה במבט אחד מעניק לנו תחושה של שגב, גודל ואחדות. בתפילת שחרית אנחנו אומרים: "אמת ויציב ונכון וקים וישר ונאמן... ומתוקן ומקובל וטוב ויפה". אם מתקיימים כל התארים יחד, הדבר הוא גם יפה. היופי עולה מהסדר של כל הדברים יחד. ההרמוניה היא בסיס להופעת הקדושה, ולכן בית המקדש היה המקום היפה ביותר בעולם. "עשרה קבים של יופי ירדו לעולם, תשעה נטלה ירושלים ואחד כל העולם כולו".[8]

תחושת היופי כוללת גם תשומת לב לנקודה הפנימית שבאובייקט הנראה. נקודה זו נקראת חן. "שלושה חינות הן: חן מקום על יושביו, חן אשה על בעלה, חן מקח על מקחו".[9] אדם מסתכל על העבודה שלו, או על המקום שהוא חי בו, ועם הזמן מפתח כלפיהם תחושה מיוחדת. הוא מזהה בהם חן, יש התאמה פנימית ביניהם. כך גם היופי במשכן שידר לאדם נקודה פנימית, שגרמה לאדם להרגיש שייכות והזדהות.

המשכן מלמד אותנו מהו יופי. ללא אמת המידה שהוא נותן לנו, כל אופנה חולפת תוכל להחשיב את עצמה כהגדרה ליופי. בעולם החיצוני, הגדרות היופי משתנות מתקופה לתקופה ומתרבות לתרבות.[10] את היופי האובייקטיבי, הכולל הרמוניה וסימטריה, אנו לומדים בפרשת תרומה. את התשובה האמונית לשאלה מהו יפה, אנו פוגשים במשכן, ולאחר מכן בבית המקדש - "נויו של עולם".[11]

דווקא לאחר פרשת כי תשא, שבה ראינו מה הסכנה הטמונה בממד החושני, וכיצד הוא יכול להוביל את האדם לעשיית עגל זהב, חשוב ללמוד שנית את מעשה המשכן, והפעם להדגיש שאין מדובר רק במענה לצורך פונקציונלי, אלא בעיקר לערך אסתטי. על ידי האסתטיקה וההרמוניה מתברר כי המשכן אינו אוסף פסלים חומריים, אלא בית של אחדות ורוח.

בצלאל - אומן באמונה

הדמות המרכזית בפרשת ויקהל היא בצלאל, אומן המשכן. **אומנות** קשורה **לאמונה**. אומנות היא הגדרה רחבה, ולמעשה כל פעילות מקצועית ליצירת דבר בעולם הזה נקראת בלשון חז"ל אומנות. גם שרברב יכול להיות אומן בתחומו, אם הוא עושה את מלאכתו היטב. אומנות היא הכישרון לחבר פרטים שונים, כך שהאמונה והטוב יופיעו בעולם. למשל, אם אנשים בעולם רעבים וצריכים אוכל, היכולת לבשל או לטגן מרכיבים מהצומח כך שיספקו לבני האדם תזונה בעלת טעם טוב ואסתטיקה, במחיר שהם יוכלו לעמוד בו, היא אומנות.

בצלאל, במובן זה, היה רב אומן שידע לחבר פרטים יחד. "יודע היה בצלאל לחבר אותיות שבהן נבראו שמים וארץ".[12] **בצלאל** היה **בצל הא־ל**. צל הוא החשכה של השמש; קרני השמש חמות מדי עבור האדם, ולכן הוא זקוק לצל, בתור מחסה שמגן מפני השמש ומאפשר לקבל אותה באופן עקיף כשעומדים בקיץ מתחת לעץ, מקבלים עדיין אור וחום מהשמש, אך בצורה עדינה יותר. צל העץ אינו חוסם את השמש, אלא מסנן את עוצמתה, כך שנוכל ליהנות ממנה במינון שאנו יכולים לספוג. ההצללה, היכולת לעמוד בגבול בין אור וחושך ולהגיע למינון המדויק ביניהם, היא אומנותו של בצלאל.

מומחיותו של בצלאל היא, בין השאר, לדייק בפרטי המלאכה. הרב קוק מתאר את בצלאל בתור אומן בעל רגש טבעי חזק, ומוסיף: "רגשו הפנימי שהוא הכשרון המיוחד לחכמה הזאת של מלאכת הציור, לא תתנהו בשום אופן לצייר איזה דבר שלא כמנהגו וארחו הראוי לו ע"פ תכונתו".[13] אומן אמיתי מדייק באומנות שלו ומבצע את היצירה בדיוק כמו שהיא אמורה להיות, בלי סטיות וזיופים. "כחכם הזימרה האמיתי", ממשיך הרב קוק, "אשר בשמעו קול של נגינה שאינו ע"פ חוקי ההרמוניא הטבעיים החקוקים בנפש, לא תוכל נפשו לשאתה ויכיר שכאן יש חסרון סדר, שנפשו הטבעית כבר מרגשת את הראוי ואת שאינו ראוי לפי מצב הנפש הטבעית בסדרי ההרמוניא". אצל האומן, אפילו שינוי קל

בין היצירה לביצוע לא יתקבל במנוחה. לכן בצלאל מתאים להיות האחראי על האיזון ההרמוני המדויק להפליא שצריך להתקיים במשכן.

חז"ל עומדים על הבדל בין הציווי שניתן למשה רבנו בפרשת תרומה ובין העשייה של בצלאל בפרשת ויקהל בנוגע לסדר העבודה. בפרשת תרומה דובר קודם כול על הכלים ואחר כך על המשכן, ואילו בפרשת ויקהל המשכן קודם לכליו. "בשעה שאמר לו הקב"ה למשה לך אמור לבצלאל: עשה לי משכן ארון וכלים, הלך משה והפך ואמר לו, עשה ארון וכלים ומשכן. אמר לו: משה רבינו, מנהגו של עולם אדם בונה קודם כל בית, ואחר כך מכניס לתוכו כלים. כלים שאני עושה להיכן אכניסם? שמא כך אמר לך הקב"ה (=לעשות קודם את המשכן, ואחר כך את כליו)? אמר לו משה רבינו: שמא בצל א־ל היית וידעת?"[14] זהו מדרש מתמיה, מדוע משה רבנו שינה את הסדר? ואם הייתה למשה רבנו סיבה לשנות את הסדר, מדוע בצלאל ערער על כך, ומדוע משה קיבל את הערעור? אכן אפשר להביט על המשכן בשתי דרכים, בדרכו של משה רבנו ובדרכו של בצלאל. משה מסתכל מהמבט האלוהי, מדרכו של הבורא. במבט אלוהי מתחילים מהתוכן הפנימי - מכלי הקודש, ואחרי כן בונים את המעטפת החיצונית - את המשכן. קודם מסמנים את המטרה הרוחנית, והמציאות החיצונית מתיישרת לפי זה. בצלאל מסתכל מכיוונו של האומן המיישם את הרעיונות בעולם. בעולם הזה יוצרים קודם כול את המעטפת החיצונית, ורק אחרי כן יוצקים לתוכה את התוכן הפנימי.

שני המבטים הללו קיימים בכל מפגש בין חוץ לפנים. כאשר ילד נולד, למשל, מבחינת הנשמה שלו - היא מושלמת עוד לפני הלידה. במדרש מובא שכשהתינוק נמצא בבטן אימו, נר דלוק על ראשו ומלאך מלמד אותו את כל התורה כולה.[15] מבחינה פוטנציאלית הוא כבר שלם, ונשאר רק לבנות לו מערכות חיצוניות שיבנו את הפנימיות שכבר נמצאת בו. אולם מרגע שאדם יוצא לאוויר העולם, מבחינה הכרתית הוא כבר אינו מודע לתורה שלמד, ועליו להתחיל מלמטה למעלה, לבנות את הדברים מהחוץ אל הפנים. הוא לומד ללכת, ואחר כך לקרוא, בהמשך הוא גם לומד כיצד להתנהל בעולם, ולבסוף חושף את מה שכבר גנוז בתוכו.

משה רבנו ובצלאל משלימים זה את זה: משה נותן את ההשראה מבפנים החוצה, ובצלאל מיישם את הדברים בעולם הזה מבחוץ פנימה. הרב קוק מסביר כי תפקידו של משה רבנו הוא למסור את התורה, להביא לעולם את האמת. מבטו על המשכן מתמקד בלב, בפנימיות, בכלים שבאמצעותם מתבצעת עבודת

הקודש, והמעטפת החיצונית מעניינת אותו פחות. לאנשי רוח קשה לפעמים עם הפרטים המעשיים הנחוצים בעולם הזה. זה מתיש אותם. הרב קוק עצמו שימש דוגמה חיה לכך: הוא היה הוגה עצום, אך במפעלים המעשיים הצטיין פחות. את ההגות הרוחנית שכתב, למשל, הוציא לאור בעיקר בנו, הרב צבי יהודה קוק. הראי"ה עצמו לא היה מתאים לעבודה המעשית של הבאת הספר לדפוס. ההסתכלות של משה רבנו היא האמיתית, אבל היא אינה מספיקה. יש צורך גם בבצלאל, האומן שיודע כיצד ליישם את הרעיונות במציאות, ושני הצדדים יחד בונים את המשכן.

בצלאל ואהליאב

בצלאל הוא לא האומן היחיד, הוא וְאָהֳלִיאָב בֶּן אֲחִיסָמָךְ לְמַטֵּה דָן.[16] מלבד ההבדל בין הציווי של משה לעשייה של בצלאל, גם ברובד העשייה יש שני צדדים שונים, ולכן דרושים שני אומנים לניהול המלאכה - בצלאל ואהליאב. בצלאל הוא משבט יהודה, שהוא השבט המוביל בעם ישראל. כשהשבטים ייסעו במדבר על פי סדר, יהודה ילך בראש. אליאב בא משבט דן, המאסף לכל המחנות. "אין לך ירוד בשבטים משבט דן".[17] אהליאב בן אחיסמך - לשון **אוהל** שמסוכך על בצלאל **וסומך** אותו, כי הוא זקוק לעזרה מהשטח. בצלאל היה רב אומן אריסטוקרטי, ואהליאב הופקד על המלאכות הקשות יותר.

המקובלים מכנים את שני הצדדים הללו: "מימין לשמאל" ו"משמאל לימין".[18] מקורם של ביטויים אלו הוא בזוהר הקדוש. הימין הוא מידת החסד השופעת, והשמאל הוא כוח הצמצום. בצלאל נע מימין לשמאל, מהשפע העליון והאינסופי כלפי מטה, ואהליאב משמאל לימין, מהצד המצומצם והנמוך כלפי מעלה. תנועות אלו יכולות לבוא לידי ביטוי לא רק בעשייה הפיזית, אלא גם במישור הרוח והדעת, למשל הגישות התורניות של הרמב"ם והרמב"ן.[19] הרמב"ם הוא משמאל לימין, והרמב"ן הוא מימין לשמאל. הרמב"ם מגיע מלמטה למעלה; שפתו היא לוגית־שכלית, הוא בונה מהלכים מחשבתיים על ידי הוכחות וסעיפים מפורטים. גם בהלכה, מפעלו של הרמב"ם היה לסדר את כל הנושאים ההלכתיים המפוזרים בגמרא לחיבור אחד, לפי נושאים וסעיפים, בחשיבה מבנית לוגית. עד זמנו למדו הלכה מתוך הגמרא, באופן אסוציאטיבי, שהיה חי יותר, אך מסודר הרבה פחות. הרמב"ם יצר בעם ישראל

את המפגש מלמטה למעלה, מתוך העולם הזה אל הקדושה. הרמב"ם לא עסק בקבלה, ובכל זאת הוא ידע את הרעיונות הפנימיים של עם ישראל, בדומה לאופן שבו רשב"י ידע זאת. מתוך התורה הגלויה הוא הגיע אל ההלכות, ומהן הוא חשף את הפנימיות של התורה, מלמטה למעלה. הרמב"ן לעומתו נחשב לאבי המקובלים, העוסקים בתורת הנסתר. בפירושו על התורה הוא מביא את הרעיונות הפנימיים שלה. הוא מתחיל מרעיון פנימי נשמתי, ומתרגם אותו לשפה שלנו, מלמעלה למטה.

כבר הצבענו על הקשר בין אומנות לאמונה, ואם יש שני סוגי אומנים - הרי שיש שתי דרכים לא־ל האמונה. יש נפשות שזקוקות לרעיונות אמוניים גבוהים כדי להתחבר לתורה, ומנגד יש נפשות שהן גדולות כל כך, עד שבהסתכלות על העולם הזה הן רואות את האמונה. אפשר להגיע לאמונה על ידי מפגש עם אדם גדול, בתובנה מסעירה או בחוויה מרוממת, ואפשר גם במבט על המציאות בעולם הזה ודרכה לזהות את השער לאמונה. הדבר דומה להתמצאות במפה; יש מי שקורא את המפה ומיד מבין כיצד נראה השטח, ויש מי שמסתכל בשטח ולפי זה קורא את המפה. יש מי שצריך לראות את השטח כדי להבין את המפה, ויש מי שמתוך קריאת המפה מזהה כיצד השטח אמור להיראות. בצלאל מתכנן את המשכן ולפי זה מתחיל לעבוד עם החומרים, ואילו אהליאב רואה מולו את חומרי הגלם ומבין כיצד המשכן עומד להיראות. שני המבטים האלה יחד, מלמעלה ומלמטה, בונים את המשכן ויוצרים את ההרמוניה השלמה.

בשני צירים אלו, מלמעלה למטה ומלמטה למעלה, מתנהלים חייו של האדם הפרטי, וכן חייה של משפחה. בחופה, למשל, יש שלב שבו החתן נותן את הכתובה לכלה. כתובה היא כתב הסכמה על התחייבויות החתן לכלה בחיי היומיום, וכן התחייבות כספית של החתן למקרה של פטירה או גירושין, כדי שקשר הנישואין לא יתפרק בקלות. זה עלול לצרום לאוזן; באמצע החופה משלבים עניינים שאינם מתאימים למצב הרוח המרומם של הטקס. בסוף החופה נוסף עניין של עצבות בשבירת הכוס. אולם כך בונים בית בעם ישראל - נכנסים מהשאיפה הרוממת אל המציאות בעולם הזה, ומעלים את המציאות לעולם הזה אל רובד החזון והשאיפה. כך גם בגידול הילדים: כשילד נולד הוריו שמחים מאוד וראשם נמצא בשמיים, אבל אז הם יורדים למציאות ומתחיל תהליך הגידול, הכולל כאבי ראש ובעיות, בכיות וצעקות, וצריך לטפל בו, להאכיל אותו ולנקות אחריו. כך הדברים נבנים בעולם הזה, וכך גם המשכן נבנה.

אומני המשכן

וְעָשָׂה בְצַלְאֵל וְאָהֳלִיאָב וְכֹל אִישׁ חֲכַם לֵב אֲשֶׁר נָתַן ה' חָכְמָה וּתְבוּנָה בָּהֵמָּה לָדַעַת לַעֲשֹׂת אֶת כָּל מְלֶאכֶת עֲבֹדַת הַקֹּדֶשׁ לְכֹל אֲשֶׁר צִוָּה ה'.[20] בצלאל ואהליאב ממונים על המלאכה, ומצטרפים אליהם עוזרים רבים, המכונים "חכמי לב". את מלאכת המשכן עושים בחכמה. כיוון שמדובר באומנות של קודש, הרי שיש לה משמעות רצינית, הדורשת חכמה ודעת.

הנטייה ההרמונית קיימת בכל אחד, אך עדיין יש צורך בחכמה מיוחדת כדי להוציא אותה לפועל. פעמים רבות אנו רואים יצירת אומנות יפה ומתפלאים: "איך לא חשבנו על זה בעצמנו?" אנו חשים שייכות ליצירה היפה שמול עינינו, כי היופי גנוז בנשמתנו, ולכן אנו מרגישים את ההתאמה שמולנו; אבל היה צורך באומן שיחשוף את ההרמוניה הזאת. שיפיק ציור מכל הצבעים, או שיחבר את כל פרטי הידע הטכנולוגי כדי לייצר מכשיר חדש. ייתכן שהאומן בסך הכול חיבר בין שתי המצאות שקדמו לו, אבל היה לו חזון וכישרון לראות את התמונה השלמה לפני הופעתה במציאות, וכך הוא הצליח ליצור דבר חדש. היכולת הזאת היא שהופכת אדם לאומן גדול, בכל תחום. בצלאל מלמד אותנו שהיכולת הזאת נובעת מצל הא־ל; ככל שיש לאדם מבט רוחני יותר, כך הוא גם יוצר יצירות יפות והרמוניות יותר.

תרומת הנשים לכיור

וַיַּעַשׂ אֵת הַכִּיּוֹר נְחֹשֶׁת וְאֵת כַּנּוֹ נְחֹשֶׁת בְּמַרְאֹת הַצֹּבְאֹת אֲשֶׁר צָבְאוּ פֶּתַח אֹהֶל מוֹעֵד.[21] הפרשה מפרטת כיצד נעשה הכיור - מהמראות של הנשים הצובאות. הנשים היו משתמשות בלוחות נחושת כמראות, וכאשר עם ישראל התבקש לתרום למשכן, הנשים צבאו (=נאספו) על משה רבנו, ונתנו את המראות שלהן כדי לעשות מהן את הכיור. הכיור משמש לטהרה, להחזיר את האדם למה שהוא באמת. אדם נטמא כאשר הוא מתחבר לדברים שהתנתקו מהחיים, ועל ידי טהרה במים הוא מסיר את הטומאה וחוזר למקורו. הכיור נעשה מאותן מראות, כך שתהיה אפשרות לאדם הרוחץ בו לראות מי הוא עצמו. המראות שימשו את הנשים במצרים להתייפות,[22] לקרב אליהן את הגברים ועל ידי כך ליצור המשך לעם ישראל, בניגוד לגזרות של המצרים, שגרמו לגברים לא לרצות להוליד ילדים. כאשר היופי משמש להביט אל הנשמה, והמראה משקפת לאדם מי הוא באמת, חלק מעם ישראל מסירים את הטומאה ומתחברים לנקודה הפנימית. המראות ששימשו ליופי מגלות במשכן את היופי האמיתי.

סיכום

פרשת ויקהל מלמדת אותנו לעבור לשלב העשייה, ששונה באופיו משלב החזון. בשלב זה התנועה היא לפעמים מהעיקרון הגדול אל הפרטים הקטנים והנמוכים, ולפעמים להפך. היכולת לחבר עקרונות ומציאות, שמיים וארץ, באופן הרמוני הכולל את כל הפרטים, היא הנותנת למשכן את יופיו.

בחייו, האדם צריך להפוך את חלומותיו הגדולים למציאות על ידי שלבים מעשיים, כולל עיסוק בפרטי פרטים. אם הוא עושה זאת באומנות זהירה, של שמירה על ההרמוניה והאיזון הדק, הוא יכול לבנות את המשכן שבליבו.

פקודי

החלום הופך למציאות

ספר שמות מסתיים בהקמת המשכן. החלום להיפגש עם שמו של הבורא - "א־היה אשר א־היה" - מתממש בסופו של דבר בהקמת מערכת ארצית של בתים, בגדים, כלים, צמחים ובעלי חיים, המבטאים בעולם הזה את השאיפה לעולם הבא, את השכינה העתידית שניתן לגעת בה כאן ועכשיו.

בפרשות תרומה ותצווה למדנו על המשכן וכליו באופן מופשט, בפרשת ויקהל תוארה העשייה שלהם בבתי המלאכה, וכעת בפרשת פקודי מסופר על הקמתם והעמדתם בפועל. אדם אמור "לפקוד" ולפגוש את הקדושה בחייו בכל רגע נתון, על ידי מפעלים ארציים שקיימים ועומדים במציאות, ומבטאים את השאיפות הרוחניות.

הנושאים בפרשה:

סיכום מלאכת המשכן • סיכום בגדי הכהונה • הקמת המשכן בפועל

פרשת פקודי מסכמת את כל המפעל הגדול שבו עסקנו בחציו השני של ספר שמות - עשיית המשכן ובגדי הכהונה. יש חשיבות גדולה בסיכום של הכול, תוך פירוט כל התרומות. בפרשת פקודי אנו "פוקדים" את כל מה שכולל המשכן, גם במובן של מניין סך כל התרומות ומה שנעשה בהן, וגם במובן של פגישה מחודשת. אנו פוגשים שוב את מלאכת המשכן, אבל הפעם מצידנו. בפרשה זו מתממש הרעיון הגדול של המשכן בידי עם ישראל. לא רק מצד התיאוריה המופשטת, וגם לא מצד ההכנות המעשיות כמו בפרשת ויקהל, אלא גם מצד

הקמת המשכן בפועל. זהו המוקד של פרשת פקודי, שלאחר הסיכום, ולאחר תיאור הכנת בגדי הכהונה (בהמשך לתיאור של עשיית המשכן וכליו, בפרשת ויקהל), עוברת לתאר את העמדת המשכן על מכונו.

פרשות המשכן מורכבות משלושה שלבים: השלב הראשון היה הציווי על המשכן - בפרשות תרומה ותצווה, השלב השני היה בניית המשכן וכליו בפועל בניהולם של בצלאל ואהליאב - בפרשת ויקהל, ועתה בפרשת פקודי נדרש משה להקים את המשכן. יש פער בין הבנייה וההכנה של המשכן ובין ההקמה שלו. התורה הייתה יכולה לתאר יחד את עשיית המשכן והקמתו, אבל שני הדברים נכתבו בנפרד. ישנו חזון - כיצד רוצים שהמשכן ייראה, וישנו המימוש בפועל - הקמת המשכן.

אחרי שהאדם נפגש עם רעיונות גדולים וגילה כיצד ליישם אותם, מגיע השלב שבו הדברים צריכים לבוא לידי ביטוי במציאות הארצית. זהו שלב מורכב ואפילו מסוכן, ויש להתבונן כיצד לצלוח אותו.

הקמת המשכן

וַתֵּכֶל כָּל עֲבֹדַת מִשְׁכַּן אֹהֶל מוֹעֵד וַיַּעֲשׂוּ בְּנֵי יִשְׂרָאֵל כְּכֹל אֲשֶׁר צִוָּה ה׳ אֶת מֹשֶׁה כֵּן עָשׂוּ.[1] כך מסתיים התיאור של עשיית המשכן וכליו ובגדי הכהונה. אחרי כן מביאים בני ישראל את המשכן למשה, והוא מברך אותם: וַיַּרְא מֹשֶׁה אֶת כָּל הַמְּלָאכָה וְהִנֵּה עָשׂוּ אֹתָהּ כַּאֲשֶׁר צִוָּה ה׳ כֵּן עָשׂוּ וַיְבָרֶךְ אֹתָם מֹשֶׁה.[2] חז״ל אומרים כי הברכה הייתה הפסוק שמופיע בספר תהלים: וִיהִי **נֹעַם** אֲדֹנָי אֱלֹהֵינוּ עָלֵינוּ וּמַעֲשֵׂה יָדֵינוּ כּוֹנְנָה עָלֵינוּ, וּמַעֲשֵׂה יָדֵינוּ כּוֹנְנֵהוּ.[3]

בנקודה זו מופיע **הנועם**. נועם פירושו תחושת עונג, והיא נובעת מהזדהות. העונג הוא מרכיב מהותי בעבודת ה׳. למשל, בפתיחת ספרו מסילת ישרים, הרמח״ל אומר שתכלית האדם בעולם היא להתענג על ה׳.[4] המטרה היא ליצור הזדהות מוחלטת עם עבודת ה׳, שלא תהיה מנותקת מהאדם. גם במעשה המשכן, צריך לבוא שלב שבו המשכן אינו נמצא רק בתיאוריה, וגם לא בשלבי עשייה, אלא בתוך העולם הזה. כשכל פרטי המשכן מתחברים יחד למציאות קיימת בעולמנו, נוצרת תחושת נועם ועונג.

וַיְדַבֵּר ה׳ אֶל מֹשֶׁה לֵּאמֹר. בְּיוֹם הַחֹדֶשׁ הָרִאשׁוֹן בְּאֶחָד לַחֹדֶשׁ תָּקִים אֶת מִשְׁכַּן אֹהֶל מוֹעֵד. הקב״ה מצווה את משה להקים את המשכן ביום הראשון של חודש ניסן. מכאן ואילך, מילת המפתח ״ויעש״, שחזרה ונשנתה עד עכשיו

בבניית המשכן, מתחלפת במילת המפתח של הקמתו - "ויקם". משה רבנו מקים את הדברים שעשו בצלאל ואהליאב.

יש שני דגשים בהקמת המשכן. ראשית, משה מקים הכול לבדו. כל תיאור ההקמה נאמר בלשון יחיד: "תקים", "ושמת", "והבאת", "ונתת". משה רבנו הוא הביטוי המושלם למימוש רעיונות אינסופיים בעולם. רק דרכו נעשה החיבור המושלם בין שמיים לארץ, בין החזון למציאות.

שנית, כל חלקי המשכן נמשחים בשמן המשחה. שמן המשחה הוא ביטוי לעונג גופני. בעבר סיכה בשמן הייתה בגדר מותרות ונחשבה לתענוג מיוחד. גם את המלכים משחו בשמן (לכן המלך העתידי מזרע דוד נקרא "משיח"), וכן משחו את הכוהן הגדול - כַּשֶּׁמֶן הַטּוֹב עַל הָרֹאשׁ יֹרֵד עַל הַזָּקָן זְקַן אַהֲרֹן שֶׁיֹּרֵד עַל פִּי מִדּוֹתָיו.[5] העונג מבטא את החיבור בין הרעיון להקמה. לפי תורת הסוד, הרמוניה אידיאלית זו רמוזה כבר בפרשת גן עדן, בפסוק וְנָהָר יֹצֵא מֵעֵדֶן לְהַשְׁקוֹת אֶת הַגָּן[6] - **ענג**, **נהר**, **גן**, ראשי תיבות **ענג**.[7]

השראת השכינה

בשלב זה מתרחש החיבור בין שמיים לארץ, בין "נעם ה' אלוהינו" ל"מעשה ידינו". ה' משרה שכינתו עלינו מלמעלה למטה, ואנו מכוננים בידינו את הופעת השכינה מלמטה למעלה.

בלשון תורת הסוד, חיבור זה נקרא **ייחוד קודשא בריך הוא ושכינתיה**. לפני עשיית מצווה, רבים נוהגים לומר נוסח קצר הפותח במילים: "לשם יחוד קודשא בריך הוא ושכינתיה". הכוונה היא שעל ידי העשייה שלנו נוצרת אחדות בין הקב"ה ובין מקום שכינתו בעולם הזה. הנוסח משתנה בהתאם למצווה, אך בדרך כלל הוא ממשיך במילים: "על ידי ההוא טמיר ונעלם, בשם כל ישראל". כלומר, זהו סוד נעלם ונסתר, והוא נעשה בשם כל ישראל. זה הרעיון של עם ישראל בעולם, לחבר חזון ומציאות.

החיבור בין שמיים לארץ צריך לבוא לידי ביטוי גם בחיים האישיים של האדם. יש בו סכנות רבות, ואכן כשנגיע לפרשת שמיני, נראה שביום חנוכת המשכן התרחש גם אירוע נורא. נדב ואביהוא לא יישמו נכון את הרעיון, החשיבו את עצמם והקריבו אש זרה. כפי שראינו בפרשות האחרונות, חיבור החזון והמציאות דורש עבודה רבה ומפורטת, אך לבסוף הוא מתרחש ונוצר העונג הנכסף.

עיבור השנה

פרשות ויקהל ופקודי נקראות בדרך כלל סמוך לראש חודש ניסן, שכאמור הוא יום הקמת המשכן. ביום זה, בתחילת חודש האביב, החלום הופך למציאות. בשנים מעוברות, פרשות אלו נמצאות במעבר בין אדר ראשון לאדר שני. עיבור השנה נועד כדי שחג הפסח יחול תמיד באביב, וגם עיקרון זה מתקשר לחיבור החזון והמציאות.

כל כשלוש שנים בממוצע (7 שנים מתוך 19) השנה "מתעברת", ונולד חודש נוסף שהוא אדר ב'. הסיבה ההלכתית לעיבור השנה היא שיש פער בין שנת השמש לשנת הירח. כדור הארץ משלים סיבוב סביב השמש במהלך 365 ימים ועוד קצת, וזו שנת שמש, ועונות השנה נוצרות מהזווית השונה בין כדור הארץ לשמש במהלך הסיבוב הזה. באותו זמן הירח מסתובב סביב כדור הארץ. מחזור הסיבוב של הירח סביב כדור הארץ הוא 29 וחצי ימים ועוד קצת, וזה נקרא חודש. הירח מקיף את כדור הארץ 12 פעמים במשך 354 ימים, וזו שנת ירח, שבה יש 12 חודשים. הפער בין שנת שמש לשנת ירח הוא כ־11 ימים. פער זה יוצר בעיה, כי עונות השנה הן לפי שנת השמש, אבל החגים של עם ישראל נקבעים על פי שנת הירח. המשמעות היא שאם חודש ניסן חל בזמן האביב, אחרי שמונה שנים הוא כבר יצא בחורף. אולם התורה קבעה שיש למנוע זאת, כיוון שחג הפסח חייב להיות בעונת האביב: "שמור את חודש האביב". לכן אנחנו מעברים חלק מהשנים, כדי להתאים את שנת הירח לשנת השמש. על ידי עיבור השנה, תוספת של עוד חודש אדר, דוחים את חודש ניסן כך שהוא לא יחול בחורף אלא יהיה תמיד באביב.

זהו הצד ההלכתי, אבל חשוב להבין את הצד הרעיוני של עיבור השנה. השמש והירח אינם סתם כוכבים, אלא גרמי שמיים שמלווים את האנושות משחר ההיסטוריה. לאורך כל ההיסטוריה, כשאנשים הביטו לשמיים, הם ראו ביום את השמש ובלילה את הירח. כשאנשים הביטו ביום על השמש, הם ראו כוכב רחוק אי שם בשמיים, שמשפיע אור וחום לעולם.

השמש סימלה לבני האדם לאורך ההיסטוריה את אלוהים. יש שזה גרם להם לעבוד עבודה זרה שעה שהשתחוו לשמש כאילו היא עצמה אלוהים, אבל לרוב האנושות השמש ביטאה תקווה כלשהי. העולם שלנו הוא קשה, בעייתי ומורכב, אבל יש כדור של אש בשמיים, שתמיד נמצא שם ומעניק לנו חיים. אין דבר בטוח בעולם יותר מהידיעה שהשמש תזרח בבוקר. לכל אדם יש שמש משלו, שזו נקודה מסוימת בחיים המשמשת לו כעוגן, כחלום וכתקווה. למשל, עבור ילדים קטנים, ההורים הם מעין שמש. חישוב השנים של אומות העולם

נעשה על פי השמש;[8] הם רואים בשמש את הנקודה שבאמצעותה הם יכולים לקבוע את החיים שלהם. לוח השנה הנוצרי בנוי כך.

אם השמש ביטאה לאנשים את אלוהים, הירח ביטא את העולם הזה. השמש נתפסה כבורא, והירח כבריאה. גם על פי תורת הסוד, השמש היא ביטוי לאלוהים, למקור האובייקטיבי שנותן אור וחום לעולם, והירח הוא ביטוי לכנסת ישראל. יש אנשי שמש, שמחפשים רוחניות מנותקת מהעולם הזה, ויש אנשי ירח, שמחפשים דברים נגישים יותר. לוח השנה המוסלמי בנוי על פי הירח, המוסלמים רוצים לגעת בחיים. ישנו עם שמחבר בין השמש ובין הירח, ודואג שהמערכות של השמש ושל הירח תהיינה מתואמות. עם שמחבר בין החזון לבין המציאות, שמגשר על הפער בין המראה התיאורטי של המשכן ובין הקמתו בפועל.

חז״ל אומרים שבתחילה החמה והלבנה היו שוות בגודלן, אבל הלבנה טענה כי לא ייתכן ששני מנהיגים יישאו בכתר אחד, ובתגובה לדבריה נגזר עליה להתמעט.[9] בתחילת חייו של האדם, לא נשקף פער בין החזון למציאות. לצעירים נדמה כי בידיהם לממש את כל חלומותיהם. ככל שעוברות השנים ואדם מתבגר, וככל שההיסטוריה האנושית מתקדמת, נפערים סדקים בין השמש והירח. מתברר שהירח אינו גדול דיו כדי להכיל את כל האור של השמש. המציאות מקטרגת, העולם הזה אינו מאפשר לשמש ולירח להופיע באותה עוצמה. הילד, שהיה בטוח שההורים שלו מושלמים כמו השמש, גדל ומגלה שהוריו אינם כפי שהוא חשב, וגם הם בעלי חסרונות. אדם מתחיל תפקיד כשברק בעיניו והוא מלא מוטיבציה, אבל בהמשך החלום מתפורר. התוצאה היא תחושות של מרירות ושל בושה. ״וחפרה הלבנה ובושה החמה״.[10] בושה בעקבות הפער בין האופן שבו רצינו להציג את עצמנו כלפי חוץ ובין מה שאנחנו באמת.

הפער הזה מאיים על הקמת המשכן והמקדש. חז״ל מתארים כי בהקמת בית המקדש הראשון, כאשר שלמה המלך ניסה להכניס את ארון הברית לתוך המקדש, הדלתות לא נפתחו. שלמה התפלל וביקש בקשות שונות, והדלתות לא נפתחו, ורק כשהוא ביקש מה׳ ״בעבור דוד עבדך״ דלתות המקדש נפתחו.[11] בזמן שהדלתות לא נפתחו, נפלו פניהם של ישראל מבושה וכלימה, ורק כאשר נפתחו דלתות המקדש מפני כבודו של דוד המלך, נפלו פניהם של שונאי דוד. הבושה מלווה את הניסיונות להגשים את החזון במציאות, אך אפשר להתגבר עליה ולהצליח לגשר על הפער. עם ישראל אינו מוותר על צמצום הפער הזה, ובכל שנה מעוברת הוא מתאים בין השמש לירח, בין הרעיונות הגבוהים לעולם הזה.

העונג של חיבור השמיים והארץ חותם את מלאכת המשכן. כשיש כבר

משכן שבנוי מכל הפרטים הרבים, אפשר לעבור לספר ויקרא, שבו תתואר העבודה במשכן. בספר הבא, על גבי התשתית שנבנתה בפרשות המשכן, יתברר כיצד אפשר לפעול בו ולהתמודד עם מאורעות חייו השונים של האדם - משמחות אישיות ומשפחתיות ועד רגעי כישלון ונפילה. בכל מצב יש יכולת להתקרב אל הקב"ה. קִרבה זו תתממש דרך המשכן, הכולל את כל מרכיבי העולם ומאחד ביניהם.

סיכום

המעבר בין החזון למציאות, בין היצירה ובין ההקמה בפועל, הכרחי כדי ליצור את הנועם, את ההזדהות שלנו במציאות עם הרעיון האלוהי הגדול. כדי לחוש הזדהות עם עבודת ה׳ בעולם הזה, צריך לגשר על הפערים שבין התקוות ובין החיים בפועל. בסופו של דבר, על אף הקשיים, נוצר החיבור בין החלום למציאות, והשכינה שורה במעשה ידינו.

הערות

הקדמה

1. ירושלמי מגילה ד, א: "משה התקין שיהיו ישראל קוראים בתורה בשבתות ובימים טובים ובראשי חודשים ובחולו של מועד. בא עזרא והתקין לישראל שיהיו קוראים בתורה בשני ובחמישי ובשבת במנחה". בבלי בבא קמא (פב, א): "עמדו נביאים שביניהם (בימי משה) ותקנו להם שיהיו קוראים בשבת ומפסיקין באחד בשבת, וקוראים בשני ומפסיקים שלישי ורביעי וקוראים בחמישי ומפסיקין ערב שבת".
2. תוספות מנחות כ, ב; שולחן ערוך הרב או"ח קפ.
3. מנחות לב, ב: "אם יבא אליהו ויאמר חולצין במנעל - שומעין לו, אין חולצין בסנדל - אין שומעין לו, שכבר נהגו העם בסנדל"; עין איה שבת א, פרק ב קלט: "יסודה של תורה שבעל פה הוא השמירה של קבלת אבותינו, מה שהתנחלו באומה בפרסום והסכמה".
4. ראה במאמר 'הרצאת הרב', המודפס בסוף הספר אורות התורה.
5. שמונה קבצים ח, קנז.
6. במדבר ח, א-ד.
7. שם ח, ה-כו.
8. שם ט, א-טו.
9. שם ט, טו-כג; י, א-כט.
10. שם ט, כט-לג.
11. שם ט, לה-לו.
12. שם יא, א-טו.
13. שם יא, טז-כה.
14. שם יא, כו-ל.
15. שם יב, א-טז.
16. מדרש תנחומא בהעלותך, ג.
17. שם.
18. במדבר ט, ח.
19. מדרש תנחומא בהעלותך, כח.
20. בבא קמא כה, א.
21. חגיגה יד, ב; שו"ת לרבי משה דה ליאון א, עמ' 64.
22. מהר"ל באר הגולה, באר החמישי.
23. פרקי דרבי אליעזר; זהר שם.
24. שבת סג, א.
25. ראו ביאור הרב קוק בעין איה על הגמרא ברכות סג, א: "ואמרו לאחינו שבגולה אם שומעים מוטב, ואם לאו יעלו להר, אחיה יבנה מזבח, חנניה ינגן בכנור, ויכפרו כולם ויאמרו אין להם חלק באלוהי ישראל".
26. במדבר יב, ט.
27. שלושה עשר עיקרי אמונה של הרמב"ם.
28. מורה נבוכים, בעיקר פרקים רבים בחלק א.
29. מות כא, כג.

30. בבא קמא פג, ב.
31. זוהר כי תשא קצ, ב; שיחות הרצי״ה פרשת משפטים. כלל זה גם יכול ליישב את הסתירות שאנו מוצאים למשל במניין השנים בתנ״ך. מניין השנים לעיתים בא לציין עיקרון רוחני ולאו דווקא את ציר הזמן המוכר לנו. לדוגמה, בספר מלכים נאמר (ב טו, ל): ״ויקשור קשר הושע בן אלה על פקח בן רמליהו ויכהו וימיתהו וימלוך תחתיו בשנת עשרים ליותם בן עזיה״, לכאורה, יותם מלך רק שש עשרה שנה, אם כן, כיצד מציין הכתוב שפקח מת בשנת עשרים למלכות יותם? עונה על כך סדר עולם רבה ש״היתה גזירה גזורה מימי יותם״, היינו שפקח התחיל את מלחמותיו מול יהודה כבר בימי יותם, ולכן ׳נגזרה הגזרה׳ עליו כבר אז, ומשם מונים את קיצו, שהגיע כאמור כעשרים שנה מתחילת ימי מלכות יותם (עשרים שנה שהיו מורכבות משש עשרה שנות מלכות יותם ועוד ארבע שנות אחז שמלך לאחר יותם). כלומר הנבואה באה ללמד שסיום מלכותו של פקח הגיע עקב הנזק שגרם למלכות יותם, וציון השנה לא בא לתאר את הזמן הכרונולוגי של מות יותם.
32. אמונות ודעות לרס״ג, מאמר שביעי; ורבים מספרי תורת הסוד.
33. ראוי להוסיף שבניגוד לפסוקי התנ״ך שבהם אנו כאמור מעמידים את הפסוקים כפשוטם למעט מקרים חריגים, במדרשי חז״ל אין אנו חייבים לדחוק ליישוב הפשט. רבים ממדרשי חז״ל מדברים על עולם מושגים הרחוק מעולמנו וברור שכוונתם למשל (ישנן גם פעמים רבות שנמצאות בדברי חז״ל גרסאות סותרות לאותו סיפור, ומן הסתם כוונתה של כל גרסה לבטא זווית רוחנית אחרת). ראיה מפורשת לכך נמצאת במסכת עירובין סג, א, שם מובא סיפור על תלמיד בשם ״יהודה בן גוריא״, ולשאלת הגמרא מדוע הוזכר שמו ושם אביו, עונה התלמוד ״שלא תאמר משל היה״, ומכלל הן אתה שומע לאו - שבסיפורים אחרים ייתכן שמדובר במשל. עיקרון זה מנחה את ספרו של המהר״ל באר הגולה, שמוכיח ממאות מדרשים שעיקר כוונת חז״ל הייתה לבאר צד רעיוני ולא תיאור מציאות מוחשית.
34. תיקוני זוהר, תיקון ל.
35. זוהר חלק ג, קנב.
36. בראשית יח, ו.
37. המלבי״ם והאלשיך הקדוש (שם) לומדים מפסוק זה את מידת הזריזות וההידור להכנסת אורחים. ספר מגיד מישרים לרבי יוסף קארו מקביל את ״שלש סאים קמח סלת״ למידות נצח, הוד ויסוד. וכן על זה הדרך.
38. בהתאם לכך ייתכן שיש להעריך מחדש את משקלם של מקצועות הארכיאולוגיה, הספרות או הגיאוגרפיה התנ״כית, שתופסים כיום את עיקר הלימוד במערכת החינוך והאקדמיה, והרושם המתקבל הוא שאינם זוכים כל כך בהצלחה בחיבוב התנ״ך על הלומדים.
39. מגילה יד, א.
40. בראשית א, א.
41. שמות ג, יד.

42. שופטים כא, כה.
43. ישעיהו יא, ו.
44. פסחים פז, א.
45. הושע ב, א.
46. יואל ב, א.
47. עמוס ט, יא.
48. עובדיה א, ד.
49. מיכה ו, ח.
50. נחום ב, א.
51. חבקוק ב, ג-ד.
52. צפניה א, יד-טו.
53. צפניה ג, כ.
54. חגי ב, ט.
55. זכריה ד, י.
56. זכריה ח, כג.
57. מלאכי ג, כג.
58. תהלים קנ, ו.
59. איוב ה, ח-ט.
60. שיר השירים ד, ז.
61. קהלת א, ב.
62. קהלת יב, יג.
63. איכה ה, כא.
64. נחמיה א, ט.

בראשית: יש אלוהים

1. בראשית א, א.
2. שם ב, ז.
3. שבת סג, א.
4. תיקוני זוהר, תיקון ל.
5. זוהר חלק ג, קנב.
6. בראשית א, ה.
7. וכן פרקים כמו יחזקאל א, שעוסק ב'מעשה המרכבה'.
8. בראשית א, ב.
9. שם.
10. קהלת רבה ג.
11. בראשית א, ג-ד.
12. זוהר תצוה קפד, א.
13. בראשית א, ו.
14. שם, ח.
15. שם, ט.
16. קהלת ד, יב.
17. בראשית א, יב.
18. שם, יא.
19. בראשית א, יד-טז.
20. ראו פרשת וירא.
21. בראשית א, כ-כב.
22. בבא בתרא עד, ב ועוד.
23. בראשית א, כד-כה.
24. בראשית א, כו.
25. שם.
26. שם, כז.
27. ברכות סא, א; ויקרא רבה יד ועוד.
28. בראשית א, כח.
29. בראשית ב, א.
30. שם, ב-ג.
31. "כשתבוא שבת, יהא בעיניך כאלו כל מלאכתך עשויה" (רש"י שמות כ, ט, על פי המכילתא ועוד).
32. בראשית ב, ד.
33. שם, ה.
34. שם, ו-ז.
35. תהלים ח, ו.
36. בראשית ב, ח.
37. שם, ט.
38. שם, י.
39. שם, יא.
40. שם, יב.
41. שם.

42. שם, יג.
43. שם, יד.
44. שם.
45. בראשית ב, כא-כב.
46. בראשית ב, כה.
47. בראשית ג, יט.
48. שם, טז.
49. בראשית ד, ז.

נח: כשהעולם קורס

1. בראשית א, כא.
2. בראשית רבה ג, ז
3. דברים כ, יט.
4. קידושין לב, א; מכות כב, א ועוד.
5. תענית ב, א.
6. סוטה ב, א.
7. משנה שבת ז, ב.
8. רש"י בראשית ו, טז
9. בראשית רבה לב ועוד.
10. בראשית רבה לא; רש"י בראשית ו, טז.
11. מוסר אביך ב, א.
12. עירובין כב, א ועוד.
13. בראשית ט, ט-יז.
14. ישעיה נד, ט.
15. בראשית ט, טו.
16. בראשית ט, יג.
17. בראשית ח, כב.
18. בראשית ט, כה.
19. בראשית ט, כז.
20. בראשית רבה סג, ועוד.
21. זבחים קיג, ב.
22. ילקוט שמעוני נח, סב ומדרשים נוספים.
23. ברכות יד, א; וראו עין איה שם.
24. אבות ה, ב.
25. בראשית יב, א.

לך לך: להתחיל ללכת

1. החישוב מובא בסדר עולם רבה, א.
2. כפי שראינו בפרשת בראשית, נקודת הזמן שנקראת בתורה 'בריאת העולם' היא זו שבה קיים אדם במדרגה מוסרית בסיסית, שיכול לנהל קשר עם אלוהים. מנקודה זו מתחילה ההיסטוריה האנושית. עיינו שם להרחבה.
3. סנהדרין צז, א.
4. אלפיים שנים אלו הסתיימו בערך בחתימת המשנה, מעט אחרי חורבן בית שני, ואז החל העידן השלישי - "אלפיים שנות משיח". מאז החורבן ועד ימינו, האנושות מקדמת את עצמה לקראת הגאולה.
5. בראשית ב, ד.
6. בראשית רבה יב.
7. בבא בתרא טו, א (על פי תהלים פט, א).
8. בראשית רבה מא, ועוד.
9. אבות ה, ג.
10. בראשית י, ט.
11. בראשית רבה לח ועוד.
12. רש"י בראשית יא, לב.
13. בראשית רבה לט.
14. פסיקתא זוטרתא בראשית טו, ה.
15. תנחומא לך לך, ח.
16. בראשית יג, א,ג,ד.
17. בראשית רבה לט, יד.
18. במדבר כג, ט.
19. בראשית רבה מב, ג.
20. שהוא 'אמרפל' לדעת חז"ל. מדרש רבה שם, ד.
21. מדרש רבה שם, ה.
22. מדרש רבה מג, ו.
23. משנה בבא קמא ז, ז.

24. ההגנה בזכות אברהם מופיעה גם במזמור שאומרים לפני תקיעות השופר בראש השנה: נְדִיבֵי עַמִּים נֶאֱסָפוּ עַם אֱלֹהֵי אַבְרָהָם, כִּי לֵאלֹהִים מָגִנֵּי אֶרֶץ מְאֹד נַעֲלָה (תהלים מז, י). ההגנה מול כל מה שהולך להתרחש בארץ באה מכוח אברהם.
25. תנחומא נח, ה.
26. ילקוט שמעוני נח, נא.
27. איוב יט, כו.
28. על פי משלי י, כה.

וירא: לחיות עם מלאכים

1. ישעיהו ו, ב.
2. מורה הנבוכים א, מט.
3. רש״י בראשית יח, ב
4. ברכות ו, א.
5. בראשית רבה י, ו.
6. אבות ד, יא ועוד.
7. בראשית רבה נ, ב.
8. תהלים קכו, ב-ג.
9. רש״י בראשית כא, ו.
10. תהלים צא, יא.
11. בראשית יח, כ.
12. דברים כט, כב.
13. מלכים א יט, יג; ישעיהו כה, ז ועוד.
14. דברים כט, כב.
15. נחום א, ב.
16. בראשית רבה נא, ט.
17. שיר השירים א, ה.
18. פנקס אחרון בבויסק, י.
19. נדרים נא, א.
20. בראשית כ, ט-י.
21. שם, יא.
22. שם, יז.
23. בראשית כב, א.
24. שם, ג.
25. שם, ו.
26. עולת ראיה א, ד״ה ״והעלהו שם לעולה״.
27. שם, יב.
28. שם, יד.
29. שולחן ערוך אורח חיים א, א.

חיי שרה: חיים לנצח

1. כרונולוגית, אברהם ימות רק אחרי לידתם של יעקב ועשו, שתתואר בפרשה הבאה. אולם הכלל אומר כי ״אין מוקדם ומאוחר בתורה״, הסדר של התורה אינו כרונולוגי אלא ענייני ומהותי.
2. בראשית כג, א.
3. רש״י שם.
4. אגדת בראשית (בובר), לד.
5. קידושין ב, א.
6. יבמות סג, ב.
7. היסטוריונים מעריכים שהמהפכה החקלאית החלה לפני כ־10,000 שנה. הספירה היהודית לבריאת העולם החלה לפני פחות מ־6,000 שנה. ייתכן מאוד שהתורה מתחילה מהנקודה שבה האנושות כבר מפותחת ובשלה.
8. סוטה לד, ב.
9. במדבר יג, כב.
10. תהלים מט, יז-יח.
11. זכריה יד, ד.
12. ״הר הזיתים - אוצר של נשמות שכבר באו לעולם הזה וחזרו ונתנו באוצר חיים, כולם נותנים שיר ושבח והודאה

לבורא יתעלה שמו בסוד כל פועל ה' למענהו". אור החיים, במדבר טז, כב.

13. סוטה לד ב, על פי במדבר יג, כב.
14. פרקי דרבי אליעזר בראשית יח, ז.
15. בראשית כד, טז.
16. שיר השירים ב, ב; ויקרא רבה כג, א.
17. אורות ישראל ה, ו.
18. בראשית רבה ס, ח.
19. אורות הקודש ג, עג.
20. בראשית כד, ד.
21. חולין צה, ב.
22. בראשית כד, יא.
23. שם, יב.
24. בראשית כד, סג: "ויצא יצחק לשוח בשדה" (ותיקן תפילת מנחה, ברכות כו, ב).
25. בראשית כד, סז.
26. רש"י בראשית כה, א.
27. בבא בתרא טז, ב.

תולדות: התנגשות הציוויליזציות

1. בראשית כה, יט.
2. שם, כב.
3. שם, כה.
4. שם, כז.
5. רש"י בראשית כו, לד.
6. שם.
7. שם, כו.
8. שם, כח.
9. רש"י שם.
10. לא במקרה אמרו חז"ל שאדום היא "גרממיא" (מגילה ו, ב), והגאון מווילנה - שנפטר ב־1797, הרבה לפני מלחמות העולם - כתב שזו גרמניה.
11. בראשית לג, יד.
12. בראשית רבה עח.
13. עובדיה א, כא.
14. שם, כט.
15. בבא בתרא טז, ב.
16. שם.
17. ישעיהו כב, יג.
18. בראשית שם, לב.

ויצא: חלום של אומה

1. רות ד, י.
2. תפילת מנחה של שבת.
3. בראשית כח, יא-יב.
4. ברכות נה, ב על פי זכריה י, ב.
5. ברכות נז, ב.
6. תהלים צב, ג.
7. דוגמה לזה היא ספר הכוזרי, שנפתח בחלום (הכוזרי א, א). החלום של מלך כוזר הוא זה שדוחף אותו לברר את עולמו הרוחני לאורך הספר.
8. בראשית כח, יז.
9. אורות הקודש א, חכמת הקודש, כד.
10. בראשית כח, כב.
11. בראשית רבה סח.
12. נפש החיים א, יט.
13. בראשית כט, י.
14. שם, יז.
15. שם, כ.
16. שם, כה.
17. שם, יז.
18. ילקוט שמעוני במקום, בראשית רבה ועוד.
19. בראשית רבה ע.
20. יש המזהים את בנימין זאב הרצל כניצוץ של משיח בן יוסף. הציונות החילונית היא שבנתה את מדינת

היהודים מצידה החומרי. ראו מאמרו של הרב קוק "המספד בירושלים".

21. רות ד, יא.
22. רש"י במקום; ראה גם כף החיים רמ; קדושת משה צ.
23. כתובות קג, ב.
24. בראשית כט, לא.
25. שם, לב-לה.
26. שם ל, ו.
27. שמות רבה מ, ד.
28. בראשית מט, כא.
29. בראשית ל, ח.
30. מלאכי ג, כד.
31. בראשית ל, יג.
32. בראשית מט, יד.
33. דברי הימים א יב, לג.
34. בראשית מט, יג.
35. בראשית ל, כג.
36. בראשית ל, לב.
37. בראשית לא, י.
38. עץ חיים שער ז, א.
39. בראשית לא, כז-ל.
40. בראשית לא, מז.
41. בראשית כח, יא; רש"י בשם המדרשים.
42. בראשית כו, יב.
43. שם, כב.
44. פסחים פח, א.
45. משלי טז, יח.
46. בראשית כז, כח.
47. שם, ל.
48. בראשית רבה סז.
49. בראשית כז, כב.
50. מועד קטן טז, ב.
51. מלכים א כ, לא.
52. בראשית כז, לג ורש"י שם.

וישלח: לקנות את כל העולם

1. בראשית ל, מג.
2. שם לא, א.
3. שם, יח.
4. בראשית לב, יד-טו.
5. שם, יא.
6. שם, יג-יד.
7. שם, יח.
8. שבת לג, ב.
9. שם.
10. שבת, שם.
11. בראשית שם, יט.
12. בראשית לב, כה.
13. חולין צא, א.
14. שם.
15. בראשית ד, א.
16. יבמות סג, א.
17. משנה בבא בתרא י, ח.
18. במדבר יז, כג.
19. מלכים ב ב, ח.
20. חולין ז, א.
21. יבמות סג, א.
22. פרדס רימונים כג, י; עין איה נב, ב ועוד.
23. סנהדרין צב, א. קדושה קשורה לחיים ולקיום: ככל שאדם חי יותר - הוא קדוש יותר, וככל שאדם מת יותר - הוא טמא יותר, ואין בו קדושה.
24. עמוס ט, ט.
25. בראשית לב, כה.
26. בראשית שם, כז.
27. חולין צא, ב.
28. בראשית שם, כט.
29. בראשית לג, ט.
30. שם, יא.

31. שם, יד.
32. עובדיה א, כא.
33. בראשית לד, א.
34. רש"י במקום.
35. בראשית לד, ל.
36. שם, לא.
37. מחשבות חרוץ כ.
38. בראשית לד, ח.
39. רש"י שם.
40. בראשית כא, י.
41. בראשית לד, טז-יח.
42. ירמיהו לא, יד.
43. בראשית לד, כב.
44. שבת נה, ב.
45. בראשית רבה עה, ד. הרחיב בעניין הראי"ה קוק באורות המלחמה, ג.
46. בראשית לה, י.

וישב: כתונת פסים ועין הרע

1. בראשית לז, א.
2. בראשית רבה, פד.
3. ברכות סד, א.
4. אורות התחיה מד.
5. בראשית שם, ב.
6. רש"י במקום בשם מדרשים רבים.
7. בראשית שם, ג.
8. נצח ישראל לז.
9. בראשית שם, ה.
10. למשל, הדמיון יכול לצייר ספינה עפה בשמיים או חיה בעלת אלף עיניים. הספינה והשמיים קיימים כל אחד בנפרד, והדמיון מחבר ביניהם (דוגמאות אלו מביא הרמב"ם בשמונה פרקים, פרק א).
11. ברכות נה, ב.
12. זכריה י, ב.
13. בראשית שם, ח.
14. בראשית שם, י.
15. שם, יא.
16. מופיע באורות הקודש ב, עמוד תמ.
17. שם, יד.
18. שיר השירים ח, ו; וראו שיר השירים רבה ח, ד.
19. בראשית שם, טז.
20. הושע ד, יז.
21. בראשית שם, כג.
22. בראשית שם, כח.
23. בראשית לח, א.
24. בראשית רבה פה.
25. מועד קטן טז, ב.
26. בבא קמא ס, ב.
27. בראשית רבה פה, א.
28. ברכות נה, ב.
29. בראשית רבה פח, ב.
30. ברכות סא, א.
31. על פי ברכתו של יעקב: "גור אריה יהודה", בראשית מט, ט.
32. מהר"ל נצח ישראל לז.
33. על פי ברכתו של משה: "בכור שורו הדר לו", דברים לג, יז.
34. מגילה טז, ב.
35. ברכות כח, א.
36. מאמרי הראי"ה, המספד בירושלים.

מקץ: לפעמים חלומות מתגשמים

1. בראשית מא, א.
2. שם, ט.
3. שם, יב.
4. שם, יד-טז.
5. פסיקתא זוטרתא שם; מכילתא דרבי ישמעאל מסכתא דפסחא, יג.
6. בבא בתרא צב, א.

7. ראש השנה י, ב.
8. תפילת עמידה לימים נוראים.
9. בראשית שם, כה.
10. בראשית רבה פט, ו.
11. דברים ו, ד.
12. פסחים נו, א.
13. בראשית שם, לח.
14. בראשית שם, לט.
15. בראשית שם, מג.
16. בראשית רבה צ, ג.
17. בראשית שם, מה.
18. פרקי דרבי אליעזר לח.
19. רבנו בחיי וחזקוני בשם המדרש.
20. רבנו בחיי וחזקוני.
21. ראו פרשת ויגש.
22. אבות ג, יד.
23. קידושין כט, א.
24. זכריה יב, י; ומלבי"ם שם.
25. בראשית מב, ט.
26. שם, י-יא.
27. בראשית רבה צא, יא.
28. בראשית מב, טו.
29. שם, כא.
30. שם, כד.
31. ראו פרשת וישלח.
32. שם, לא-לב.
33. שם, לו.
34. שם, לז.
35. בראשית רבה צא, ו.
36. בראשית מג, ח-ט.
37. בראשית לח, כו.
38. בבא בתרא קעג, ב.
39. בראשית מג, כט.
40. על פי משלי ג, ד.
41. שם, לג.
42. יחזקאל א, י.
43. בראשית מד, ח.
44. בראשית רבה צב, ז.
45. מדרש תנחומא שם.
46. מלכים א ג.
47. אורות התחיה כ.
48. איוב כח, ג.

ויגש: החיים זה לא הכול

1. בראשית מד, יח.
2. רש"י שם.
3. בראשית מה, א.
4. זכריה יב, יא.
5. ראו מלבי"ם שם.
6. שבת פט, ב.
7. בראשית מו, כח.
8. מדרש רבה צה, ג.
9. הלכות עבודה זרה א, ג.
10. בראשית טו, יג.
11. בראשית מו, לד.
12. דברים יא, י.
13. במדבר כג, ט.
14. בראשית א, כח.
15. ישעיהו מה, יח.
16. תהלים קכו, ב.
17. ברכות לא, א.
18. ברכות נז, ב.
19. נדרים לב, א
20. בראשית יד, יד.
21. שם טו, ח.
22. לנתיבות ישראל ב, החיות הישראלית.
23. שמואל א טו, כט.
24. אורות, למהלך האידיאות בישראל.
25. ברכות ח, א.
26. בראשית מז, ט.
27. פסחים נ, ב.
28. נפש החיים, "פרקים", ב-ג.

29. תהלים צז, יא.
30. איוב ח, ז.
31. בראשית מז, ט.
32. בראשית מז, כ-כא.

ויחי: כל המעגלים נסגרים

1. בראשית מז, כח-כט.
2. תענית ה, ב.
3. בראשית, שם.
4. בראשית מח, א.
5. בראשית מט, ג.
6. בראשית מח, כ.
7. שופטים ח, ב.
8. בראשית מח, ז.
9. מדרש לקח טוב, שם. רש"י שם.
10. ירמיהו לא, יד.
11. בראשית מט, א.
12. פסחים נו, א.
13. בראשית מט, ג-ד.
14. ראו פרשת וישלח.
15. בראשית מט, ה.
16. שם, ז.
17. ילקוט שמעוני ויחי, קנח.
18. מלאכי ב, ז.
19. בראשית מט, ח.
20. בראשית רבה צט, ח.
21. בראשית מט, ט.
22. שם, י.
23. שם, יא.
24. עירובין סה, א.
25. סנהדרין צח, א, על פי זכריה ט, ט.
26. בראשית מט, יג.
27. בראשית רבה צט, ח.
28. מגילה ו, א.
29. מנחות מג, ב.
30. בראשית מט, יד.
31. יומא כו, א.
32. דברי הימים א יב, לג.
33. בראשית מט, יז.
34. שמות רבה מ, ד.
35. סוטה יג, א.
36. שופטים טז, כח.
37. בראשית מט, יח.
38. שם, יט.
39. מלאכי ג, כד.
40. שם, כ.
41. שם, כא.
42. שם, כב.
43. שם, כג.
44. שם, כד.
45. שם.
46. פסיקתא זוטרתא שם, רש"י שם.
47. בראשית מט, כו.
48. שם, כז.
49. מלכים א ב.
50. בראשית נ, ז-ט.
51. שם, יא.
52. סוטה יג, א.
53. בראשית נ, טו.
54. שם, כא.
55. שם, כד.

שמות: מה השם שלך?

1. בפתיחתו לספר שמות.
2. שמות א, א.
3. שער היראה.
4. תהלים קטו, יז.
5. אורות הקודש ג, צו.
6. תפילה זו נהג לומר באופן קבוע האמורא רבא (ברכות יז, א).
7. עין איה ברכות שם.
8. ראו פרשת וירא.

9. זכריה ד, י.
10. בראשית ג, ט.
11. עצה זו מובאת גם בספרי הלכה רבים, שממליצים לומר בסוף תפילת עמידה (לפני הפסוק "יהיו לרצון אמרי פי") פסוק שמתחיל באות הראשונה של השם הפרטי, ומסתיים באות האחרונה שלו (אליה רבה קכב, ג; קיצור שולחן ערוך יח, טו; שמירת הלשון ב, ז ועוד). למשל: "חגי" - "חי ה' וברוך צורי וירם א־להי צור ישעי" (שמואל ב כב, מז).
12. שמות רבה א, כח.
13. שמות א, ז.
14. שם, ח.
15. שם, יא.
16. שם, טז.
17. שמות ב, א.
18. שמות ו, כ.
19. סוטה יב, א.
20. זוהר ב קפד, א.
21. שמות ב, ב-ח.
22. שם, י.
23. קהלת א, ז.
24. יהושע י, יב.
25. שמות שם, יא.
26. שם, יב.
27. שם, יג-יד.
28. ברכות ה, ב.
29. רמב"ם, הלכות יסודי התורה ז, א-ב.
30. שמות שם, כב.
31. שם, כד-כה.
32. שמות ג, א-ב.
33. שם, יג.
34. שם, יד.
35. ראו פרשת בראשית.
36. שמות ו, ג.
37. שמות ג, טו.
38. תהלים קד, לג.
39. ברכות סד, א; תהלים פד, ח.
40. שמות ה, כא.
41. גיטין יג, א.
42. ירמיהו ג, כב.
43. משנה פסחים י, ה.

וארא: העולם משתנה

1. שמות ו, ג.
2. מכילתא יתרו, א.
3. ראו בהרחבה בפרשת בא.
4. שמות ו, יד.
5. ראה הלכות מלכים א, ז.
6. בראשית רבה י, ו.
7. שמות ז, י-יא.
8. שמות טו, טו.
9. שמות רבה, יב
10. שמות ז, כד.
11. שם, כה.
12. רש"י בשם המדרש.
13. פסחים נג, ב.
14. פעולה קטנה אחת היא רק התחלה, פעולה שנייה עדיין אינה שלמה - כי שתי פעולות יכולות להיות מפוצלות ונפרדות, ובפעולה השלישית יש כבר מהלך שלם. למשמעות זו של המספר שלוש יש כמה משמעויות הלכתיות, כגון דין חזקה בקרקע אחרי שלוש שנים (בבא בתרא כח, ב). שלוש שנים זה משהו קצת אחר. חזקה של שלוש פעמים יש בווסתות ושור המועד.
15. שמות ח, יג.
16. שם, יז.
17. שם, יח.
18. שמות ט, ג.

19. ראו בהרחבה בפרשת וישלח, וכן להלן בפרשת משפטים.
20. בראשית ד, א.
21. דברים ו, ה.
22. ברכות סא, ב.
23. שמות רבה יא, ה.
24. שמות ט, יז-יח.
25. שם, כד.
26. שם.
27. שם, כז.
28. שם, כח.
29. תהלים כט, ד-ה.
30. שיר השירים ה, ב.

בא: הזמן החדש

1. בראשית א, א.
2. שמות יב, מח.
3. רות רבה ו, א.
4. ירושלמי חגיגה ב, א.
5. שמות י, א.
6. שם, ד-ה.
7. משלי ל, כז.
8. גיטין נה, ב, בתרגום לעברית.
9. שופטים יז, ו; כא, כה.
10. שם, ז.
11. שם, ח-ט.
12. שם, יא.
13. שם, כא.
14. שם, כב-כג.
15. סוטה ג, א.
16. אבות ב, א.
17. קהלת ח, א.
18. ברכות ח, ב.
19. שמות יג, יח.
20. כתובות נ, א.
21. שמות יב, א-ב.
22. בראשית א, א.
23. שמות יב, ג.
24. תהלים קיט, קעו.
25. שמות יב, ו.
26. שם, יא.
27. ברכות יז, א.
28. שולחן ערוך אורח חיים א, א.
29. על פי ויקרא רבה ט, ג.
30. שמות יב, ד.
31. שם, ט.
32. שם, י.
33. שם, ז.
34. שם, יב.
35. ילקוט שמעוני תורה קצט.
36. שמות יב, יד-טו.
37. שמות יא, א.
38. שמות יב, ל.
39. רש"י שם.
40. שמות יג, ב; שם, יא-יב.
41. תפארת ישראל יב, ועוד.
42. בראשית רבה א, א.
43. איכה ב, יג.
44. שמות יג, א.
45. שמות יג, ט.
46. שם, טז.
47. שם, ד.
48. מגד ירחים, ניסן תרע"ד.

בשלח: לקרוע את הים

1. שמות יד, ח.
2. מכילתא דרבי ישמעאל, מסכתא דויהי, ו.
3. שמות ח, טו.
4. שם יד, לא.
5. שם.
6. שמות טו, טו.
7. יהושע ב, י.

8. יהושע י, יב.
9. שופטים ה.
10. שמות יג, יז.
11. שם, יט.
12. זהר בשלח כב.
13. תהלים קיד, ג.
14. מדרש תהילים קיד.
15. בראשית לט, יב.
16. סוטה לז, א.
17. בראשית רבה נה.
18. בראשית כב, ג.
19. שמות יג, כא.
20. שמות יד, ב-ג.
21. שם, י.
22. שמות רבה כא, ה.
23. תהלים קד, ט.
24. גבורות ה׳.
25. משנה יבמות טז, ד.
26. רש״י שמות יד, כא.
27. שמות ג, יד; וראו פרשת שמות.
28. הלכות מלכים יב, ב.
29. ברכות לד, ב; על פי ישעיהו סד, ג.
30. מכילתא בשלח טו, ב.
31. קול אליהו כב, כט.
32. הרב קוק עוסק בעניינו של הדמיון בספר אורות הקודש (א, ״ההופעה הנשמתית״, פסקאות נא-ע). לדבריו שם, האדם יכול לצייר במחשבתו רק את מה שנתפס בעולם הזה, ובכל זאת הוא מדמיין גם דברים שאין להם אחיזה במציאות. דמיונות אלה באים מעולם הנצח.
33. שמות טו, א.
34. תהלים כב, כט.
35. שמות שם, יז.
36. בראשית ג, ה.
37. שמות טז, ג.
38. ברכות י, א; וראו עין איה שם.
39. יומא עה, ב.
40. שם, א.
41. ישעיהו נח, יג.
42. ברכות מח, ב.
43. רש״י שמות יח א, על פי זבחים קטז, א.
44. במדבר כד, כ.
45. תנחומא כי תצא, יג.
46. שמות יז, ח.
47. תנחומא יתרו, ג.
48. דברים כה, יח.
49. תנחומא כי תצא, טו.
50. מכילתא דרבי ישמעאל שם.
51. שמות שם, יב.
52. שמות שם, טז.
53. רש״י שם; פסיקתא דרב כהנא ג.
54. משנה ראש השנה ג, ח.

יתרו: לתור אחרי אלוהים

1. מכילתא שמות יח.
2. רק פעמיים מוזכר שמו של יתרו ללא התואר המקשר אותו למשה: <u>וַיִּחַדְּ</u> יִתְרוֹ עַל כָּל הַטּוֹבָה אֲשֶׁר עָשָׂה ה׳ לְיִשְׂרָאֵל אֲשֶׁר הִצִּילוֹ מִיַּד מִצְרָיִם. <u>וַיֹּאמֶר</u> יִתְרוֹ בָּרוּךְ ה׳ אֲשֶׁר הִצִּיל אֶתְכֶם מִיַּד מִצְרַיִם וּמִיַּד פַּרְעֹה אֲשֶׁר הִצִּיל אֶת הָעָם מִתַּחַת יַד מִצְרָיִם, שמות יח, ט-י.
3. שמות יח, י.
4. מהרי״ל הלכות שבועות ב.
5. שבת קמו, א.
6. ישעיהו ב, ב.
7. שמות רבה ב, ד.
8. במדבר כג, ט.

9. שמות יט, א.
10. שבת פו, ב - פז, א.
11. ויקרא רבה ט, ג.
12. נדרים לח, א.
13. רש"י שמות לד, א.
14. שמות יט, ו.
15. שמות שם, יב.
16. שם, כא.
17. שמות יט, טו.
18. על פי ברכות סג, ב.
19. שמות כ, ב.
20. אורות המצוות, הרב קוק (מופיע בקובץ בשמן רענן).
21. שם.
22. תהלים טז, ח.
23. שבחי הרב מו, א.
24. שמות שם, ו.
25. שם, ז.
26. שם, יא.
27. קידושין ל, ב.
28. שמות שם, יב.
29. בבא מציעא נח, ב.
30. שמות שם.
31. משלי ו, לב.
32. סנהדרין צט, ב.
33. שמות שם.
34. שמות שם.
35. שמות שם, כב.

משפטים: אלוהים נמצא בפרטים הקטנים

1. שמות כא, א.
2. שבת פח, א.
3. קהלת ד, יב.
4. בבא בתרא קלא, א.
5. שבת י, א.
6. שמות כ, יח.
7. שמות כא, ב.
8. מהר"ל גבורות ה', ג.
9. שמות שם, ה-ו.
10. ויקרא כה, נה.
11. קידושין כב, ב.
12. גיטין יג, א.
13. אגרות הראיה פט-צ.
14. קידושין כ, א.
15. שמות שם, ג.
16. שם, י.
17. שם, יב-יג.
18. שם, טו.
19. שם, כג-כד.
20. שם, יח.
21. שם.
22. שם, כב.
23. משנה בבא קמא ב, ו.
24. משנה בבא קמא א, א.
25. משנה בבא קמא ב, ו.
26. שמות כב, א.
27. מצוה שלח.
28. שם, ו.
29. שם, טו.
30. שם, יז.
31. שם, כ-כא.
32. שם, כד-כה.
33. שם כב, כז.
34. שם כג, ב.
35. שם, ג.
36. שם, ה.
37. שם, ז.
38. שמות כב, כח.
39. שם, ל.
40. שמות כג, י-יא.
41. אבות ה, ט.

42. שמות שם, יב-יד.
43. שם, יט.
44. שמות כג, כ-לג.
45. שם כד, י.
46. שם, יא.
47. משנה בבא קמא י, ח.
48. אורות התשובה יג, ה.
49. אבות א, יח.
50. אבות ו, ב.

תרומה: בלבבי משכן אבנה

1. שמות כה, א-ב.
2. ברכות יז, א ועוד.
3. שיר השירים ג, י.
4. סנהדרין צו, ב.
5. שמות שם, ג.
6. שמות מ, לג.
7. בראשית ב, א.
8. שער המצוות צז-קב.
9. יבמות סג, א.
10. ראו פרשת ויקרא.
11. מעין זה אפשר לראות בפירושו של הראי"ה קוק לסדר הקורבנות, בסידור עולת ראיה. הוא משלב שם בין חוויית הקורבנות למשמעות השכלית של כל פרט בהם.
12. רש"י במדבר ז, א.
13. פרשת משפטים היא תמיד שבת מברכים, או של אדר רגיל או של אדר א', וממילא פרשת תרומה היא תמיד בחודש אדר.
14. שמות כה, י.
15. שמות שם, יא.
16. תהלים א, ג.
17. שמות שם, יג-יד.
18. מגילה י, ב.
19. אבות ה, ה.
20. שמות שם, כג.
21. על פי בבא בתרא כה, ב.
22. שמות שם, לא.
23. בבא בתרא שם.
24. תהלים קלב, יד.

תצווה: אופנה של קודש

1. שמות כז, כ-כא.
2. במדבר יט, יד.
3. ברכות סג, ב.
4. אבות ו, ד.
5. דברים כז, ט.
6. ברכות שם.
7. חולין ח, ב.
8. שבת לא, א.
9. שמות כח, א.
10. שבת קיג, א.
11. ברכות יב, ב.
12. בראשית ב, כה.
13. בראשית ג, כא.
14. קהלת ט, ח.
15. מנחות מג, ב.
16. שמות שם, ב.
17. דרך ארץ ד, ה.
18. שמות שם, ג.
19. שמות שם, ד.
20. שמות שם, ו.
21. במדבר טו, לט.
22. אבות א, יב.
23. שמות שם, ל.
24. שמות שם, לא.
25. שמואל א ב, יט.
26. שם כח, יד.
27. שבת עז, ב.
28. מנחות מג, ב.

29. שמות שם, לב.
30. בראשית ב, ז.
31. שמות שם, לג.
32. שמות שם, לה.
33. דברים כה, יז-יח.
34. תנחומא כי תצא, טו.
35. שבת קיד, א.
36. ישעיהו מח, ד.
37. אבות ה, כ.
38. שמות שם, לט-מ.
39. מלכים א יח, מו.
40. ברכות ס, ב.
41. שמות כט, א.
42. משלי יד, ד.
43. שיר השירים ב, יז.
44. שמות שם, לח-לט.

כי תשא: ממשבר לרחמים

1. שמות ל, יב.
2. שמות שם, יג.
3. שמות שם, טו.
4. שמות שם, יח-יט.
5. שמות שם, לד-לה.
6. משנה תמיד ג, ח.
7. שמות שם, לו.
8. כף החיים יז, יח.
9. שמות לא, יז.
10. שבת פח, ב.
11. סנהדרין קב, א.
12. שמות לב, א.
13. שמות שם, ד.
14. בבא בתרא יד, א.
15. שמות לד, ו-ז.
16. שמות לג, כא-כג.
17. שמות שם, כט.
18. שמות שם, לד-לה.

ויקהל: המשכן לאומנות

1. שמות לה, א-ב.
2. מכילתא דרבי ישמעאל מסכתא דבחדש, ז.
3. ישעיהו כו, ד.
4. שמות שם, ג.
5. פסחים נד, א.
6. אבות ד, כ.
7. משלי לא, ל. נעיר כי לדברי הגאון מווילנה, אם האישה היא יראת ה' - היא תתהלל על החן והיופי שבה.
8. קידושין מט, ב.
9. סוטה מז, א.
10. לדוגמה: השיזוף נחשב פעם ליפה פחות, "אל תראוני... ששזפתני השמש" (שיר השירים א, ו), והיום הוא נחשב ליפה יותר. ההבדל נובע בין השאר מהעובדה שבעבר העבדים שהו בשמש והשתזפו, בעוד בני השכבות הגבוהות ישבו בבית. משחלפו השנים, העניים נכנסו למכרות הפחם ולמפעלים האפלים, ודווקא העשירים הרשו לעצמם לנפוש בשמש ונעשו שזופים. הרי שהיופי בתרבות האנושית תלוי בנסיבות ואינו אובייקטיבי.
11. זבחים נד, ב.
12. ברכות נה, א.
13. עין איה ברכות ט, כט.
14. ברכות שם.
15. נדה ל, ב.
16. שמות שם, ל-לד.
17. שמות רבה מ, ד.
18. אורות הקודש א, עמ' סט.
19. אורות האמונה, עמ' 95.

20. שמות לו, א.
21. שמות לח, ח.
22. רש"י שם.

פקודי: החלום הופך למציאות

1. שמות לט, לב.
2. שמות שם, מג.
3. תהלים צ, יז. לפי הפסוק הפותח את המזמור, כתב אותו משה רבנו: "תפילה למשה איש האלהים".
4. מסילת ישרים א.
5. תהלים קלג ב.
6. בראשית ב, י.
7. תיקוני זוהר מח.
8. סוכה כט, א.
9. חולין ס, ב.
10. ישעיהו כד, כג.
11. שבת ל, א.